KB148592

(제7판)
병원회계와 세무실무

박 두 진

KO FE 코페하우스
한국재정경제연구소 출판센터

머 리 말

이 책은 그동안 공인회계사로 병원 회계와 세무 관련 업무를 하면서 병원 회계와 세무 실무자에게 강의한 내용을 실무중심으로 의료기관에 적용되는 회계와 세법, 결산 등을 의료기관회계기준 등과 결부시켜 저술하였다.

의료기관을 운영하는 법인은 법인세법상 비영리법인에 해당하고 상증법상 공익법인에 해당한다. 또 의료기관이 제공하는 의료용역은 부가가치세법상 면세사업이지만 대부분 병원은 부동산임대, 주차장 운영 등 과세사업을 영위하는 관계로 의료기관은 겸업 사업자에 해당한다.

그러나 비영리 공익법인이나 겸업 사업자에 대한 세법의 규정은 세법 전반에 두루 퍼져 있는 관계로 병원에 관련되는 세법의 규정만을 체계적으로 모아서 그것을 일관된 흐름으로 해석하기는 쉽지 않다. 또한, 병원의 경리담당자는 의료기관회계기준규칙 및 기업회계기준을 숙지하고 있어야 하며 이것을 세법과 연결할 수 있어야 연중의 회계처리 및 연말의 결산절차를 쉽게 수행할 수 있다.

이 책은 병원의 회계처리와 세무, 결산 실무 등에 중점을 두고 다음과 같이 저술하였다.

첫째, 세법의 내용 중 의료기관에 관계되는 부분을 간추리고 이것을 기업회계기준 및 의료기관회계기준규칙과 연결하여 해설하였다.

둘째, 병원 경리담당자의 실무지침서가 될 수 있도록 현장에서 발생하는 문제를 중심으로 저술하였다. 이를 위하여 다양한 사례를 수록하였다.

셋째, 병원의 회계처리와 결산 실무에 중심으로 저술하였다. 특히 병원결산의 절차와 연습편을 수록하여 결산과정의 처음부터 법인세의 산출 및 재무제표 작성까지의 과정을 하나의 사례로 연결하여 제시하였다.

넷째, 의료기관에 적용되는 모든 세법을 담고자 노력하였다. 법인세과 부가가치세, 상속증여세, 지방세, 조세특례제한법, 의료기관의 설립과 관계되는 양도소득세 등을 해설하였다.

다섯째, 개정된 내용을 담고자 노력하였다. 국고보조금 회계처리방법의 변경, 토지·건물에 대한 재평가모델의 도입, 고유목적사업준비금 표시방법의 변경 등 의료기관회계기준규칙의 개정내용을 서술하였으며, 진료수가 청구절차, 의료수익조정항목 등 의료수입 인식 과정을 구체적으로 설명하고, 국고보조금 수입과 기부금 수입에 대한 의료기관회계기준과 세법의 차이를 상세하게 설명하였다. 또, 「병원결산 절차와 실무」장에 결산 관련 사례연구와 공익법인 공시서류 작성방법 등을 서술하였다.

현재 병원에서 회계와 세무의 중요성은 다른 어느 때보다 더 절실하게 요구된다고 하겠다.

이 책이 병원의 회계와 세무 관리에 조금이나마 도움이 되었으면 하는 바람이다. 그러나 이 책의 부족한 부분은 모두 저자의 부족함입니다. 독자의 비판을 겸허하고 고맙게 받아들여 앞으로 좀 더 나은 내용이 되도록 하겠습니다.

　이 책을 저술하면서 많은 분에게서 도움을 받았습니다. 저자의 자문과 강의에 참여한 병원 관계자 여러분의 도움이 많았습니다. 강의실과 세미나실 또는 워크숍 등에서 마주하고 나누었던 많은 질문과 의견, 문제점 등에 관한 해결 방법 등이 이 책의 바탕이 되었습니다. 도움과 성원을 주신 모든 분께 감사를 드립니다.

저자 박 두 진

개정판(7판)을 저술하면서

이번 개정판(7판)은 최근 세법 개정내용과 새로운 해석사례 및 판례를 반영하고, 공시서류 작성 방법을 대폭 수정하여 보완하였다.

공익법인에 대한 공시제도가 더욱 강화되어 2022회계연도부터는 공익법인에 대한 감사인 지정제도가 시행되었으며, 2023회계연도부터는 의료기관회계기준 적용 범위가 100병상 이상 의료기관으로 확대되었다.

병원은 의료기관회계기준에 의하여 결산서를 작성하고 있음에도 불구하고 공익법인 결산 서류 공시는 공익법인회계기준에 의하여야 하므로 결산서류 공시에 임하여 재무제표를 변환 하여야 하는 번거로움과 어려움이 있다.

의료기관회계기준에 의한 재무제표를 공익법인회계기준에 따른 재무제표로 변환하는 방법 을 사례를 들어 알기 쉽게 설명하였다.

이 책을 2005년에 처음 저술할 때 의료기관 회계와 세무 담당자에게 사례 중심의 실무지 침서 제공을 목적으로 저술하였다.

초판 저술 이후 17여 년간 병의원 회계와 세무를 담당하는 실무자와 관리자는 물론 세무 사·공인회계사 등으로부터 많은 질의가 있어 그 내용을 책에 반영하였으며, 병원회계분야 개 척자로서의 사명감을 더더욱 통감하며 격려와 호응에 감사드립니다.

앞으로 더 나은 내용으로 병의원 회계와 세무의 실무지침서가 되도록 노력하겠습니다.

2023년 1월   일

저자 박 두 진

줄 인 글

● 이 책의 내용에서 줄인 글로 표기된 관련 법령 등은 다음과 같습니다.

국기법	국세기본법	조특칙	조특법 시행규칙
국기령	국세기본법 시행령	조기통	조특법 기본통칙
국기칙	국세기본법 시행규칙	지기법	지방세 기본법
국기통	국세기본법 기본통칙	지방법	지방세법
법인법	법인세법	지방령	지방세법 시행령
법인령	법인세법 시행령	지방칙	지방세법 시행규칙
법인칙	법인세법 시행규칙	상증법	상속세 및 증여세법
법기통	법인세법 기본통칙	상증령	상속세 및 증여세법 시행령
소득법	소득세법	상증칙	상속세 및 증여세법 시행규칙
소득령	소득세법 시행령	상법	상법
소득칙	소득세법 시행규칙	상법령	상법 시행령
소기통	소득세법 기본통칙	공증법	공증인법
부가법	부가가치세법	인지법	인지세법
부가령	부가가치세법 시행령	중기법	중소기업기본법
부가칙	부가가치세법 시행규칙	중기령	중소기업기본법 시행령
부기통	부가가치세법 기본통칙	지특법	지방세특례제한법
조특법	조특법	지특령	지방세특례제한법 시행령
조특령	조특법시행령		

차 례

6장　유형자산과 감가상각비

7장　고유목적사업준비금

8장   기부금과 회계

9장   의료기관의 결산

10장   부동산과 세금

11장   의료기관의 부가가치세

12장　의료기관의 상속세와 증여세

13장　병원결산 절차와 실무

1장

의료기관의 세금 환경

1절 의료기관의 분류

1. 의료법에 따른 구분

① 의료법은 의사, 치과의사, 한의사, 간호사 또는 조산사를 의료인이라고 하고, 의료인이 공중 또는 특정한 여러 사람을 위하여 의료·조산의 업으로 하는 것을 의료업이라고 한다.

② 의료법에 따르면 의료인이 의료업을 행하는 장소가 의료기관이고, 국내에서 의료업을 하기 위해서는 의료법에 따른 의료기관을 개설하여야 하는데 의료법은 의료기관의 종류를 다음과 같이 구분하고 있다.

가 병원급 의료기관

의사, 치과의사 또는 한의사가 주로 입원환자를 대상으로 의료행위를 하는 다음의 의료기관이 있다.

1. 병원
2. 치과병원
3. 한방병원
4. 요양병원(정신병원, 장애인 의료재활시설 포함),
5. 종합병원

나 의원급 의료기관

의사, 치과의사 또는 한의사가 주로 외래환자를 대상으로 각각 그 의료행위를 하는 다음의 의료기관이 있다.

1. 의원
2. 치과의원
3. 한의원

다 조산원

조산사가 조산과 임부·해산부·산욕부 및 신생아를 대상으로 보건활동과 교육·상담을 하는 의료기관이다.

2. 설립 주체에 따른 구분

의료법은 의료인, 비영리법인, 국가 및 지방자치단체에만 병원을 설립할 수 있도록 제한하고 있다.

가 의료기관을 개설할 수 있는 자

의료법에 따라 의료기관을 개설할 수 있는 자는 다음과 같다.

의료법	구 분
의료기관을 개설할 수 있는 자	1. 의료인 (의사, 치과의사, 한의사 또는 조산사)
	2. 국가, 지방자치단체
	3. 의료법인
	4. 민법 또는 특별법에 따라 설립된 비영리법인

나 의료인이 개설할 수 있는 의료기관

의료법에 따라 의료인 개설할 수 있는 의료기관은 다음과 같다.

의료인	의료기관
의사	• 종합병원, 병원, 요양병원, 의원
치과의사	• 치과병원, 치과의원
한의사	• 한방병원, 요양병원, 한의원
조산사	• 조산원

다 의료기관 구분

설립 주체와 설립 근거법에 따라 의료기관을 구분 표시하면 다음과 같다.

《 설립 주체와 설립 근거법에 따른 의료기관 구분 》

설립 주체		근거법	해당 의료기관	관련 부처
의료인		의료법	각종 개인 병의원	보건복지부
국가 또는 지방자치 단체	보건복지부	보건복지부와 그 소속기관 직제	국립소록도병원 등	보건복지부
	법무부	법무부와 그 소속기관 직제	치료감호소	법무부
	국방부	국방부와 그 소속기관 직제	국군의무사령부 산하 병원	국방부
	경찰청	경찰청과 그 소속기관 직제	경찰병원	행정안전부
	지방자치단체	시·도 조례	전국의 시립병원 및 도립병원	각 시도
		지역보건법	전국의 보건소 및 보건원	보건복지부
의료법인		의료법	각종 의료법인병원	보건복지부
민법	사단법인	민법	각종 사단법인병원	
	재단법인	민법	각종 재단법인병원	
특별법	학교법인	사립학교법	각종 사립대학 부속병원(수익사업병원 포함)	교육부
	사회복지법인	사회복지사업법	각종 사회복지법인병원	보건복지부
	서울대학교병원설치법		서울대학교병원	교육부
	국립대학교병원설치법		각종 국립대학교병원	
	서울대학교치과병원설치법		서울대학교치과병원	
	국립대학교치과병원설치법		각종 국립대학교치과병원	
	국립중앙의료원의 설립 및 운영에 관한 법률		국립중앙의료원	보건복지부
	암관리법		국립암센터	
	대한적십자사조직법		적십자병원	
	방사선 및 방사성동위원소 이용진흥법		한국원자력의학원 원자력병원	교육부
준정부 기관	국민건강보험공단	국민건강보험법	국민건강보험공단 일산병원	보건복지부
	근로복지공단	산업재해보상보험법	서울산재병원외	고용노동부
한국보훈복지의료공단		한국보훈복지의료공단법	중앙보훈병원외	국가보훈처
지방의료원		지방의료원의 설립 및 운영에 관한 법률	전국 각지의 지방의료원	보건복지부

3. 세법 적용에 따른 구분

　의료기관을 적용세법 기준으로 분류하면 법인세 비과세 의료기관, 법인세를 부담하는 의료기관 및 소득세를 부담하는 의료기관으로 분류할 수 있다.

《 세법 적용에 따른 의료기관의 분류 》

구 분		병원의 종류
법인세 비과세 의료기관		국공립병원
법인세법 적용 의료기관	고유목적사업준비금 100% 설정 대상	대학병원, 사회복지법인, 국립암센터, 적십자병원, 국립중앙의료원, 지방의료원, 중소도시 소재 의료법인
	고유목적사업준비금 50% 설정 대상	의료법인, 사단법인, 재단법인 병원 등
소득세법 적용 의료기관		개인의료기관

● 법인세 비과세 의료기관

　시·도립병원, 국립경찰병원 등과 같이 국가와 지방자치단체가 직접 운영하는 국공립병원에 대하여는 법인세를 과세하지 않는다. 별도의 법인격이 있는 비영리법인이 아니기 때문이다.

● 법인세법 적용 의료기관

　① 지방의료원은 설립 주체가 지방자치단체이고 경영진을 지방자치단체가 임명하는 형태이기는 하지만 정부나 지방자치단체가 직접 운영하는 것이 아니라 별도의 인격을 가지고 설립된 비영리법인이므로 법인세의 과세대상이다.

　② 비영리법인이 운영하는 병원을 비영리의료기관이라고 한다면 모든 비영리의료기관은 법인세 과세대상이다. 과세소득의 범위가 영리법인과 비교하여 약간 축소되는 경향이 있지만, 대부분의 법인세법 적용은 영리법인과 유사하다.

　③ 법인세법과 조세특례제한법은 비영리의료기관 중 사회복지법인, 대학병원, 국립암센터, 국립중앙의료원, 적십자병원, 지방의료원과 인구 30만 이하의 대학병원이 없는 시군에 소재하는 의료법인 등에 대하여는 법인세 과세소득의 100% 범위 이내에서 고유목적사업준비금을 설정할 수 있도록 하고 있고, 여타의 비영리의료기관은 고유목적사업준비금을 50% 설정할 수 있도록 하고 있다.

④ 사회복지법인과 대학병원 등은 과세소득의 100%에 해당하는 고유목적사업준비금을 설정할 수 있으므로 법인세를 납부하지 않아도 되는 것처럼 보인다. 그러나 의료기관이 설정한 고유목적사업준비금은 의료기기 등을 취득하는 경우에만 사용할 수 있고, 이후에 취득한 의료기기 등의 감가상각비 상당액을 의료발전준비금 환입의 형태로 익금에 산입하므로 사실상 법인세의 부담을 일정 기간 이연하는 효과가 있을 뿐이다.

소득세법 적용 의료기관

개인이 설립한 의료기관에 대하여는 소득세법이 적용된다. 소득세법의 적용 범위는 법인세법과 많은 차이가 있지만, 의료기관에 대한 과세소득의 계산 절차는 거의 유사하다. 그리고 매출액이 600억원 이하이고, 자산총액이 5,000억원 이하인 병원이라면 중기업에 해당하고[1] 매출액이 10억원 이하인 병원은 소기업에 해당한다. 이 범위를 벗어나는 의료기관은 대기업이다.

조세특례법 적용

중소기업에 해당하는 경우에는 업무추진비 한도, 조세특례제한법의 투자세액공제, 세액감면제도 등의 혜택을 받을 수 있다.[2]

---

1) 조특령 §2 및 중소기업 기본법 시행령 별표 1, 규모의 확대로 중소기업의 범위를 벗어나게 되면 그 당해연도 및 그다음 3 과세연도까지 중소기업으로 유예해 준다.

2) 종합소득금액 1억원 이하인 의원, 치과의원 및 한의원도 중소기업 특별세액감면을 받을 수 있다. 조특법 §7 참조.

4. 재무보고 실체와 관련한 분류

가 비영리법인의 조직 형태

① 의료기관을 운영하는 비영리법인의 조직형태는 실로 복잡 다양하다. 법인 산하에 단 하나의 병원을 운영하는 비영리조직이 있는가 하면 다수의 수익사업체와 다수의 병원을 운영하면서 여기서 창출되는 소득을 고유목적사업 달성을 위한 원천으로 사용하는 비영리조직도 있다.

② 의료기관회계기준규칙과 법인세법은 특정한 회계단위별로 회계기록을 별도로 유지할 것을 요구하고 있다. 규칙에 의하면 법인과 병원, 병원과 병원 간의 구분회계를, 법인세법에 의하면 수익사업과 비수익사업의 구분회계를 유지하여야 한다.

나 비영리조직의 4가지 형태

규칙과 세법이 요구하는 구분회계의 필요성을 동시에 놓고 볼 때, 의료기관을 운영하는 비영리조직을 4가지 형태로 단순화하여 고려해 볼 필요가 있다.

(I)	(II)		(III)			(IV)			
○○법인	△△법인		□□법인			××학교법인			
○○병원	△△병원	△△병원	□□병원	□□병원	노인병원	××병원	××치과병원	××한방병원	××우유

형태 I

- 형태 I 은 가장 단순한 형태의 조직체로 법인 산하에 단일 병원을 운영하는 형태이다.
- 형태 I 은 법인회계와 병원회계로 구분회계를 할 필요가 없다.

형태 II

- 형태 II 는 둘 또는 그 이상의 병원을 운영하는 비영리조직이다.
- 형태 II 의 경우에는 규칙에 따라 각각의 병원이 100병상 이상의 병원이면 법인과 병원별 구분회계가 필요하다. 그렇지 않다면 구분회계를 하지 않아도 된다. 법인세의 신고를 위해서는 법인과 병원 전체의 통합 재무자료가 필요하다.

🎯 형태 Ⅲ

- 형태 Ⅲ은 기존의 병원을 운영하면서 시·도립 노인요양병원 등 국가나 지방자치단체 가 위탁하는 병원의 수탁 운영을 하는 조직이다.
- 형태 Ⅲ의 경우에는 재무보고를 위하여 수탁 운영하는 병원에 대하여 반드시 구분회 계를 하여야 한다. 그러나 법인세의 신고방법은 계약 내용에 따라서 차이가 있다. 수 탁운영 병원에서 발생한 소득이 수탁기관에 귀속되는 조건이라면 재무자료의 합산이 필요하고 그렇지 않다면 별도로 재무보고를 하여야 한다.

🎯 형태 Ⅳ

- 형태 Ⅳ는 몇몇 학교법인처럼 다수의 수익사업체와 다수의 병원을 운영하면서 여기서 창출되는 소득으로 별도의 고유목적사업을 달성하기 위하여 활동하는 조직이다.
- 형태 Ⅳ의 경우에는 수익사업, 병원, 고유목적사업회계를 각각 구분하여 회계기록을 유지하여야 한다. 수익사업에 대하여는 K-IFRS 또는 일반기업회계기준이, 병원에 대 하여는 의료기관회계기준규칙이, 고유목적사업회계에 대하여는 관련 법규가 적용된 다. 법인세의 신고를 위해서는 수익사업과 비수익사업으로 구분하여 수익사업에 대한 회계기록을 합산하여 신고하여야 한다.

1. 일반적으로 인정되는 회계원칙

① 의료기관에 적용되는 일반적으로 인정되는 회계원칙 중 가장 중요한 것은 보건복지부령으로 공표한 의료기관회계기준규칙과 재무제표 세부 작성방법이다. 그리고 의료기관회계기준규칙 등에 정하여지지 않은 내용에 대하여는 한국회계기준원이 공표한 기업회계기준(한국채택국제회계기준 또는 일반기업회계기준)이 적용된다.

② 의료기관회계기준규칙과 기업회계기준이 상충하는 경우에는 의료기관회계기준규칙을 따라야 한다. 의료기관회계기준규칙은 일정 규모 이상의 의료기관이 반드시 준수하도록 강제된 법령이고, 기업회계기준보다 특별법의 지위에 있다.

2. 의료기관별 재무보고기준

사단법인, 재단법인, 사회복지법인, 학교법인 등 의료기관을 운영하는 복잡 다양한 형태의 비영리법인에 대하여 조직형태별로 설립 근거법에 따른 재무보고 기준이 존재한다.

① 사립학교가 운영하는 의료기관에 대하여는 「사학기관 재무회계규칙에 대한 특례규칙」이, 사회복지법인에 대하여는 「사회복지법인과 사회복지시설 재무회계규칙」이, 공기업 및 준정부기관 형태의 의료기관에 대해서는 「공기업·준정부기관 회계사무규칙」 및 「공기업·준정부기관 회계기준」이 회계원칙의 역할을 한다.

② 사단법인과 재단법인인 의료기관은 「공익법인의 설립·운영에 관한 법률」에 따라 재산을 기본재산과 보통재산으로 구분하여 관리하여야 하고, 별도의 회계기준이 존재하지 않으므로 의료기관회계기준규칙을 준수하여 재무보고서를 작성하여야 한다.

③ 사회복지법인 의료기관은 다른 법령에 특별한 규정이 있는 경우를 제외하고는 「사회복

지법인과 사회복지시설 재무회계규칙」을 준수하도록 규정하고 있으므로 의료기관회계기준을 우선 적용하여야 한다[1].

④ 학교법인이 운영하는 병원에 대하여는 '일반적으로 인정되는 의료법인의 병원회계에 준하여 계리한다.'고 규정하고 있으므로 의료기관회계기준을 우선 적용하여야 한다.

⑤ 공공기관의 운영에 관한 법률에 근거하여 제정된 「공기업·준정부기관 회계사무규칙」은 다른 법령에 특별한 규정이 있는 경우에는 그를 따르도록 규정하고 있으므로[2] 준정부기관이 운영하는 병원은 의료기관회계기준규칙을 우선 적용하고, 의료기관회계기준에 없는 내용은 「공기업·준정부기관 회계사무규칙」과 「공기업·준정부기관 회계기준」을 적용하고, 여기에 없는 내용은 국제회계기준을 적용하여야 한다.

⑥ 국립대부속병원, 의료법인 등 준정부기관이 아닌 비영리법인은 의료기관회계기준을 우선 적용하고 의료기관회계기준에 없는 내용은 일반기업회계기준을 적용한다.

3. 비영리조직 회계기준

① 한국회계기준원이 제정·공표한 비영리조직회계기준은 모든 비영리조직에 일반적으로 적용되는 통일된 회계기준으로, 의료기관을 운영하는 비영리법인에도 일반적으로 인정된 회계원칙이다.

② 의료기관회계기준 규칙은 의료기관회계의 투명성 확보라는 감독기관의 정보 수요 충족을 목적으로 탄생하였다[3]. 그 결과 진료비청구 삭감을 현금주의에 따라 인식하도록 하고, 고유목적사업준비금 설정액을 손익계산서에 비용으로 반영하는 등 회계의 기본원칙과 동떨어진 회계 관행을 조문으로 흡수하고, 의료기관의 특성에 맞춰 계정과목의 종류와 내용을 구체적으로 자세하게 열거하고 있으며, 주요 부속명세서의 서식을 감독 목적에 맞추어 극도로 상세하게 규정하고 있다.

③ 그러나 비영리조직의 활동내용을 하나부터 열까지 세세하게 보고하는 재무보고는 일반 정보이용자에게 유용한 정보가 되기 어렵다. 의료기관은 감독관청뿐 아니라 기부자, 자원봉사자, 채권자, 국가와 지방자치단체 등 자원을 제공하는 그 밖의 주체들이 존재하며, 환자와 직원 등 다수의 이해관계자가 존재한다.

---

1) 「사회복지법인과 사회복지시설 재무회계규칙」 제2조의 2.
2) 「공기업·준정부기관 회계사무규칙」 제2조 제1항
3) 의료기관회계기준 규칙 제1조(목적)

④ 이들은 의료기관이 제공한 서비스, 이러한 서비스를 지속해서 제공할 가능성, 의료기관의 관리자들이 수탁 책임을 적절하게 수행하였는지 등을 평가하는데 필요한 정보가 필요하다.[1].

⑤ 이러한 필요에서 한국회계기준원은 모든 비영리조직에 일반적으로 적용할 수 있는 통일된 비영리조직회계기준을 제정하여 공표하였다. 그러나 비영리조직회계기준의 이론적 타당성에도 불구하고 의료기관들은 재무제표를 작성할 때 이 기준을 거의 참조조차 하지 않을 것 같다.

⑥ 기본적으로 준수의 강제성이 부여되지 않았고, 운영성과표와 현금흐름표의 양식, 고유목적사업준비금과 정부 보조금의 회계처리방법이 의료기관회계기준 규칙과 상당한 차이가 있어서[2] 재무제표 작성을 위한 추가비용이 드는 데 반하여 눈에 보이는 효익은 별로 없기 때문이다.

⑦ 한편 상증법에서는 공익법인이 회계감사 의무 및 결산서류 등의 공시의무를 이행할 때 공익법인회계기준을 준수하도록 강제하고 있지만, 의료기관과 학교법인의 경우에는 의료기관회계기준, 사학기관 재무회계 특례규칙 등 별도의 회계기준이 존재하고 있으므로 공익법인회계기준의 적용의무를 배제하고 있다.[3].

《 조직형태별 회계기준 적용 단계 》

준정부기관 병원	사회복지법인 및 대학병원	그 외의 비영리법인병원	작용단계
의료기관회계기준 규칙			1차 기준
공기업·준정부기관 회계기준	소관부서의 회계기준	일반기업회계기준	2차 기준
국제회계기준	일반기업회계기준		3차 기준
비영리조직회계기준			참고기준
공익법인회계기준			적용하지 않음

---

1) 비영리조직회계기준 제4조(재무제표 작성의 목적)

2) 비영리조직회계기준은 ① 고유목적사업준비금과 고유목적사업준비금 전입액은 재무회계개념체계 상 각각 부채와 비용의 정의에 부합하지 않으므로 재무제표에 인식하지 않도록 규정하고 있고, ② 정부 보조금에 대하여 기업회계기준을 적용하면 사업수익은 물론 그와 관련한 사업비용도 계상되지 않기 때문에 비영리조직의 활동 노력과 성과가 과소 표시되는 문제가 존재하는 것을 고려하여, 모든 유형의 국고보조금은 원칙적으로 기업회계기준의 적용을 배제하고, 사업수익으로 회계처리를 하도록 규정하고 있다.

3) 상증법 §50의4 및 상증령 §43의4

3절 　의료기관의 세법상 의무

1. 소득세법과 법인세법상의 의무

가　교환거래에 대한 계산서 등의 발행의무

① 병원이 재화나 용역을 공급하면 영수증, 계산서 또는 세금계산서를 작성하여 공급받는 자에게 발급하여야 한다. 병원이 최종소비자에게 의료용역을 공급한 경우에는 영수증을 교부하여야 한다. 만약 의료용역을 공급받는 사업자가 사업자등록증을 제시하고 계산서의 교부를 요구하는 때에는 계산서를 교부하여야 한다.[1]

② 병원이 사용하던 의료기기를 처분하는 경우 등 일시적으로 공급하는 재화와 용역에 대해서는 계산서를 발행하여야 하고, 임대료수익 등 계속적, 반복적으로 발생하는 과세사업 수익에 대해서는 세금계산서를 발행하여야 한다.

③ 또, 법인세법은 법인이 토지 및 건축물을 공급하는 경우에는 계산서 등을 발급하는 것이 적합하지 않다고 인정하여 계산서의 발행의무를 면제하고 있다.[2]

④ 발급한 계산서에 필수적 기재사항의 전부 또는 일부가 기재되지 아니하거나 사실과 다르게 기재된 경우에는 공급가액의 1%에 상당하는 가산세를 부담하여야 하고, 계산서를 발행하지 않거나 다음과 같이 가공 또는 위장 계산서를 발행한 경우에는 공급가액의 2%에 해당하는 가산세를 부담한다.

　1. 재화 또는 용역을 공급하지 않고 계산서를 발급한 경우
　2. 재화 또는 용역을 공급하고 타인의 명의로 계산서를 발급한 경우

---

1) 소득령 §211② 및 ⑤ , 법인칙 §96의2
2) 법인법 §121④ 및 법인령 §164③ 참조

《 계산서 등의 증빙서류 발행의무 》

증빙서류	발행하는 경우
영 수 증	• 일반적인 의료수입 발생 시
계 산 서	• 상대편의 요구로 영수증 대신 발행 • 일시적으로 공급하는 재화와 용역 • 연구비 중 면세용역
세 금 계 산 서	• 계속적 반복적으로 발생하는 과세사업 수입 • 연구비 중 과세용역
발행의무 없음	• 부동산의 공급

나 비교환거래의 기부금영수증 발행의무

① 법률·계약·기타의 원인에 의하여 개인 또는 단체가 현금 또는 기타의 자산을 자발적·일방적으로 조건 없이 이전하는 기부는 자발적인 비교환거래(voluntary non-exchange transaction)이다. 자발적인 비교환거래에 대해서는 기부금영수증을 발행하여야 한다.

② 비영리 내국법인이 기부금을 수령한 경우 기부금영수증을 발행하여 교부하고, 기부자별 기부금 수령 내역을 작성·보관하여야 한다. 기부금영수증을 사실과 다르게 발급하거나 기부자별 발급내역을 작성·보관하지 아니하면 다음 각호의 구분에 따른 금액을 가산한 금액을 법인세로 납부하여야 한다.

③ 이 경우 산출세액이 없는 경우에도 가산세를 징수한다.

1. 기부금영수증 : 사실과 다르게 발급한 금액의 100분의 2
2. 기부자별 발급명세 : 작성·보관하지 아니한 금액의 1천분의 2

다 (세금)계산서합계표 제출 의무

① 의료기관은 교부하였거나 교부받은 계산서의 매출·매입처별 계산서합계표를 다음 연도 2월 10일까지 사업장 소재지 관할 세무서장에게 제출할 의무가 있다.

② 또한, 의료업자가 재화 또는 용역을 공급받고 세금계산서를 교부받으면 과세기간 종료 다음연도 2월 10일까지 매입처별 세금계산서합계표를 사업장 소재지 관할 세무서장에게 제출하여야 한다. 과세사업을 겸영하는 경우에는 부가가치세법을 따른다.[1]

③ 매출·매입처별 계산서합계표 및 매입처별 세금계산서합계표의 작성교부 및 제출의무 불이행에 대하여는 공급가액의 1%에 해당하는 가산세 의무가 있다.

---

1) 법인법 §120의3 ①

라 지급명세서의 제출 의무

① 소득을 지급하는 자는 각종 지급명세서를 작성하여 제출할 의무가 있으며, 지급명세서를 제출하여야 할 자가 해당 지급명세서를 그 기한 내에 제출하지 아니하였거나 제출된 지급명세서가 불분명하면 그 제출하지 아니한 해당분의 지급금액 또는 불분명한 분의 지급금액의 100분의 2에 상당하는 금액을 결정세액에 가산한다.

② 다만, 제출기한 경과 후 3개월 이내에 제출하는 경우에는 지급금액의 100분의 1에 상당하는 금액을 결정세액에 가산한다.[1] 가산세의 한도는 중소기업은 5천만원, 대기업은 1억원이다.[2] 고의로 위반한 경우에는 한도가 없다.

③ 제출된 지급명세서에 지급자 또는 소득자의 주소·성명·납세번호(또는 주민등록번호)나 사업자등록번호·소득의 종류·소득의 귀속연도 또는 지급액을 기재하지 아니하였거나 잘못 기재하여 지급 사실을 확인할 수 없을 때는 불분명한 지급명세서로 본다.

마 현금영수증 발행 의무

① 의료기관이 건당 거래금액이 10만원 이상인 진료용역을 공급하고 그 대금을 현금으로 받은 경우 상대방이 현금영수증 발급을 요청하지 않더라도 진료용역을 공급받은 자에게 현금영수증을 발급하여야 한다. 사업자등록을 한 자에게 계산서를 교부한 경우에는 현금영수증을 발급하지 않을 수 있다.[3]

② 치료비를 지불한 사람과 치료를 받은 사람이 다른 경우에 현금영수증은 재화 또는 용역을 공급받은 상대방에게 발급하여야 하므로 치료를 받은 환자에게 발급하여야 한다.

③ 현금영수증 발급을 거부하거나 사실과 다르게 발급한 경우는 관할 세무서장으로부터 통보받은 건별 발급 거부금액 또는 건별로 사실과 다르게 발급한 금액(건별로 발급하여야 할 금액과의 차액)의 100분의 5에 상당하는 금액을 가산세로 납부하여야 한다.[4]

④ 상대편의 신고에 의하여 현금영수증을 발급하지 않은 내용이 확인되는 경우에는 거래 대금의 100분의 20에 상당하는 과태료가 부과된다(2천만원 한도).[5] 이 경우 100분의 5에 상당하는 가산세는 별도로 부과하지 않는다.

---

1) 소득법 §81①
2) 국기법 §49①
3) 법인법 §117의2 ④ 및 소득법 §162의3 ④
4) 법인법 §76⑫2
5) 법인령 §167②

2. 부가가치세법상의 의무

① 의료업은 면세사업이다. 다만, 쌍꺼풀 수술, 코 성형 등 미용을 위한 성형과 기미·주근깨 치료술, 여드름 치료술 등 미용을 위한 피부과 용역은 부가가치세가 과세되는 과세사업이다. 면세사업자는 매입하는 재화와 용역에 대하여는 부가가치세를 부담하게 되어있으나, 일반과세사업자와 달리 매입세액을 공제받을 수는 없다.

② 의료기관이 거래 상대방으로부터 부가가치세가 과세되는 재화 또는 용역을 공급받을 때는 세금계산서를 받아야 한다. 이 경우 부가가치세의 납세의무가 없는 경우에도 받은 세금계산서를 매입처별 세금계산서합계표에 기재하여 과세기간(제1기 : 1월 1일부터 6월 30일까지, 제2기 : 7월 1일부터 12월 31일까지) 종료 후 25일 이내에 사업장 관할세무서장에게 제출하여야 한다.

③ 면세사업자인 의료기관이 임대사업 등 과세사업을 개시할 때는 사업자등록을 따로 하여야 하며, 사업자등록을 하지 않은 때에는 실질적으로 과세사업을 영위하더라도 매입세액을 공제받을 수는 없다. 과세사업을 하는 의료기관은 과세·면세사업을 겸해서 하는 겸업 사업자이고, 겸업 사업자는 분기별로 부가가치세의 신고를 해야 한다.

④ 부가가치세 납부세액 계산은 1대 1 대응 방법으로 계산한다. 과세사업을 위하여 구입한 재화와 용역에 대한 매입세액은 납부세액에서 공제하고, 면세사업을 위하여 지출한 부가가치세는 매입세액으로 공제받을 수 없다. 과세사업과 면세사업에 공통으로 사용된 매입세액은 수입금액 기준으로 안분 계산하여 공통매입세액으로 공제받을 수 있다.

| 판례 | 면세사업자 사업자등록 기간에 발생한 매입세액의 환급 여부

▶ 원심이 같은 취지에서, 원고의 전신인 수도권 신공항건설공단이 면세사업자로 사업자등록을 하고 있던 기간에 발생한 이 사건 매입세액은 법 제17조 제2항 제5호 소정의 사업자등록 전의 매입세액에 해당한다는 이유로 환급(공제)신청을 거부한 이 사건 처분이 정당하다고 판단한 것은 앞에서 본 법리에 비추어 정당한 것으로 수긍이 되고, 거기에 상고이유에서 주장하는 바와 같은 사업자등록 전의 매입세액에 관한 법리오해 등의 위법이 있다고 할 수 없고, 나아가 위에서 본 처분 사유만으로도 매입세액의 환급을 거부한 이 사건 처분이 결론에 있어서 정당하다고 판단되는 이상 피고가 주장하는 다른 처분 사유에 관하여는 더 나아가 살펴볼 필요가 없다(대법원 2004.3.12 선고 2002두5146 판결).

3. 상속세 및 증여세법상의 의무

　　의료기관을 운영하는 비영리법인은 상증법이 정하는 공익법인이다. 공익법인이 출연받은 재산은 증여세 과세가액 불산입 대상이지만 매년 법인세 신고와 동시에 출연재산명세서를 제출할 의무가 있고, 외부회계감사의무, 외부전문가의 세무확인의무, 공익법인 결산서류 공시 의무 등 납세협력 의무가 있다.

가 출연재산 등에 대한 보고서 제출의무

　　① 의료기관은 사업연도 종료일부터 4개월 이내에 다음 서류를 제출하여야 한다.
　　1. 결산에 관한 서류(재무상태표 및 손익계산서)
　　2. 출연받은 재산의 명세
　　3. 출연재산(출연재산의 운용소득 포함)의 사용계획 및 진도 현황
　　4. 출연받은 재산 매각 내용 및 사용명세
　　5. 운용소득의 직접 공익목적사업 사용명세
　　6. 주식(출자지분) 보유명세서
　　7. 이사 등 선임명세서
　　8. 특정 기업 광고 등 명세서
　　② 제출하지 않거나 제출된 보고서의 내용이 불분명한 경우에는 미제출분 또는 불분명한 부분의 금액에 상당하는 증여세액의 1%에 해당하는 금액을 가산세로 납부하여야 한다.

나 외부전문가의 세무확인 의무

　　① 총자산 5억원, 수입금액 3억원 이상 규모의 공익법인은 매년 외부전문가의 세무확인을 받아 그 결과를 사업연도 종료일부터 4개월 이내에 보고할 의무가 있다.
　　② 세무확인을 받지 않으면 당해 사업연도 수입금액과 출연재산액을 합한 금액의 7/10,000에 해당하는 가산세를 납부하여야 한다.
　　③ 다만, 국가 또는 지방자치단체가 재산을 출연하여 설립한 공익법인 등으로서 감사원법 또는 관련 법령에 따라 감사원의 회계검사를 받는 공익법인 등(회계검사를 받는 연도분으로 한정)은 외부전문가의 세무확인 의무가 없다.

다 기타의 협력 의무

출연재산 보고 및 외부전문가 확인 의무 이외에 상증법이 가산세 등으로 강제하는 다음과 같은 협력 의무가 있다.

    1. 외부감사인에게 회계감사 받을 의무(자산규모 100억원 이상)

    2. 결산서류 등의 국세청 홈페이지 공시의무(결산일로부터 4개월 이내)

    3. 전용계좌 개설·사용의무

    4. 회계장부와 증명서류 10년 보존의무

라 출연재산에 대한 사후관리

공익법인이 출연받은 재산에 상속세 또는 증여세를 과세하지 않는 것은 출연받은 재산을 공익사업에 사용한다는 전제하에 성립하는 것이다. 그러므로 출연받은 재산을 다음과 같이 공익사업에 사용하지 않는 경우에는 증여세를 추징하고 가산세를 부과한다.

분류	사후관리 사항	위반 시 추징
출연재산	출연받은 날부터 3년 이내에 공익목적사업 등(수익사업용으로 운용 가능)에 사용	증여세
출연재산 매각대금	매각일부터 1년 이내 100분의 30, 2년 이내 100분의 60, 3년 이내 100분의 90 사용	가산세·증여세
출연재산 운용소득	소득이 발생한 사업연도 종료일부터 1년 이내에 80% 이상을 직접 공익목적 사업에 사용	가산세·증여세
출연자등 이사취임	출연자와 특수관계자가 이사 현원의 5분의 1을 초과하여 이사가 되거나 임·직원이 되지 아니할 것(의료법인은 제외, 상증령 §38 ⑪)	가산세
특정기업의 광고	특수관계에 있는 내국법인에게 정당한 대가를 받지 아니한 광고·홍보의 금지	가산세
자기거래	출연자와 특수관계자가 재산의 임대차·소비대차,사용대차 등의 방법으로 사용·수익 금지	증여세
해산시 잔여재산	잔여재산을 국가·지방자치단체 또는 해당 공익법인 등과 동일, 유사한 공익법인 등에 귀속	증여세
주식보유한도	특수관계 계열기업 주식을 보유하는 경우 그 내국법인의 주식 등의 가액이 해당 공익법인 등의 총 재산가액의 100분의 30(납세협력의무 이행하는 경우에는 100분의 50) 이하 보유할 것	가산세
의결권 행사	의결권을 행사하지 않을 조건으로 발행주식총수 등의 100분의 10을 초과하여 주식을 보유한 성실공익법인이 출연받은주식 등의 의결권을 행사	증여세
공익법인 의무지출	출연재산가액의 1%(3%)를 직접공익목적사업에 지출(의료업은 법인세 과세사업이므로 제외)	가산세

1. 청산소득에 대한 법인세

① 현행 법규상 영리법인 형태로 의료기관을 운영할 수는 없다. 따라서 의료기관을 운영하는 법인은 모두 비영리법인에 해당한다.

② 영리법인은 각 사업연도 소득 및 청산소득에 대한 납세의무가 있다. 그러나 비영리법인은 사업연도 소득에 대한 납세의무만 있고 청산소득에 대한 납세의무는 없다.

③ 그 이유는 영리법인의 청산 시에는 잔여재산이 주주에게 귀속되지만, 비영리법인은 잔여재산을 국가나 유사한 설립목적을 가진 비영리법인에 귀속시켜야 하기 때문이다.

2. 토지 등 양도소득에 대한 법인세 납세의무

① 비영리법인이 일정 기준에 해당하는 토지, 건물을 양도한 경우에 각 사업연도 소득에 대한 법인세와는 별도로 토지 등 양도소득에 대한 법인세의 납세의무가 있다.

② 토지 등 양도소득에 대한 법인세를 계산할 때의 과세표준은 양도가액에서 장부가액을 차감한 것으로 하게 되어있으며, 법인세 과세소득을 구성하는 유형자산 처분이익의 익금산입 경우와는 달리 취득가액을 상증법의 평가방법으로 할 수는 없고 반드시 장부가액으로 하여야 한다.

해석 내국법인이 해산등기 후 청산하는 과정에서 보유 부동산을 처분하여 발생한 소득은 청산소득에 해당하는 것입니다. 다만, 비영리 내국법인은 청산소득에 대한 납세의무가 없으나, 법인세법 제55조의2 제1항에서 규정하는 부동산 양도에 대하여는 같은 항 각호에 의해 계산한 「토지 등 양도소득에 대한 법인세」를 납부하여야 합니다(법인세과 1573, 2008.7.15.).

3. 열거주의에 의한 법인세 과세

① 법인세법은 영리법인에 대하여는 순자산을 증가시키는 거래는 익금으로 규정하고 순자산을 감소시키는 거래는 손금으로 규정하여 익금에서 손금을 차감한 잔액을 사업연도 소득으로 하고 있지만, 비영리법인에 대하여는 다음에 열거된 항목만 사업연도 소득금액의 구성요소로 규정하고 있다.

② 개인병원은 다음의 「3, 4, 5, 6」은 사업소득에 포함하지 않는다. 다만, 금융소득종합과세 제도에 따라 2,000만원이 넘는 이자, 배당소득이 있다면 종합소득에 합산하여 신고 납부할 의무가 있다.

1. 의료업 및 기타의 수익사업에서 발생한 소득(익금－손금)
2. 이자소득, 배당소득
3. 주식, 신주인수권, 출자지분의 양도로 인한 수입
4. 고정자산의 처분으로 인하여 생기는 수입(의료기관의 고유목적사업에 직접 사용한 자산의 처분수입은 법인세 과세대상임[1])
5. 부동산에 관한 권리 및 영업권 등 기타자산의 양도소득
6. 채권 등의 매매익

③ 이렇게 열거주의를 따름으로써 비영리법인의 몇몇 수입금액은 과세소득에서 제외되는 효과가 있다. 예컨대 병원 시설비에 써달라는 조건으로 제3자로부터 기부금을 받았으면 그 기부금 수입은 위에 열거된 내용에 포함되지 않는다. 따라서 이런 기부금 수입은 과세소득에서 제외된다.

④ 그러나 제약회사로부터 받은 기부금은 이와는 성격이 조금 다르다. 납품하는 조건으로 받은 기부 금품이라면 수익사업과 관련이 있으므로 과세소득에 포함하여야 하고, 수익사업과 무관한 순수한 기부 금품을 받은 경우라면 과세소득에서 제외하여야 한다.

⑤ 따라서 특별한 거래내용은 일일이 구분하여 과세소득에의 포함 여부를 판단해야 하는데 그 구분이 언제나 명백한 것은 아니므로 판단에 주의하여야 한다.

---

1) 법인법 §3① 5 및 법인령 §2② . 비영리사업에 3년 이상 사용한 부동산의 매각 수입은 법인세의 과세대상이 아니다.

1. 장례식장의 운영과 부가가치세

① 장의용역은 시신의 보관, 염습 및 매장과 그 과정에서 망인에 대한 예를 갖추기 위한 빈소와 제단 설치, 조문을 위한 장례식장의 임대 등 이용자에게 장례의식과 관련한 역무를 제공하거나 시설물 등을 사용하게 하는 전체 과정이다.

② 부가가치세법은 장의업자가 제공하는 장의용역을 면세사업으로 분류하고 있으므로[1] 병원이 장례식장을 운영하면서 제공하는 장의용역은 부가가치세가 면제되고, 동 장의용역의 제공에 필수적으로 부수되는 장의용품을 함께 공급하는 경우 그 용품의 공급도 부가가치세가 면제된다.

③ 국세청은 빈소의 설치 및 임대는 장소를 제공하고 대가를 받는 부동산임대업이고, 장의식장에 오는 문상객에게 제공하는 음식용역은 장의용역에 필수적으로 부수되는 용역이 아닌 음식점업으로 보아 부가가치세를 과세하는 것으로 판단하여왔다.[2]

④ 그러나 대법원은 장례식장의 임대는 부동산임대업이 아니라 장의용역에 필수적으로 부수되는 용역이고[3], 장례식장의 음식물 공급도 장의용역에 통상적으로 부수되는 용역이므로 면세사업이라고 판단하였다[4].

---

1) 부가법 §26① 5 및 부가령 §35 제6호

2) 장례식장이 제공하는 제례음식은 부가가치세법 제12조 제1항 제4호 및 같은 법 시행령 제29조의 규정에 의하여 면세되는 장의용역의 공급에 필수적으로 부수되는 용역의 범위에 포함되지 않으므로 부가가치세가 과세되는 것임(재부가-289, 2008.8.7).

3) 대구지방법원 2016구합21574, 2017.2.10.

4) 「장례식장에서의 음식물 공급은 일반인이 아니라 특정 조문객만을 대상으로 빈소 바로 옆 공간이라는 제한된 장소에서 이루어지므로, 거래의 관행상 장례식장에서의 음식물의 공급은 부가가치세 면세 대상인 장의용역의 공급에 통상적으로 부수되고 있음을 충분히 인정할 수 있고, 따라서 부가가치세를 과세할 수 없다」대법원2013두932, 2013.6.28, 자세한 내용은 제11장 의료기관과 부가가치세 참조

2. 과세사업 겸영사업자

① 사업자가 과세사업과 면세사업을 겸영(兼營)하는 경우에 각각의 사업에 관련된 매입세액의 계산은 실지귀속에 따른다. 다만, 과세사업과 면세사업에 공통으로 사용되어 실지귀속을 구분할 수 없는 공통매입세액은 과세사업에 대한 공급가액과 면세사업에 대한 수입금액의 합계액(총공급가액) 중 면세사업에 대한 수입금액이 차지하는 비율에 따라 공통매입세액을 안분하여 면세사업에 관련된 매입세액을 계산하여야 한다.

② 판례에 따르면 주차장 건축에 따른 매입세액은 면세사업인 의료업과 과세사업인 주차장업에 공통으로 사용되어 실지귀속을 구분할 수 없는 공통매입세액으로 본다. 이럴 때 매입세액을 공제받기 위해서는 주차장업에 대한 수입금액과 의료업에 대한 수입금액의 합계액 중 각 사업의 수입금액이 차지하는 비율에 따라 공통매입세액을 안분 계산하여야 한다.

③ 신축 중인 병원 건물의 일부를 임대할 목적이라면 설계상의 면적에 비례하여 과세사업과 면세사업을 구분하여 임대 부분에 대한 매입세액공제를 받을 수 있다.

3. 기부채납과 부가가치세

① 의료기관이 병동 또는 기타의 건축물을 신축하여 국가나 지방자치단체에 기부하고 계약 기간에 걸쳐 이를 사용·수익하는 경우가 있다. 이러한 경우의 기부자산을 기부채납자산이라 한다.

② 기부채납용 자산의 신축에 대하여는 부가가치세를 환급받아서는 안 되고 또한 부가가치세의 납부의무도 없다.[1]

해석 부가가치세가 면제되는 의료업을 영위하는 국립병원이 응급 병동을 신축하여 준공과 동시에 국가에 귀속시키고 동 시설에 대한 무상사용수익권을 얻어 면세사업에 사용하는 경우 당해 신축건물의 기부채납에 대하여는 부가가치세가 면제되는 것이며, 건물 신축 시에 부담한 부가가치세 매입세액은 공제되지 아니하는 것입니다. 다만, 면세사업자가 면세사업에 공할 기부채납자산에 대해 이미 매입세액을 공제받은 경우에는 국가에 기부채납 시 과세하나, 매입세액을 공제받지 아니한 경우에는 기부채납시 과세하지 아니하는 것임(재소비 46015-118, 2002.5.1).

판례 기부채납 한 재화의 무상사용권을 취득하여 이를 본래의 부가가치세 면세사업에 공하였다고

---

1) 일반과세사업자의 국가에 대한 기부채납에 대하여는 부가가치세를 과세한다.

하더라도 기부채납 재화의 공급과 관련하여 매입세액을 공제받은 경우에는 이를 부가가치세가 면세되는 재화의 공급으로 볼 수 없는 것임(국심 2002서1316, 2002.7.5.기각)

4. 의료기관 구내식당의 세금

가 직원 식사의 부가가치세

① 병원 구내식당이 직원, 협력업체 직원과 환자의 보호자 등에게 음식을 제공하고 대가를 받는 사업은 의료보건용역이 아니고 의료보건용역에 필수적으로 부수되는 용역도 아니다. 병원 식당이 일반적인 음식업자와 마찬가지로 병원 직원, 환자 보호자 등에게 음식을 제공하고 대가를 받는 과세사업을 수행하는 것이므로 이에 대하여는 부가가치세를 과세한다.

② 직원에게 저가 또는 실비로 음식을 제공하는 경우도 마찬가지다. 음식을 제공하고 대가를 받는 용역은 저가 또는 실비 여부를 불문하고 부가가치세 과세대상 거래이고, 음식 제공의 대가로 받는 직원 식대에는 부가가치세가 포함되어 있다고 본다. 종업원에게 음식용역을 유무상으로 제공하는 경우 당해 음식용역과 관련하여 발생한 매입세액은 매출세액에서 공제받을 수 있다[1].

③ 한편, 병원이 청소, 경비 등 협력업체 직원에 대하여 음식용역을 저가로 제공하는 것은 업무추진비로 보지 않는다[2].

나 임차사업자가 제공하는 환자식

① 병원이 환자에게 음식용역을 제공하는 것은 의료보건용역 일부로 제공하는 것이므로 부가가치세가 면제된다.

② 그러나 의료기관으로부터 구내식당을 임차한 사업자가 환자에게 제공하는 음식용역은 의료보건용역이 아니므로 부가가치세의 과세대상이다.

③ 똑같은 음식물의 공급이 공급하는 자에 따라 부가가치세가 과세하기도 하고 면세되기도 한다.

판례 (대법원 2001두4849, 2002.11.8)

▶ (1) 의료원과의 사이에 임대차계약을 체결하고 구내식당을 임차한 다음 그곳에서 독립된 사업형

---

1) 부가 46015-2750, 1999.09.08.
2) 조심 2012전1850, 2012.12.31.

태를 갖추고 자신의 계산하에 계속적으로 급식을 제공한 자는 의료원에 종속되어 용역만을 제공한 것이 아니라 부가가치세법상의 독립된 사업자에 해당한다.

▶ (2) 부가가치세법 제12조 제3항의 규정에 따라, 부가가치세가 면세되는 재화 또는 용역의 공급에 필수적으로 부수되는 재화 또는 용역의 공급으로서 면세되는 재화 또는 용역의 공급에 포함되는 것으로 보는 것의 범위는 부가가치세가 면세되는 주된 재화 또는 용역을 공급하면서 그에 필수적으로 부수되는 어느 재화 또는 용역을 공급하는 사업자 자신의 거래로만 국한하여야 한다.

▶ (3) 국세기본법 제18조 제3항에 규정된 비과세관행이 성립하려면, 상당한 기간에 걸쳐 과세를 하지 아니한 객관적 사실이 존재할 뿐만 아니라, 과세관청 자신이 그 사항에 관하여 과세할 수 있음을 알면서도 어떤 특별한 사정 때문에 과세하지 않는다는 의사가 있어야 하며, 위와 같은 공적 견해나 의사는 명시적 또는 묵시적으로 표시되어야 하지만 묵시적 표시가 있다고 하기 위하여는 단순한 과세누락과는 달리 과세관청이 상당 기간의 불과세 상태에 대하여 과세하지 않겠다는 의사표시를 한 것으로 볼 수 있는 사정이 있어야 한다.

▶ (4) 부가가치세법 제17조 제3항, 제4항의 규정에 의하면, 사업자가 부가가치세의 면제를 받아 공급받은 농산물·축산물·수산물 또는 임산물을 원재료로 하여 제조·가공한 재화 또는 창출한 용역의 공급이 과세되는 경우에는 사업자가 부가가치세의 예정신고 및 확정신고와 함께 대통령령이 정하는 바에 따라 면세농산물 등을 공급받은 사실을 증명하는 서류를 사업장 관할세무서장에게 제출하는 경우에 한하여 대통령령이 정하는 바에 의하여 계산한 금액을 매입세액으로서 공제할 수 있는 것이므로, 면세농산물 등을 공급받은 사실을 증명하는 서류를 제출하지 아니하였다면 위 규정에 의한 매입세액 공제를 받을 수 없다.

1. 재산의 출연과 세금

가 출연재산과 양도소득세

① 상증법에 따르면 의료법인의 설립을 위하여 재산을 출연하는 데 대해서는 증여세를 과세하지 않는다. 그러나 의료법인의 설립과 관련하여 부담부증여를 하는 경우가 있고 이때는 양도소득세의 문제가 발생할 수 있다.

② 비영리법인에 재산을 출연하거나 증여할 때 증여 또는 출연재산과 함께 부채도 같이 이전하는 경우는 부담부증여이다. 이때는 총증여재산에서 부채가 차지하는 비율만큼의 금액에 대해서는 양도소득세를 적용하고 나머지 부분에 대하여는 상증법을 적용한다.

> **해석** 청구인이 운영하는 서울특별시 ×××소재 ○○병원을 같은 장소에서 의료법인 ○○의료재단으로 전환하면서 청구인의 소유인 쟁점 부동산 등 자산 4,106,909,047원과 채무액 2,226,740,872원을 함께 인수·인계한 데 대하여 증여가액 중 그 채무액에 상당하는 부분은 그 자산이 유상으로 사실상 이전되는 것으로 보아 양도소득세 과세대상 재산에 담보된 당해 채무액에 상당하는 부분에 대하여 양도소득세를 과세한 처분청의 결정은 잘못이 없다고 판단된다(심사양도 2000-52, 2000.7.7).

> **판례** 공익사업 등에 자산과 채무를 함께 출연하여 구 상속세법 제8조의2 제1항 본문 제1호에 해당하는 경우에 비록 구 상속세법은 그 출연재산을 증여세 과세가액의 범위에서 제외하고 있지만, 그 출연의 기회에 출연자의 채무를 출연받은 자에게 인수시켰다면 출연자는 이로써 채무를 면하는 이익을 얻게 되는 것이므로, 이를 양도소득세 과세대상에서 제외할 이유가 없어 그 출연으로 인한 인수채무액 상당은 유상양도로서 양도소득세 과세대상이 됨이 마땅하고, 부담부증여 재산에 양도소득세 과세대상인 자산과 과세대상이 아닌 자산이 함께 포함되어 있는 경우에는 과세대상 자산과 과세대상이 아닌 자산의 가액에 따라 각기 안분하여 과세대상 자산에 상응하는 채무액을 그 규정에 따른 양도가액과 취득가액 산정의 기초가 되는 채무액으로 봄이 상당하므로, 같은 취지의 구소득세법 기본통칙(1997.4.8 전문개정되기 전의 것) 1 – 113…4(부담부증여에 따른 간주양도)는 법률의 위임에 기초한 것은 아니지만 위와 같은 조세법률에 대한 합리적인 해석의 결과를 규정한 것으로서 타당하다 (대법원98두20018, 2000.1.21).

③ 이 판례에 대하여 다른 의견을 내는 분이 있다. 그 주장에 따르면 개인병원에서 은행차입금을 일단 갚은 후에 토지 등을 출연하여 의료법인을 설립하고, 그 후에 다시 토지 등을 담보로 제공하여 대출을 받으면 양도소득세 문제가 없으므로, 결과는 같은데 과정이 다른 데 대한 과세이므로 상황을 잘못 이해한 것이라는 것이다.

④ 그러나 이 주장은 개인병원과 법인병원이 각각 다른 실체임을 인식하지 못하고 영속되는 실체로 잘못 인식한 것이다. 부담부증여에 의하여 이전되는 부채에 대하여는 상환의무가 법인으로 귀속된다. 개인이 부채를 변제한 후에 개인병원을 의료법인으로 포괄 이전하였다면 개인의 부는 부채의 상환액만큼 감소하였고 법인의 부는 그만큼 증가한 것이다. 따라서 대법원의 판례에 대하여 의문을 가질 이유가 없다.

나 출연재산과 부가가치세

사업자가 의료기관에 부담부증여를 할 때는 부가가치세 문제가 발생할 수 있다.

① 비영리법인에 부담부증여를 하는 경우 총증여재산에서 부채가 차지하는 비율에 해당하는 금액에 대해서는 사실상 유상으로 이전하는 것으로 보아 양도소득세를 적용하고, 부담부증여 재산에 건물 등 부가가치세 과세대상재화가 포함되어 있다면 그 부분에 대하여는 부가가치세를 적용한다.

② 그러나 비사업자인 개인의 부담부증여에 대하여는 부가가치세가 적용되지 않는다.

다 출연재산과 증여세

개인병원의 자산과 부채를 출연하여 의료법인을 설립하는 경우에 출연자산보다 부채액이 더 많을 수가 있다. 이럴 때 초과 부채의 출연자는 그 금액만큼 개인적인 부채를 탕감받은 것이므로 여기에 대한 증여세를 부담하여야 한다.

판례 처분청은 청구인이 1997년 10월 ○○의료재단 설립 시 출연재산 47억 5,149만 원보다 3억 3,851만 원이 많은 50억 9,000만 원의 부채를 인계하여 위 채무초과액만큼 채무변제이익을 받은 것으로 보아 2000.4.15자로 청구인에게 증여세 7,501만 원을 부과하고 청구인이 위 출연재산가액 중 채무액에 상당하는 자산을 유상 양도한 것으로 보아 같은 해 5월 1일 자로 청구인에게 양도소득세 224만 원을 부과. 위 50억 9,000만 원의 부채가 발생할 당시 ○병원의 사업자등록은 청구인 단독명의로 되어있는 점, 등기부등본상 근저당권설정계약의 채무자와 대출금거래장 등 금융거래자료의 채무자 명의가 모두 청구인인 점 등에 비추어 ○○의료재단이 인수한 위 부채는 모두 청구인의 채무로 인정될 뿐 아니라, 가사 위 채무가 청구인과 ○○○이 ○병원을 공동운영하는 과정에서 발생한 부채로 보더라도 대외적인 채권채무 관계에서 채무자는 계약상 채무명의자인 청구인이 되는 것이므로 청구주장을 받아들일 수 없다 할 것임(감심 2001제7호, 2001.1.3.).

판례 의료법 제30조 제2항에서 의료인이나 의료법인 등 비영리법인이 아닌 자의 의료기관 개설을 원천적으로 금지한 것은 의료의 적정을 기하여 국민의 건강을 보호 증진함을 목적으로 하는 의료법의 취지에 비추어 강행법규에 해당되어 이에 위반하여 이루어진 약정은 무효라고 할 것임.그렇다면 의료인인 원고가 비의료인인 소외인과 체결한 병원 운영에 관한 동업약정 역시 무효이고, 병원 운영과 관련하여 얻은 이익뿐 아니라 채무 등은 모두 원고 개인에게 귀속되는 것으로서 대출금 채무 역시 전액 원고의 채무임.

따라서 원고가 위 소외인과 함께 의료법인을 새롭게 설립하여 의료법인으로 하여금 위 병원 운영과 관련된 모든 채무를 인수하게 하였을 때 그 인수된 채무액이 원고의 의료법인에 대한 실질적인 출연액보다 다액일 경우 채무액과 출연액의 차액은 원고가 의료법인으로부터 증여를 받은 것으로 보아야 함. 즉, 증여세 부과 여부를 판단할 때 동업자인 소외인이 내부적으로 부담하고 있는 채무액을 원고의 당초 채무액 계산에서 공제하여야 하는 것은 아님(대법원 2003두1493, 2003.9.23).

2. 의료기관의 양도와 세금

① 비영리법인은 영리법인과 달리 출연자(이사장 등)에게 이익을 분배할 수 없고 경영권 변경 등을 이유로 출연자에게 출연금을 반환해 줄 수도 없다. 비영리법인을 사고파는 행위는 사법상 무효이고, 형법상 배임 행위에 해당한다.[1] 그런데도 우리나라 비영리법인의 설립자들은 법인에 대한 운영권은 물론 재산권조차 주장하고 있으며 주식을 사고팔 듯이 이사의 지위를 사고파는 꼴로 투자 원리금을 회수하기까지 한다.

② 어쨌든 현 제도상 경영권은 양도대상이 될 수 없으나, 현실적으로 이사장이 경영권을 양도하고 그 대가를 받을 때는 세법상 기타소득에 해당한다. 이 경우의 기타소득은 종합소득세의 과세대상이다. 비영리법인의 운영권 양도 대가는 사례금에 해당하므로 80%의 필요경비 인정공제 제도가 적용되지 않는다.

③ 비영리법인을 인수하면서 사례금을 지급하는 인수자는 기타소득을 지급하는 것이므로 기타소득에 대해 원천징수를 하고, 원천징수세액을 신고·납부할 의무가 있다.

해석 학교법인의 양도

학교법인 이사인 거주자가 학교법인 운영권을 타인에게 넘겨주고 받는 대가는 소득세법 제21조 제1항 제17호에 규정한 기타소득 중 "사례금"에 해당하는 것이며, 동 기타소득인 사례금을 지급하는 경우 원천징수대상 기타소득 금액은 같은 법 시행령 제202조의 규정에 의하여 당해 지급금액에서 이에 대응하는 필요경비(당초 학교법인 운영권을 취득하기 위해 직접 지출한 비용 포함)로 당해 원천징수

---

1) 이창희, 세법강의, 박영사, 전정판 2003년, 436쪽

의무자가 확인할 수 있는 금액을 공제한 금액을 말하는 것임(서면1팀-701, 2006.5.30).

판례 학교법인 양수인의 원천징수의무 및 지급명세서 제출의무

원고가 이 △△에게 30억원을 지급한 목적은 이사회 결의를 통하여 임원으로 선출되는 방법으로 이 사건 학교법인을 인수하기 위한 것이었고, 그중 일부라도 다른 이유에서 지급되었다는 사정은 전혀 보이지 아니하며, 이△△은 원고로부터 계약금과 잔금을 받은 시기에 맞추어 이사회를 열고 원고로 하여금 이사장의 지위에 취임할 수 있도록 그 절차를 도운 것이므로, 위 돈은 임원 교체를 통한 학교법인의 운영권 인수라는 사무 또 는 역무 처리의 대가로 지급된 것으로서 소득세법 소정의 사례금으로 보는 것이 타당하다. (중략)

국내에 주소를 두거나 1년 이상 거소를 둔 개인, 즉 거주자는 각자의 소득에 대한 소득세를 납부할 의무가 있고, 거주자, 비거주자, 내·외국법인, 기타 같은 법에서 정하는 원천징수의무자에게는 원천 징수한 소득세를 납부할 의무가 있으며, 같은 법 제127조 제1항 제5호, 제21조제1항 제17호에 의하면, 국내에서 거주자에게 기타소득에 해당하는 사례금을 지급하는 자는 그 거주자에 대한 소득세를 원천징수하여 납부하여야 한다. (중략)

거주자인 이△△에게 사례금 30억원을 지급하는 원고로서는 이에 대하여 소득세를 원천징수하여 피고에게 납부할 의무가 있고, 그 방법은 전자신고 또는 그것이 여의치 않은 경우라면 수기신고를 통하여야 할 것이다. (중략)

그런데 원고는 원천징수의무 있는 개인으로서 거주자에게 30억원의 기타소득인 사례금을 지급하였고, 그 소득의 유형과 금액은 소득세법 시행령과 시행규칙에서 지급조서의 제출이 면제되는 경우로 규정한 어느 항목에도 해당하지 아니하므로, 원고의 지급조서 제출의무가 면제된다고 할 수 없다.

(부산지방법원 2011구합427 및 부산고등법원 2011누2019, 2011.12.14).

2장

의료기관의 회계기준

1. 의료기관 회계기준 연혁

① 우리나라 최초의 의료기관 회계기준으로 병원회계준칙이 있었다. 대한병원협회는 1981년 4월 4일 병원회계준칙을 제정하였고, 1990년 11월 9일 보건복지부의 승인을 받아 이를 시행하였다. 이로써 이전까지 개별병원의 실정에 따라 기업회계기준이나 법인세법의 규정을 적용하여 오던 대부분 병원은 병원회계준칙을 적용하여 재무제표를 작성하게 되었다.

② 그러나 병원회계준칙은 법적 근거가 없는 것이었으므로 1998년 10월 23일 규제개혁 차원에서 폐지되었고, 의료기관은 대학병원회계처리준칙,[1] 폐지된 병원회계준칙, 기업회계기준, 법인세법 등 병원별로 준거 기준을 달리하여 재무제표를 작성하였다.

③ 2002년 3월 30일 개정 의료법은 의료기관에 적용되는 회계기준을 보건복지부가 정하도록 규정하였고, 보건복지부는 이 규정에 따라 2003년 9월 15일 의료기관회계기준규칙을 제정하여 수차례 개정을 거쳐 오늘에 이른다.

④ 의료기관회계기준 규칙은 의료기관 재무제표의 회계 투명성 제고를 통한 사회적 기대에 부응하고, 의료기관 간 재무제표의 비교 가능성을 높임으로써 다양한 의료정책수립을 위한 기본적 자료로 활용할 목적으로 제정되었다.

⑤ 의료기관회계기준 규칙에는 규칙 제정의 목적, 회계기준의 적용대상, 재무제표의 종류 등 일반적인 사항이 규정되어 있고 재무제표의 세부적인 작성방법은 보건복지부 장관이 별도로 고시하고 있다.

2. 의료기관 회계기준 규칙의 내용

① 의료기관 회계기준 규칙(이하 문맥에 따라 의료기관회계기준 또는 규칙으로 표시함) 및 이에 따른 재무제표 세부 작성방법은 이 규칙이 최초로 입법될 당시 존재하던 기업회계기준

---

1) 전국대학병원 경리부서장협의회가 2000년 2월 29일에 자체적으로 제정한 것이다.

의 규정을 근거로 하여 병원의 실정에 맞도록 재무제표의 명칭과 표시방법을 새로 정하고 계정과목의 일부 내용을 조정·변경하여 정한 것이다.

《 재무제표의 종류 》

일반기업회계기준	의료기관회계기준 규칙	
	법인병원	개인병원
재무상태표	재무상태표	재무상태표
손익계산서	손익계산서	손익계산서
자본변동표	기본금변동계산서	
현금흐름표	현금흐름표(자금수지계산서)[1]	현금흐름표

② 의료기관회계기준을 한국채택국제회계기준(K-IFRS) 또는 일반기업회계기준(이하에서는 「기업회계기준」으로 표시함)과 비교할 때 필수적인 재무제표로 자본변동표 대신 기본금변동계산서를 작성하도록 하고 있다.

③ 의료기관회계기준은 재무제표의 표시형식과 계정과목의 명칭을 의료기관회계기준 별지에서 정한 재무제표 서식과 보건복지부가 공표한 「재무제표 세부 작성방법」에서 자세히 규정하고 있는데, 서식과 계정과목은 규칙에서 정한 것을 반드시 사용하도록 강제하고 있다. 계정과목의 명칭과 재무제표 작성방법의 일부는 기업회계기준과 달리 규정된 것도 있다.

④ 의료기관회계기준에 별도로 규정되어 있지 않은 사항에 대하여는 기업회계기준과 일반적으로 공정·타당하다고 인정되는 회계 관행을 적용하도록 규정하고 있다.

가 기업회계기준과 상충하는 내용

(1) 재무상태표의 자본 표시방법

① 일반기업회계기준에서는 자본을 자본금, 자본잉여금, 자본조정, 기타포괄손익누계액 및 이익잉여금의 5개 대과목으로 구분하고 있으나, 의료기관회계기준에서는 기본금, 자본잉여금, 기타포괄손익누계액 및 이익잉여금의 4개 대과목으로 구분한다. 자본 표시방법의 차이는 출자지분을 발행하지 않는데 기인한 것이다.

② 의료기관회계기준이 2016회계연도부터 유형자산에 대한 재평가모델을 채택하였으므로 기타포괄손익누계액에 기재할 세부 내역은 양자가 동일하다. 또한, 기업회계기준에서는 당기순이익을 주기 사항으로 하고 있으나 의료기관회계기준에서는 별도계정으로 표시하도록 하고 있다.

---

1) 병원의 개설자가 사립학교법에 따라 설립된 학교법인 또는 「지방의료원 설립 및 운영에 관한 법률」에 따라 설립된 지방의료원인 경우에는 현금흐름표 대신에 자금수지계산서를 작성할 수 있다.

《 자본의 표시방법 비교 》

일반기업회계기준	의료기관회계기준 규칙	
	법인병원	개인병원
Ⅰ. 자본금 　1. 보통주 자본금 　2. 우선주 자본금	Ⅰ. 기본금(기본재산) 　1. 법인기본금 　2. 기타기본금	
Ⅱ. 자본잉여금 　1. 주식발행초과금 　2. 자기주식처분이익	Ⅱ. 자본잉여금 　1. 자산재평가적립금 　2. 기타자본잉여금	[총자산 - 총부채 = 자본] 따라서 별도의 구분 없음
Ⅲ. 자본조정 　1. 자기주식		
Ⅳ. 기타포괄손익누계액 　1. 매도가능증권평가손익 　2. 해외사업환산손익	Ⅲ. 기타포괄손익누계액 　1. 재평가잉여금 　2. 해외사업환산손익	
Ⅴ. 이익잉여금 　1. 처분전이익잉여금 　(당기순이익 또는 순손실)	Ⅳ. 이익잉여금 　1. 차기이월이익잉여금 　2. 당기순이익(순손실)	

(2) 진료비청구액 삭감액

① 건강보험법의 적용을 받는 환자의 진료비는 환자 본인이 진료비 일부분을 부담하고 나머지 진료비는 병원의 청구에 의하여 건강보험공단에서 지불받게 된다.

② 병원의 진료수가(診療酬價) 청구액에 대하여는 건강보험심사평가원이 진료비의 적정성에 대한 심사를 한 후 병원과 건강보험공단에 이를 통보하고, 건강보험공단에서는 통보받은 내역에 의하여 병원에 수가를 지불한다. 이처럼 진료비의 일부 또는 전부가 제3자 단체의 심사평가에 의하여 지급되는 의료비에 대하여는 청구한 의료미수금 일부가 삭감되는 경우가 필연적이다.

③ 의료기관회계기준에 따르면 의료서비스를 제공한 시점에 의료수익을 인식하고 제3자 단체로부터 의료수익 일부를 삭감당할 때는 보험자단체의 심사가 완료되어 수납할 금액이 확정되는 시기에 비용으로 인식하도록 규정하고 있다. 또 삭감당한 금액이 환입되는 경우에는 환입되는 시기의 수익으로 처리하게 되어있다.

④ 그러나 기업회계기준은 매출채권에 대하여 순실현가능가치로 평가하도록 하고 있다. 기업회계기준에 의하면 회수가 불확실한 채권은 합리적이고 객관적인 기준에 따라 산출한 대손추산액을 대손충당금으로 설정하게 되어있다.

⑤ 의료미수금에 대한 심사평가 삭감액은 대손상각과 유사한 것이다. 진료비 삭감에 대하여는 과거의 경험률 등에 의하여 삭감예상액을 충분히 예측할 수 있을 것이다.

⑤ 기업회계기준에 의한다면 수익비용대응의 원칙과 의료미수금의 잔액을 순실현가능가치로 표시할 필요성을 동시에 고려하여 당해년도의 수익에 대응되는 삭감액을 추정하여 의료수익과 청구미수금에서 차감해 주어야 한다.

(3) 고유목적사업준비금의 구분표시

① 의료기관회계기준에 의하면 병원이 이익금의 일부 또는 전부를 고유목적사업준비금으로 전입한 경우에는 고유목적사업준비금을 자본과 부채 사이의 별도 항목으로 인식하고, 손익계산서의 「고유목적사업준비금설정 전 당기순이익」에서 고유목적사업준비금설정액을 차감하고, 「고유목적사업준비금 환입액」을 합한 금액을 당기순이익으로 보고하도록 규정하고 있다.

② 기업회계기준에서는 「고유목적사업준비금」 및 「고유목적사업준비금 전입액」과 같이 재무회계개념체계에 의한 부채와 비용의 정의를 충족하지 못하는 각종 준비금의 설정은 이익잉여금의 처분으로 회계처리를 하도록 하고 있다.

나 기업회계기준을 준용하여야 하는 내용

① 의료기관회계기준 규칙에 규정되지 않은 내용은 규칙에 반하지 않는 범위 내에서 기업회계기준과 일반적으로 공정·타당하다고 인정되는 회계 관행에 따라 처리하여야 한다. 대표적인 내용으로
   1. 대손충당금
   2. 의료분쟁충당부채
   3. 연차수당충당부채
   4. 퇴직급여충당금 등 각종 부채성 충당부채가 있다.

② 의료기관회계기준은 대손충당금과 퇴직급여충당금에 대하여 재무상태표 및 손익계산서 과목분류 및 내용해설에서 별도 항목을 설정하여 개략적으로 설명하고 있으나 인식조건과 측정기준 및 주석공시 내용에 대하여 별도로 규정하고 있는 것이 없으므로 기업회계기준을 준수하여야 한다.

③ 의료분쟁충당부채 및 연차수당충당부채 등은 의료기관회계기준에 별도의 언급이 없으므로 이 또한 기업회계기준을 준수하여야 한다.

다 의료기관회계기준규칙의 주요 내용

총 12개 조로 된 의료기관회계기준규칙의 주요 골자는 다음과 같다.

1. 규칙의 제정 목적은 의료기관회계의 투명성 확보에 있다.
2. 회계기준의 적용대상은 100병상 이상 병원급 의료기관으로 한다[1].
3. 필수적인 재무제표는 재무상태표, 손익계산서, 기본금변동계산서, 현금흐름표의 4가지 종류이다.
4. 재무보고의 실체는 병원이다. 따라서 법인회계와 병원 회계는 구분하여야 하고, 법인이 2 이상의 병원을 설치·운영하는 경우에는 병원마다 회계를 구분하여 재무제표를 작성하여야 한다.
5. 병원의 회계연도는 정부의 회계연도로 한다. 단, 학교법인이 개설자인 병원은 사립학교의 회계연도를 따르도록 한다.
6. 병원의 장은 매 회계연도 종료일부터 3월 이내에 보건복지부 장관에게 결산서 및 부속명세서를 제출하고 보건복지부 장관이 정하는 인터넷 사이트(의료기관회계기준 시스템, http://has.khidi.or.kr)에 공시하여야 한다.
7. 재무제표의 서식과 계정과목은 의료기관회계기준규칙에서 정한 것을 사용하여야 한다.

3. 재무제표 서식

다음은 의료기관회계기준규칙에 규정된 재무제표의 서식이다.
1. 재무상태표
2. 손익계산서
3. 기본금변동계산서
4. 현금흐름표

---

[1] 2024회계연도부터 적용

[별지 제1호서식]

재 무 상 태 표

제 (당)기　년　월　일 현재
제 (전)기　년　월　일 현재

(단위: 원)

계정과목	제 (당)기	제 (전)기
	금액	금액
자　　산		
Ⅰ. 유동자산		
(1) 당좌자산		
1. 현금 및 현금성자산		
2. 단기금융상품		
…		
(2) 재고자산		
1. 약품		
2. 진료재료		
…		
Ⅱ. 비유동자산		
(1) 투자자산		
1. 장기금융상품		
2. 투자유가증권		
⋮		
(2) 유형자산		
1. 토지		
2. 건물		
…		
(3) 무형자산		
1. 영업권		
2. 창업비		
…		
(4) 기타 비유동자산		
(자산총계)		
부　　채		
Ⅰ. 유동부채		
1. 매입채무		
2. 단기차입금		
…		
Ⅱ. 비유동부채		
1. 장기차입금		
2. 외화장기차입금		
⋮		
Ⅲ. 고유목적사업준비금		
Ⅳ. 의료발전준비금		
(부채합계)		
자　　본		
Ⅰ. 기본금(기본재산)		
1. 법인기본금		
2. 기타기본금		
…		
Ⅱ. 자본잉여금		
1. 자산재평가적립금		
2. 기타자본잉여금		
…		
Ⅲ. 기타포괄손익누계액		
1. 재평가잉여금		
2. 해외사업환산손익		
…		
Ⅳ. 이익잉여금(결손금)		
1. 차기이월잉여금(결손금)		
2. 당기순이익(순손실)		
…		
Ⅲ. 기타포괄손익누계액		
1. 재평가잉여금		
2. 해외사업환산손익		
…		
Ⅳ. 이익잉여금(결손금)		
1. 차기이월잉여금(결손금)		
2. 당기순이익(순손실)		
(자본총계)		
부채와 자본총계		

[별지 제2호서식]

손 익 계 산 서

제 (당)기 년 월 일부터 년 월 일까지
제 (전)기 년 월 일부터 년 월 일까지

(단위 : 원)

계 정 과 목	제 (당)기		제 (전)기	
	금 액		금 액	
Ⅰ. 의료수익				
1. 입원수익				
2. 외래수익				
⋮				
Ⅱ. 의료비용				
(1) 인건비				
1. 급여				
2. 퇴직급여				
⋮				
(2) 재료비				
1. 약품비				
2. 진료재료비				
⋮				
(3) 관리운영비				
1. 복리후생비				
2. 여비교통비				
⋮				
Ⅲ. 의료이익(손실)				
Ⅳ. 의료외수익				
1. 의료부대수익				
2. 이자수익				
⋮				
Ⅴ. 의료외비용				
1. 의료부대비용				
2. 이자비용				
⋮				
Ⅵ. 법인세차감전순이익(순손실)				
Ⅶ. 법인세비용				
Ⅷ. 고유목적사업준비금설정전 당기순이익				
Ⅸ. 고유목적사업준비금 전입액				
Ⅹ. 고유목적사업준비금환입액				
Ⅺ. 당기순이익(순손실)				
⋮				

[별지 제3호서식]

기 본 금 변 동 계 산 서

제 (당)기 　년　월　일부터 　년　월　일까지
제 (전)기 　년　월　일부터 　년　월　일까지

(단위 : 원)

계 정 과 목	제 (당)기		제 (전)기	
	금 　 액		금 　 액	
Ⅰ. 기본금				
1. 법인기본금				
2. 기타기본금				
Ⅱ. 자본잉여금				
1. 자산재평가적립금				
⋮				
Ⅲ. 기타포괄손익누계액				
1. 재평가잉여금				
2. 해외사업환산손익				
⋮				
Ⅳ. 이익잉여금				
1. 전기이월이익잉여금(결손금)				
2. 회계변경의 누적효과				
⋮				
Ⅴ. 이익잉여금 처분액				
1. 기본금대체액				
Ⅵ. 차기이월이익잉여금				
⋮				

[별지 제4호서식]

현 금 흐 름 표

제 (당)기   년 월 일부터   년 월 일까지
제 (전)기   년 월 일부터   년 월 일까지

(단위 : 원)

과 목	제 (당)기		제 (전)기	
	금 액		금 액	
Ⅰ.영업활동으로인한현금흐름				
(1) 당 기 순 이 익 (순 손 실)				
(2) 현금의유출없는비용등의가산				
1.감 가 상 각 비				
2.퇴 직 급 여				
⋮				
(3) 현금의유입없는수익등의차감				
1.채 무 면 제 이 익				
2.외 화 환 산 이 익				
⋮				
(4) 영업활동으로인한자산부채의변동				
1.재 고 자 산 의 감 소 (증 가)				
2.매 출 채 권 의 감 소 (증 가)				
⋮				
Ⅱ.투자활동으로인한현금흐름				
(1) 투자활동으로인한현금유입액				
1.단 기 금 융 상 품 의 처 분				
2.토 지 의 처 분				
⋮				
(2) 투자활동으로인한현금유출액				
1. 현 금 의 단 기 대 여				
2. 토 지 의 취 득				
⋮				
Ⅲ.재무활동으로인한현금흐름				
(1) 재무활동으로인한현금유입액				
1.단 기 차 입 금 의 차 입				
⋮				
(2) 재무활동으로인한현금유출액				
1.단 기 차 입 금 의 상 환				
⋮				
Ⅳ. 현 금 의 증 가 (감 소)(Ⅰ+Ⅱ+Ⅲ)				
Ⅴ. 기 초 의 현 금				
Ⅵ. 기 말 의 현 금				

보건복지부는 의료법 §62 및 의료기관 회계기준 규칙 §4② 에 따라 「재무제표 세부 작성 방법」을 훈령(행정규칙)으로 고시하고 있다.

재무제표 세부 작성방법은 「일반적 작성 기준, 세부 작성기준, 결산, 재무제표의 주요 부속 명세서 등」을 규정하고 있는 본문, 재무상태표와 손익계산서의 계정과목의 명칭과 내용을 서술하고 있는 별표1과 별표2, 9가지 부속명세서의 서식을 정하고 있는 서식 등 3개 부분으로 구성되어 있다.

《 재무제표 세부 작성방법의 구성 》

> I. 본문
>   ① 일반적 작성기준
>   ② 세부 작성기준
>   ③ 결산
>   ④ 재무제표의 주요 부속명세서
> II. 별표1, 별표2
> III. 서식1~서식9

다음 내용은 보건복지부가 2015년 12월 31일 자로 개정하여 고시한 재무제표 세부 작성방법을 재구성한 것이다.

1. 일반적 작성기준

가 회계의 일반원칙

① 회계처리 및 보고는 신뢰할 수 있도록 객관적인 자료와 증거에 의하여 공정하게 처리하여야 한다(신뢰성의 원칙).

② 재무제표의 양식 및 과목과 회계용어는 이해하기 쉽도록 간단·명료하게 표시하여야 한다(명료성의 원칙).

③ 중요한 회계방침과 회계처리기준·과목 및 금액에 관하여는 그 내용을 재무제표상에 충

분히 표시하여야 한다(충분성의 원칙).

④ 회계처리에 관한 기준 및 추정은 기간별 비교가 가능하도록 매기 계속하여 적용하고 정당한 사유 없이 이를 변경하여서는 안 된다(계속성의 원칙).

⑤ 회계처리와 재무제표 작성에서 과목과 금액은 그 중요성에 따라 실용적인 방법에 의하여 결정하여야 한다(중요성의 원칙).

⑥ 회계처리 과정에서 2 이상의 선택 가능한 방법이 있으면 재무적 기초를 견고히 하는 관점에 따라 처리하여야 한다(안전성의 원칙).

⑦ 회계처리는 거래의 실질과 경제적 사실을 반영할 수 있어야 한다(실질존중의 원칙).

나 재무제표 및 부속명세서 작성원칙

① 재무제표는 재무상태표, 손익계산서, 기본금변동계산서, 현금흐름표 및 주기와 주석으로 한다.

② 재무제표는 이 고시와 의료기관회계기준규칙에 따라 작성하되 이 고시 및 동 규칙에 정하지 아니한 사항에 대해서는 의료기관회계기준규칙에 반하지 않는 범위 내에서 기업회계기준과 일반적으로 공정·타당하다고 인정되는 회계 관행에 따라 처리한다.

③ 재무제표는 당해 회계연도분과 직전 회계 연도분을 비교하는 형식으로 작성하여야 한다.

④ 재무제표의 양식은 보고식을 원칙으로 한다. 기타 필요한 명세서는 부속명세서를 작성하여야 한다.

⑤ 재무제표에는 이를 이용하는 자에게 충분한 회계 정보를 제공하도록 중요한 회계방침 등 필요한 사항에 대하여는 다음의 방법에 따라 주기 및 주석을 하여야 한다.

1. 주기는 재무제표상의 해당 과목 다음에 그 회계 사실의 내용을 간단한 자구 또는 숫자로 괄호 안에 표시하는 방법으로 한다.
2. 주석은 재무제표상의 해당 과목 또는 금액에 기호를 붙이고 난외 또는 별지에 같은 기호를 표시하여 그 내용을 간결 명료하게 기재하는 방법으로 한다.
3. 동일한 내용의 주석이 2 이상의 과목에 관련되는 경우에는 주된 과목에 대한 주석만 기재하고, 다른 과목의 주석은 기호만 표시함으로써 이를 갈음할 수 있다.

2. 세부 작성기준(재무상태표)

가 재무상태표 작성기준

재무상태표는 자산, 부채 및 자본으로 구분한다.

① 자산, 부채 및 자본은 총액에 의하여 기재함을 원칙으로 하고, 자산의 항목과 부채 또는 자본의 항목을 상계함으로써 그 전부 또는 일부를 재무상태표에서 제외하여서는 안 된다.

② 자산과 부채는 1년을 기준으로 하여 유동자산 또는 비유동자산, 유동부채 또는 비유동부채로 구분하는 것을 원칙으로 한다.

③ 재무상태표에 기재하는 자산과 부채의 항목배열은 유동성배열법에 의함을 원칙으로 한다.

④ 가지급금 또는 가수금 등의 미결산 항목은 그 내용을 나타내는 적절한 과목으로 기재하여야 한다.

나 자산의 계정과목 구분

자산은 유동자산과 비유동자산으로 구분한다.

1) 유동자산

유동자산은 당좌자산, 재고자산, 기타 유동자산으로 구분한다.

(1) 당좌자산

당좌자산은 현금 및 현금성 자산, 국고보조금, 단기금융상품, 단기매매증권, 의료미수금, 단기대여금, 대손충당금, 미수금, 미수수익, 선급금, 선급비용, 선급제세, 본지점, 이연법인세자산 및 기타의 당좌자산으로 구분한다.

🔹 의료미수금

의료미수금은 진료행위로 발생한 외상매출금과 받을어음으로 한다.

① 입원환자 재원 기간 중 발생한 미수금은 재원미수금, 퇴원환자로부터 발생한 미수금은 퇴원미수금, 외래환자로부터 발생한 미수금은 외래미수금, 기타의료수익의 미수금은 기타의료수익미수금으로 구분한다.

② 의료미수금은 보험자단체 등의 청구미수금과 환자부담금미수금을 포함한다.

③ 재원미수금 등은 환자 종류에 따라 건강보험미수금, 의료급여미수금, 자동차보험미수금, 산재보험미수금, 일반 환자미수금 및 건강검진미수금 등으로 구분할 수 있다.

⊕ 미수금

미수금은 의료미수금을 제외한 미수채권 등을 말한다.

《 당좌자산 구분과 내용 해설 》

당좌자산	현금과 비교적 단기간 내에 현금화할 수 있는 유동자산
1. 현금 및 현금성 자산	①현금 및 타인발행수표 등 통화대용증권과 당좌예금·보통예금 및 현금등가물을 포괄 ②현금등가물은 큰 거래비용 없이 현금전환이 용이하고 이자율 변동에 따른 가치변동위험이 중요하지 않은 유가증권 및 단기금융상품으로서 취득 당시 만기가 3월 내에 도래하는 것
2. 단기금융상품	• 금융기관이 취급하는 정기예금·정기적금·사용이 제한된 예금 및 기타 정형화된 상품 등으로 단기자금운용목적으로 소유 또는 기한이 1년 내 도래하는 것
3. 단기매매증권	• 시장성 있는 회사채·국공채 등과 같은 유가증권으로 단기자금운용목적으로 소유한 것
4. 의료미수금	①진료행위로 발생한 의료미수금, 받을어음, 부도어음 등 ②의료미수금은 입원 중 발생하여 계상되는 재원미수금, 퇴원환자진료비·외래환자진료비·기타의료수익 중 미회수금액(청구분 및 본인부담금) ③재원미수금, 퇴원미수금, 외래미수금은 환자유형에 따라 보험, 급여(보호), 자보, 산재, 일반, 건강진단 등으로 분류
5. 단기대여금	• 회수기간이 1년 이내 도래하는 대여금(임직원에게 대여한 1년 • 이내 회수 가능한 채권 등)
6. 대손충당금	• 매출채권의 징수불능에 대비하여 설정한 평가성충당금
7. 미수금	• 의료미수금을 제외한 미수채권
8. 미수수익	• 이자, 임대료 등 당기에 속하는 수익 중 미수액
9. 선급금	• 의료장비 등의 발주를 위해 선급한 금액 ※병원을 둘 이상 운영하는 법인이 본원과 분원간에 전도해준 전도금(선급금)은 결산 시 정산하여 해당 금액으로 처리
10. 선급비용	• 선급된 비용 중 1년내에 비용으로 되는 것으로서 선급보험료·선급이자·선급리스료 등
11. 선급제세	• 의료수익이나 이자수입 중 원천징수된 세금과 중간예납한 세금 등

당좌자산	현금과 비교적 단기간 내에 현금화할 수 있는 유동자산
12. 본지점	
13. 이연법인세자산	• 자산·부채가 회수·상환되는 미래기간의 과세소득을 감소시키는 효과를 가지는 일시적 차이 등
14. 기타의당좌자산	• 다른 계정에 속하지 아니하는 당좌자산
15. 국고보조금	• 자산취득을 위한 국고보조금에 대한 예금(현금) 차감계정

(2) 재고자산

재고자산은 약품, 진료재료, 급식재료, 저장품, 의료부대물품으로 구분한다.

《 재고자산 구분과 내용 해설 》

재고자산	진료나 병원 운영을 위해 보관 중인 유형의 자산
1. 약품	①진료목적으로 보유하고 있는 일반약품, 주사약품, 마취약품, 마약, 소독약품, 약국재료 등 ②약품매입시 또는 대금결재시의 에누리·할인·할증·판매장려금 등은 약품매입액에서 차감하여 계상 ③약국재료는 조제를 위한 약포장지·약병·연고튜브·약조제기기·실험정보실재료 등 간접재료
2. 진료재료	①진료목적으로 보유하고 있는 각종 재료와 진료용구로서 1년 이내에 사용되는 재료 ②진료재료는 방사선재료, 검사재료, 수술재료, 치과재료, 의료소모품, 혈액, 동위원소재료 등으로 분류 　1. 방사선재료 : 진단방사선과의 방사선필름·현상약품·조영제·필름봉투 등 　2. 검사재료 : 임상검사과·병리과·기능검사실 등의 시약·초자류 등 　3. 수술재료 : 수술시 환자체내에 삽입되는 심장판막·인공수정체·인공관절 등 　4. 치과재료 : 치과에서 치료시 사용하는 금·지경·석고·은·질렉스·징크세멘·수은 등 　5. 의료소모품 : 중앙공급실에서 공급하는 수술이나 처치용 소모품(붕대·거즈 등) 및 내구성 의료용소도구(청진기, 혈압계, 감자류 등) 　6. 동위원소재료 : 핵의학과의 동위원소(1년내 사용분)·필름·시약·장갑·컵 등
3. 급식재료	• 급식을 위한 채소류·육류·생선류·미곡류 등의 재료와 급식용구(접시, 수저 등)
4. 저장품	①약품, 진료재료 및 급식재료 이외의 사무·수선·청소·냉난방을 위한 저장품 ②사무용·관리용 사무용품(장부·각종서식·인쇄물·문방구류), 기계부품 등 수선용부품, 냉난방을 위한 유류, 인쇄물, 청소용구·청소용품 등 환경용품, 직원복리를 위한 제복·포상용 상품 등의 저장품으로 구분

재고자산	진료나 병원 운영을 위해 보관 중인 유형의 자산
5. 의료부대물품	• 의료부대수익을 위하여 보유하고 있는 장의용품, 매점용품 등

2) 비유동자산

비유동자산은 투자자산, 유형자산, 무형자산, 기타 비유동자산으로 구분한다.

(1) 투자자산

투자자산은 장기금융상품, 투자유가증권, 장기대여금, 장기대여금 대손충당금, 퇴직보험예치금, 보증금 및 기타투자자산으로 구분한다.

《 투자자산 구분과 내용 해설 》

투자자산	투자목적으로 보유하는 자산
1. 장기금융상품	• 유동자산에 속하지 않는 자산으로서 금융상품 중 만기일이 1년 후에 도래하는 자산
2. 투자유가증권	• 투자목적으로 보유하는 유동자산에 속하지 않는 자산
3. 장기대여금	• 회수기간이 1년을 초과하는 장기성 대여금
4. 장기대여금 대손충당금	• 장기대여금의 징수불능에 대비하여 설정한 평가성 충당금
5. 퇴직보험 예치금	• 국민연금 전환금과 퇴직보험 예치금의 합이 퇴직급여 충당금을 초과한 금액
6. 보증금	• 전세보증금·전신전화가입보증금·영업보증금 등
7. 기타 투자자산	• 콘도회원권·골프회원권·임차자산개량비 등의 투자자산

(2) 유형자산

① 유형자산은 토지, 건물, 구축물, 기계장치, 의료장비, 차량운반구, 공기구 비품, 건설 중인 자산, 기타 유형자산, 감가상각누계액 및 국고보조금으로 구분한다.

② 이 경우 유형자산 과목별로 감가상각 방법, 내용연수 등을 주석으로 기재하여야 한다.

③ 유형자산의 인식 시점 이후에는 원가모형이나 재평가모형 중 하나를 회계정책으로 선택하여 유형자산 분류별로 동일하게 적용한다.

《 유형자산 구분과 내용 해설 》

유형자산	내 용
1. 토지	• 병원이 보유하는 업무용·비업무용 토지
2. 건물	• 병원이 보유하는 병동·관리동·직원숙소와 같은 일체의 건물과 전기·기관·난방·승강기·급배수·위생·기송관 등의 부속설비
3. 구축물	• 굴뚝·문·울타리·옹벽·도로·정원 등과 같이 건물 및 부속설비 이외의 공작물이나 토목설비로서 토지에 고정되어 있는 시설
4. 기계장치	• 전기설비·기계설비·냉동설비·주방설비(싱크대, 전기밥솥 등)·세탁설비 등의 기계장치
5. 의료장비	• 환자진료를 위해 사용되는 의료기구나 용구(병실침대 포함)
6. 차량운반구	• 승용차, 구급차와 기타의 육상운반구
7. 공기구 비품	• 내용연수가 1년 이상이고 구입가액이 상당액 이상인 일반가구류·전기가구류·사무용비품·병실용비품(상두대)·공구류·집기류·전자계산기 등
8. 기타 유형자산	• 도서, 예술품(그림 등) 등 기타 유형자산에 속하지 아니하는 자산
9. 건설중인 자산	• 유형자산의 건설을 위해 투입된 재료비, 인건비, 경비, 도급금 등
10. 감가상각누계액	• 유형자산에 대한 감가상각비의 누계액을 기재하며 당해자산에서 차감형식으로 기재
11. 국고보조금	• 자산취득을 위한 국고보조금에 대한 자산 차감계정

(3) 무형자산

무형자산은 영업권 및 산업재산권으로 구분한다.

《 무형자산 구분과 내용 해설 》

무형자산	내 용
1. 영업권	• 합병, 영업양수 및 전세권 취득 등의 경우 유상으로 취득한 권리
2. 산업재산권	• 특허권, 의장권, 상표권 등의 재산권

(4) 기타 비유동자산

자산·부채가 회수·상환되는 미래기간의 과세소득을 감소시키는 효과를 가지는 일시적 차이 등 이연법인세자산은 기타비유동자산으로 분류한다.

- 이연법인세자산
- 기타비유동자산
-

다 부채의 계정과목 구분

부채는 유동부채와 비유동부채로 구분한다.

(1) 유동부채

유동부채는 매입채무, 단기차입금, 미지급금, 선수금, 예수금, 미지급비용, 미지급제세, 유동성장기부채, 선수수익, 예수보증금, 단기부채성충당금, 임직원단기차입금, 이연법인세부채 및 기타의 유동부채로 구분한다.

《 유동부채 구분과 내용 해설 》

유동부채	1년 이내에 상환해야 할 부채
1. 매입채무	• 약품 등 재고자산매입 대가의 미지급금
2. 단기차입금	• 금융기관으로부터 차입한 1년 이내에 상환할 부채
3. 미지급금	• 일반적 상거래 이외의 거래에서 발생한 1년 이내에 지급할 금액
4. 선수금	• 일반적 상거래에서 발생한 선수금
5. 예수금	• 거래상대방 또는 병원직원으로부터 원천징수하여 납부시까지 예수하고 있는 제세와 예수금
6. 미지급비용	• 발생된 비용중 미지급한 금액(미지급급여·미지급집세·미지급이자 등) 등
7. 미지급 제세	• 당기소득에 대해 납부할 법인세 등 기타 제세의 미지급액
8. 유동성 장기부채	• 장기부채 중 1년 이내에 상환할 부채
9. 선수수익	• 현금으로 수령하였으나 차기이후에 속하는 것(선수임차료·선수이자·선수수수료 등)
10. 예수보증금	• 업무상 일시적으로 보관하는 보증금(입원보증금·하자보증금 등)
11. 단기부채성충당금	• 1년 이내에 사용되는 부채성충당금(임직원의 상여금지급충당금·연월차수당충당금 등)
12. 임직원 단기차입금	• 임원이나 직원으로부터 일시적으로 차입한 금액(가수금)
13. 이연법인세부채	• 자산·부채가 회수·상환되는 미래기간의 과세소득을 증가시키는 효과를 가지는 일시적 차이 등
14. 기타의유동부채	• 기타 다른계정에 속하지 아니하는 유동부채

(2) 비유동부채

비유동부채는 장기차입금, 외화장기차입금, 금융리스미지급금, 장기성매입채무, 퇴직급여충당금, 이연법인세부채 및 임대보증금으로 구분한다.

《 비유동부채 구분과 내용 해설 》

비유동부채	내　용
1. 장기차입금	• 상환기일이 1년 이후에 도래하는 차입금
2. 외화장기차입금	• 외화표시차입금으로서 상환기일이 1년 이후에 도래하는 차입금
3. 금융리스미지급금	• 상환기일이 1년이후에 도래하는 금융리스 미지급금
4. 장기성매입채무	• 지급기일이 1년 이후에 도래하는 매입채무
5. 퇴직급여충당금	• 임직원이 일시에 퇴직할 경우에 지급할 금액으로 국민연금 퇴직전환금, 퇴직보험 예치금을 차감하는 형식으로 기재<개정 2008.1.15>
6. 이연법인세대	• 일시적 차이로 인하여 법인세비용이 법인세법 등의 법령에 의해 납부할 세금을 초과하는 경우 초과금액
7. 임대보증금	• 임대계약 등을 확실히 하기 위하여 1년 이상 보관하는 보증금

(3) 고유목적사업준비금과 의료발전준비금

고유목적사업준비금을 결산서에 인식하는 경우 해당 고유목적사업준비금과 의료발전준비금은 유동부채 및 비유동부채와는 별도로 구분하여 표시한다.

《 고유목적사업준비금의 구분표시와 내용 》

비유동부채와 구분표시	내　용
고유목적사업준비금	• 법인의 고유목적사업 또는 기부금에 지출하기 위하여 설정한 준비금
의료발전준비금	• 고유목적사업준비금의 사용

라 자본의 계정과목 구분

⬤ 법인병원 등

법인병원 등은 자본을 기본금, 자본잉여금, 기타포괄손익누계액 및 이익잉여금(결손금)으로 구분한다.

　1. 기본금은 법인기본금과 기타기본금으로 구분한다.

　2. 자본잉여금은 자본보존목적의 기타 자본잉여금으로 한다.

　3. 기타포괄손익누계액은 재평가잉여금과 해외사업환산손익 등으로 구분한다.

4. 이익잉여금(결손금)은 차기이월잉여금(결손금) 및 당기순이익(순손실)으로 구분한다.

《 자본의 계정과목 구분과 내용 해설해설 》

계정과목		내 용
기본금 (기본재산)	법인기본금	• 병원설립을 위하여 출연한 금액
	기타기본금	• 병원증축 등을 위해 출연한 금액 중 미등기금액 또는 이익잉여금의 기본금대체액(정부로부터 받는 출연금 포함)
자본잉여금	자산재평가적립금	•
	기타자본잉여금	• 자본보존 목적의 자본잉여금
기타포괄손익누계액	재평가잉여금	• 재평가되는 유형자산의 공정가치와 장부금액과의 차이
	해외사업환산손익	• 해외사업소의 외화자산 및 부채의 환산과정에서 발생하는 환산손익
이익잉여금 (결손금)	차기이월 잉여금(결손금)	• 차기로 이월될 잉여금(결손금)
	당기순이익(순손실)	

🔜 개인병원

개인병원은 자본금이라는 개념이 없고 총자산에서 총부채를 차감하면 자본이 되므로 이를 구분하지 아니한다.

3. 세부 작성기준(손익계산서)

가 손익계산서 작성기준

① 모든 수익과 비용은 그것이 발생한 기간에 정당하게 배분되도록 처리하여야 한다. 다만 수익은 실현시기를 기준으로 계상하고 미실현수익은 당기의 손익계산에 산입하지 아니함을 원칙으로 한다(발생주의).

② 수익과 비용은 그 발생원천에 따라 명확하게 분류하고 각 수익항목과 이에 관련되는 비용항목을 대응표시하여야 한다(수익·비용 대응원칙).

③ 수익과 비용은 총액에 의하여 기재함을 원칙으로하고 수익항목과 비용항목을 직접상계함으로써 그 전부 또는 일부를 손익계산서에서 제외하여서는 아니된다(총액주의).

④ 손익계산서는 의료이익(의료손실), 법인세차감전순이익(순손실), 법인세비용, 고유목적사업준비금설정전 당기순이익(손실), 고유목적사업준비금 전입액, 고유목적사업준비금환입액

및 당기순이익(순손실)으로 구분 표시하여야 한다(구분표시).

나 수익과목 계정과목 구분

수익과목은 의료수익과 의료외수익으로 구분한다.

(1) 의료수익

의료수익은 입원수익, 외래수익 및 기타의료수익으로 구분하며 의료수익감면을 차감한 후의 수익을 계상한다. 이 경우 의료수익감면에 대한 세부내역을 주석으로 기재하여야 한다.

의료수익감면

의료수익감면은 진료비 에누리(또는 진료비할인), 연구용환자감면 및 자선환자감면 등으로 구분한다.

① 진료비 에누리는 일정한 요건에 적합한 환자에 대하여 사전에 약정한 할인율에 따라 진료비의 일부 또는 전부를 감액하여 주는 것을 말한다.

② 진료비할인은 진료비가 청구되어 의료미수금으로 계상되었으나 환자의 지불능력부족 등의 이유로 진료비의 일부 또는 전부를 감액하여 주는 것을 말한다.

③ 연구용환자나 자선환자에 대해 진료비를 일부 또는 전부를 감면해주는 경우, 환자로부터 수납한 진료비만을 수익으로 계상한다.

《 의료수익의 구분과 내용 해설 》

의료수익		내 용
1. 입원수익		①입원환자 진료에 따른 제반 의료수익 ②환자 종류별로 보험·급여·산재·일반·자보수익 등으로 구분 가능 ③사전에 정한 할인율에 따라 특정기관 및 개인에게 진료비를 에누리 또는 할인해 준 금액, 극빈환자 등을 위한 자선진료에 따른 무료 또는 감면액, 연구용환자에 대한 진료비감면액을 차감하여 계상
2. 외래수익		①외래환자진료에 따른 제반 의료수익 ②환자유형별로 구분 가능 ③진료비의 에누리 등은 입원수익과 같은 방법으로 차감하여 계상
3. 기 타 의 료	건강진단수익	• 종합건강진단·신체검사·건강상담·예방접종 등에 따른 제반수익
	수탁검사수익	• 타 병원으로부터 검사·촬영 등을 의뢰받아 발생한 수익
	직원급식수익	• 병원의 주방시설을 이용하여 병원직원 및 내방객 등에게 식사를 제공하여 발생한 수익

의료수익		내 용
수익	제증명료수익	• 진단서 등의 발급에 따른 수익
	구급차운영수익	• 환자에게 구급차를 제공하여 발생한 수익
	기타수익	• 기타다른계정에 속하지 아니하는 의료수익(단, 금액적으로 중요한 경우 독립된 계정과목을 설정)

(2) 의료외수익

① 의료외수익은 의료부대수익, 이자수익, 배당금수익, 임대료수익, 단기매매증권처분이익, 단기매매증권평가이익, 연구수익, 외환차익, 외화환산이익, 투자자산처분이익, 유형자산처분이익, 대손충당금환입, 기부금수익, 잡이익, 자산수증이익, 채무면제이익 및 보험차익 등으로 구분한다.

② 의료부대수익은 주차장직영수익, 매점직영수익, 일반식당직영수익, 영안실직영수익 및 기타 시설직영수입 등으로 구분할 수 있다. 이 경우 의료부대수익에 대한 세부내역을 주석으로 기재하여야 한다.

③ 임대료수익은 임대한 병원시설에 따라 영안실임대수익 및 매점임대수익 등으로 구분할 수 있다.

④ 연구수익은 연구가 1년 이상 진행되는 경우 진행기준에 따라 인식한다.

《 의료외수익 구분과 내용 해설 》

의료외수익	내 용
1. 의료부대수익	①병원이 주된 의료사업 이외의 영안실·매점·슈퍼마켓 등의 부대사업을 직영하여 발생한 수익 ②시설직영수익 금액이 큰 경우에는 독립과목으로 계상
2. 이자수익	• 제예금·국공채 등의 이자 및 어음매입할인료 등의 수익
3. 배당금수익	• 투자한 회사로부터의 배당금수익
4. 임대료수익	• 병원건물 또는 시설(영안실, 식당 등)을 임대하여 발생한 수익
5. 단기매매증권 처분이익	①투자자산인 투자주식·투자사채의 처분에 따른 이익 ②매매수수료를 비롯한 처분에 소요된 비용은 처분가액에서 공제하여 계상
6. 단기매매증권 평가이익	• 투자자산인 투자주식·투자사채의 평가에 따른 이익
7. 연구수익	①연구중심병원으로 지정된 기관의 총 연구수익 및 연구중심병원이 아닌

의료외수익	내 용
• 연구중심병원연구수익 • 수탁연구수익 • 임상시험수익 • 기타연구수익	기관에서 수행한 수탁연구수익 ②의약품 등의 안전성·유효성을 심의하기 위하여 병원에서 실시되는 임상시험수익 등 ③1년 이상 진행되는 연구의 경우 진행기준에 따라 연구수익을 인식하여야 함
8. 외환차익	• 외환의 매입 및 매각에 따라 발생하는 이익
9. 외화환산이익	• 연도말에 외화자산 또는 외화부채를 결산일 현재의 환율로 평가하여 발생하는 이익
10. 투자자산처분이익	• 투자자산의 처분 시 처분가액이 장부가액(취득원가 – 감가상각누계액)보다 많아서 발생한 이익
11. 유형자산처분이익	• 유형자산의 처분 시 처분가액이 장부가액(취득원가 – 감가상각누계액)보다 많아서 발생한 이익
12. 대손충당금 환입	• 초과설정된 대손충담금의 환입에 따른 이익
13. 기부금수익	①병원이 재화 및 용역의 제공 없이 제3자로부터 무상으로 받은 수입 등 ②공공병원이 정부 등으로부터 결손보전 또는 운영비보조목적으로 받은 보조금
14. 잡이익	• 기타 다른계정에 속하지 아니하는 의료외수익
15. 자산수증이익	• 의료장비 등의 재산을 무상으로 증여 받은 경우 증여자산의 가액을 계상
16. 채무면제이익	• 채권자로부터 채무액을 변제 받은 금액
17. 보험차익	• 보험에 든 재고자산과 유형자산의 멸실 등의 사고시 수령한 보험금액이 자산가액보다 많은 경우의 이익

다 비용과목 계정과목 구분

비용과목은 ①의료비용과 ②의료외비용으로 구분한다.

(1) 의료비용

의료비용은 ①인건비 ②재료비 및 ③관리운영비로 구분한다.

인건비

인건비는 급여, 제수당 및 퇴직급여로 구분한다.

《 인건비 구분과 내용 해설 》

인건비	내용해설
1. 급 여	①본봉·직책수당 등 명칭에 관계 없이 근로의 대가로 지급하는 비용 ②의사급여·간호직급여·약무직급여·의료기사급여·영양직급여·사무직급여·기술직급여·기능직급여·일용직급여 등으로 나누어 계상 ③의사급여에는 전문의와 전공의급여, 간호직급여에는 간호사와 조무사급여, 약무직급여에는 약사와 조제보조원급여, 의료기사직급여에는 의료기사와 보조원급여, 영양직급여에는 영양사·조리사·배식원 등의 급여, 사무직급여에는 행정직원과 전산직원급여, 기술직급여에는 의공, 전기, 기계 등 면허보유 기술자의 급여, 기능직급여에는 운전기사·경비원·미화원·세탁원 등의 급여, 일용직급여에는 시간급·일당 등의 조건으로 일시 고용하여 지급하는 급여를 계상 ④대학병원의 경우 임상교원의 본봉·진료수당·선택진료성과금 등의 급여를 교비 또는 기성회비회계에서 지급 시에도 그 부담이 부속병원회계와 관련되는 경우 부속병원회계에서 지출하는 것으로 계상 ⑤대학병원의 경우 고유목적사업비(전출금)는 임상교원의 급여를 차감한 잔액을 계상
2. 제 수 당	• 급여외 지급되는 각종수당
3. 퇴직급여	• 보수규정에 의한 퇴직급여계상액 또는 지급액 (사학연금 또는 공무원연금 부담액 포함)

재료비

재료비는 약품비, 진료재료비 및 급식재료비로 구분하며 약품, 진료재료 등의 매입조건이나 대금지불조건 등에 따라 발생하는 매입대금의 감액은 매입에누리(또는 매입할인)로 분류하고, 약품 등의 매입액에서 직접 차감하여 표시한다.

① 매입에누리는 일정 기간의 거래수량이나 거래금액 또는 대금지불조건 등에 따라 약품 등의 매입대금 일부를 감액받는 것을 말한다.

② 매입할인은 약품, 진료재료 등의 매입과 관련하여 발생한 채무를 조기 변제함으로써 상대방으로부터 할인받는 금액을 말한다.

《 재료비 구분과 내용 해설 》

재료비	내 용
1. 약품비	①환자의 진료를 위하여 실제로 소모된 약품비 포함 ②약품종류에 따라 일반약품비·주사약품비·마취약비·마약비·소독약품비·약국재료비 등으로 분류

재료비	내 용
2. 진료재료비	①환자의 진료를 위하여 실제로 소모된 진료재료비 ②진료재료의 종류에 따라 방사선재료비·검사재료비·수술재료비·치과재료비·의료소모품비·혈액비·동위원소재료비·기타재료비 등으로 분류
3. 급식재료비	• 환자·환자보호자·병원직원 등을 위한 급식에 소모된 급식재료와 급식용구

❖ 관리운영비

① 관리운영비는 복리후생비, 여비교통비, 통신비, 전기수도료, 세금과공과, 보험료, 환경관리비, 지급임차료, 지급수수료, 수선비, 차량유지비, 교육훈련비, 도서인쇄비, 업무추진비, 행사비, 연료비, 선교비, 의료사회사업비, 소모품비, 자체연구비, 감가상각비, 무형자산상각비, 임차자산개량상각비, 광고선전비, 대손상각비, 피복침구비, 외주용역비, 잡비 및 의료분쟁비용 등으로 구분한다.

② 의료분쟁비용은 의료사고 보상금, 의료사고 처리수수료 등으로 구분할 수 있으며, 이에 대한 세부내역을 주석으로 기재하여야 한다.

《 관리운영비 구분과 내용 해설 》

관리운영비	내 용
1. 복리후생비	①직원복지후생을 위한 복지후생적인 비용 ②복리후생비는 그 성질에 따라 직원의료비, 병원이 부담하는 3대 보험료(건강보험부담금·고용보험부담금·산재보험료), 국민연금부담금, 단체활동비, 축조의금, 당숙직비, 직원피복비 등으로 구분
2. 여비교통비	• 출장여비규정에 의한 국내외 출장여비·업무활동을 위한 시내교통비·통근버스 임차료·의사 등의 부임여비 및 이와 유사한 성질의 교통비
3. 통신비	• 전신·전화·Fax·우편사서함 등 통신시설의 이용료 및 우편료
4. 전기수도료	• 전력료와 상·하수도료
5. 세금과공과	• 비용처리되는 재산세·종합토지세·주민세(균등할)·사업소세·공동시설세·도시계획세, 인지 및 증지비용, 대한병원협회 등 관련단체에 납부하는 회비 등의 공과금
6. 보험료	• 건물 및 의료장비에 대한 화재보험, 보증보험, 의료사고보험 등의 보험료(단, 차량보험은 제외)
7. 환경관리비	• 소독용역비, 오물수거비, 쓰레기종량제봉투비 등
8. 지급임차료	• 건물·시설·의료기기 등의 임차 및 리스비용

관리운영비	내 용
9. 지급수수료	• 법률 및 경영업무를 위한 자문수수료, 경영진단·회계감사·세무조정 등에 대한 수수료, 등기비용, 송금수수료, 기타소송비
10. 수선비	①유형자산의 수선유지를 위하여 외부수선업체에 지불한 금액과 수선을 위하여 소모된 수선용품비(단, 차량수선비는 차량비에 계상) ②유형자산의 종류에 따라 의료장비수선비·건물수선비 등으로 구분
11. 차량유지비	• 차량의 운영 및 유지에 드는 통행료·주차비·자동차세·차량면허세·책임 및 종합 보험료·유류대·수선비 등
12. 교육훈련비	①직원의 교육 및 훈련을 위한 각종 세미나 및 연수참가비·외부강사의 강사료·직원의 해외교육비용·예비군 및 민방위훈련비 등 ②교육훈련비는 직종에 따라 의사교육훈련비·간호직원교육훈련비 등으로 구분
13. 도서인쇄비	• 연구용도서를 포함한 도서·잡지·신문의 구입 및 구독비용, 복사비 및 제규정·사내보·예산서·처방전·장표 등의 인쇄비용
14. 업무추진비	• 업무와 관련하여 거래와 관계있는 자의 접대 및 사례비
15. 행사비	• 병원장 취임식, 체육대회 등 각종행사에 소요된 비용
16. 연료비	• 보일러 및 냉난방시설을 위한 가솔린, 중유, 가스 등의 비용(단, 차량유류대는 제외)
17. 선교비	• 원목활동을 위한 비용(원목실 운영지원비 등)
18. 의료사회 사업비	• 부인암 검진 사업, 방역사업 및 의료계몽과 관련하여 발생하는 재료비, 출장비 등의 제반비용, 무의촌진료비, 채헌혈비 등(단, 연구용 및 자선진료감액은 해당 의료수익에서 차감하여 계상)
19. 소모품비	• 장부, 제용지, 볼펜, 제서식 등의 사무용품비와 감가상각 대상은 아니나 1년 이상 사용하는 비품 중 금액이 적어 비용처리되는 소모품비
20. 자체연구비	• 병원의 자체연구활동과 직접 관련이 있거나 합리적이고 일관성 있는 기준에 따라 그러한 활동에 배부될 수 있는 모든 지출(연구용 동물구입비 및 의국운영비 포함)
21. 감가상각비	①유형자산에 대한 감가상각 계산액 ②유형자산종류에 따라 건물·구축물·기계장치·의료장비·차량운반구·공기구비품 등으로 구분
22. 무형자산상각 비	• 창업비, 장기의 외화채권 또는 외화채무에서 발생한 임시거액의 평가차손(환율조정차)의 상각비 등
23. 임차자산 개량 상각비	• 타인명의 자산에 가산된 자본적지출에 대한 상각비

2절 재무제표 작성방법   69

관리운영비	내 용
24. 광고선전비	• 직원채용, 입찰, 기타 홍보를 위한 비용
25. 대손상각비	• 의료미수금 등 채권에 대한 대손충당금전입금과 불량채권의 대손처리비용
26. 피복침구비	• 환자에 제공된 피복침구의 소모금액, 환자 및 직원피복침구의 세탁에 따른 비누, 소독제 등의 비용(외주로 처리 시는 외주용역비에 계상. 직원피복비는 복리후생비로 분류)
27. 외주용역비	• 외부 전문업체에 청소·세탁·시설관리·임상검사 등을 위탁하고 그 대가로 지불하는 비용
28. 잡비	• 각종 회의를 위한 다과비용 및 기타 상기 관리운영비에 해당되지 아니하는 비용
29. 의료분쟁비용	• 의료사고 등 의료분쟁으로 인해 발생한 손해배상 또는 합의 비용 등의 금액

(2) 의료외비용

의료외비용은 의료부대비용, 이자비용, 기타의 대손상각비, 기부금, 단기매매증권처분손실, 단기매매증권평가손실, 연구비용, 외환차손, 외화환산손실, 투자자산처분손실, 유형자산처분손실, 재고자산감모손, 고유목적사업비, 잡손실 및 재해손실 등으로 구분한다.

⚙ 의료부대비용

① 의료부대비용은 주차장직영비용, 매점직영비용, 일반식당직영비용, 영안실직영비용 및 기타 시설직영비용 등으로 구분할 수 있다. 이 경우 의료부대비용에 대한 세부내역을 주석으로 기재하여야 한다.

② 의료부대비용은 의료비용과 별도로 인건비, 재료비, 관리운영비 등으로 구분하고, 공통비용은 의료기관의 특성을 고려하여 합리적인 기준에 따라 배분한다.

  1. 인건비는 인력 수, 총급여 및 투입시간 등의 기준으로 배분한다.

  2. 재료비는 재료의 투입량, 직접재료비, 사용면적(병실 수), 사용 인원 등의 기준으로 배분한다.

  3. 관리운영비는 매출액, 점유면적, 서비스시간, 사용 인원, 관련 유형자산 가액 등의 기준으로 배분한다.

⚙ 국립대학교 병원의 학교 전출금

① 학교법인병원 국립대학교병원 및 서울대학교병원에서 법인에 전출한 이익금은 고유목적사업비로 처리한다.

② 이 경우 고유목적사업비의 세부사용내역을 주석으로 기재하여야 한다.

● 연구비용

연구비용은 연구가 1년 이상 진행되는 경우 진행기준에 따라 인식한다.

《 의료외비용 구분과 내용 해설 》

의료외비용	내　용
1. 의료부대비용	①병원이 주된 의료사업 이외의 영안실·매점·슈퍼마켓 등의 부대사업을 직영하여 발생한 비용 ②시설직영수익을 독립과목으로 계상한 경우에는 해당비용도 독립과목으로 계상
2. 이자비용	• 장단기차입금 및 기타 채무에 대하여 지급한 이자 및 어음할인료
3. 기타의 대손상각비	• 일반적 매출채권(의료미수금)와 채권의 대손 발생액
4. 기부금	• 불우이웃돕기, 기타 외부기관에의 기부금 및 의연금 등
5. 단기매매증권 처분손실	• 유가증권 처분 시 취득가액이 처분가액보다 낮아서 발생한 손실
6. 단기매매증권 평가손실	• 시장성 있는 유가증권의 시가가 현저히 저락하여 시가로 평가시 발생한 손실
7. 연구비용 • 연구중심병원 연구비용 • 수탁연구비 • 임상시험비 • 기타연구비	①연구중심병원으로 지정된 기관의 총 연구비용 및 연구중심병원이 아닌 기관에서 수행한 수탁연구비용 등 ②의약품 등의 안전성·유효성을 심의하기 위하여 의료기관에서 실시되는 임상시험으로 인해 발생한 비용 ③연구비용은 1년 이상 진행되는 연구의 경우 진행기준에 따라 연구비용을 인식하여여야 한다.
8. 외환차손	• 외환채권의 회수 또는 외화부채의 변제시 환율변동에 따라 발생한 손실
9. 외화환산 손실	• 외화부채의 결산기말 원화환산액이 장부가액보다 많을 때의 차액
10. 투자자산 처분손실	• 투자자산의 처분 시 처분가액이 장부가액보다 낮아서 발생한 손실
11. 유형자산 처분손실	• 유형자산의 처분 시 처분가액이 장부가액보다 낮아서 발생한 손실
12. 재고자산 감모손	• 재고자산의 실사결과 실사된 재고량이 장부상 수량보다 부족하여 손실처리할 금액
13. 고유목적사업	①대학 및 학교법인의 고유목적사업을 위하여 전출한 금액

의료외비용	내 용
비	②대학병원의 경우 임상교원의 급여와 연구보조비를 차감한 잔액을 계상
14. 잡손실	• 기타 다른 계정에 속하지 아니하는 의료외비용

(3) 법인세비용

① 법인세비용은 법인세법 등의 법령에 따라 당해연도의 부담법인세와 법인세에 부가되는 세액합계에 당기 이연법인세 변동액을 가감하여 법인세비용을 산출한다.

② 다만, 학교법인병원·국립대학교병원 및 서울대학교병원 이외의 병원은 법인세부담액을 법인세비용으로 계상할 수 있다.

법인세비용	내 용
법인세비용 (소득세 등)	• 법인세 등에 의거 당기과세소득에 대해 당기에 부담할 법인세 및 부가되는 세액합계에 당기 이연법인세 변동액을 가감·산출된 금액

(4) 고유목적사업준비금 전입액

① 학교법인·국립대학교병원·서울대학교병원 또는 의료법인 등에서 이익금의 일부 또는 전부를 고유목적사업준비금으로 전입하기 위해 결산서에 반영하는 경우 해당 금액은 고유목적사업준비금 전입액으로 처리하고,

② 고유목적사업준비금 전입액은 의료비용 및 의료외비용과는 별도로 구분하여 표시한다.

③ 이 경우 고유목적사업준비금의 세부사용내역을 주석으로 기재하여야 한다.

고유목적사업 준비금 관련	내 용
고유목적사업준 비금 전입액	• 법인의 고유목적사업인 연구용진료·건물증축·의료장비구입·대학운영 등을 위하여 준비금을 설정하여 결산서에 반영한 경우 준비금 전입액
고유목적사업준 비금 환입액	• 고유목적사업준비금 미사용분 및 의료발전준비금환입액

4. 자산·부채의 평가

가 증여받은 자산의 평가

① 당해 자산의 취득을 위하여 통상적으로 소요되는 가액과 비교하여 현저하게 저렴한 가격으로 취득한 자산 또는 증여받은 자산은 취득하거나 증여받은 때의 시가로 평가한다.

② 증여받은 자산의 시가는 '지가공시 및 토지 등의 평가에 관한 법률'에 의한 감정평가액에 의함을 원칙으로 하되, 토지는 동법 §3의 규정에 의한 당해 토지의 공시지가(당해 토지의 공시지가가 없는 경우는 동법 §9의 규정에 따라 산정한 개별토지의 가격)에 의할 수 있다.

나 진료비청구액의 삭감

① 국민건강보험 등의 적용을 받아 진료비의 일부 또는 전부가 보험자단체에 의하여 지불되는 환자에 대하여 청구한 진료비 일부가 삭감되는 경우에는 보험자단체의 심사가 완료되어 수납할 금액이 확정된 시점을 기준으로 하여 이미 계상된 의료미수금과 의료수익을 상계처리한다.

② 이 경우 의료수익 삭감액에 대한 세부내역을 주석으로 기재하여야 한다.

③ 삭감된 진료비중 보험자단체에 이의 신청하여 일부 또는 전부가 수납될 때 수납된 시점에 의료수익이 수납액만큼 발생한 것으로 회계처리 한다.

④ 따라서 이의신청 때는 회계처리 하지 않으며 이의신청 장부에 비망으로 기록한다.

다 국고보조금의 회계처리방법

(1) 수익적 수입 국고보조금

국립대학교병원이나 지방의료원 등의 공공병원이 적자보전이나 운영비보조 등 다음과 같은 수익적지출에 충당하기 위해 국고보조금을 받았다면 의료외수익 중 기부금 수입으로 처리한다.

1. 지방자치단체에서 지방의료원이 의료급여환자를 많이 진료하여 적자가 발생할 때 건강보험수가와의 수가차액을 보조해주는 경우

2. 공공병원이 차관 등의 이자를 지불할 능력이 충분하지 않을 때 지방자치단체에서 이자비용을 보조해주는 경우

3. 기타 공공병원의 운영적자를 지방자치단체에서 보조해주는 경우

(2) 자본적 수입 국고보조금

① 시설투자목적 등 자본적지출에 충당할 목적으로 받은 국고보조금은 이를 취득자산에서 차감하는 형식으로 표시하고,

② 당해 자산의 내용연수에 걸쳐 상각금액과 상계하며, 당해 자산을 처분하는 경우에는 그 잔액을 당해 자산의 처분손익에 차감 또는 부가한다.

5. 기본금변동계산서와 현금흐름표

(1) 기본금변동계산서

기본금변동계산서는 다음과 같이 구분한다.

1. 기본금
2. 자본잉여금
3. 기타포괄손익누계액
4. 이익잉여금(결손금)
5. 이익잉여금처분액
6. 차기이월이익잉여금(결손금)

(2) 현금흐름표

현금흐름표는 다음가 같이 구분한다.

1. 영업활동으로 인한 현금흐름
2. 투자활동으로 인한 현금흐름
3. 재무활동으로 인한 현금흐름
4. 현금의 증가
5. 기초의 현금
6. 기말의 현금

(3) 주석

주석은 재무상태표, 손익계산서, 기본금변동계산서 및 현금흐름표에 표시된 개별 항목과 상호 연결시켜 표시한다.

주석은 일반적으로 다음 순서로 표시한다.

1. 의료기관 회계기준을 준수하였다는 사실
2. 의료기관 회계기준 규칙 제3조에 따른 회계 구분 내역
3. 재무상태표, 손익계산서, 기본금변동계산서 및 현금흐름표에 표시된 항목에 대한 보충 정보

6. 결산서류와 부속명세서

(1) 결산 시 작성서류

결산 시 작성하여야 하는 서류는 다음과 같다.

1. 재무상태표와 그 부속명세서
2. 손익계산서와 그 부속명세서
3. 기본금변동계산서(개인병원은 제외)
4. 현금흐름표
5. 주기와 주석

(2) 재무제표 주요 부속명세서

재무제표의 부속명세서로 작성하여야 하는 서류는 다음과 같다.

1. 의료미수금명세서(별지 제1호서식과 같다)
2. 재고자산명세서(별지 제2호서식과 같다)
3. 유형자산명세서(별지 제3호서식과 같다)
4. 감가상각누계액명세서(별지 제4호서식과 같다)
5. 차입금명세서(별지 제5호서식과 같다)
6. 진료과별·환자유형별 외래(입원)수익명세서(별지 제6호서식과 같다)
7. 직종별 인건비명세서(별지 제7호서식과 같다)
8. 진료과별 환자유형별 입원환자 명세서(별지 제8호서식과 같다)
9. 진료과별 환자유형별 외래환자 명세서(별지 제9호서식과 같다)

3장

수입의 원천

의료기관의 고유목적사업 수행을 위한 자금 조달의 원천은 다음 3가지 중 하나이다.
   첫째, 의료업 및 부대사업 수익
   둘째, 개인 또는 단체로부터의 기부금 수입
   셋째, 국가와 지방자치단체에서 받는 보조금

1. 의료수익

① 의료기관의 주 수입원은 입원 및 외래환자에 대한 진료수입과 건강진단수입 등이고 이들은 손익계산서에 의료수익으로 표시된다.

② 의료수익은 실현주의에 의하여 인식한다. 의료기관회계기준은 삭감, 환수 등 의료수익 조정항목에 대하여 의료수익과 달리 통보받은 시기에 의료수익에서 차감하도록 규정하고 있다.

③ 의료수익은 국민건강보험 등 제3자 단체에서 수령하는 부분과 본인부담금으로 구성된다. 건강보험, 의료급여, 보훈환자 등 환자 유형에 따라 제3자 단체 부담분과 본인부담금의 구성비율이 달라지므로 환자 유형의 구분은 대단히 중요한 절차이다.

2. 부대사업 수입

① 매점, 식당 영안실 등의 운영수입과 자산의 임대수입, 수입이자, 수입배당금 등은 병원의 운영과정에 부수적으로 발생하는 부대수입이라 할 수 있고 의료외수익에 해당한다.

② 또한, 병원의 운영과정에 유가증권, 투자유가증권, 유형자산 등의 자산처분이익과 평가이익, 기부금수익 등이 발생하기도 한다.

③ 자산처분이익과 기부금 수입 등은 의료외수익에 해당한다. 장례식장수입은 대부분의 병원에서 의료외수익 중 가장 큰 비중을 차지한다.

3. 기부금수익

① 문화, 예술, 학술, 의료 등의 고유목적사업을 수행하는 비영리법인이 수익사업이 아닌 고유목적사업을 위하여 수령하는 기부금은 일반기부금이다.

② 비영리법인이 수행하는 의료업은 법인세법이 정하는 수익사업인 동시에 일반기부금 또는 특례기부금을 받을 수 있는 공익사업이다.

③ 비영리법인이 의료업을 위하여 받은 기부금은 상증법에 의한 출연받은 재산에 해당하므로 법인세 과세대상 소득에서 제외된다.

④ 국고보조금도 특례기부금이나 일반기부금과 마찬가지로 기부금수익에 해당하므로 법인세 과세대상 소득에서 제외하여야 한다.

<table>
<tr><td>2절</td><td>의료수익</td></tr>
</table>

1. 측정과 분류

가 의료수익의 확정과정

《 의료수익 확정과정 》

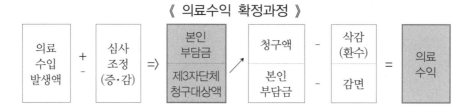

① 의료수익은 진료비 본인부담금과 제3자 단체부담금의 합계액이다. 제3자 단체부담금은 통상 기관부담금이라 한다. 기관부담금 지급 주체는 국민건강보험공단, 자동차보험회사, 근로복지공단, 보훈복지공단 등이다.

② 일반적으로 의료기관은 본인부담금을 받을 때, 환자가 퇴원할 때, 또는 제3자 단체에 기관부담금을 청구할 때 당초 발생한 진료수입에 대하여 내부적으로 심사조정을 수행하여 진료비를 확정한다.

③ 심사조정의 내용은 마이너스일 수도 있고 플러스일 수도 있다. 심사조정 결과는 반드시 의료수익에 반영되어야 한다. 심사조정을 통하여 확정된 진료비는 환자 본인부담금과 제3자 단체 청구대상액의 합계이다. 제3자 단체 청구대상액은 사후적으로 실제 청구액과 일치하여야 한다.

④ 의료기관이 자체 심사를 거친 후 건강보험심사평가원 등 법령에 의한 외부심사기구를 통하여 진료비를 청구하면, 외부 심사기구는 진료비 적정성 심사를 통하여 지급할 금액과 삭감할 내용을 확정하여 심사결과를 의료기관 및 진료비 지불 주체인 제3자 단체에 통보하고, 건강보험공단, 자동차보험회사 등 제3자 단체는 이 결과에 따라 의료기관에 진료수가를 지급한다.

⑤ 제3자 단체에 대한 청구는 지체없이 수행하여야 하고, 청구누락이 발생하지 않도록 적

절히 관리하여야 한다. 심사조정, 삭감, 환수 및 감면에 대해서는 내부통제 목적으로 구분하여 관리하여야 한다.

⑥ 심사조정과 삭감은 동일한 성격이다. 심사조정은 병원의 자체 심사에 의하여, 삭감 및 환수는 외부 심사기구의 심사에 의하여 의료수입을 조정하는 절차다. 심사조정, 삭감 및 환수는 의료수입의 마이너스 요인이므로 그 원인을 분석하고, 분석 결과를 주기적으로 의료진과 경영진에 피드백시켜서 수입의 일실(逸失)을 방지하여야 한다. 또한, 자선 환자 감액, 병원 직원 할인, 진료비의 할인과 에누리 등 진료비 감액도 의료수익의 차감항목이다.

⑦ 진료비 감면에 대해서는 사전에 합리적으로 감면 정책을 수립하고, 수립된 정책과 권한 있는 자의 승인에 의하여 감면하고 결과는 감시(monitoring)하여야 한다.

나 진료비 지불주체

① 의료수익은 본인부담금과 제3자 단체부담금의 합계액이고, 의료기관이 제3자 단체를 통하여 수령하는 의료수입의 비중은 대부분 총 의료수입의 50%를 초과한다.

② 진료비 지급 주체인 제3자 단체 중 국민건강보험공단과 자동차보험회사는 진료비의 적정성 심사평가를 건강보험심사평가원에 위탁하고 있고, 근로복지공단은 진료비 적정성 평가를 자체적으로 수행하고 있다.

진료수가 청구 절차

① 산재 환자의 진료비 중 기관부담금은 근로복지공단에 직접 청구하고, ② 의료보험, 의료보호, 자동차보험, 보훈환자의 기관부담금 청구는 국민건강보험심사평가원을 통하여 청구한다.

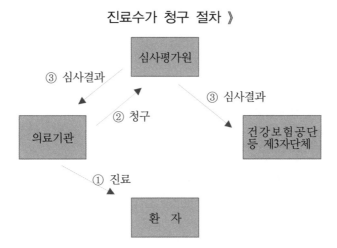

진료수가 청구 절차 》

(1) 의료보험환자

① 국민건강보험법의 적용을 받는 환자의 진료비는 환자 본인이 진료비 일부분을 부담하고 나머지 진료비는 병원의 청구로 건강보험공단이 지급한다.

② 국민건강보험공단에 청구하는 진료비의 법적 용어는 요양급여비용이다. 건강보험법에 의한 요양급여비용은

1. 가입자가 의료기관을 방문하여 진료를 받은 후 의료기관이 심사평가원에 요양급여비용에 대해 심사청구를 하고,

2. 심사평가원은 그 청구 내용이 요양급여기준에 부합하는지를 심사하여 지급금액을 확정하여 심사결과를 의료기관과 건강보험공단에 통보하고,

3. 건강보험공단은 이에 따라 의료기관에 요양급여비용을 지급하는 과정으로 이루어져 있다.

(2) 의료급여(보호) 환자

① 의료급여법의 적용을 받는 환자의 진료비는 본인이 진료비 일부를 부담하고(보호 1종은 본인 부담 없음) 나머지 진료비는 병원의 청구로 건강보험공단이 지급한다.

② 의료급여법에 의한 의료급여비용은 건강보험심사평가원과 건강보험공단이 심사업무와 지급업무를 각각 위탁받아 건강보험에 의한 요양급여비용의 지급절차와 동일하게 진행한다.

③ 의료급여에 관한 업무는 원래 수급권자(국민기초생활법에서 정한 수급자 등 생활이 어려운 자로서 의료급여를 받을 수 있는 자격이 있는 자)의 거주지를 관할하는 시장·군수·구청장의 소관이다.

④ 의료급여비용은 의료급여기금에서 부담하되, 의료급여기금은 시·도에 설치하도록 하고 있으며, 의료급여기금은 국고보조금 및 지방자치단체의 출연금 등으로 조성된다.

⑤ 의료급여법 등에 따른 시장·군수·구청장의 업무 중 의료기관이 청구한 의료급여비용을 심사·조정하는 업무는 건강보험심사평가원에, 심사결과에 따라 의료급여비용을 의료기관에 지급하는 업무는 건강보험공단에 위탁하고 있다. 시·도지사는 매월 추정급여비용을 의료급여기금에서 인출하여 건강보험공단에 예탁하여야 한다.

(3) 자동차보험 및 산재 환자

① 산재보험환자의 진료비 청구금은 근로복지공단이 심사평가를 하여 결정 및 지급하고, 자동차 보험환자는 건강보험심사평가원이 위탁 심사를 통하여 진료비와 삭감액을 결정하고 자동차보험 회사가 수가를 지급한다.

② 자동차보험 및 산재 환자에 대하여도 상급병실 사용 등으로 인하여 본인부담금이 발생

할 수 있다.

(4) 보훈환자

① 국가보훈처에서는 보훈병원과 원거리에 거주하는 전·공상군경 등 국비 환자의 진료 편의 및 접근성을 위하여 전국 시·군 단위로 민간의료기관을 위탁병원으로 지정하여 운영하고 있다.

② 위탁병원에서 발생한 진료비는 위탁병원의 청구에 의하여 보훈병원이 지급한다. 국비 환자 위탁진료비 청구 및 지급업무 절차는

1. 위탁병원에서 국비 환자 진료비를 일정 주기로(월 1회 수준) 심사평가원에 심사청구 하면,
2. 심사평가원은 위탁병원에서 청구된 진료비를 보험자 종별로 심사하여 그 결과를 위탁병원과 보훈병원에 각각 통보하고,
3. 보훈병원은 심사평가원의 심사결정서가 접수되면 국가가 부담하는 진료비용을 결정하여 해당 위탁병원에 진료비를 지급한다.

다　의료수익의 분류

재무보고 목적상 의료수익은 입원수익, 외래수익, 기타의료수익으로 분류하고 내부관리 및 외부보고 목적으로 각 수익항목에 대하여 보험, 보호, 자동차보험, 산재 등 세목별로 세분류하여 회계기록을 유지하여야 한다.

(1) 진료형태에 따른 분류

의료수익은 진료형태에 따라 입원수익, 외래수익 및 기타의료수익으로 분류한다.

입원수익

① 입원수익은 입원환자 진료에 따른 제반 의료수익이다.

1. 입원은 환자의 질병에 대한 저항력이 매우 낮거나 투여되는 약물이 가져오는 부작용 또는 부수효과와 관련하여 의료진의 지속적인 관찰이 필요한 경우
2. 영양 상태 및 섭취음식물에 대한 관리가 필요한 경우
3. 약물투여·처치 등이 계속하여 이루어질 필요가 있어 환자의 통원이 오히려 치료에 불편함을 끼치는 경우 또는 환자의 상태가 통원을 감당할 수 없는 상태에 있는 경우나 감염의 위험이 있는 경우

등에 환자가 병원 내에 6시간 이상 체류하면서 치료를 받는 것이다.

② 입원수익은 사전에 정한 할인율에 따라

　　1. 특정 기관과 개인에게 진료비를 에누리 또는 할인해 준 금액

　　2. 극빈 환자 등을 위한 자선 진료에 따른 무료 또는 감면액

　　3. 연구용 환자에 대한 진료비감면액

을 차감하여 계상한다.

외래수익

① 외래수익은 외래환자 진료에 따른 제반 의료수익이다. 외래수익에 대한 진료비의 에누리 등은 입원수익과 마찬가지로 수익에서 차감하여 계상한다.

② 입원수익과 외래수익의 비율은 병원의 규모와 형태에 따라서 천차만별이다.

기타의료수익

① 기타의료수익은 입원수익과 외래수익 이외의 의료수익으로 건강검진수익, 수탁검사수익, 직원급식수익, 제 증명료수익, 구급차 운영수익 등을 포함한다.

　　1. 건강검진수익은 종합건강진단, 신체검사, 건강상담, 예방접종 등에 따른 제반수익이고,

　　2. 수탁검사수익은 타 병원으로부터 검사, 촬영 등을 의뢰받아 발생한 수익이다.

　　3. 직원급식수익은 병원의 주방시설을 이용하여 병원 직원 및 내방객 등에게 음식을 제공하여 발생한 수익이다.

② 의료수익 중 성형외과 및 피부과 의료수익의 일부와 직원급식수익은 부가가치세 과세 대상이므로 여타 면세사업수익과 별도로 구분하여 관리하여야 한다.

(2) 환자유형에 따른 분류

① 의료수익은 환자 유형에 따라 건강보험, 의료급여(보호), 자동차보험, 산재, 보훈환자 등으로 구분한다.

② 의료기관회계기준규칙의 적용을 받는 의료기관은 회계연도 말 결산 시에 의료수익에 대한 부속명세서로 다음 3조의 서류를 작성하여 재무제표와 함께 보고하여야 한다.

　　1. 의료미수금명세서

　　2. 진료과별 환자유형별 입원환자명세서

　　3. 진료과별 환자유형별 외래환자 명세서

③ 서식 일부는 다음과 같다. 이 서식의 작성을 위하여 최소한 "의료수익의 종류별, 환자유형별, 진료과별 회계기록"은 유지하여야 한다.

(별지 제1호서식)

《 의료미수금명세서 》

(단위 : 원)

계정과목	기초잔액	당기증가	당기감소	삭감액	기말잔액	대손충당금	비 고
1. 재원미수금 　-보험미수금 　-급여미수금 　　⋮							충당금 설정률 등
2. 퇴원미수금 　-보험미수금 　　⋮							
3. 외래미수금 　－ 보험미수금 　　⋮							
계							

(별지 제6호서식)

《 진료과별·환자유형별 외래(입원)수익명세서 》

(단위 : 원)

진료과	건강보험	의료급여	자동차보험	산재보험	일반	기타	합계
내　　과							
일반외과							
소 아 과							
산부인과							
신경정신과							
이비인후과							
⋮							
응급실							
계							

*주) 외래(입원)수익명세서는 별도 구분하여 작성

2. 회계처리

가 수익의 인식과 귀속시기

① 수익의 인식(recognition)은 수익의 귀속 기간을 어떻게 결정할 것인가의 문제이다.

② 기업회계상 수익과 이득은 실현주의에 의하여 인식하고, 세무회계상으로는 법률적으로 권리가 확정된 시기에 익금이 실현되었다고 본다.

(1) 현금주의와 실현주의

① 의료수익은 실현주의에 의하여 인식한다. 실현주의는 현금주의에 대응되는 개념이다. 예컨대 어떤 병원이 20x1년 12월 31일 환자를 진료해 주고 진료비는 그 20x2년 1월 3일에 현금으로 받았을 때 진료비 수입을 현금을 회수한 20x2년에 기록한다면 현금주의이고, 환자에 대한 진료가 끝남으로써 환자에 대한 진료비 청구권이 발생한 20x1회계연도의 수익으로 인식한다면 실현주의이다.

② 미국의 경우에는 법률, 회계, 의료 등 인적서비스를 제공하는 회사의 경우에는 현금주의를 사용하는 것을 허용하고 있지만,[1] 우리나라의 기업회계기준과 세법에는 현금주의라는 것이 없다. 따라서 모든 의료기관은 실현주의에 의하여 수익을 인식하여야 한다.

③ 어떤 의료기관이 20x1년도에 토지를 2억원에 구입하였다고 하자. 20x2년 중 구입한 토지의 가격이 3억원으로 상승하였고, 이 토지를 20x3년 초에 3억원에 처분한다면 토지가격 상승분 1억원을 어느 해의 수익 또는 익금으로 인식하여야 할 것인가? 토지가격이 상승한 20x2년인가 실제로 처분한 20x3년인가? 토지가격의 상승은 20x2년에 발생한 사건이므로 수익 또는 익금을 20x2년에 인식하는 것이 실현주의에 부합하지 않는가?

④ 현행의 기업회계기준과 세법은 20x2년의 토지가격 상승 1억원에 대하여 아직 실현되지 않은 것이므로(미실현이익) 20x2년의 익금 또는 수익이 아니라고 한다. 기업회계기준은 수익인식기준으로 실현주의를 두고 있으며, 세법은 법률상 권리 의무가 확정된 날을 실현시기로 정하고 있다. 따라서 위 토지 보유 이득 발생 및 처분거래에 대하여 수익 또는 익금의 인식시기는 처분함으로써 이익이 실현된 20x3년으로 한다.

⑤ 현재의 기업회계기준과 세법은 자산을 취득원가에 의하여 평가하도록 하고 있다(역사적 원가주의). 역사적 원가주의에 의하면 시가가 3억원인 토지를 20x2년 말 재무제표에 2억원으로 표시하여야 한다. 미실현이익을 인식하지 않는다. 그러므로 실현주의와 역사적 원가

---

1) 미국 세법 제448조

주의는 달팽이와 달팽이 집처럼 불가분의 관계에 있다.

(2) 의료기관회계기준

① 한국채택 국제회계기준 「재무제표의 작성과 표시를 위한 개념체계」에 의하면 수익 및 이득은 경제적 효익이 유입됨으로써 자산이 증가하거나 부채가 감소하고 그 금액을 신뢰성 있게 측정할 수 있을 때 손익계산서에 인식하게 되어있다. 수익은 실현기준과 가득 기준의 두 가지 요건이 충족될 때 인식한다.

② 재화나 용역의 제공으로 현금 또는 현금청구권이 발생하는 것을 교환거래라고 한다면 교환거래가 발생했을 때 수익이 실현된 것으로 본다.[1] 이것이 실현기준이다. 그리고 가득기준에 의하면 수익은 그 가득과정이 완료되어야 인식된다. 수익은 수익가득과정 동안 점진적이고 계속적으로 창출된다. 병원의 환자에 대한 검사, 진료, 수술, 입원, 투약 등 의료서비스 제공의 매 단계는 수익가득과정이라고 할 수 있다.

③ 일반기업회계기준에서는 경제적 효익의 유입가능성이 매우 높고, 그 효익을 신뢰성 있게 측정할 수 있을 때 수익을 인식하여야 한다고 규정하고 있고, 의료기관회계기준 규칙에서는 「수익은 실현시기를 기준으로 계상하고 미실현수익은 당기의 손익계산에 산입 하지 아니함을 원칙으로 한다.」고 규정하고 있다.

④ 의료서비스는 생산되자마자 상대방에게 제공되는 것이고 동시에 대금의 청구권이 발생하는 것이므로 서비스를 제공하는 시기에 수익을 인식하여야 한다.

⑤ 의료수익의 경우 환자에 대한 검사, 진료, 수술, 투약 등 수익가득과정의 단계마다 제공된 서비스의 대가를 신뢰성 있게 측정할 수 있고, 제공된 서비스의 대가를 회수할 가능성이 매우 크다. 따라서 검사, 진료, 수술, 입원, 투약 등 의료서비스는 용역의 제공과 동시에 의료수익을 인식하여야 한다.

(3) 세법

① 법인세법에서는 익금과 손금을 권리의무가 확정된 시기에 인식하도록 규정되어 있다(권리의무확정주의).

② 권리의무확정주의라고 하는 것은 기업회계상의 실현주의에 대립되는 어떤 원칙이 아니고 실현의 시기를 법률적 기준으로 정하여 납세자의 과세소득을 획일적으로 파악하여 과세의 공평을 기함과 동시에 납세자의 자의를 배제하고자 둔 규정일 뿐 거창하게 ○○주의라고 이름 붙일 만한 것은 아니라고 하지만[2] 세법상 수익의 귀속시기를 확정하는 기준은 권리확

---

1) 실현주의에 의하여 수익비용 대응의 원칙이 파생된다. 교환거래에 의하여 수익이 실현되고, 수익을 실현하기 위하여 인도된 재화의 가치 또는 원가는 비용으로 실현된다.

정주의이다.

④ 권리확정주의란 권리의 발생에서 소멸 사이의 기간 가운데 권리의 성질과 내용 등을 따져 적당한 시점을 소득의 실현 시점으로 삼는다는 말이다.

판례에 의하면 소득이 현실적으로 실현되었을 것까지는 필요 없고, 소득의 실현 가능성에 있어 상당히 높은 정도로 성숙·확정되었다면 권리가 확정된 것이라고 한다.

그리고 소득이 발생할 권리가 성숙·확정되었는지는 개개의 구체적인 권리의 내용이나 성질, 기타 여러 가지 상황을 종합적으로 고려하여 결정하여야 한다고 한다.[1]

⑤ 판례는 권리확정주의를 설명하면서 「~상당히 높은 정도로 성숙·확정~」등 획일적으로 판단하기 어려운 비법률적인 용어를 쓰고 있지만 여러 판례를 종합할 때 다음의 요건을 충족하는 경우에는 권리가 확정된 것으로 본다.

1. 구체적으로 특정한 채권이 성립하고,
2. 채무이행을 청구할 수 있는 사실이 발생하며,
3. 채권의 금액을 합리적으로 계산할 수 있어야 한다.

(4) 실무적인 관점

① 병원에서는 환자에 대한 검사, 진료, 수술, 입원, 투약 등 의료서비스 제공의 단계마다 환자에 대한 진료비 등의 채권이 성립하는 것이고, 제공된 의료서비스의 수가를 구체적으로 측정하여 대가를 청구할 수가 있다. 따라서 의료서비스의 경우에는 제공된 의료서비스의 대가를 수익으로 인식함이 기업회계기준의 실현주의와 세법상의 권리의무확정주의에 부합하는 것이다.

② 그러나 병원에서는 일반적으로 외래환자에 대하여는 행위별 기준, 입원환자에 대하여는 퇴원하는 날을 기준으로 의료수익을 인식한다. 의료수익의 경우 용역의 제공과 동시에 수가를 받을 권리가 발생하므로 외래수입이나 입원수입 등 수입의 종류에 불문하고 실현주의 또는 권리확정주의에 의하여 용역제공일을 익금의 귀속시기로 하여야 한다.

③ 입원환자의 수익 인식 시점을 용역 제공의 시기로 할 것인지, 퇴원하는 시점으로 할 것인지는 의료미수금의 소멸시기의 기산점 결정과도 관계가 있기에 수익 인식시기의 결정 문제는 대단히 중요한 문제이다. 대법원 판례를 보기로 하자.

판례 「의사의 치료에 관한 채권」에 있어서는, 특약이 없는 한 그 개개의 진료가 종료될 때마다 각각 당해 진료에 필요한 비용의 이행기가 도래하여 그에 대한 소멸시효가 진행된다고 해석함이 상당하고(대법원 1998.2.13 선고 97다47675 판결 참조), 장기간 입원 치료를 받는 경우라 하더라도

---

2) 법인세와 회계, 박영사, 이창희(2000년) 105 ~ 106쪽

1) 대법96누2200, 97.4.8, 국심2000서1380, 2001.6.5, 국심 제98부24호, 1999.3.3 및 심사법인2001-145, 2007.3.22 참조

다른 특약이 없는 한 입원 치료 중에 환자에 대하여 치료비를 청구함에 아무런 장애가 없으므로 퇴원 시부터 소멸시효가 진행된다고 볼 수는 없다 할 것이다(대법원 2001.11.9. 선고 2001다 52568 판결 참조).

나 의료수익의 회계처리

① 기업회계기준 및 세법은 의료수익을 현금주의가 아닌 실현주의에 의하여 인식하도록 요구하고 있다. 기업회계상의 실현주의 및 세법의 권리확정 기준에 의하면 용역을 제공한 시기에 의료수익을 인식하여야 한다.

② 병원의 수익은 환자 등에 대한 의료서비스의 제공에 따른 경제적 효익의 유입이고, 이는 자산의 증가 또는 부채의 감소 및 그 결과에 따른 자본의 증가로 나타난다.

③ 병원의 의료수익은 아래와 같이 통상 본인부담금과 건강보험공단 등 제3자 단체에 대한 청구권으로 구성된다.

현금+(의료미수금)	+	의료미수금	=	의료수익
본인부담금		제3자 단체에 대한 청구권		

④ 실무에서는 병원의 의료수익을 현금주의, 퇴원주의, 청구주의 및 실현주의의 4가지 또는 4가지를 조합한 1가지 방법으로 회계처리하고 있다.

다 실현주의와 퇴원주의 회계처리 예제

기업회계와 세법은 실현주의를 사용할 것을 요구하므로 편리하다는 이유로 현금주의를 사용할 수는 없다. 실현주의와 퇴원주의에 의한 회계처리 방법을 살펴보자.

(1) 의료수익의 인식에 대한 연습문제

20x1년 10월 25일 한국병원에 입원한 김씨는 20x1년 11월 5일 퇴원한다. 이 환자에 대한 진료비 관련 자료가 다음과 같다.

예제	
• 20x1년 10월 25일부터 20x1년 10월 31일까지의 진료비	1,200,000
• 20x1년 11월 1일부터 20x1년 11월 5일까지의 진료비	500,000
(총진료비 합계)	(1,700,000)
• 20x1년 11월 5일 환자가 퇴원하면서 납부한 본인부담금	400,000
• 20x1년 11월 12일 건강보험심사평가원에 진료비 심사청구의	1,300,000
• 20x2년 1월 8일 건강보험공단에서 김씨에 대한 청구금 입금	1,300,000
(심사평가 결과 삭감한 금액은 없는 것으로 가정한다.)	

실현주의에 의한 회계처리

① 20x1년 10월 25일부터 10월 31일까지의 진료비 발생액을 기록

(차) 입원미수금	1,200,000	(대) 의료수익	1,200,000

- 매일매일 김씨에 대한 진료비, 처치료 등을 집계하여 매일의 회계처리에 반영한다. 본 사례에서는 편의상 한달 분을 회계처리에 반영하였음.

② 20x1년 및 11월 1일부터 11월5일까지의 진료비 발생액 및 퇴원 시 본인부담금을 기록

(차) 입원미수금	100,000	(대) 의료수익	500,000
현금및현금등가물	400,000		

- 역시 매일매일 회계기록이 있어야 하지만 편의상 11월 5일 하루에 발생한 것으로 보고 회계처리를 하였음.

③ 20x2년 1월 8일 건강보험공단에서 청구금이 입금될 때

(차) 현금및현금등가물	1,300,000	(대) 입원미수금	1,300,000

- 건강보험공단 등에서 현금이 입금될 때는 위의 분개가 필요하다. 제3자 단체에서 현금이 입금될 때 그 원인을 정확하게 파악하지 못해서 잠정적으로 의료가수금이라는 계정을 두어 현금수입을 기록하여 두었다가 원인을 규명하여 위와 같은 회계처리를 한다.

퇴원주의에 의한 회계처리

① 20x1년 11월 5일 퇴원 시

(차) 현금및현금등가물	400,000	(대) 의료수익	1,700,000
퇴원미수금	1,300,000		

- 환자의 퇴원 시점에 수령하는 본인부담금 전액과 건강보험공단 등 제3자 단체에 대하여 청구할 금액을 의료수익으로 인식한다. 경우에 따라서는 환자의 퇴원 시점에 수령하는 본인부담금 전액만 수입으로 인식하고 건강보험공단 등에 보험급여를 청구하는 날 청구금 전액을 의료수익으로 인식하는 방법을 사용하기도 한다.

② 20x2년 1월 8일 건강보험공단에서 청구금이 입금될 때

(차) 현금및현금등가물	1,300,000	(대) 퇴원미수금	1,300,000

(2) 실무적용 시의 고려

① 세법이나 기업회계기준에 따르면 의료수익의 기록은 실현주의에 의하여 인식하여야 한다. 그러나 실현주의에 의하여 수익을 인식하기 위해서는 각 환자에 대하여 의료서비스를 제공할 때마다 그 내용을 기록하여, 매일 발생한 수익금액을 파악해야 하므로 회계시스템의 유지비용이 많이 투입되는 단점이 있다.

② 그래서 중소규모의 병원에서는 회계시스템 유지비용의 절감과 실무상의 편의 때문에 의료수익에 대한 회계기록을 퇴원기준에 의하여 유지하는 경우가 많다.[1] 그러나 이 방법에 의하여 회계기록을 유지할 경우에는 연말 결산 시점에 별도로 재원미수금을 인식해 주어야 기업회계나 세무회계상의 실현주의 또는 권리의무확정주의에 부합한다.

🔅 예제

> 예제 한국병원이 퇴원기준에 의하여 회계기록을 유지한다고 하고, 김씨가 12월 25일에 입원하였다고 가정하자.
> - 퇴원기준에 의하여 의료수익을 기록한다면 12월 25일부터 12월 31일까지의 김씨에 대한 재원미수금 발생액 1,200,000원이 손익계산서상의 의료수익에 반영되지 않는다.

① 이 금액에 대하여는 권리의 실현이 가능한 상태에 있는 것이므로 기업회계 상이나 세무회계상이나 수익 또는 익금에 산입하여야 할 것이다.

② 따라서 연말 결산 시 다음과 같은 회계처리가 필요하다.

(차) 재원미수금	1,200,000	(대) 의료수익	1,200,000

③ 이렇게 회계처리 할 경우 별도의 세무조정은 필요없다. 그리고 이 회계기록은 결산을 위한 것이므로 다음해 초에 아래와 같은 결산 재 대체분개가 필요하다.

(차) 의료수익	1,200,000	(대) 재원미수금	1,200,000

---

[1] 일반적으로 장기 입원환자에 대해서는 건강보험공단 등에 보험수가를 매월 청구하고, 이때는 퇴원기준과 청구기준을 조합하여 의료수익을 인식하기도 한다.

3. 의료수익 조정항목

① 영리기업의 매출에 대하여 매출에누리와 매출할인이 발생하는 것과 마찬가지로 병원의 의료수익에 대하여도 진료비의 에누리나 진료비할인이 발생한다.

② 영리기업의 매출액과 달리 병원의 의료수가는 통상 법에 의하여 정해져 있으며(비급여 항목에 대하여는 병원이 자율적으로 수가를 결정한다), 건강보험심사평가원 등 외부 심사기구의 심사평가 결과 과잉진료 등을 이유로 수입금액(진료비청구액)이 삭감당하는 예도 있다.

③ 또한, 병원은 비영리, 공익법인이라는 특성상 특정 환자에 대하여 무료진료를 하거나 현저히 저렴한 금액으로 치료를 해주는 예도 있다. 그리고 병원의 직원 가족이나 특정인에 대하여 진료비를 감액해 주기도 한다.

④ 이들 의료수익과 연관되어 나타나는 항목들은 의료기관회계기준규칙이나 법인세법의 규정을 고려하여 그것이 발생한 시기에 수익의 차감항목으로 회계처리하고 세무조정을 하여야 한다.

가 조정항목 종류

발생한 진료비에 대하여 진료비를 가감해야 할 사유가 발생하면 진료비 발생금액을 가감하여 조정하여야 한다.

의료수익 조정항목의 종류는 다음과 같다.

1. 심사조정(청구차액) : 진료비 발생금액과 내부 심사 후 청구금액과의 차액
2. 청구삭감 : 진료비 청구금액 중 제3자 단체로부터 통보받은 삭감 결정액
3. 정산진료비 환수금 : 수진자의 진료자격 상이 등으로 보험자로부터 환수된 금액
4. 수진자 환불금 : 제3자 단체 심사 후 수진자에게 진료비 환불통보 결정금액
5. 진료비 감면 : 환자 본인 부담 진료비감면액

나 청구삭감

① 건강보험법과 의료보호법의 적용을 받는 환자의 진료비는 환자 본인이 진료비 일부분을 부담하고 나머지 진료비는 병원의 청구 때문에 건강보험공단에서 수령한다.

② 병원의 진료수가(診療酬價) 청구액에 대하여는 건강보험심사평가원이 진료비의 적정성에 대한 심사를 한 후 병원과 건강보험공단에 이를 통보하고, 건강보험공단에서는 통보받은 내역에 의하여 병원에 수가를 지급한다. 자동차보험환자와 산재보험환자의 진료비 청구금도

비슷한 절차를 거쳐 확정된다.

③ 이같이 진료비의 일부 또는 전부가 외부 심사기구의 심사평가로 확정되는 의료비에 대하여는 청구한 의료미수금 일부가 삭감되는 경우가 필연적이다.

(1) 인식 시기

① 의료기관회계기준에 따르면 국민건강보험, 자동차보험 등의 적용을 받아 진료비의 일부 또는 전부가 보험자단체에 의하여 지급되는 환자에 대하여 청구한 진료비 일부가 삭감되는 경우에는 보험자단체의 심사가 완료되어 수납할 금액이 확정된 시점을 기준으로 하여 이미 계상된 의료미수금과 의료수익을 상계 처리하여야 한다.

② 삭감된 진료비 중 보험자단체에 이의 신청하여 일부 또는 전부가 수납될 때는 수납된 시점에 의료수익이 수납액만큼 발생한 것으로 회계 처리한다. 따라서 이의신청할 때는 회계 처리를 하지 않고 이의신청 장부에 비망(備忘)으로 기록한다[1].

③ 청구삭감과 관련하여 세법과 의료기관회계기준의 차이는 없다. 세무회계상으로는 권리의무확정주의에 따라 삭감액이 결정되어 통보를 받는 시점이 손익의 귀속시기이다.

④ 세법에 의하면 의료수익은 권리확정주의에 의하여 권리가 확정된 날 인식하고, 그 후에 제3자 단체의 심사가 완료되어 삭감액이 결정되는 시점에 당해 삭감 결정액을 의료수익에서 차감한다. 이것은 당초에 개략적으로 추산하여 납부한 산재보험료에 대한 정산보험료를 확정시점에 손금 또는 익금으로 인식하는 것과 마찬가지로, 당초에 인식한 수입금액을 정산하는 과정이다.

> **해석** 의료보험법에 의거 환수 조치당한 금액이 수입금액에 해당하는지 여부
>
> 의료업자가 당해연도의 의료 보험수입금액으로 신고한 금액 중 의료보험법 제45조의 규정에 의거 환수 조치당한 금액이 있는 경우에는 동 환수금액이 인정되는 때에 당초 계상한 수입금액을 감액 수정하는 것임(소득 22601-1843, 1986.6.4).

(2) 회계처리

① 앞 예제의 한국병원 김씨의 사례에서 의료보험공단에 청구한 진료비 1,300,000원 중 50,000원이 삭감되었고 이 사실을 12월 2일로 통보받았다면 이때의 회계처리는 다음과 같다.

- 20x1.12.2 삭감을 통보받은 시점에 의료수익에서 차감

(차) 의료수익조정(의료수익)	50,000	(대) 퇴원(보험)미수금	50,000

---

1) 의료기관회계기준규칙에 따른 재무제표 세부작성방법

② 앞의 회계기록을 손익계산서에 표시하면 다음과 같다.

- 병원에 따라서는 삭감액을 입원수익에서 직접 차감하여 손익계산서를 작성하는 경우도 있다(아래 재무보고 자료의 예에서 입원수익을 1,650,000원으로 표시).

③ 그러나 삭감과 관련한 자료는 내부관리 목적상 대단히 중요한 자료이므로 연도 중에는 아래와 같은 방식으로 기록을 유지하고 연도 말에 의료수익과 대체하여 수익을 순액으로 표시하는 것이 좋을 것 같다.

```
I. 의료수익
   1. 외래수익                        ×××
   2. 입원수익                   1,700,000
   3. 의료부대수익                    ×××
   4. 의료수익조정                (−)50,000
```

④ 그리고 삭감된 의료미수금에 대하여는 자료를 보완하여 재심 또는 이의신청을 하기도 한다. 제3자 단체에 이의신청하여 삭감된 의료미수금의 일부 또는 전부가 환입되는 경우에는 환입이 결정되는 시점에 수익으로 인식한다.

```
(차) 퇴원(보험)미수금      20,000    (대) 의료수익조정(의료수익)   20,000
(차) 현금및현금등가물      20,000    (대) 퇴원(보험)미수금         20,000
```

(3) 삭감 유사항목

삭감과 유사한 항목으로 지급불능 및 과징금이 있다. 이들 항목은 의료수입의 감소라는 측면에서 경제적 효과는 삭감과 동일하지만 법인세 신고 및 내부관리 차원에서 별도로 관리하여야 한다.

🔵 지급불능

① 심사평가원에 제출한 요양급여비용심사청구서와 요양급여비용명세서에 필수기재사항의 누락, 착오 기재 등 오류가 있는 경우 심사평가원에서는 심사청구서를 반려하거나 수정·보완하라는 통보를 한다.

② 반려·심사불능 또는 심사보류의 건은 의료기관이 청구한 의료 채권을 지불하지 않겠다는 의사표시가 아니므로 삭감이 확정될 때까지는 비망기록으로 관리하여야 한다.

③ 반려·심사불능 또는 심사보류의 건은 종결될 때까지 회계에 반영하면 안 된다.

🔵 과징금

① 업무정지처분을 하여야 하는 경우로서 그 업무 정지 처분이 해당 의료기관을 이용하는 사람에게 심한 불편을 주거나 법령이 정하는 특별한 사유가 있다고 인정되면 업무정지처분

에 갈음하여 부당금액의 5배 이하의 범위에서 과징금을 부과한다.

② 국공립 요양기관, 업무정지기간이 100일 이하인 요양기관 등은 과징금을 부과할 수 있는 특별한 사유에 해당하고, 입원실·응급실과 같은 특수진료시설 중 해당 진료를 하는 요양기관과 한센병과 같이 장기간 지속적인 진료를 해야 하는 특수질환 환자를 주 대상으로 하는 요양기관 등은 심한 불편을 주는 경우에 해당하여 업무정지처분 대신에 과징금을 부과한다.

③ 과징금은 청구미수금에서 차감하는 방식으로 부과하는 것이므로 삭감과 마찬가지로 의료수입의 차감항목으로 처리하는 병원들이 있다. 그러나 과징금은 속임수나 부당한 방법으로 의료보험 재정에 손실을 초래한 경우에 부과하는 징벌적 부과금이므로 의료수익에 대한 차감항목이 될 수 없고 의료외비용의 과징금 또는 잡손실로 회계처리를 하여야 한다.

④ 법인세법에서는 과징금을 손금불산입 사항으로 취급한다.

(4) 주석 기재

① 의료기관회계기준은 청구삭감의 세부내용을 주석으로 기재할 것을 요구하고 있다.

② 다음 서식은 의료기관회계기준이 요구하는 최소한의 정보이다. 삭감액에는 제3자 단체에 대한 청구 삭감액만 표시하여야 하고, 병원 자체 삭감액은 삭감 전 총수익에 반영되어야 한다.

💬 주석사례

당기와 전기 중 의료수익 삭감액의 내역은 다음과 같습니다.

① 당기

	삭감 전 총수익	삭감액	이의신청 회수	기타	차감잔액	비고
입 원 수 익						
외 래 수 익						
기타의료수익						

다 정산진료비 환수

① 일반적으로 환수처분은 제3자 단체로부터 진료비를 수령하고 난 후에 발생한다. 건강보험공단의 정산진료비 환수처분은 병원으로서는 환불금이다.

② 정산진료비환수는 삭감과 마찬가지로 처분이 일어난 기간의 의료수입에서 차감하여야 한다. 환수처분에는 진료받는 사람의 진료자격 상이, 허위·과당청구 등으로 발생하는 환수와 원외처방 약제비 관련 환수가 있다.

(1) 일반적인 환수

① 환수처분은 건강보험공단이 속임수나 그 밖의 부당한 방법으로 보험급여를 받은 자 등에 대하여 그 급여에 상당하는 금액의 전부 또는 일부를 징수하는 처분이다[1].

② 환수는 삭감과 동일하게 회계처리하고, 내부관리 목적으로 별도 관리한다. 환수처분의 주요 유형은 다음과 같다. 환수처분에 대하여는 삭감과 마찬가지로 이의신청할 수 있다.

1. 요양급여비용을 허위 및 과장 청구하는 경우
2. 가입자 등의 자격이 없음에도 보험급여를 받은 경우
3. 건강보험증을 양도·대여 또는 부정 사용하여 보험급여를 받는 경우
4. 요양급여기준을 위반하여 보험급여를 받거나 요양급여비용 또는 과다한 본인부담금을 받은 경우
5. 요양기관 산정 착오나 건강보험심사평가원 심사오류로 본인부담상한제 사후환급금을 받은 경우
6. 산정범위를 초과하여 요양급여비용을 받은 경우
7. 보험급여 제한대상임에도 보험급여를 받은 경우
8. 보험급여 정지대상임에도 보험급여를 받은 경우
9. 손해배상을 받은 후 보험급여를 받은 경우
10. 기타 진료행위를 규율하는 법령 등을 위반하여 요양급여를 제공하고 비용을 수수한 경우

(2) 원외처방 약제비 환수

① 의료기관은 의약분업 제도에 의하여 환자가 병원 외부의 약국에서 약품을 구입하도록 원외처방전을 발행하고 있다[2]. 의료기관이 요양급여 기준을 벗어난 원외처방전을 발급하여 건강보험 재정에 손실을 끼치면 건강보험공단에서는 손실금에 해당하는 약제비를 해당 의료기관의 수익에서 차감하여 수가를 지급한다.

② 의료기관의 원외처방전의 발급에서 건강보험공단의 부당이득금 환수까지의 절차는 다음과 같다.

1. 의료기관은 환자에게 요양급여기준을 벗어난 약제를 요양급여대상으로 취급하여 원외처방전을 발급함
2. 약국은 그 처방전에 따라 가입자 등에게 약을 조제·교부하고, 건보공단과 환자(본인

---

1) 국민건강보험법 제57조

2) 의약분업은 기본적으로 원외처방을 통해 실현된다. 제도의 큰 틀은 의약분업을 원칙으로 하되 응급환자·입원환자·1~2급 장애인 등을 예외환자로 하고, 주사제 등을 예외 의약품으로 정하여 종전과 같이 병원 내 약국에서 조제하는 원내처방을 일부 허용한다.

부담금)로부터 해당 요양급여비용을 받음

3. 건강보험심사평가원은 의료기관들이 요양급여기준을 위반하는 등 사위(詐僞) 기타 부당한 방법으로 보험급여비용을 받았다고 건보공단에 심사결과를 통보함

4. 건강보험공단은 국민건강보험법 §57① 등을 근거로 위 처방전에 따른 약제비에 해당하는 금액을 처방전 발급 의료기관에 지급하여야 할 차기 요양급여비용에서 차감하는 방식(상계처리)으로 징수함.

③ 건강보험공단은 의료기관의 이러한 과잉처방을 국민건강보험법 §57에 명시한 「부당이득의 징수」에 해당하는 것으로 보고 해당 처방전에 따른 약제비를 의료기관으로부터 환수하고 있지만, 의료기관은 원외처방으로 얻은 경제적 이익이 없으므로 일반적인 삭감처럼 의료수익에서 차감할 것이 아니라 금액적 중요성에 따라 의료외비용의 원외처방과오납 또는 잡손실 계정으로 처리하여야 한다.

라 감면

① 의료수익 감면은 진료비 에누리(또는 진료비할인), 연구용 환자 감면 및 자선 환자 감면 등으로 구분한다.

② 의료기관회계기준에 의하면 자선 환자 감액, 병원 직원 할인, 진료비의 할인과 에누리, 기타 진료비 감액에 대하여는 의료수익에서 직접 차감한다. 왜냐하면, 에누리가 있는 환자에 대한 의료수입은 매출액(의료수익) 자체가 에누리를 공제한 금액으로 확정된 것이기 때문이다.

③ 정상적이고 합리적인 범위 내의 진료비할인 및 에누리라면 법인세법의 내용도 의료기관회계기준과 동일하다. 비정상적이고 합리적인 범위를 초과하는 진료비할인 또는 감면은 업무추진비, 기부금 또는 근로소득이다.

(1) 진료비 에누리와 할인

① 진료비 에누리는 병원이 일정한 요건에 맞는 환자에 대하여 사전에 정한 할인율에 따라 진료비의 일부 또는 전부를 감액하여 주는 것이고, 진료비할인은 진료비 외상대금이 확정된 이후에 회수기일 이전에 회수하는 대가로 깎아주는 금액이지만 병원의 회계실무에서는 양자를 혼용하여 사용하고 있다.

② 이는 결국 의료수익의 일부를 취소하는 것과 동일한 결과를 초래하게 되므로 당기에 확정된 진료비 에누리와 할인액은 당기의 의료수익에서 공제하여야 한다.

🔴 예제 : 회계처리

① 한국병원에서 심장 수술을 받은 환자 김씨에 대하여 수술비, 투약료, 병실료 등 병원이 청구할 의료비 등은 다음과 같다.

> 예제 1. 의료비 총액은 8,300,000원이다.
> 2. 이중 건강보험공단에 청구할 수 있는 금액은 4,300,000원이고,
> 3. 환자 본인이 부담하여야 하는 의료비는 4,000,000원이다.
> 4. 병원은 김씨의 본인부담금 중 20%에 해당하는 800,000원을 경감해 주기로 하고 3,200,000원을 현금으로 수령하였다.

② 이 경우의 회계처리는 다음과 같다.

차) 현금및현금등가물	3,200,00	(대) 입원수익	7,500,000
퇴원(보험)미수금	4,300,00		

해석 의료사업자의 의료비 경감액의 총수입금액 산입여부

의료업을 영위하는 거주자가 의료용역을 제공하고 당해 환자들로부터 수령할 금액 중 의료보험 본인부담 분을 일부 경감하여 줌으로서 그 지급받지 아니하는 금액은 당해 의료업자의 총수입금액에 산입하지 아니하는 것임(소득 46011-1258, 98.5.14).

(2) 진료비 감면

① 대부분의 병원은 내부규정에 의하여 특정 환자군별로 진료비 감면율을 미리 설정해 두고 조건에 맞는 환자에 대하여 진료비를 감면해 주고 있다. 진료비 감면은 사회통념 상 인정될 수 있는 범위 내의 금액이라면 의료수입 차감항목이다.

② 법인세법에 의하면 특수관계가 없는 자에게 할인하는 경우에는 구체적인 할인목적과 내용에 따라 업무추진비 또는 기부금 해당 여부를 판단하여야 한다.

정상적인 감면은 의료수익의 차감항목이지만 비정상적인 감면, 할인 등에 대하여는 업무추진비 또는 비인정기부금, 병원직원에 대한 급여로 처리하여야 한다.

③ 법인세법상 주로 문제가 되는 것은 병원직원 및 그 가족에 대한 감면이다. 병원이 내부규정에 의하여 병원의 직원이나 그 가족에 대하여 정상적인 진료비를 할인하여 주기로 하는 경우 그 할인내용, 지출의 상대방, 할인목적 등에 비추어 직원 또는 직원의 가족 등을 대상으로 하고 사회통념 상 인정될 수 있는 범위 내의 금액은 복리후생비로, 그 범위를 초과하는 경우에는 당해 종업원에 대한 급여로 본다.[1]

④ 그러나 국세청에서는 의료업을 영위하는 법인이 임직원 가족에게 의료용역을 제공하고 본인 부담 의료비의 일부를 경감함으로써 당해 법인의 임직원이 얻는 이익은 과세대상 근로

---

1) 조심 2012중5271, 2014.05.19.

소득에 해당한다고 해석하고 있다.[1]

⑤ 감면받은 진료비를 근로소득으로 연말정산 하여 신고하지 않으면 감면금액을 익금산입하고 동시에 같은 금액을 근로소득으로 손금산입하므로 법인세 과세소득에는 영향이 없다.

그러나 세무조사에서 감면받은 진료비를 근로소득으로 결정한다면 의료비 감면액 중 근로소득에 해당하는 금액에 대하여는 원천징수세액 및 지급명세서 미제출가산세를 부담하여야 한다.

판례 직원 감면 관련 국세심판 예 (조심 2012중 5271, 2014.05.19).

▷ 의료업을 영위하는 법인이 내부규정에 의하여 직원 또는 직원의 가족 등을 대상으로 정상적인 의료비를 감면하는 경우 그 감면대상자·구체적인 감면 범위·감면의 목적·감면 액수 등에 비추어 사회통념상 인정될 수 있는 범위 내의 금액은 복리후생비로, 그 범위를 초과하는 경우에는 당해 직원에 대한 급여로 보는 것이 합리적이라 할 것인바, 처분청의 과세내역을 보면 직원 본인과 그 배우자 및 직계존속에 대한 감면액도 근로소득으로 보아 과세한 것으로 나타나므로 해당 감면액을 전부 복리후생비가 아닌 근로소득으로 보는 것은 사회통념에 부합하지 아니하는 측면이 있는 점,

▷ 한편 청구법인의 내부규정(진료비 등 감면규칙)에 의하면 생계를 같이 하거나 가족관계를 형성한다고 볼 수 없는 배우자의 형제자매, 형제자매의 배우자 및 근로를 제공하고 있지 아니하는 퇴직임원이나 정년퇴직자도 감면대상에 포함하고 있어 복리후생비로 보기에는 감면대상이 많아 보이는 점 등을 종합하여 볼 때 처분청이 감면대상자 및 감면 정도 등을 기준으로 사회통념에 부합하는 복리후생비 해당액을 재조사하여 그 결과에 따라 복리후생비 해당액을 제외하여 과세처분을 경정하는 것이 타당하다고 판단된다.

(3) 주석 표시

의료기관회계기준은 의료수익감면의 세부내역을 주석으로 기재하도록 요구하고 있다. 다음 서식은 의료수익감면과 관련하여 의료기관회계기준이 요구하는 최소한의 정보이다.

🔷 주석사례

당기와 전기 중 의료수익 감면액의 내역은 다음과 같습니다.

① 당기

	감면전 수입금액	직원감면	연구용환자 감면	자선환자 감면	기타	차감잔액
입 원 수 익						
외 래 수 익						
기타의료수익						

---

[1] 서면인터넷방문상담1팀-298, 2007.03.06 등 다수 해석

1. 부대사업수익

가 의료기관의 부대사업

① 의료법에 의하면 의료법인은 그 법인이 개설하는 의료기관에서 의료업무 외에 다음의 부대사업을 할 수 있다.

    1. 의료인과 의료관계자 양성이나 보수교육

    2. 의료나 의학에 관한 조사 연구

    3. 노인복지법에 따른 노인의료복지시설의 설치·운영

    4. 장사 등에 관한 법률에 따른 장례식장의 설치·운영

    5. 주차장법에 따른 부설주차장의 설치·운영

    6. 의료업 수행에 수반되는 의료정보시스템 개발·운영사업 중 대통령령으로 정하는 사업

    7. 그 밖에 휴게음식점영업, 일반음식점영업, 이용업, 미용업 등 환자 또는 의료법인이 개설한 의료기관 종사자 등의 편의를 위하여 보건복지부령으로 정하는 사업

② 이 경우 부대사업으로 얻은 수익에 관한 회계는 의료법인의 다른 회계와 구분하여 계산하여야 한다.[1]

③ 부대사업을 하려는 의료법인은 미리 의료기관의 소재지를 관할하는 시·도지사에게 신고하여야 한다. 신고사항을 변경하려는 경우에도 또한 같다.

나 주차수입 등 시설 직영수익

① 병원이 직영하는 경우의 식당, 매점운영수익, 주차수입 등은 부가가치세가 과세되는 사업이다.

② 일반적으로 식당의 음식값, 매점물품판매대금 및 주차료 수입에는 부가가치세가 포함

---

[1] 의료법 제49조

되어 있는 것이므로, 주차료 수입 등 과세사업의 수입금액은 납부할 부가가치세를 제외한 금액을 수입으로 인식하여야 한다.

사례 한국병원의 어느 날의 총 주차료수입금액이 5,000,000원이었다고 한다면 회계처리는 다음과 같다.

(차) 현금및현금등가물	5,000,000	(대) 의료부대수익-주차수익	4,545,455
		부가가치세예수금	454,545

다 구분표시

(1) 의료외수익의 구분표시

① 대부분 병원에서 부대사업수익의 으뜸은 장례식장수입이다. 이밖에 임대수입, 주차장 운영수입, 매점·식당 직영수입이 병원운영에 상당한 기여를 하는 병원도 있다.

② 장례식장수입, 임대수입, 주차장 운영수입 등이 금액적으로 중요한 경우에는 별도 항목으로 분리하여 표시하고 관리하여야 한다.

(2) 부대사업 비용의 구분표시

기본적으로 의료와 관련된 비용은 의료비용으로, 의료와 무관한 비용은 의료외비용으로 처리하여야 한다.

① 장례식장 수입 등 부대사업수익을 별도 항목으로 구분하여 표시하는 경우에는 장례식장 비용 등 부대사업비용도 구분하여 표시하여야 한다.

② 부대사업 비용에는 인건비, 재료비뿐 아니라 부대사업과 관련된 수도광열비, 감가상각비 등 관리운영비를 포함하여야 한다.

③ 공통비용은 의료기관의 특성을 고려하여 합리적인 기준에 따라 배분한다. 재무제표 세부작성방법이 제시하는 합리적인 방법은 다음과 같다.

  1. 인건비는 인력 수, 총급여 및 투입시간 등의 기준으로 배분한다.

  2. 재료비는 재료의 투입량, 직접재료비, 사용면적(병실수), 사용인원 등의 기준으로 배분한다.

  3. 관리운영비는 매출액, 점유면적, 서비스시간, 사용인원, 관련 유형자산 가액 등의 기준으로 배분한다.

라 주석 표시

① 주차장직영수익, 매점직영수익, 일반식당직영수익, 영안실직영수익 및 기타 시설직영수입 등을 중요성의 원칙에 의하여 구분하여 표시하지 않는 경우에는 의료부대수익 계정과목에 통합하여 표시할 수 있다.

② 이 경우 의료부대수익에 대한 세부내역을 주석으로 기재하여야 한다. 의료부대비용에 대하여도 마찬가지이다.

주석사례

- ○○ 의료부대수익
- 당기와 전기 중 의료부대수익의 내역은 다음과 같습니다.

구분	당기	전기	비고
주차장직영수익			
매점직영수익			
일반식당직영수익			
영안실직영수익			
기타시설직영수입			
합 계			

- ○○ 의료부대비용
- 당기와 전기 중 의료부대비용의 내역은 다음과 같습니다.

구분	당기	전기	비고
주차장직영비용			
매점직영비용			
일반식당직영비용			
영안실직영비용			
기타시설직영비용			
합 계			

2. 이자 수입

① 의료기관을 운영하는 과정에 운영자금의 일시예탁 또는 장단기 여유자금의 투자 결과로 이자 수입이 발생한다.

② 기업회계에서 이자 수입은 발생기준에 따라 인식하게 되어있다. 따라서 기업회계기준에 의하면 연말 결산 시에 만기가 도래하지 않은 예금, 적금에 대하여 발생한 이자를 다음과 같은 결산분개를 통하여 수입이자로 인식하여야 한다.

(차) 미수수익	×××	(대) 수입이	×××

③ 그러나 세법의 규정은 기업회계와 차이가 있다.

첫째, 원천징수대상인 이자소득에 대해서는 법인령 §70① 제1호 단서가 적용되지 않으므로 과세시기는 소득세법에 따른 금융상품별 법정 시기(이자를 받거나 원본에 전입한 날 등)로 한다.

둘째, 원천징수대상이 아닌 이자소득에 대해서는 금융상품별 법정 시기로 하되 납세의무자가 이자계산기간경과분 미수이자를 결산에서 수익으로 잡은 경우에는 미수이자를 과세대상으로 한다.

③ 결국, 원천징수대상이 아닌 이자는 납세의무자가 기업회계를 따라 발생주의를 택하여 회계처리 한 경우에는 세법도 그것을 발생주의로 익금산입하고, 그렇지 않다면 이자를 받거나 원본에 전입한 시기에 익금에 산입한다. 원천징수대상인 이자는 기업회계에서 어떻게 했든 이를 무시하고, 이자를 받거나 원본에 전입한 시기에 익금에 산입한다.

④ 따라서 병원에서 만기가 도래하지 않은 원천징수대상 금융상품의 발생이자를 기업회계기준에 따라 위와 같이 수익으로 인식한 경우에는 세무조정을 하면서 미수수익 상당액을 익금불산입 하여야 한다.[1]

---

1) 미수수익 익금불산입액은 다음 회계연도의 익금산입 사항이다.

3. 수입임대료

① 병원이 고유목적사업인 의료서비스를 제공하는 데 따라 부수적으로 발생하는 수익으로 매점, 식당, 영안실, 주차장 등을 임대하고 받는 수입이 있을 수 있다.

② 임대수입이 있다면 사업자등록에 부동산임대를 추가하여야 하며 이것은 의료외수익의 수입임대료로 회계처리 한다. 기업회계상으로는 부동산임대수익은 발생주의에 의하여 인식 하게 되어있다.

③ 부동산임대수입은 의료수입과 달리 부가가치세가 과세되는 사업이므로 매월 임대료를 받기로 한날에 거래 상대방에게 세금계산서를 발행하여야 한다.

④ 상대방의 사정으로 임대료를 받지 못한 경우에도 부가가치세법과 법인세법은 세금계산 서를 발행하고 수익을 인식하도록 요구하고 있다. 병원에서는 악성 채권으로 관리하다가 요 건을 갖추어 대손상각으로 처리할 수 있을 뿐이다.

⑤ 또한, 병원이 받은 임대보증금에 대하여는 부가가치세법상 간주임대료 상당액에 대한 부가가치세의 납세의무가 있다.[1] 그러나 의료기관의 경우 영리법인과 달리 임대보증금에 대 한 간주익금을 따로 계산하여 익금에 산입하는 제도는 적용되지 않는다.[2]

🔵 예제

한국병원은 20x1년 10월 1일 매점을 A씨에게 임대하기로 하였다. 임대조건은 보증금 10,000,000원에 월세는 부가가치세 포함금액으로 2,200,000원이다. 다만, 월세는 6개월 단위 로 미리 받는 조건이다. 이 경우의 회계처리는?

- (20x1.10.1)

(차) 현금및현금등가물	23,200,000	(대) 임대보증금	10,000,000
		수입임대료	12,000,000
		부가세예수금	1,200,000

- (20x1.12.31 결산 수정분개) 발생주의 적용에 따른 월할 계산

(차) 수입임대료	6,000,000	(대) 선수임대료	6,000,000

---

1) 부가가치세법 시행령 제49조의2
2) 조세특례제한법 제138조 제1항

가 수입임대료의 기간 귀속

(1) 일반적인 경우

① 법인세법상 자산의 임대료는 계약 조건에 따라 각사업연도에 임대료로서 수입될 금액을 익금에 산입한다(권리의무확정주의 및 회수기일 도래 기준). 다만 결산을 확정에 있어 이미 경과한 기간에 대응하는 임대료 상당액과 이에 대응하는 비용을 당해 사업연도의 수익과 손비로 계상한 경우에는 이를 각각 그 계상한 사업연도의 익금과 손금으로 한다.

② 법인령 §71① 따라서 병원이 위와 같이 기업회계에 의하여 발생주의에 의하여 임대수익을 인식한 경우에는 선수임대료 6,000,000원에 대한 세무조정은 필요치 않다.

③ 한편 월 임대료를 후불로 받는 경우 즉, 위의 사례에서 월 임대료를 6개월 후불로 받기로 한 경우 기업회계기준에 의하면 반드시 발생주의에 의하여 임대수익을 인식하여야 한다. 그러나 세법에 의하면 아직 월 임대료를 받을 권리가 확정되지 않았으므로 익금이 아니라고 본다. 다만 병원이 기업회계에 따라 임대수익을 인식하였다면 그것을 따르게 되어있으므로 이때도 별도의 세무조정은 필요치 않다.

④ 따라서 병원이 수입임대료를 기업회계기준에 따라 회계처리 한 경우에는 세무조정은 필요치 않다.

(2) 1년치 이상의 임대료를 일시불로 수령하는 경우

① 법인세법은 1년 치 이상의 임대료를 일시불로 수령하는 경우에는 권리의무확정주의를 떠나서 반드시 발생주의에 의하여 결산에 반영할 것을 요구하고 있다.[1]

② 1년이 넘는 기간의 임대료를 권리의무확정주의에 따라 인식할 경우 손익의 왜곡 현상이 심각하게 발생할 수 있기 때문이다.

(3) 부가가치세법의 규정

① 부가가치세법은 법인세법의 권리의무확정주의와 달리 부동산 임대용역을 2개 과세기간 이상에 걸쳐 공급하고 대금을 선불 또는 후불로 받는 경우 월수 기준으로 과세표준을 안분하도록 규정하고 있다.[2]

② 월수는 일할로 계산하지 않는다. 개시일이 속하는 달이 1개월 미만이면 1개월로 하고, 종료일이 속하는 달이 1개월 미만일 때는 없는 것으로 한다.

---

1) 법인세법 시행령 제71조 제1항 단서 조항
2) 부가가치세법 시행령 제49의2 제4항

나 임차인의 자본적지출

① 병원에서는 임차인이 개수(자본적지출에 해당하는 개수)하거나 나대지 위에 신축하는 조건으로 무상 또는 저렴한 요율로 매점 등의 시설물을 임대하는 때도 있다. 이 형식의 경제적 실질은 토지의 임대이다.

② 임차인이 공사 완료 시점에 시설물의 소유권을 병원으로 넘긴다면 BTO(Build Transfer Operate) 방식이고, 임대차계약 완료 시점에 소유권을 넘긴다면 BOT(Build Operate Transfer) 방식이다.

③ 일반기업회계기준에 따르면 BTO와 BOT의 경우 임대인인 의료기관은 기부채납 예정 자산에 대해 잔존가치를 신뢰성 있게 측정 가능하다면 그 금액을 운용 리스료에 포함하여 매기 균등 인식한다[1].

④ 세법에 의하여 수익 인식할 금액은 기업회계기준과 일부 차이가 있다. BTO는 취득가액, BOT는 소유권 이전 시점의 시가평가액을 수익인식의 기초가액으로 한다. 임대차 기간 만료 후 해당 건물을 멸실하는 조건이라면 건물 개수비는 임차인의 소유이므로 임대수익을 인식하지 않는다.

⑤ 임대인인 의료기관이 토지를 임대하면서 임차인들로 하여금 그 토지 위에 건축물을 신축하여 일정기간 사용하게 한 다음 건축물들의 소유권을 무상으로 이전받기로 한 경우 (BOT), 그 건축물은 토지임대에 따른 금전 외의 대가(후불임대료)에 해당하므로 시설물의 소유권이 이전되는 시점의 시가 평가액을 기간별로 안분하여 부가가치세 과세표준과 임대료 수입금액에 포함하여야 한다[2].

⑥ 계약기간 만료 후 해당 부동산의 소유권을 임대인에게 인도하는 조건이라면 건물의 신축 또는 개수비는 회사의 자산이므로 이에 대한 감가상각비를 임대인이 인식하여야 한다. 감가상각 내용연수는 당해 시설물의 경제적 내용연수이다.

회계처리 사례

이와 관련한 회계처리를 예시하면 다음과 같다.

• 개수비 발생 시

(차) 건 물 ×××		(대) 선수임대료	×××

• 부가가치세 신고 기간마다

---

1) [GKQA 09-030] 민간투자사업 중 BOT방식에 있어 사업허가자의 회계처리, 2009-12-18, 한국회계기준원

2) 대법원 2008두18939, 2011.6.30., 조심2010중0322, 2013.04.24 및 인천지방법원-2013-구합-10971, 2015.04.24 참조

차) 선수임대료	×××	(대) 임대료수입	×××
부가가치세 예수금	××		

* 연말 결산 시

(차) 감가상각비	××	(대) 건물감가충당금	×××

해석 (법인세과 573, 2009.5.13)

▶ [질의] 임대업을 영위하고 있는 법인이 특수관계 없는 타인소유의 토지위에 건물을 신축하여 임대법인 명의로 보존등기를 하고, 10년간 사용후(별도의 토지사용료 지급) 동 건물을 토지소유자에게 무상으로 이전하려 하는 경우 동 건축물을 누구의 자산으로 계상하여야 하는지와 취득 시기 및 취득가액은?

▶ [회신] 법인이 사전약정에 따라 특수관계 없는 타인 소유의 토지 위에 건축물을 신축하여 동 건축물과 그 부속토지를 일정기간 사용 후 토지소유자에게 건축물의 소유권을 무상으로 이전하는 경우 그 건축물의 취득가액은 선급임차료로 하여 사용수익기간 동안 균등하게 안분하여 손금에 산입하고 동 금액을 토지소유자의 익금으로 하는 것임.
이 경우 토지소유자는 건축물의 준공일 또는 임차인의 건축물 사용수익일 중 빠른 날이 속하는 사업연도에 그 건축물의 취득가액을 자산으로 계상하여 감가상각 하는 것임.

4. 연구수익

가 진행기준 적용

① 제약회사 등으로부터 연구 및 개발을 의뢰받아 이를 수행함으로써 발생하는 수익은 동 연구 및 개발이 제공되는 기간 진행기준에 따라 인식한다.

② 진행기준은 연구과제별로 진행률을 산출하여 선수수익과 미수수익을 구분하여 계산하는 것이다. 진행률에 의한 수익 인식 금액은 다음 산식에 의하여 산출한다.

$$수익인식금액 = 용역계약금액 \times 진행률 - 전기까지 수익인식 누적액$$

(단, 진행률 = 총누적 실제 발생원가 ÷ 총 예정원가)

③ 총예정원가에는 연구간접비를 제외한 금액을 계상하여야 한다. 다만 국고 사업비의 간접경비의 경우 사업 기간 내에 국고 사업비 통장에서 반드시 사용돼야 할 때는 간접경비도 총예정원가에 포함한다.

나 부가가치세

① 개인, 법인 또는 법인격 없는 사단·재단, 그 밖의 단체가 독립된 자격으로 용역을 공급하고 대가를 받는 학술연구용역과 기술연구용역은 부가가치세를 면제하는 용역이다[1].

② '학술연구용역과 기술연구용역'이란 새로운 학술 또는 기술 개발을 위하여 수행하는 새로운 이론·방법·공법 또는 공식 등에 관한 연구용역을 말한다[2].

③ 학술 및 기술 발전을 위하여 학술 및 기술의 연구와 발표를 주된 목적으로 하는 단체가 그 연구와 관련하여 실비 또는 무상으로 공급하는 재화 또는 용역[3]도 부가세 면제대상이다.

④ 그 이외의 모든 연구수익은 부가가치세 과세대상이다.

---

[1] 부가가치세법 시행령 제42조 제2호 나목
[2] 부가가치세법 시행규칙 제32조
[3] 부가가치세법 시행령 제45조 제2호

4절 | 국가와 민간으로부터의 지원금

1. 기부금수익

가 의료기관회계기준

(1) 기부금수익의 종류

① 타인으로부터의 무상 기부(또는 증여)는 의료기관 수익의 중요한 일부분이다. 주는 쪽에서는 기부금이고 받는 쪽에서는 기부금수익이다.

② 법인설립 시의 출연금과 설립 이후 기본재산으로 기부하는 재산에 대하여는 출연이라는 용어를 사용하기도 한다. 그러나 법인세법과 상증법이 기부, 증여 및 출연을 구분하여 사용하고 있는 것은 아니다. 이에 따라 회계처리 주체들도 세 가지 용어를 같은 의미로 혼용하여 쓰고 있다.

③ 의료기관은 일반적인 기부금수익은 의료외수익으로, 출연금은 자본 항목인 법인기본금으로 회계처리하고 있다.

④ 「공익법인의 설립·운영에 관한 법률」과 「비영리조직회계기준」의 출연금 관련 규정을 의료기관회계기준에 적용한다면 설립 당시의 출연금과 설립 이후 제약이 있는 기부금 수입은 기본금으로 회계처리하고, 제약이 없는 기부금은 기부금수익으로 처리하는 것이 타당해 보인다[1][2].

⑤ 의료기관이 국가나 지방자치단체로부터 결손보전이나 운영비 지원 등 수익적지출에 충당할 목적으로 지원받는 보조금도 기부금수익이다.

⑥ 타인으로부터 무상으로 받는 자산의 가액은 자산수증이익이고, 채무의 면제 또는 소멸

---

1) 「공익법인의 설립·운영에 관한 법률」 제11조에 의하면 공익법인의 재산은 기본재산과 보통재산으로 구분하고, 기본재산은 그 목록과 평가액을 정관에 적어야 하며, 평가액에 변동이 있을 때는 지체 없이 정관 변경 절차를 밟아야 한다. 기본재산은 재무상태표의 자본 항목에 법인기본금으로 표시한다. 같은법 시행령 제20조에 의하면 설립시 기본재산으로 출연한 재산과 설립 이후 기부 또는 무상으로 취득한 재산은 기본재산으로 처리하여야 한다. 기본재산은 영구적으로 보유하여 특정 목적에 사용하여야 하며 처분을 할 수 없는 재산이다.

2) 영구적 제약이 있는 기부금과 일시적 제약이 있는 기부금을 통틀어서 제약이 있는 기부금으로 표현한다. 독지가가 의료기관에 현금을 기부하면서 병원 운영비로 사용하라고 조건을 부여하였다면 「제약이 없는 기부금」이고, 병원 시설장비 도입하는데 사용하라고 기부하였다면 제약이 있는 기부금이다. 시설장비 도입 목적의 기부금은 시설장비의 감가상각이 완료되는 시기에 제약이 해소되므로 일시적 제약이 있는 기부금이다.

로 생기는 부채의 감소액은 채무면제이익이다.

⑦ 의료기관회계기준은 자산수증이익과 채무면제이익을 기부금수익과 구분하여 표시하도록 규정하고 있지만, 자산수증이익과 채무면제이익의 경제적인 성격은 기부금수익과 동일한 것이므로 중요성의 원칙에 의하여 구분 또는 통합하여 표시하면 될 것 같다.

사례 한국병원은 모제약회사로부터 12,000,000원에 해당하는 혈액 분석기기를 무상으로 기증받았다. 이 경우의 회계처리는?

(차) 의 료 장 비	12,000,000	(대) 기부금수익	12,000,000

(2) 기부 금품의 평가

① 증여받은 자산은 증여받은 때의 시가로 평가한다. 시가는 감정평가액이다. 다만, 토지는 당해 토지의 공시지가에 의하여 평가할 수 있다.

② 당해 자산의 취득을 위하여 통상적으로 소요되는 가액과 비교하여 현저하게 저렴한 가격으로 취득한 자산은 취득할 때의 시가로 평가하고, 시가가 취득가액 보다 높다면 그 차액을 기부금수익으로 인식한다.

③ 그 반대의 경우는 상대편에 대한 기부금이다.

나 법인세법과 상증법

(1) 비영리법인의 기부금수익

😄 법인세인가 증여세인가?

① 상증법은 「증여재산에 대하여 수증자에게 법인세가 부과되는 경우(증여로 의제되는 경우는 제외)에는 증여세를 부과하지 아니한다.」고 규정하고 있다.[1]

② 증여세를 부과하는 경우에는 법인세를 부과하지 않는다는 명문 규정이 법인세법에 존재하지 않지만,

③ 상증법의 이 규정과 법인세 기본통칙에서 「비영리법인이 업무와 직접 관계없이 타인으로부터 무상으로 받은 자산의 가액은 비수익사업[2]」 이라고 해석하고 있는 점에 비추어볼 때 법인세와 증여세가 상충하는 경우에는 법인세를 우선으로 적용하고, 법인세와 증여세를 2중으로 부과할 수 없다는 추론은 가능하다.

---

1) 상증법 §2조②
2) 법기통 3-2...3

🔹 법인세 과세근거

① 내국법인의 자산수증이익과 채무면제이익에 대한 법인세의 과세근거는 법인법§14, §15 및 법인령§11이다.

② 내국법인의 각사업연도의 소득은 그 사업연도에 속하는 익금(益金)의 총액에서 그 사업연도에 속하는 손금(損金)의 총액을 공제한 금액이다.[1]

③ 익금은 자본 또는 출자의 납입 등을 제외하고 해당 법인의 순자산(純資産)을 증가시키는 거래로 인하여 발생하는 수익의 금액이고,[2]

④ 무상으로 받은 자산의 가액(자산수증이익)과 채무의 면제 또는 소멸로 인하여 생기는 부채의 감소액(채무면제이익)은 수익에 포함된다.[3]

⑤ 비영리법인도 각 사업연도 소득에 대하여 법인세를 납부할 의무[4]가 있으므로 비영리법인의 수익사업을 위한 자산수증이익과 채무면제이익은 법인세 과세대상이다.

⑥ 그러나 자산수증이익과 채무면제이익이 비수익사업과 관련한 것이라면 각 사업연도 소득에 포함할 수 없으므로 상증법 §2에 의하여 증여세 과세대상이다.

⑦ 증여세 과세대상일 경우 당해 비영리법인이 공익법인이라면 출연받은 재산을 증여세 과세대상에서 제외하고, 사후적으로 법이 요구하는 조건에 맞게 출연재산을 관리 또는 사용하여야 한다.

🔹 비수익사업 판단 기준

① 비영리법인의 비수익사업은 법인세 신고대상이 아니다. 따라서 비영리법인의 비수익사업을 위한 자산수증이익과 채무면제이익은 법인세 과세대상이 아니다.

② 수익사업과 비수익사업의 구분은 기부자의 기부 의도와 실제 사용 내역에 의하여 판단하여야 한다. 기부자가 비수익사업을 위하여 기부하였고, 기부자의 의도대로 비수익사업을 위하여 사용할 때 비수익사업이다.

③ 수익사업 비수익사업 여부는 법인법 §3 및 법인령 §2에 의하여 판단한다. 법인령 §2①에 열거된 사업은 비수익사업이고, 열거된 사업을 제외한 모든 사업은 수익사업이다.

④ 비영리 내국법인이 수행하는 사업이 법령 또는 정관에 규정된 고유목적 사업이라 하더라도 법인세법에 규정한 수익사업에 해당하는 경우에는 이를 수익사업으로 보는 것이다.

---

1) 법인법 §14①
2) 법인법 §15①
3) 법인령 §14 제5호
4) 법인법 §3①

● 비영리법인의 자산수증이익과 채무면제이익에 대한 과세 문제

① 수익사업과 관련한 자산수증이익 등은 법인세 과세대상이고, 비영리사업과 관련한 자산수증이익 등은 증여세 과세대상이다.

② 자산수증이익이 수익사업용인지 비수익사업용인지는 기부자의 의도와 실제 사용 내용에 의하여 판단하여야 한다. 수익사업을 위한 기부는 법인세 과세대상이고, 비수익사업을 위한 기부는 법인세 과세대상이 아니라 증여세 과세대상이다.

③ 증여세 과세대상에 해당하는 경우 해당 비영리법인이 공익법인이라면 증여받은 재산을 공익사업에 사용하는 조건으로 증여세 과세대상에서 제외한다.

④ 비영리법인의 자산수증이익과 채무면제이익에 대한 과세문제는 다음 표와 같이 요약할 수 있다.

《 비영리법인의 자산수증이익과 채무면제이익에 대한 과세 》

구분	법인세	증여세	비고
수 익 사 업 용	○	×	
비수익사업용	×	○	공익법인은 증여세과세액 불산입하고 사후관리
출 연 금	×	○	

(2) 일반기부금 단체의 기부금수익

① 일반기부금 단체가 자선사업가로부터 업무와 관련 없이 토지를 증여받아 임대용으로 사용하는 경우의 자산수증이익은 수익사업과 관련한 것인가? 비수익사업과 관련한 것인가?

② 일반기부금 단체가 기부받은 토지를 직접 비수익사업에 사용하는 것이 아니고 임대사업에 사용하므로 당해 토지를 임대수입(수익사업)과 관련한 자산수증이익이라고 판단하여 법인세 과세대상에 해당한다는 주장이 있지만,

③ 그러나 그렇게 판단한다면 일반기부금 단체가 수령하는 현금 기부금도 금융기관 예치를 통하여 이자 수입을 창출하므로 수익사업을 위한 기부금이고, 여타의 모든 기부금 수입도 다양한 방법으로 수익을 창출할 수 있으므로 모든 기부금 수입을 수익사업을 위한 기부금으로 판단하여야 하는 모순이 있다.

④ 비영리법인에 대한 기부와 달리 일반기부금 단체에 대한 업무와 관련 없는 모든 기부는 비수익사업을 위한 것이다. 우리의 일반기부금 단체는 증여받은 토지를 임대하고 그 과실을 비수익사업에 사용할 것이므로 일반기부금 단체가 업무와 직접 관계없이 수령한 자산수증이익은 법인세 과세대상이 아니다.[1]

---

1) 일반기부금 단체가 업무와 직접 관계없이 타인으로부터 무상으로 받은 자산을 수익사업에 사용하는 경우 동 자산의

다　의료기관의 기부금수익

(1) 의료기관이 수령하는 기부금의 성격

① 의료법인은 일반기부금 단체[1]이고 대학병원, 국립암센터, 지방의료원 등 공공병원은 특례기부금 단체[2]이다. 공공병원이 타인으로부터 시설비, 교육비 및 연구비로 기부받는 금품의 가액은 특례기부금이고 의료법인이 의료업을 위하여 기부받는 금품은 일반기부금이다.

② 의료기관의 고유목적사업인 의료업은 법인세법에서 수익사업으로 분류하고 있지만, 의료기관의 기부금을 특례기부금 또는 일반기부금으로 인정하고 있으므로 의료기관이 의료업을 위하여 수령하는 모든 기부금수익은 비수익사업이다. 의료업의 공공성을 고려한 입법이라고 생각한다.

③ 의료업을 위한 것인지는 기부자의 의도에 의하여 판단하여야 한다. 예컨대 특정 환자의 진료비로 사용해 달라는 조건의 기부는 제3자가 진료비를 대납해 주는 것이므로 비수익사업을 위한 기부가 아니라 진료비수익이다.

④ 병원이 타인으로부터 특례기부금 및 일반기부금을 받을 때는 기부금영수증을 발행하여야 하고 기부받은 재산은 상증법에 의하여 출연재산으로 관리하여야 한다. 병원은 상증법상 공익법인으로 분류되므로 출연받은 재산은 증여세 과세가액 불산입 대상이지만, 상증법이 요구하는 조건에 맞게 사후관리를 하여야 한다.

(2) 기부금수익은 비수익사업

① 의료법인이 의료업을 위하여 수령하는 모든 기부금은 일반기부금이다. 대학병원, 국립암센터, 지방의료원 등 공공병원이 타인으로부터 시설비, 교육비 및 연구비로 받는 기부금은 법정 기본금이고, 공공병원이 환자 진료 등 의료업을 위하여 수령하는 그 외의 기부금은 일반기부금이다.

② 의료기관이 수령하는 특례기부금 수입과 일반기부금 수입은 상증법에 의한 증여세 과세대상이다. 따라서 의료기관의 의료업을 위한 자산수증이익과 채무면제이익은 법인세 과세대상에서 제외하여야 한다.

③ 의료법인의 설립자가 병원을 설립할 때 출연하는 금품과 병원 설립 이후 기본재산으로 출연하는 재산은 기부금과 구분하여 출연금으로 표현한다. 출연금은 법인기본금으로 회계처

가액은 비수익사업에 속하는 것이다(법인세과 1443 2009.12.30). 학교법인이 업무와 직접 관계없이 타인으로부터 무상으로 받은 자산을 수익사업에 사용하는 경우 해당 자산의 가액은 법인세 과세대상에 해당하지 않는다(사전 2015 법령해석 법인-0151, 2016.2.17).

1) 법인령 §36① 1호 및 ③
2) 법인법 §24② 5

리하고 등기하여야 한다.

④ 출연금은 영리법인의 출자의 납입과 유사한 성격의 거래이다. 출연금도 기부받은 재산이므로 기부금영수증을 발행하고 상증법에 의하여 신고 및 관리하여야 한다[1]).

⑤ 병원이 거래처로부터 거래상 기부 또는 증여를 받은 것은 법인세법상 익금에 해당하고 거래관계 없이 순수한 목적으로 받는 금품의 가액은 익금불산입 사항이다.

⑥ 거래상대편의 입장에서 생각할 때 거래를 위한 증여는 업무추진비이고 그렇지 않은 순수한 증여는 기부금으로 구분하여야 한다. 순수한 기부를 받은 경우에는 기부금 영수증을 발행하고, 대가를 노린 기부 등에 대해서는 별도의 영수증을 발행하여야 한다.

해석 기부금수익의 법인세 과세대상 여부 사례

▶ [질의] 의료법인의 병원 부지 매입 또는 병원 건물 신축 용도로 제3자가 의료법인에 기부하고자 함. 기부받을 의료법인은 최근 병원을 증축하여 현시점에 병원을 신축하거나 증축할 계획이 없음.
   1. 의료법인은 기부금으로 임대용 건물을 매입하여 임대사업을 하고자 함. 최종적으로는 임대용 건물을 매각하여 병원을 신축하고자 함.
   2. 특수 관계없는 제3자로부터 기부금을 받은 경우 의료법인의 기부금수익에 대한 법인세 과세 여부

▶ [회신] 의료법인이 업무와 직접 관계없이 타인으로부터 무상으로 받은 자산의 가액은 비수익사업에 속하는 것입니다(법인세과-512, 2009.5.4).

해석 의약품 판매법인이 병원에 병원 신축자금을 기증하는 경우

▶ [질의] 당사는 병원 등에 의약품을 공급하는 도매상임.
   기존거래관계가 있는 국립대학교 병원에서 인근 농촌에 분원을 신축하기 위해 시설비를 모금하고 있음. 이때 당사가 병원신축비용을 기부하였을 시, 조세감면규제법 제61조 제2항 제2호(조세특례제한법 제73조 제1항 제2호)에서 규정한 기부금으로 인정받을 수 있는지 아니면 법인세법기본통칙 2-14-2…18에서 규정한 바와 같이 사업과 직접 관계있는 자에게 기증한 경우로 보아 업무추진비로 구분되는지 의문이 있어 질의함.

▶ [회신] 의약품을 판매하는 법인이 국립대학교 의과대학 부속병원에 의약품을 납품하기 위하여 당해 병원에 병원신축자금을 기증하는 경우 동 금액은 업무추진비에 해당하는 것임(법인 46012-251, 1999.1.20.).

---

1) 공익법인에 대한 출연금은 증여세 과세가액에서 제외하고, 공익법인이 아닌 비영리법인에 대한 출연금은 증여세 과세가액에 포함한다.

2. 국고보조금 수입

가 국고보조금 교부의 법적 근거

① 보조금은 국가 또는 지방자치단체가 공익적 사업을 지원하기 위하여 반대급부 없이 교부하는 금전 급부를 말하는데 법적 성격은 무상증여에 해당한다.

② 국가의 보조금에 관한 일반법인 「보조금 관리에 관한 법률」에서는 보조금을 '국가 외의 자가 행하는 사무 또는 사업에 대하여 국가가 이를 조성하거나 재정상의 원조를 하기 위하여 교부하는 보조금, 부담금 그밖에 상당한 반대급부를 받지 아니하고 교부하는 급부금'으로 정의하고 있다.

③ 지방자치단체 보조금 관리에 관한 법률에서는 '지방보조금이란 지방자치단체가 법령 또는 조례에 따라 다른 지방자치단체, 법인·단체 또는 개인 등이 수행하는 사무 또는 사업 등을 조성하거나 이를 지원하기 위하여 교부하는 보조금 등을 말한다. 다만, 출자금 및 출연금과 국고보조재원에 의한 것으로서 지방자치단체가 교부하는 보조금은 제외한다.'고 규정하여 보조금, 출자금 및 출연금을 구분하여 사용하고 있다.[1]

④ 회계에서는 국가나 지방자치단체로부터 받는 보조금을 일률적으로 국고보조금으로 표현한다.

출연금과의 관계

① 민법상 출연은 본인의 의사에 의하여 자기의 재산을 감소시키고 타인의 재산을 증가시키는 효과를 가져오는 행위를 말하고, 상증법상 출연은 출연자가 기부 또는 증여 등의 명칭에 불구하고 공익사업에 사용하도록 무상으로 재산을 제공하는 행위를 말한다.

② 출연에 대해서는 상증법에서 별도로 규정하고 있지 않으나 법률적 성격을 증여로 보는 것이 타당하다. 증여는 당사자 일방이 무상으로 재산을 상대방에 수여하는 의사를 표시하고 상대방이 이를 승낙함으로써 그 효력이 생기는 행위이다[2].

③ 민법에서는 비영리 재단법인의 설립과 관련하여 출연에 관한 규정을 두고 있다. 국가나 지방자치단체의 출연은 법령에 의하여 설치된 연구기관, 기금, 공단 등 출연 대상 주체에 대하여 특정 목적을 위하여 지원하는 금전급부를 말한다. 국가재정법 §12 및 지방재정법 §18에 따르면 국가와 지방자치단체는 법률에 근거가 있는 경우에만 출연할 수 있도록 규정하고 있으므로, 출연하기 위해서는 법률에 근거가 있어야 한다.

---

1) www.lawmaking.go.kr 정부입법지원센터/법제지식/법령입안심사기준
2) 민법 제554조

④ 「지방자치단체 출자·출연기관의 운영에 관한 법률」 §4에 따르면 지방자치단체는 문화, 예술, 장학, 체육, 의료 등의 분야에서 주민의 복리 증진에 기여하기 위하여 재산을 출연하여 재단법인을 설립할 수 있고, 같은 법 §20에 의하여 추가 출연도 할 수 있다. 국가나 지방자치단체의 출연도 개인이나 법인의 출연과 다르지 않음을 알 수 있다. 국가와 지방자치단체의 출연금은 출연받은 기관에서 기본재산으로 회계처리 한다.[1]

⑤ 출연은 출연금의 사용 용도를 지정하지 않은 채 포괄적으로 지원되며, 집행 잔액에 대한 사후정산과 반환 절차가 없다는 점에서 보조금과 차이가 난다. 보조금은 시설자금이나 사업운영자금만을 대상으로 할 수 있게 되어있지만, 출연금에는 이런 제한이 없다.

《 출연금과 보조금의 개념적 차이 》

구분	출연금	보조금
개 념	법령에 의하여 특정기관에 대하여 일반재원으로 지원하는 정부 또는 지방자치단체의 출연금	국가 또는 지방자치단체 외의 자가 행하는 사무 또는 사업에 대하여 국가나 지방자치단체가 이를 조성하거나 재정상의 원조를 하기 위해 교부하는 보조금, 부담금 등
개별 법적근 거	국가재정법 제12조 및 지방재정법 제18조에 의거 반드시 개별 법률에 지급근거가 있어야 함	대부분 개별 법령에 "보조할 수 있다 또는 예산의 범위 안에서 지원할 수 있다"로 지급근거가 명시되어 있으나, 반드시 개별 법령에 지급 근거가 있어야 하는 것은 아님
용도 지정여 부	대부분 기관에 대한 지원금으로 사용 용도를 지정하지 않는 일반재원형태로 지원(통상 지출수요액 대비 자체 세입의 차액을 출연금으로 지원)	반드시 사용 용도를 지정하여 교부하도록 되어있어 보조금을 받는 자는 집행과정에서 재량의 여지가 없음
집 행 잔 액처 리	사후정산을 하지 않으며, 집행 잔액은 출연을 받은 기관의 자체수입이 됨	반드시 사후정산을 하고 집행 잔액은 반환하여야 함

출처 : 국회예산정책처, 2011-출연사업평가-사업평가 10-05, 통권 157호에서 인용하여 일부 수정함

나 의료기관회계기준

① 비영리법인인 의료기관이 결손보전이나 운영비 지원 등 수익적지출에 충당할 목적으로 지원받는 국고보조금은 의료외수익의 기부금수익으로 회계처리 하고

② 시설투자 목적 등 자본적지출에 충당할 목적으로 지원받는 국고보조금은 취득자산에서 차감하는 형식으로 표시하고 당해 자산의 내용연수에 걸쳐 상계처리한다.

---

1) 보통재산으로 출연하는 경우도 있다. 이 경우에는 기부금수익으로 회계처리 한다. 정부의 출연금이 기본재산이 되는 경우도 있고 보통재산이 되는 경우도 있으므로 출연과 보조 사이에 명백한 경계가 있는 것은 아니다.

(1) 운영비 보조금

국립대학교 병원이나 지방공사의료원 등의 공공병원이 적자보전이나 운영비보조 등 다음과 같은 수익적지출에 충당하기 위해 국고보조금을 받았다면 의료외수익 중 기부금 수입으로 처리한다.

1. 지방자치단체에서 지방공사의료원이 의료급여환자를 많이 진료하여 적자가 발생할 경우 건강보험수가와의 수가차액을 보조해주는 경우
2. 공공병원이 차관 등의 이자를 지불할 능력이 충분하지 않을 경우 지방자치단체에서 이자비용을 보조해주는 경우
3. 기타 공공병원의 운영적자를 지방자치단체에서 보조해주는 경우

사례 지방의료원인 한국의료원은 지방자치단체로부터 취약지 병원운영에 따른 의사 인건비 보조금 250,000,000원을 지원받았다. 이 경우의 회계처리는?

(차) 예금	250,000,000	(대) 기부금수익	250,000,000

(2) 시설투자 보조금

① 국립대학교 병원이나 지방공사의료원 등의 공공병원이 시설투자목적 등 자본적지출에 충당할 목적으로 받은 국고보조금은 이를 취득자산에서 차감하는 형식으로 표시하고 당해 자산의 내용연수에 걸쳐 상각금액과 상계하며, 당해 자산을 처분하는 경우에는 그 잔액을 당해 자산의 처분손익에 차감 또는 부가한다.

② 의료기관회계기준규칙은 공공병원이 수령하는 국고보조금에 대해서는 회계처리 세부지침을 두고 있으나, 여타의 병원에 대해서는 별도의 규정을 두고 있지 않다. 하지만 공공병원을 제외한 여타의 병원도 공공병원에 대한 의료기관회계기준규칙을 따라야 한다. 여타의 병원도 공공병원과 동일한 업무를 수행하고 있고, 같은 이유로 국고보조금을 수령하기 때문이다.

사례

지방의료원인 한국의료원은 20x1년 1월 20일 지방자치단체로부터 의료장비 구매용 자금 250,000,000원을 지원받아서 20x1년 7월 1일 장비를 구매하였다. 이 장비의 내용연수는 5년이다. 1월 20일, 7월 1일 및 12월 31일 결산 시의 회계처리는?

🧰 회계처리
- 1월 20일

(차) 예금	250,000,000	(대) 국고보조금 -예금	250,000,000

- 7월 1일

(차) 의료장비	250,000,000	(대) 예금	250,000,000
(차) 국고보조금-예금	250,000,000	(대) 국고보조금-의료장비	250,000,000

- 12월 31일

(차) 감가상각비	50,000,000	(대) 감가상각누계액-의료장비	50,000,000
(차) 국고보조금-의료장비	50,000,000	(대) 감가상각비	50,000,000

다 법인세법의 규정

(1) 비영리법인의 국고보조금

① 내국법인의 국고보조금에 대한 법인세 과세근거는 법인법 §14, §15 및 법인령 §11이다.

② 내국법인의 각사업연도의 소득은 그 사업연도에 속하는 익금(益金)의 총액에서 그 사업연도에 속하는 손금(損金)의 총액을 공제한 금액[1]이다.

③ 익금은 자본 또는 출자의 납입 등을 제외하고 해당 법인의 순자산(純資産)을 증가시키는 거래로 인하여 발생하는 수익의 금액[2]이고,

④ 무상으로 받은 자산의 가액은 수익에 포함된다.[3] 국고보조금은 무상으로 받은 자산이다.

⑤ 비영리법인도 각 사업연도 소득에 대하여 법인세를 납부할 의무[4]가 있으므로 비영리법인의 수익사업을 위한 국고보조금은 법인세 과세대상이다.

⑥ 그러나 비영리법인의 비수익사업은 법인세 신고대상이 아니므로 비영리법인의 비수익사업을 위한 국고보조금은 법인세 과세대상이 아니다.

⑦ 수익사업 비수익사업 여부는 당해 비영리법인의 설립근거 법령이나 정관에서 정한 고유목적사업에 의하여 판단하는 것이 아니고 법인법 §3 및 법인령 §2에 의하여 판단한다.

⑧ 비영리 내국법인이 수행하는 사업이 법령 또는 정관에 규정된 고유목적 사업이라 하더라도 법인세법에 규정한 수익사업에 해당하는 경우에는 이를 수익사업으로 보는 것이다.

⑨ 또한, 비영리법인이 용역제공 등에 대한 대가관계 없이 국가 등으로부터 지원받은 국고보조금 및 지원금은 비수익사업이다[5]

---

1) 법인세법 제14조 제1항
2) 법인세법 제15조 제1항
3) 법인세법 시행령 제14조 제5호
4) 법인세법 제3조 제1항
5) 서면-2016-법령해석법인-3046, 법령해석과 1272-2016.04.19

해석 재법인-667, 2004.12.10

▶ [질의] 수익사업과 기타사업(비영리사업)을 겸하고 비영리법인이 산업기술기반조성사업에관한법률 제5조 제2항의 규정에 의하여 산업자원부장관과 국제상호인정평가능력기반구축사업에 대한 협약을 맺고 동법 제5조 제3항에 의한 정부출연금을 지원받아 기계장치(시험용설비)를 취득하고 그 기계장치 가액을 법인세법 시행규칙 제76조 제3항에 의하여 기타사업부문에서 수익사업부문으로 자본의 원입으로 회계처리하고 동 기계장치는 수익사업에 사용하여 과세되는 수익이 발생되는 경우
1. 동 정부출연금이 수익사업에 해당하는지 여부
2. 동 기계장치가액에 대한 감가상각비를 수익사업의 손금으로 처리할 수 있는지 여부

▶ [회신] 비영리법인이 법인세법 시행령 제2조 제1항 제2호의 규정에 의한 연구 및 개발업을 수행하면서 용역대가 없이 정부로부터 출연 받은 경우 동 출연금은 법인세법 제3조 제2항의 규정에 의한 수익사업에 해당되지 아니하는 것이며, 비영리법인이 동 출연금으로 취득한 기계장치(시험용 설비)를 동법 시행규칙 제76조 제3항의 규정에 따라 수익사업으로 전입하고 동 자산가액을 자본의 원입으로 경리한 경우에는 당해 기계장치에 대하여 동법 시행령 제26조의 규정에 의해 계산한 감가상각비를 손금에 산입하는 것임.

(2) 의료기관의 국고보조금

① 국가와 지방자치단체는 보건의료 정책의 달성을 위하여 특정 의료기관에 국고보조금을 지원한다. 병원을 운영하는 비영리법인이 병원의 운영과 관련하여 국고보조금을 교부받게 될 경우에 이것이 법인세법상 익금에 해당하는지 여부에 대하여는 이견이 있다.

② 「의료업은 법인세법이 정한 수익사업이므로 의료기관이 지원받는 국고보조금은 법인세 과세대상에 해당한다」는 주장이 있지만,

● 필자는 다음 두 가지 이유로 국고보조금이 법인세 과세대상에서 제외되어야 한다고 생각한다.

◀ 첫째, 의료기관의 고유목적사업은 의료업이고 의료업은 수익사업이다. 또한, 의료기관이 제3자로부터 대가 관계없이 수령하는 기부금은 특례기부금 또는 일반기부금이다.

① 의료업은 일반기부금을 받을 수 있는 유일한 수익사업이다. 앞 절에서 검토한 바와 같이 일반기부금 단체의 대가 관계없는 기부금 수입은 비수익사업에 해당한다. 의료기관의 국고보조금은 특례기부금 또는 일반기부금 단체의 기부금수익에 해당하는 비수익사업이고, 개인이나 법인으로부터 수령하는 기부금 수입과 마찬가지로 증여받은 재산이다[1].

② 국고보조금은 의료기관의 입장에서 볼 때 타인으로부터 무상으로 재산을 이전받은 것이므로 증여받은 재산이다. 의료기관이 타인으로부터 무상으로 이전받은 재산은 상증법에 따

---

1) 국가나 지방자치단체로부터 증여받은 재산의 가액은 비과세되는 증여재산이다(상증법 제46조 제1호).

른 출연재산이고, 타인은 개인, 법인, 국가 모두를 구분없이 포함하는 개념이다. 국고보조금은 대가 관계없이 의료업을 위하여 사용하라고 받은 증여재산이므로 상증법에 의한 출연받은 재산이고 법인세 과세대상에서는 제외되어야 한다.

③ 또한, 병원이 제공하는 보건의료용역은 법인세법에서는 수익사업으로 취급하지만, 상증법에 의하면 공익사업이다[1]. 수익사업이면서 공익사업이다.

④ 의료기관에 투입되는 국고보조금은 국가가 수행해야 할 사업을 대행하는 공익사업을 위한 출연금이므로 상증법이 정한 출연재산이다.

📖 둘째, 앞 절에서 살펴본 바와 같이 국가와 지방자치단체는 출연금을 보통재산으로 교부하는 예도 있는 등 보조금과 출연금은 국가·지방단체의 정책 수행을 위하여 반대급부를 받지 않고 무상으로 교부하는 돈이므로 국고보조금이 법인세 과세대상이라면 국립대학병원이나 지방의료원 등 공공병원에 대한 국가와 지방자치단체의 출연금도 과세대상으로 삼아야 한다는 논리적 모순이 있다.

① 재단법인 설립 출연금은 출연을 국가가 했건 개인이 했건 출연 주체에 불구하고 민법에 의한 출연이고, 자본 또는 출자의 납입거래이다. 개인이나 법인의 출연과 구분하여 국가나 지방자치단체의 출연에 대해서만 법인세를 과세할 수는 없다.

② 설립 주체를 불문하고 비영리법인의 출연금은 법인세 과세대상이 아니다.

③ 추가 출연도 또한 마찬가지이다. 출연금이 법인세 과세대상 소득이 아니라면 추가 출연과 동일한 성격인 시설비 보조금에 대하여 법인세를 과세하는 것은 논리적 모순이다.

> **해석** 의료업을 영위하는 비영리법인이 「응급의료에 관한 법률」 제27조의 규정에 의하여 설치된 「응급의료정보센터」를 보건복지부로부터 위탁받아 운영하면서 국가 등으로부터 같은 법 제15조의 규정에 따라 「정보센터 운영비」로 지급받는 보조금은 정보센터의 고유 업무에 속하는 자금으로서 법인세 과세대상이 아니므로 당해 비영리법인의 수익 및 비수익사업 회계와는 별도로 구분경리 하여야 합니다. 다만, 당해 비영리법인이 같은 법 제17조 및 「보조금의 예산 및 관리에 관한 법률」의 규정에 의하여 「응급의료기관 지원비」 등의 명목으로 국가 등으로부터 지원받는 국고보조금은 동 비영리법인의 회계에 속하는 자금으로서 「법인세법 시행령」 제2조의 규정에 의한 수익사업에서 발생한 소득에 해당하지 아니하는 것이며, 이 경우 당해 국고보조금을 수익사업 회계로 전출·사용하고 자본의 원입으로 경리한 의료기기 등 고정자산에 대하여는 「법인세법 시행령」 제26조의 규정에 의해 계산한 감가상각비를 손금에 산입할 수 있는 것입니다(서면인터넷방문상담2팀-472, 2006.3.7).

▷ 의료법인이 국가로부터 무상으로 받은 자산의 가액은 비수익사업에 속하는 것입니다(법인세과-1723, 2008.7.23).

---

1) 상증법 제16조 및 같은 법 시행령 제12조

(3) 시설비 보조금의 회계처리 방법과 법인세

① 문제는 회계처리방법이다. 그동안 의료기관이 시설투자 목적 등 자본적지출에 충당할 목적으로 지원받는 국고보조금은 기타기본금으로 회계처리 하도록 규정하고 있었다.

② 시설비 보조금을 기타기본금으로 보는 입장은 「공익법인의 설립 및 운영에 관한 법률」이 기부 또는 무상으로 취득한 자산을 기본재산으로 인식하도록 규정하고 있고, 법인세법이 보조금과 출연금을 법인세 과세대상거래로 인식하지 않는 입장과 동일하였다.

③ 따라서 시설비 보조금을 의료기관회계기준에 따라 기타기본금으로 처리하고 기타기본금으로 취득한 자산에 대하여 감가상각을 하는 경우에는 별도로 세무조정을 할 필요가 없었다.

④ 그러나 2016.1.1.부터 적용되는 의료기관회계기준에서는 시설투자목적 등 자본적지출에 충당할 목적으로 지원받는 국고보조금에 대하여 취득자산에서 차감하는 형식으로 표시하고 당해 자산의 내용연수에 걸쳐 감가상각비와 상계처리하도록 의료기관회계기준규칙이 변경되었다. 감가상각비에 해당하는 국고보조금을 당기손익의 일부로 인식하는 쪽으로 방향을 선회한 것이다.

⑤ 변경된 국고보조금 회계처리 방법에 따르면 1차로 감가상각비와 감가상각누계액에 대해 회계처리를 하고(감가상각비의 인식), 2차로 국고보조금으로 취득한 자산에 대한 감가상각비를 국고보조금과 상계하는 회계처리를 하여야 한다. 이것은 국고보조금으로 취득한 자산에 대해 감가상각을 하지 않는 것과 동일한 효과를 초래한다.

⑥ '의료법인이 국가 또는 지자체로부터 병원 건물 또는 의료기기 등을 취득할 목적으로 수령한 국고보조금은 수익사업소득에 해당하지 아니하며, 해당 국고보조금을 수익사업에 지출 또는 전입한 경우에는 자본의 원입으로 처리하고, 해당 자금을 원천으로 취득한 병원 건물 또는 의료기기 등에 대한 감가상각비는 법인법 §23에 따라 손금산입한다'는 국세청 예규[1]가 있다.

⑦ 의료기기 등을 취득할 목적으로 수령한 국고보조금은 수익사업 소득이 아니고 국고보조금으로 취득한 의료기기 등에 대한 감가상각비를 손금으로 산입한다는 것이다.

⑧ 의료기기 등 취득을 위한 국고보조금 수령과 감가상각은 의료기관회계기준을 따르고, 법인세 신고시 세무조정은 수령한 국고보조금 전체에 대하여 익금산입(유보) 및 손금산입(기타)을 동시에 하고, 국고보조금과 관련하여 증가한 감가상각누계액에 대하여 국고보조금 손금산입(Δ유보) 세무조정을 통하여 감가상각비를 손금으로 인식하는 절차를 취한다.

⑨ 115쪽의 한국의료원 사례에 대한 법인세 세무조정 내용은 다음과 같다.

---

1) 법인, 서면-2016-법령해석법인-6066, 2017.10.19.

⫸ 20x1 회계연도의 세무조정

《 소득금액조정합계표 부분 》

익금산입및손금불산입			손금산입및익금불산입		
과 목	금 액	처 분	과 목	금 액	처 분
국고보조금(의료장비)	250,000,000	유보	국고보조금(의료장비)	250,000,000	기타
			국고보조금(의료장비)	50,000,000	△유보 *

* "감가상각누계액으로 대체한 '국고보조금-의료장비'를 손금산입하고 △유보처분"하는 절차이다.

(4) 요약정리

① 의료기관이 국가나 지방자치단체로부터 수령하는 국고보조금은 개인(법인)으로부터 수령하는 기부재산과 마찬가지로 법인세법 시행령에 정한「무상으로 받은 자산의 가액」에 해당하므로 법인세 과세대상이 아니다.

② 기본재산, 운영비 보조금, 시설비 보조금 등 국고보조금의 지원 목적별로 조세 쟁점 사항을 정리하면 다음과 같다.

⫸ 기본재산

① 개인, 법인 또는 국가(지방자치단체)가 법인의 설립시에 기본재산으로 출연하는 재산과 설립 이후에 기본재산으로 증여받는 재산은 기본금으로 회계처리하고 법인세 과세대상에서 제외한다.

② 개인, 법인 또는 국가가 의료기관에 기본재산으로 출연하는 재산은 증여세 과세가액불산입 대상이므로 증여세를 부담하지는 않지만, 상증법이 정한 사후 관리 요건을 충족하지 않으면 증여세를 납부하여야 한다.

③ 다만, 국가나 지방자치단체가 출연하는 재산의 가액은 비과세되는 증여재산이므로 출연재산으로 보고할 필요가 없으며 별도의 사후관리 의무가 없다.

⫸ 운영비 기부금과 운영비 보조금

① 의료기관이 개인, 법인 또는 국가(지방자치단체)로부터 수령하는 운영비 기부금은 비수익사업을 위한 기부금으로 법인세 과세대상이 아니다.

② 수익사업과 비수익사업의 구분회계를 하는 경우에는 비수익사업에서 수령하여 기부금수익으로 회계처리하고 병원으로 전출하면 병원에서는 자본의 원입으로 회계처리 한다.

③ 병원은 전출받은 운영비 기부금으로 약품, 진료재료 등 재고자산을 구입하거나 인건비로 지출할 수 있고 이러한 비용은 손금으로 인정받을 수 있다.

④ 구분회계를 하지 않고 병원에서 기부금수익으로 회계처리 한 경우의 기부금수익은 익금불산입 대상이다.

⑤ 운영비 기부금으로 지출한 인건비 등 각종 비용에 대해서는 손금으로 인정받을 수 있다.

해석 의료업을 영위하는 비영리내국법인에 대하여 「감염병의 예방 및 관리에 관한 법률」 제70조에 따라 감염병관리기관의 지정 또는 격리소 등의 설치·운영으로 발생한 손실 등을 보상하기 위해 지급한 손실보상금은 「법인세법」 제4조제3항에 따른 '수입사업에서 생기는 소득'에 해당하지 않는 것입니다(기획재정부 법인세제과-343, 2022.8.29.).

● 시설비 기부금과 시설비 보조금

① 의료기관이 개인 또는 법인으로부터 받는 시설비 기부금은 비수익사업을 위한 기부금으로 법인세 과세대상이 아니다.

② 수익사업과 비수익사업의 구분회계를 하는 경우에는 비수익사업에서 수령하여 기부금수익으로 회계처리하고 병원으로 전출하면 병원에서는 자본의 원입으로 회계처리 한다.

③ 병원은 시설비 기부금으로 취득한 의료기기 등 유형자산에 대한 감가상각비를 손금에 산입할 수 있다. 구분회계를 하지 않고 병원에서 기부금수익으로 회계처리한 경우의 기부금수익은 익금불산입 대상이다.

④ 병원은 개인(법인)으로부터 수령한 시설비 기부금으로 취득한 의료기기 등 유형자산에 대한 감가상각비를 손금에 산입할 수 있다.

⑤ 의료기관이 국가(지방자치단체)로부터 받는 시설비보조금은 비수익사업을 위한 기부금으로 법인세 과세대상이 아니다.

⑥ 의료기관회계처리기준에 따라 시설비보조금은 해당 자산에서 차감하는 방법으로 표시하고, 법인세 세무조정 시에는 수령한 국고보조금을 감가상각비 사후 관리를 위하여 익금산입(유보)과 동시에 손금산입(기타) 처분한다.

⑦ 국고보조금으로 취득한 자산에 대한 '국고보조금-의료장비'와 감가상각비 상계액은 "감가상각누계액으로 대체한 '국고보조금-의료장비'를 손금산입하고 Δ유보처분"하는 절차를 통하여 감가상각 기간동안 관리한다.

《 기부금과 국고보조금의 회계처리와 세금 》

원천	개인 또는 법인	국가 또는 지방자치단체		
종 류	기부	운영비보조금	시설비보조금	출연금
회 계 처 리	기본금 / 기부금수익	기부금수익	자산의 차감항목	기본금/기부금수익(보통재산)
법 인 세 과 세	×	×	△ (주1)	×
증 여 세(주2)	×	×	×	×

(주1) 의료기관회계기준에 따른 시설비 보조금에 대한 회계처리 방법을 따른다면 국고보조금으로 취득한 자산에 대해서는 감가상각비를 계상하지 않는 방법으로 자산의 내용연수에 해당하는 기간 법인세를 부담한다.
(주2) 국가나 지방자치단체로부터 증여받은 재산의 가액은 비과세되는 증여재산이다(상증법 §46 제1호).

라 국고보조금에 대한 다른 의견

「필자」의 견해와 달리 수익사업을 위한 국고보조금은 익금에 해당하고 의료업은 법인세법에서 정한 수익사업에 해당하므로, 법인세법이 규정하고 있는 수익사업용 자산취득 목적의 국고보조금은 익금에 해당한다는 의견이 있다. 이 견해를 따를 경우의 세무조정 방법을 예시하면 다음과 같다.

예제 : 세무조정 방법

예제 | 지방의료원인 한국의료원은 20x1년 1월 20일 지방자치단체로부터 의료장비 구매용 자금 250,000,000원을 지원받아서 20x1년 7월 1일 장비를 구매하였다.
- 이 장비의 내용연수는 5년이다.
- 1월 20일, 7월 1일 및 12월 31일의 회계처리를 다음과 같이 하였다.

- 1월 20일

| (차) 예금 | 250,000,000 | (대) 국고보조금 -예금 | 250,000,000 |

- 7월 1일

| (차) 의료장비 | 250,000,000 | (대) 예금 | 250,000,000 |
| (차) 국고보조금 -예금 | 250,000,000 | (대) 국고보조금 -의료장비 | 250,000,000 |

- 12월 31일

| (차) 감가상각비 | 50,000,000 | (대) 감가상각누계액 -의료장비 | 50,000,000 |
| (차) 국고보조금-의료장비 | 50,000,000 | (대) 감가상각비 | 50,000,000 |

《 소득금액조정합계표 부분 》

익금산입및손금불산입			손금산입및익금불산입		
과 목	금 액	처 분	과 목	금 액	처 분
국고보조금	250,000,000	유보	일시상각충당금	250,000,000	△유보
일시상각충당금	50,000,000	유보	국고보조금	50,000,000	△유보

4장

의료경비의 인식과 세법

1. 수취와 보관 의무

① 의료기관에 발생하는 경비는 크게 의료비용과 의료외비용으로 구분한다.

   1. 의료비용은 인건비, 재료비, 관리운영비 등 환자 진료수입과 관련하여 직접적 또는 간접적으로 발생하는 모든 경비이고,

   2. 의료외비용은 이자비용, 기부금, 유형자산처분손실 등 병원의 운영과정에 부수적으로 발생하는 비용이다.

② 사업자가 사업을 위한 비용을 지출할 때는 비용 지출을 입증할 수 있는 증빙자료를 갖추어야 한다. 법인세법은 법인이 사업자로부터 재화 또는 용역을 공급받고 그 대가를 지출하는 때에 그 지출증빙서류로

   1. 세금계산서

   2. 계산서

   3. 신용카드매출전표

   4. 현금영수증을 수취하도록 하고 있다.

③ 이는 거래상대방의 과세 자료의 양성화를 유도하고, 회계장부 작성의 기초 자료인 증빙자료의 신뢰성을 확보하기 위한 규정이다.

가 수취와 보관 의무

① 법인의 거래 관련 증빙은 회계장부 작성의 기초자료이다. 사업자는 각사업연도에 그 사업과 관련된 모든 거래에 관한 증명서류를 작성 또는 수취하여 법인세 및 소득세 신고기한이 경과한 날부터 5년간 이를 보관하여야 한다.[1]

② 병원이 재화와 용역을 구입하고 사업자에게 건당 3만 원(경조사비 지출은 건당 20만원)을 초과하는 대가를 지급한 경우에는 지출증명서류로 신용카드 매출전표, 세금계산서 및 계

---

1) 법인법 §116 ①

산서를 수취하여 보관하도록 하고 있다.

나 가산세

사업자가 세법에 규정한 지출증명서류를 수취·보관하지 않는 경우 및 사실과 다른 지출증명서류를 수취한 경우에는 지출증명서류가 없는 금액 또는 사실과 달리 받은 금액의 2%를 가산세로 부과한다.[1]

다 3만원 이하 거래의 증빙

① 사업자가 아닌 자로부터 재화 또는 용역을 공급받거나, 재화 또는 용역의 공급 대가 외의 지출액 및 건당 3만원 이하의 지출액(20만원 이하의 경조사비)에 대하여는 정규영수증을 수취하지 않아도 된다.

② 다만, 이 경우에는 영수증, 입금표, 거래명세서 등 기타 증빙으로 거래 사실을 입증하여야 한다.

| 해석 | 증빙서류 여부

▶ (질의) 국토해양부와 한국건설교통기술평가원이 지원하고 ㈜KT가 주관 연구기관이 되어 기술개발하고 있는 "실내공간정보 구축 및 활용기술개발 과제"에 참여하는 법인이 동 연구개발과제에 대하여 기업부담금을 ㈜KT에 출자하는 경우 국책연구사업 관련 기업부담금 출자 시 첨부해야 할 증빙서류는?

▶ (회신) 법인이 법인세법 시행령 제158조 제1항 각호의 사업자로부터 재화 또는 용역을 공급받고 그 대가를 지급하는 경우에는 같은 법 제116조 제2항 각호의 어느 하나에 해당하는 증빙서류를 수취하여 보관하여야 하나, 재화 또는 용역의 공급 대가가 아닌 경우에는 당해 거래와 관련된 제반서류(입금증, 계약서 등)를 수취·보관하여야 함(법인세과 994, 2009.9.14)

---

1) 법인법 §76 ⑤

2. 수령 요건

① 법인이 사업자로부터 재화나 용역을 공급받고 그 대가를 지급하는 경우에는 세금계산서, 계산서, 신용카드매출전표, 현금영수증 등의 증명서류를 받아서 보관하여야 한다[1].

② 법인세법이 정하는 법정 증명서류를 받아야 하는 경우는 다음과 같다.

    1. 사업자와의 거래

    2. 재화나 용역의 공급거래

가 사업자와의 거래

① 법인세법에 따라 거래 증빙으로 법정 증명서류를 받아야 하는 사업자는 사업자등록 여부와 관계없이 계속적, 반복적으로 재화나 용역을 공급하는 자이다[2].

② 법인세법은 다음에 해당하는 사업자와의 거래에 대하여 법정 증명서류를 받아야 한다고 규정하고 있다.

    1. 법인 : 비영리법인과의 비수익사업 거래, 국가(지방자치단체)와의 거래 및 금융보험업자와의 금융보험 거래 제외

    2. 부가가치세법상의 사업자 : 사업 목적이 영리이든 비영리이든 관계없이 사업상 독립적으로 재화 또는 용역을 공급하는 자.

    3. 소득세법상의 사업자 : 사업소득이 있는 자.

③ 동창회보 광고, 아파트 관리비, 농민과의 직거래 등은 1회성 거래이거나 비사업성 활동을 수행하는 사업자가 아닌 자와의 거래이므로 법정 증명서류를 받을 필요가 없고(받을 수도 없다), 별도의 입증서류를 수취하여야 한다.

나 재화나 용역 공급거래

① 법인세법에 따라 거래 증빙으로 법정 증명서류를 받아야 하는 거래는 재화 또는 용역의 구매거래이다.

② 재화나 용역의 구매거래가 아닌 것으로 법정 증명서류를 받지 않아도 되는 것은 다음과 같다.

---

1) 법인세법 제116조 제2항

2) SK텔레콤은 전국의 여러 지역에 기지국을 설치하고 장소제공자에게 임차료를 매월 지급하였다. 장소제공자의 상당수는 사업자등록을 하지 않았고, SK텔레콤은 이들로부터 적격증빙서류를 수령할 수 없었다. 국세청은 이에 대하여 적격증빙미수취가산세를 추징하였고, 불복결과도 국가의 승리로 끝났다(조심 2008서2593, 2009.04.27 참조).

1. 조합 또는 협회에 지출하는 경상회비

2. 판매장려금 또는 포상금 등 지급

3. 종업원에게 지급하는 급여, 경조사비, 여비, 자가운전보조금

4. 일용근로자의 급여

다 법정 증명서류의 종류

① 세법이 정한 법정 증빙서류는 다음의 4가지다.

1. 세금계산서

2. 계산서(면세사업자로부터 재화와 용역을 구입하는 경우임)

3. 신용카드매출전표

4. 현금영수증

② 실제로 재화나 용역을 구매하였으나 법정 증빙서류를 수취하지 않으면 경비로는 인정하고, 적격증빙 미수취 금액의 2%에 상당하는 금액을 법인세 또는 소득세로 징수한다. 가산세를 부담하는 조건으로 경비로는 인정한다.

(1) 세금계산서

① 세금계산서는 판매와 구매 사실을 증명할 수 있는 증빙서류이다. 부가가치세법에 따르면 과세사업자가 상품이나 제품을 판매하거나 용역을 제공할 경우 판매금액의 10%에 해당하는 부가가치세를 구매자로부터 징수하여야 한다(판매자로서는 매출세액이고, 구매자로서는 매입세액이다).

② 이때, 판매자는 판매자와 구매자의 사업자등록번호, 판매금액, 부가가치세액 등이 기재되어 있는 세금계산서를 구매자에게 교부하고 그 사본은 보관하여야 한다.

③ 간이과세자, 면세사업자, 수익사업을 하지 않는 비영리단체 등은 세금계산서를 작성·교부할 수 없으며, 작성·교부했어도 이는 비적격영수증에 불과하며 지출증빙으로 인정되지 않는다.

(2) 계산서

① 부가가치세가 면제되는 면세사업을 영위하는 면세사업자는 재화나 용역을 판매할 경우 법인세법 또는 소득세법에 의한 계산서를 구매자에게 교부한다. 계산서 발행자는 구매자로부터 부가가치세를 징수할 수 없다.

② 계산서는 전자계산서 발행 및 매입·매출자의 매입계산서합계표(매출계산서합계표) 제출 제도에 의하여 국세청이 거래 기록을 상호 검증하므로 판매와 구입사실을 증명할 수 있는

증빙서류이다.

③ 부가가치세법이 정한 면세되는 재화 또는 용역을 공급하는 경우에는 일반과세 사업자 및 간이과세 사업자도 계산서를 발행할 수 있다.

(3) 신용카드

① 대금결제를 사업자 명의로 된 신용카드로 하고 수령한 지출증빙이다. 신용카드의 범위는 국내뿐만 아니라 외국에서 발급받은 신용카드도 가능하다.

② 임직원 명의의 신용카드를 사용한 경우에도 사업과 관련성이 증명된다면 지출증빙으로 간주한다.

③ 신용카드 매출전표뿐 아니라 신용카드 월별이용대금명세서 및 전사적 자원관리시스템에 보관된 거래정보도 지출증빙으로 인정한다.

④ 신용카드 매출전표로 부가가치세 매입세액공제도 받을 수 있다.

⑤ 지출증빙용 신용카드의 종류는 다음과 같다.

1. 신용카드
2. 직불카드(체크카드)
3. 백화점 카드
4. 기명식선불카드 : 무기명식선불카드는 지출증빙으로 사용 불가

(4) 현금영수증

① 현금과 함께 현금영수증전용 카드, 카드(적립식 카드, 신용카드 등), 휴대전화 번호 등을 제시하면, 가맹점은 현금영수증발급장치를 통해 현금영수증을 발급하고 현금결제 건별 명세는 국세청에 통보되는 제도이다.

② 현금영수증은 소득공제용 현금영수증과 지출증빙용 현금영수증으로 구분한다. 지출증빙용 현금영수증으로 부가가치세 매입세액공제도 받을 수 있다.

1. 소득공제용 현금영수증
2. 지출증빙용 현금영수증

라 법정 증명서류가 필요 없는 거래

① 간이과세사업자에게 부동산 임대료를 지급하는 경우, 법원에서 부동산을 경락받는 경우, 버스·택시 운임 등등 적법한 비용 지출이지만 법정 증빙서류를 받을 수 없는 거래는 너무나 많다.

② 기본적으로 법정 증빙서류를 수취할 수 없는 거래나 3만원 이하의 소액 거래에 대하여

는 법정 증빙서류를 수취하지 않아도 적격증빙 미수취가산세를 부과하지 않는다.

법정 지출증빙서류의 수취 의무가 없는 거래

법인세법에 규정된 지출 증명서류의 수취 의무가 없는 거래는 다음과 같다.[1]

    1. 건당 거래금액 3만원 이하(경조사비는 건당 20만원 이하)인 경우

    2. 농어민으로부터 재화 또는 용역을 직접 구매하는 경우

    3. 원천징수 대상 사업자로부터 용역을 공급받는 경우(실제로 원천징수한 것에 한한다)

    4. 기타 법인칙 §79에 정하는 경우

원천징수가 필요한 경우

  ① 의료기관 등이 외부의 개업 의사 등 원천징수대상 사업소득자로부터 용역을 공급받으면 대가를 지급할 때 원천징수를 하고 원천징수영수증을 교부하면 별도로 계산서를 수취하지 않아도 원천징수영수증이 계산서의 역할을 한다.

  ② 이 경우에 가산세 의무는 없다.

> **판례** | 사업자등록이 없는 거래상대방과의 거래
>
> ▶ 개인이 물적 시설 없이 근로자를 고용하지 아니하고 독립적으로 일의 성과에 따라 수당 또는 이와 유사한 성질의 대가를 받는 용역을 법인에 공급함으로써 사업소득이 발생하고 법인이 그 개인의 사업소득에 대하여 소득세를 원천징수한 경우에는, 법인이 그 개인으로부터 지출증빙서류를 수취하여 보관할 의무를 부담하지 아니하므로, 법인이 그 개인으로부터 지출증빙서류를 수취·보관하지 아니하였다 하더라도 그 법인에 대하여 구 법인세법 제76조 제5항의 가산세를 부과할 수 없다(대법원 2013.2.14. 선고 2010두3732 판결).

은행 송금명세가 필요한 경우

간이과세사업자 또는 사업자등록이 없는 자와의 거래처럼 세금계산서 등 적격증빙 수취가 불가능한 경우에 다음의 서류를 갖추면 「지출증빙 미수취가산세」를 과세하지 않는다.

    1. 영수증, 계약서 등 거래내용을 입증할 수 있는 서류를 갖추고

    2. 공급받은 재화 또는 용역의 거래금액을 금융기관을 통하여 송금하고

    3. 법인세 과세표준신고서에 송금 사실을 기재한 경비 등의 송금명세서를 첨부하여 납세지 관할세무서장에게 제출하는 경우

---

1) 법인세법시행령 제158조 제2항

3. 업무추진비

① 법인이 1회의 접대에 지출한 업무추진비가 1만원(경조금은 20만원)을 초과하는 경우 신용카드매출전표 등 정규영수증을 수취하여야 하며 이를 수취하지 않으면 업무추진비를 손금에 산입하지 않는다.

② 1만원을 초과하는 업무추진비와 20만원을 초과하는 경조비에 대하여 지출 증명서류가 없는 경우에는 경비를 인정하지 않고 대표자에 대한 상여로 처리한다.

③ 다만, 다음의 경우처럼 정규영수증을 원천적으로 받을 수 없는 거래에 대하여는 지출증명서류가 없어도 업무추진비로 인정한다.

　　1. 자신이 직접 생산한 제품 등을 제공하는 현물 업무추진비[1]

　　2. 업무추진비로 보는 거래처에 대한 매출채권의 임의 포기금액[2]

　　3. 농어민으로부터 직접 구입하는 재화

④ 법인은 사업상 대내외적으로 경조금을 지불할 수 있는 데 거래처에 대한 경조금은 업무추진비로 본다. 거래처에 대하여 20만원 이하의 경조금을 지불하는 경우에는 법정 증명서류가 없어도 청첩장 등에 의하여 경비로 인정받을 수 있다. 20만원을 초과하는 경조금을 지급하는 경우에는 경비로 인정받기 위하여 지출증명서류를 갖추어야 한다.

⑤ 법인의 업무추진비용을 신용카드로 결제하는 경우 당해 법인의 명의로 발급받은 신용카드를 사용하여야 한다. 타법인 또는 종업원 명의의 신용카드 매출전표는 적법한 지출증명서류에 해당하지 않는다.

⑥ 그러나 업무추진비 이외의 경비에 대하여는 종업원 등 명의의 신용카드를 사용한 경우에도 법인의 경비에 사용된 것이라면 적법한 지출증명서류로 본다.

---

[1] 법인세법 시행규칙 제25조 제2항, 의료기관이 거래처에 대하여 무상 또는 현저히 저렴한 가액으로 진료하면 접대이다.

[2] 재법인 46012-155, 2000.10.16

의료비용은 크게 인건비, 재료비, 관리운영비로 구분할 수 있다.

1. 인건비

인건비의 계정과목은 재무보고를 위하여 급여, 제수당, 퇴직급여로 3가지로 구분하여 관리한다. 또한, 규칙이 요구하는 직종별 인건비 명세서의 작성을 위하여는 이를 더 세분하여 관리할 필요가 있다.

인건비	인건비 내용
급 여	급여는 본봉 직책수당 등 명칭과 관계없이 근로의 대가로 지급하는 모든 비용
제 수 당	제수당은 급여 외에 지급되는 각종 수당
퇴직급여	퇴직급여는 보수규정에 따른 퇴직급여충당금 계상액 또는 지급액으로 사학연금 또는 공무원연금 부담액을 포함한다.

가 급여의 구분

급여는 의사직, 간호직, 약무직, 의료기사직, 영양사직, 사무직, 기술직, 기능직, 일용직 급여 등으로 구분하여 계상한다.

직종	급여 구분
의 사 직	전문의와 전공의 급여
간 호 직	간호사와 조무사 급여
약 무 직 등	약사와 조제보조원 급여
의 료 기 사 직 등	의료기사와 보조원 급여
영 양 사 직 등	영양사, 조리사, 배식원 등의 급여
사 무 직 등	행정직원과 전산직원 급여,
기 술 직 등	의공·전기·기계 등 면허보유 기술자의 급여,
기 능 직 등	운전기사·경비원·미화원·세탁원 등의 급여,

직종	급여 구분
일 용 직 등	시간급·일급 등의 조건으로 일시 고용하여 지급하는 급여

나 의과대학 임상교수에게 지급하는 급여

① 대학부속병원에서는 의사가 환자를 진료하는 동시에 교수의 신분으로 학생들을 가르치고 연구 활동을 한다. 대부분 대학병원에서는 교수인 의사(임상교수)의 인건비를 학교로 전출시키고, 학교에서는 이를 전입금으로 회계처리 하여 학교회계에서 이들에 대한 인건비를 지급하고 있다. 이 때문에 병원의 회계에는 임상교수의 인건비가 전출금 계정에 묻혀버리는 현상이 발생한다.

② 그리하여 규칙은 대학병원이 임상 교원에 대한 본봉·진료수당·선택진료성과금 등의 급여를 교비 또는 기성회비 회계에서 지급할 때에도 그 부담이 부속병원회계와 관련되는 경우에는 부속병원회계에서 지출하는 것으로 계상하도록 규정하고 있다.

③ 그리고 고유목적사업비(전출금)는 임상교원의 급여를 차감한 잔액을 계상하도록 하고 있다.

```
• 의사 인건비 전출 시
      (차) 고유목적사업비    × × ×        (대) 현금(예금)         × × ×

• 연말 결산 시
      (차) 급      여      × × ×        (대) 고유목적사업비    × × ×
```

다 연봉제 계약

① 의사나 직원에 대한 급여를 연봉계약을 체결하여 지급하는 의료기관이 점점 늘고 있다. 특히 의사에 대하여는 갑근세와 국민연금, 의료보험 등 4대 보험료를 병원이 부담하는 조건으로 순액지급계약을 체결하는 경우가 많다. 이것은 하루빨리 고쳐져야 할 잘못된 관행이다.

② 이와 관련하여 연말정산환급금의 귀속 문제, 퇴직금 문제를 두고 다툼이 많이 발생하므로 주의하여야 한다. 또한, 연봉계약에 따라 매월 지급하는 퇴직금을 세법에서는 퇴직금으로 인정하지 않고 업무 무관 가지급금으로 인정한다.

라 파견직원에 대한 인건비

① 대학교 의료원 소속의 교수와 전공의를 협약에 의하여 일정 기간 다른 병원에 파견하

면서 당해 교수 등의 급여는 소속기관에서 지급하되, 파견병원에서는 급여상당액을 교수 등의 소속기관에 지급할 수가 있다.

② 이때 대학교 의료원이 파견병원으로부터 받는 급여상당액에 대하여 대학교의료원은 계산서를 발행하여야 하고, 기타 의료외수익으로 회계처리 하여야 한다.

③ 파견병원은 발급받은 계산서를 근거로 지급수수료 등으로 회계처리 한다.

│해석│ 파견근무자 인건비 회계와 세무

▶ (질의) ○○의료원과 ○○병원이 상호 협약서에 의하여 ○○의료원 소속의 교원과 전공의를 ○○병원에 파견근무시 인건비 정산을 위하여 다음과 같이 회계 및 세무를 처리하였을 때 적정한지를 질의함.

1. ○○의료원 소속의 파견교원과 전공의 급여를 ○○의료원에서 지급하고 회계처리 후 ○○병원으로부터 급여와 동일한 금액을 받아 계산서(영수증)를 발급함. ○○의료원은 기타수익으로, ○○병원은 협약서 및 영수증을 근거로 인건비로 회계처리할 때 ○○의료원과 ○○병원의 결산서에 이중으로 인건비 계상이 되는데 세무상에 문제는 없는지?

2. 양 기관이 인건비로 계상하고 ○○의료원에서 갑근세 및 연말정산을 하여 관할 세무서에 신고하였을 때 ○○병원 관할 세무서와의 문제는 없는지?

▶ (회신) 귀 질의와 같이 대학교 의료원 소속의 교수와 전공의를 협약에 의하여 일정 기간 다른 병원에 파견하면서 당해 교수 등의 급여는 소속기관에서 지급하되, 파견병원에서는 급여상당액을 교수 등의 소속기관에 지급하는 경우 파견교수 등의 근로소득에 대한 원천징수 및 연말정산은 소득세법 제127조 및 동 법 제137조의 규정에 따라 이를 지급하는 소속기관에서 하는 것이며, 파견병원 및 소속기관 간에 수수하는 급여상당액은 용역제공에 따른 대가로 보아 처리하는 것임(법인 46013-340, 2000.2.3.)

🈷 계약금(Signing bonus)

① 계약금(Signing bonus)이란 기업이 우수한 인재를 스카우트하기 위해 연봉 외에 지급하는 금액을 말한다. 계약금은 계약 조건에 따른 근로 기간 동안 안분하여 계산한 금액을 인건비로 인식한다.

② 선급한 금액이 사용인의 월정급여액 범위 내의 일시적인 급료의 가불금에 해당하지 않는 경우에는 업무 무관 가지급금으로 본다. 이 경우에는 해당 직원의 연말정산에 인정이자 계산 결과를 반영하여야 한다.[1]

---

1) 서일-402, 2006. 3. 29 ; 서이-1738, 2006. 9. 19 참조

바 연차수당

(1) 연차유급휴가

① 당해연도에 근무용역를 제공한 종업원은 차기연도에 연차유급휴가의 사용을 기업에 청구할 수 있는 권리를 획득한다[1].

② 연차유급휴가는 발생한 때부터 1년간 행사하지 않으면 휴가청구권이 소멸되고, 사용하지 않은 부분에 대하여 특별한 사유가 없는 한 수당으로 지급하여야 한다(연차유급휴가 미사용수당). 특별한 사유는 사용자가 연차유급휴가의 사용촉진조치[2]를 적법하게 시행하였음에도 불구하고 근로자가 휴가를 사용하지 않은 경우를 말한다.

③ 연차유급휴가 및 휴가 미사용수당 청구권은 종업원이 당해연도에 근무용역을 제공함으로 인하여 발생한 것이므로 병원은 결산시에 연차유급휴가수당 및 연차유급휴가 미사용수당을 추정하여 당기 비용 및 부채로 인식하여야 한다.

(2) 연차유급휴가수당

병원은 사용촉진제도 시행 여부에 불문하고 다음 사업연도에 사용할 것으로 추정되는 일수에 대한 연차유급휴가수당을 계산하여 비용과 부채로 인식하여야 한다.

(3) 연차유급휴가 미사용수당

① 사용촉진제도를 시행하는 경우에는 미사용 연차유급휴가 일수에 대하여 병원이 지급할 연차수당은 없다. 따라서 이에 대한 회계처리는 필요치 않다.

② 사용촉진제도를 시행하지 않는 경우에는 미사용 연차휴가 일수에 대한 연차유급휴가수당을 지급할 의무가 존재한다. 따라서 연차유급휴가 미사용수당을 계산하여 비용과 부채로 인식하여야 한다.

---

1) 근로기준법 제60조. 사용자는 계속하여 근로한 기간이 1년 미만인 근로자 또는 1년간 80퍼센트 미만 출근한 근로자에게 1개월 개근 시 1일의 유급휴가를 주어야 하고, 1년 이상 근무한 근로자가 1년간 80퍼센트 이상 출근한 경우에는 근속기간에 따라 15~25일의 유급휴가를 주어야 한다.

2) 「근로기준법」 제61조. 회사에서 휴가사용기간이 만료되기 6개월 전에 근로자에게 사용하지 않은 연차휴가를 사용할 것을 요청하고 만일 근로자가 구체적인 휴가시기를 지정하지 않는 경우 회사가 시기를 지정하여 연차휴가를 사용하도록 촉진하는 제도이다. 회사가 연차휴가를 부여하였음에도 불구하고 근로자가 사용하지 않은 경우에는 회사의 금전보상의무가 면제된다.

(4) 사례연구[1]

다음과 같은 사례를 통하여 연차유급휴가 관련 회계처리 방법을 구체적으로 살펴보기로 하자.

🔅 사례: 배경정보

① A사는 20x1년 1월 1일 설립함

② A사는 20x1년 1월 1일에 종업원 10명을 고용하였음

③ A사 종업원의 법정근무일수는 1년에 300일이라고 가정하며, 근무일수 300일에 대한 임금은 300이며, 평균임금 또는 통상임금에 해당하는 일급 금액은 1이라고 가정함

④ A사는 근로기준법에 따라 당해연도에 8할이상 근무한 종업원에게 15일의 연차유급휴가를 부여함

⑤ 20x1년도와 20X2년도에 모든 종업원은 8할 이상 근무하였음

⑥ 20x1년말 현재 A사의 종업원은 20x2년도에 연차유급휴가일수의 80%를 사용할 것으로 예상하였으며, 20x2년 실제 연차유급휴가사용일수는 20x1년의 예상과 일치함

⑦ 20x2년말 현재 A사의 종업원은 20x3년도에 연차유급휴가일수의 90%를 사용할 것으로 예상함

⑧ 20x1년과 20x2년에 종업원의 신규입사, 퇴사 및 임금상승은 없다고 가정함

🔅 회계처리 (20X1~20X2)

① A사가 사용촉진제도를 시행하는 경우

구분	20X1	20X2
제 공 근 무 용 역 임 금 지 급	차) 급여 3,000 대) 현금 3,000	차) 급여 2,880 대) 현금 2,880
연 차 유 급 휴 가 수 당 지 급	해당 사항 없음	차) 부채 120 대) 현금 120
연 차 유 급 휴 가 관 련 부 채 인 식	차) 급여 120[1] 대) 부채 120	차) 급여 135[2] 대) 부채 135

1) 10명 × 15일 × 1원 × 80% = 120　　　2) 10명 × 15일 × 1원 × 90% = 135

1) 일반기업회계기준 제21장 '종업원급여' 개정 공개초안, 2012.8.31. 한국회계기준원

② A사가 사용촉진제도를 시행하지 않는 경우(연차유급휴가 미사용수당을 지급할 의무가 존재)

구분	20X1	20X2
제 공 근 무 용 역 임 금 지 급	차) 급여 3,000 대) 현금 3,000	차) 급여 2,880 대) 현금 2,880
연 차 유 급 휴 가 수 당 지 급	해당 사항 없음	차) 부채 120 대) 현금 120
연 차 유 급 휴 가 관 련 부 채 인 식	차) 급여 120[1] 대) 부채 120	차) 급여 135[3] 대) 부채 135
미 사 용 연 차 유 급 휴 가 관 련 부 채 인 식	차) 급여 30[2] 대) 부채 30	차) 급여 15[4] 대) 부채 15

1) 10명 × 15일 × 1원 × 80% = 120
2) 10명 × 15일 × 1원 × 20% = 30 (20X3년도에 연차유급휴가 미사용수당으로 지급하며, 이와 관련된 20X3년의 회계처리는 [차) 부채 30 대) 현금 30] 이다.
3) 10명 × 15일 × 1원 × 90% = 135
4) 10명 × 15일 × 1원 × 10% = 15

💠 세무조정

① 연차유급휴가수당

• 20x1.12.31. <소득금액조정합계표 부분>

익금산입 및 손금불산입			손금산입 및 익금불산입		
과 목	금 액	처 분	과 목	금 액	처 분
연차수당충당부채	120	유보			

• 20x2.12.31. <소득금액조정합계표 부분>

익금산입 및 손금불산입			손금산입 및 익금불산입		
과 목	금 액	처 분	과 목	금 액	처 분
연차수당충당부채	135	유보	연차수당충당부채	120	△유보

② 연차유급휴가 미사용수당 〈조정 없음〉

• 연차유급휴가 미사용수당에 대한 세법의 규정은 기업회계기준과 동일하다. 해당법인이 지급기준일이 속하는 각사업연도 종료일에 미지급 연차수당을 합리적으로 산정한 후 미지급금으로 계상하여 손금에 산입한 경우, 연차수당의 비용 인식 시기는 당해 연차수당을 손금으로 계상한 때이다[1].

---

1) 원천세과-252, 2011.04.26 참조

사 인건비의 손금불산입

① 의료기관이 임직원에게 지급하는 급여와 임금, 상여금 및 제수당은 원칙적으로 전액 손금으로 인정된다. 다만, 비상근 임원에게 지급하는 보수 중 부당행위 계산 부인이 되는 부분과 지배주주인 임원 또는 사용인에게 정당한 사유 없이 동일 직위에 있는 기타의 사용인에 지급하는 금액을 초과하여 지급한 보수는 손금으로 인정되지 않는다. 또한, 임원 상여금 중 급여지급기준을 초과하는 금액은 손금 부인한다.

② 사회복지법인과 「공익법인의 설립·운영에 관한 법률」에 의해 설립된 법인의 임원과 종업원의 총급여액이 연간 8,000만원을 초과하면 초과금액을 손금불산입한다. 다만, 해당 법인이 해당 사업연도의 법인세 과세표준을 신고하기 전에 해당 임원과 종업원의 인건비 지급규정에 대하여 주무관청으로부터 승인받으면 그러하지 아니하다.

아 직종별 인건비명세서

의료기관회계기준규칙의 적용을 받는 의료기관은 회계연도 말 결산 시에 부속명세서로 직종별 인건비명세서를 작성하여 재무제표와 함께 보고하여야 한다. 직종별 인건비명세서의 서식은 다음과 같다.

(별지 제7호 서식)

직종별 인건비명세서

(단위 : 원)

직종별	급 여	제수당	퇴직급여	합 계	회계연도말 인 력
1. 의사직 　-전문의 　-전공의					
2. 간호직 　-간호사 　-간호조무사 　-보조원					
3. 의료기사직 　-방사선사 　-보조원 　　　⋮					
4. 영양직 　-영양사 　-조리사 　-배식원					
5. 사무직					
6. 기술직 　-의공실 　-전기실 　-기계실					
7. 기능직 　-운전기사 　　　⋮					
8. 일용직					
계					

2. 복리후생비

① 복리후생비는 직원복지후생을 위하여 지출한 복지후생적인 비용이다. 복리후생비는 그 성질에 따라 직원 의료비, 병원이 부담하는 3대 보험료(건강보험부담금·고용보험부담금·산재보험료), 국민연금부담금, 단체활동비, 경조금, 당직비, 직원피복비 등으로 구분한다.

② 임원과 사용인을 위하여 지출된 복리후생비는 세무상 전액 손금으로 인정한다. 복리후생비는 통상 이를 지급받는 종업원의 비과세 근로소득에 해당한다.

③ 그러나 의료기관이 지출한 복리후생비 중 일부에 대하여 세법에서는 근로소득으로 인정하는 것이 있다. 이에 대한 보기는 의료비 및 교육비 보조금, 의사에게 지급하는 자가운전 보조금, 사택구입자금 대여금에 대한 이자 등이 있다.

가 직원 의료비

① 의료비 감면과는 별개로 내부규정에 따라 직원 또는 가족의 의료비를 복리후생적 차원에서 보조하거나 지원하는 경우가 있다.

② 직원 의료비 보조금은 복리후생비로 회계처리를 하지만 해당 직원의 근로소득으로 연말정산에 반영하여야 한다.

나 사택구입자금 대여금

① 의사 등의 사택 구입 또는 임차 자금을 병원이 대여해 줌으로써 의사 등이 얻는 이득은 근로소득이다.

② 또, 병원 소유의 사택 또는 병원이 직접 임차한 사택에 의사 등이 무상 또는 저가로 거주하는 경우에는 정당한 대가와의 차액은 근로소득이다.

다 의사에게 지급하는 자가운전 보조금

① 종업원이 자기 소유의 차량을 회사의 업무를 위하여 사용하는 경우에 지급하는 차량운전보조금을 자가운전보조금이라 하여 월 지급액 200,000원까지는 실비변상적 급여로 보아 지급받는 자의 근로소득에 합산하지 않는다.

② 그러나 의사에게 지급하는 자가운전 보조금은 업무수행에 대한 실비로 볼 수 없으므로 근로소득에 해당한다.

해석 자가운전보조금과 출장비 등의 근로소득 해당 여부

▶ 소득세법 시행령 제12조 제3호 규정의 실비변상적인 급여로 비과세되는 자가운전보조금이란, 종업원의 소유차량을 종업원이 직접 운전하여 사용자의 업무수행에 이용하고 시내출장 등에 소요된 실제여비를 받는 대신에 그 소요경비를 당해 사업체의 규칙 등에 의하여 정하여진 지급기준에 따라 받는 금액 중, 월 20만원 이내의 금액을 말함. 자가운전보조금을 지급받는 종업원이 업무수행에 소요된 시내출장비 등의 실제비용을 별도로 지급받는 때에는 자가운전보조금으로 받은 금액은 당해 종업원의 근로소득에 해당하는 것임(법인46013-2998, 1999.7.31).

라 부임수당

종업원에게 지급하는 부임수당은 이를 각사업연도의 소득금액 계산상 손금에 산입한다. 그 수당 중 이사에 드는 비용 상당액은 여비교통비 또는 복리후생비로 보며 이를 초과하는 부분은 근로소득으로 간주한다[1].

마 당직비

① 종업원에게 지급하는 일직비, 숙직비 등 당직비는 제수당 또는 복리후생비로 처리한다. 당직비는 지급규정, 사규 등의 합리적 기준에 의하여 계산한 금액으로서 사회 통념상 타당하다고 인정되는 범위 내에서 지급하여야 한다.

② 실비변상적인 정도의 당직비는 비과세 근로소득이지만, 실비변상 정도를 초과하는 당직비는 근로소득이다.

바 경조금

① 사업자가 그 종업원에게 지급한 경조금 중 사회 통념상 타당하다고 인정되는 범위 내의 금액은 이를 받는 자의 근로소득으로 보지 않는다[2].

② 생일선물, 창립기념일기념품, 결혼축의금, 사망조의금 등이 여기에 해당한다.

---

1) 외국에서 부임하는 임직원의 부임여비에 대하여 사규가 마련되어 있고, 고용계약서 등에 의하여 합리적인 금액임이 확인되면 비과세소득으로 인정한다(국심2005서1591, 2005.11.29.).

2) 소득세법시행규칙 제10조

3. 여비교통비

① 출장여비 규정에 따른 국내외 출장여비와 경상적 업무 활동을 위한 시내교통비, 통행료, 주차비, 부임비와 이와 유사한 금액을 포괄한다.

② 여비교통비를 예시하면 국내 출장비, 해외출장비, 시내 출장비, 통근버스 임차료이다.

③ 손비 인정을 위해서는 지급규정, 사규 등 합리적인 기준과 영수증 등 객관적인 자료에 의한 지급 사실의 입증이 필요하다.

가 출장비

① 증빙불비 가산세의 규정은 출장비도 예외 없이 적용한다. 법인이 사규에 따라 업무와 관련하여 출장하는 사용인에게 3만원 이상의 출장비를 지급하는 경우에는 다른 경비의 지출과 마찬가지로 법인세법에서 규정하는 지출증빙을 수취하여야 하고, 지출증빙을 수취하지 아니하면 증빙불비 가산세를 적용한다.

② 한편, 소득세법은 근로자가 회사의 여비지급규정에 따라 지급 받는 교통비, 식비, 숙박비 등 출장비는 실지 소요비용을 충당할 정도의 범위 내의 금액에 대해서는 실비변상적인 성질의 급여[1]라고 하여 비과세 근로소득으로 분류하고 있다.

③ 따라서 실비변상 정도의 출장비라면 기술적으로 제수당으로 회계처리 하여 급여에 합산하고, 비과세 근로소득으로 처리하는 것이 증빙불비 가산세 규정과 마찰을 피해야 하는 대안이다.

나 해외출장비

① 임원 또는 사용인의 해외여행에 관련하여 지급하는 여비는 그 해외여행이 당해 법인의 업무수행에 통상 필요하다고 인정되는 부분의 금액에 한한다.

② 따라서 법인의 업무수행에 필요하다고 인정되지 아니하는 해외여행의 여비와 업무수행에 필요하다고 인정되는 금액을 초과하는 부분의 금액은 원칙적으로 당해 임원 또는 사용인에 대한 급여로 본다.

③ 다만, 그 해외여행 기간이 분명히 법인의 업무수행에 필요하다고 인정되는 기간이면 그 해외여행을 위해 지급하는 여비는 사회통념에 합리적인 기준에 의하여 계산하고 있는 등 부당하게 많은 금액이 아니라고 인정되는 한 전액을 당해 법인의 손금으로 한다.

---

1) 소득세법 시행령 제12조 제3호

4. 세금과 공과금

① 재산세, 종합토지세, 주민세(균등할), 사업소세·공동시설세·도시계획세, 인지 및 증지 비용, 대한병원협회 등 관련단체에 납부하는 회비 등의 공과금은 세금과 공과금으로 비용으로 처리한다.

② 공과금이 손금산입 대상이 되기 위해서는 법령에 따라 의무적으로 납부하는 것으로서 법령에 의한 의무 불이행 또는 금지·제한 등의 위반에 대한 제재로서 부과되는 것이 아니어야 한다.

③ 공정거래법 위반 과징금, 과잉청구 환수금 등과 같이 법령을 위반함으로써 납부하는 벌과금과 징벌적 목적의 손해배상금 등의 공과금은 손금에 산입하지 않는다.

세법상 손금으로 인정하지 않는 세금과 공과금의 보기를 들면 다음과 같다.

가 조세

① 법인세 등, 부가가치세 매입세액, 취득세·등록세 등은 손금에 산입하지 않는다.

② 의료기관의 부가가치세 매입세액은 과세사업과 면세사업으로 구분하여 관리한다. 면세사업에서 발생하는 부가가치세 매입세액은 자산 또는 비용에 포함하여 회계처리하고 과세사업 매입세액은 부가가치세대급금 계정을 사용하여 구분 관리한다.

③ 간주임대료로 납부하는 부가가치세 납부세액은 세금과 공과금에 해당한다.

나 벌금·과료·과태료·가산금과 체납처분비

벌금·과료·과태료·가산금과 체납처분비는 손금에 산입하지 않는다. 이는 실정법 및 세법 위반에 대한 제재의 효과를 확보하기 위한 것으로 예를 들면 다음과 같은 것이 있다.

(1) 손금불산입 항목

1. (의료) 폐기물관리법 위반 과징금
2. 업무와 관련하여 발생한 교통사고 벌과금
3. 건축, 노무 등 관련 이행강제금
4. 산재보험료 및 국민연금의 가산금
5. 요양급여비용 부당청구 요양기관 업무정지처분 갈음 과징금
6. 장애인 고용부담금

그러나 계약의 불이행에 따른 지체상금 등의 지급과 공과금 등의 납부지연으로 부담하는 가산금 등은 손금으로 인정한다.

(2) 징벌적 목적의 손해배상금 등의 손금불산입

다음 어느 하나에 해당하는 법률의 규정에 따라 지급한 손해배상액 중 실제 발생한 손해액을 초과하는 금액은 손금불산입한다. 실제 발생한 손해액이 분명하지 아니한 경우에는 지급한 손해배상금에 3분의 2를 곱한 금액을 손금불산입 대상 손해배상금으로 한다.

1. 가맹사업거래의 공정화에 관한 법률
2. 개인정보 보호법
3. 공익신고자 보호법
4. 기간제 및 단시간근로자 보호 등에 관한 법률
5. 대리점거래의 공정화에 관한 법률
6. 신용정보의 이용 및 보호에 관한 법률
7. 제조물 책임법
8. 파견근로자보호 등에 관한 법률
9. 하도급거래 공정화에 관한 법률

(3) 손금산입항목

1. 계약상 불이행에 따른 지체상금
2. 부당이득 의료급여 환수금[1]
3. 청구 삭감액
4. 교통유발부담금
5. 산재 및 의료보험료의 연체금 - 단순한 납부지연에 따른 연체이자임
6. 국유지사용료의 납부지연으로 인한 연체료
7. 전기요금의 납부지연으로 인한 연체가산금

(4) 조합비 또는 협회비

① 병원협회와 같이 영업자가 조직한 단체로서 법인이거나 주무관청에 등록된 조합 또는 협회에 지급한 회비 중 법령 또는 정관이 정하는 바에 따라 경상경비 충당 등을 목적으로 조합원 또는 회원에게 정기적 또는 부정기적으로 부과하는 것은 공과금이다.

② 일반기부금단체에 사업과 관련 없이 무상으로 지출하는 금액은 일반기부금이고, 재화

---

1) 의료업을 경영하는 거주자가 사업소득에 대한 총수입금액으로 신고한 금액 중 국민건강보험법 제52조에 따라 환수되는 금액은 환수가 확정되는 날이 속하는 과세기간의 총수입금액에서 차감하는 것임(소득세과-203, 2010.02.08.).

또는 용역을 공급받은 대가로 지불하는 것은 재화 용역의 구입원가이다.

③ 일반기부금에 대해서는 기부금영수증을, 재화·용역 구입 대가에 대해서는 계산서 또는 세금계산서를 징구한다.

5. 업무추진비

① 업무와 관련하여 거래 관계있는 자에 대하여 접대 및 사례비를 제공한 경우에는 이를 업무추진비로 회계처리 한다.

② 세법상으로도 업무추진비는 순자산을 감소시키는 손비이므로 원칙적으로 손금에 해당하지만, 법인세법은 업무추진비에 대해 한도규제를 함과 동시에 신용카드 사용의무를 부여하고 있다.

③ 이의 취지는 업무추진비의 과다지출로 인한 과소비의 억제, 과세 공평성의 유지, 거래 상대방의 과세표준 양성화 도모 등에 있다.

가 업무추진비의 범위

업무추진비란 업무추진비, 교제비, 기밀비, 사례금 기타 명목 여하에 불구하고 법인이 업무와 관련하여 특정인에게 지출한 금액을 말한다. 업무추진비는 사업과 관련하여 거래 관계를 원활하게 하려고 지출하는 비용이다.

1. 지출한 비용이 구매의욕을 자극하는 비용이면 광고선전비이고,
2. 상품의 판매 등에 직접 관련되어 정상적으로 드는 비용이라면 판매부대비용이다.
3. 지출의 성격상 주주 등이나 임원 또는 사용인이 부담할 성질의 업무추진비는 손금불산입하고 배당 또는 상여로 처분한다.

| 해석 | 특정거래처 인테리어비용 지원의 업무추진비 여부

▶ (질의) 당 법인은 백화점 운영법인으로 판매 활성화와 우량 브랜드 유치를 위해 매장 신규 입점 업체 중 일부 업체를 지원하는 차원에서 인테리어 비용의 전부 또는 일부를 당 법인이 부담하며 수선료 또는 시설·장비로 비용으로 처리하고 있음. 인테리어비용을 업체부담 시에는 수수료율을 낮추고 당 법인이 부담시는 수수료율을 높이고 있음. 이 경우 업무추진비에 해당하는지 여부

▶ (회신) 법인이 업무와 관련하여 지출한 비용으로서 업무추진비 및 교제비·기밀비·사례금과 기타 명목 여하에 불구하고 이에 유사한 성질의 비용은 법인세법 제25조 및 같은법시행령 제42조의 규정에 의한 업무추진비에 해당하는 것으로 법인이 업무와 관련하여 신규 입점업체 중 특정 거

래처에만 지원하는 인테리어 비용은 업무추진비에 해당하는 것임(서면2팀 1319, 2006.07.12.).

(나) 업무추진비로 보지 않는 지출

① 업무추진비로서 법인의 비용으로 처리할 수 있는 금액은 법인의 사업과 관련하여 발생하거나 지출된 비용으로서 법인의 수익과 직접 관련된 것에 한한다. 법인의 업무와 관련이 없는 비용에 대하여는 법인의 손금으로 인정하지 않는다.

② 주주 등이나 임원 또는 사용인이 부담할 성질의 업무추진비를 법인이 지출하거나, 법인의 업무와 관련 없이 사용한 업무추진비 금액은 이를 지출한 사람(지출한 사람이 불분명하면 대표자)이 법인의 자금을 유용한 것으로 보아 소득세를 부담시킨다.

③ 인력공급업체의 파견직원에게 지출하는 직장회식비, 경조사비 등 복리후생비는 업무추진비가 아니라 복리후생비이고[1], 의료법인이 의과대학과의 교육협약에 의해 파견된 교수 등의 임상 진료용역을 제공받고 교수 등에게 직접 지급하는 금액은 업무추진비가 아닌 근로소득으로 회계처리 하여야 한다[2].

◈ 리베이트

① 제약회사는 의약품, 의료용구 등의 판매촉진을 위하여 병원 또는 의사에게 리베이트를 제공하는 경우가 있다. 리베이트 관행은 사회적으로 용인되는 통상적인 것은 아니고, 업계의 잘못된 관행으로 사회질서에 심히 반한다고 할 것이므로 그 경비 지출이 법인 순자산의 감소를 가져오는 것이라고 하더라도 손비로 인정하지 않는다[3].

② 법인법 §19② 에 따르면「손비는 그 법인의 사업과 관련하여 발생하거나 지출된 손실 또는 비용으로서 일반적으로 용인되는 통상적인 것이거나 수익과 직접 관련된 것으로 한다.」고 규정하고 있다. 여기에서 말하는「일반적으로 용인되는 통상적」인 비용이란 납세의무자와 같은 종류의 사업을 영위하는 다른 법인도 동일한 상황에서는 지출하였을 것으로 인정되는 비용을 의미하고,

③ 그러한 비용에 해당하는지는 지출의 경위와 목적, 형태, 액수, 효과 등을 종합적으로 고려하여 객관적으로 판단하여야 하는데, 특별한 사정이 없으면 사회질서를 위반하여 지출된 비용은 여기에서 제외된다[4]고 한다.

---

1) 법인세법시행령 제45조 제1항
2) 서이 46012-10678, 2001.12.06.
3) 서울고등법원 2010누43466, 2012.02.03
4) 대법원 2009.11.12. 선고 2007두12422 판결 등

다 유사비용의 처리

업무추진비와 유사한 비용으로 광고선전비, 기부금, 복리후생비 등이 있다. 이들 비용과 업무추진비의 구분기준은 다음과 같다.

광고선전비와 업무추진비

① 광고선전 목적으로 불특정 다수인에게 기증하는 금품의 가액은 광고선전비로 하여 전액 손금에 산입한다. 그러나 특정거래처를 상대로 금품을 기증하는 것은 사업상 증여로서 업무추진비에 해당한다.

② 다음의 지출은 업무추진비의 성격이지만 광고선전비 또는 판매부대비용으로 간주한다.

1. 특정인에게 지출한 비용이 연간 3만원 이하인 경우
2. 판매촉진을 위하여 건당 1만원 이하의 사은품을 제공하는 경우. 이 경우에는 연간 3만원을 초과하여도 광고선전비로 인정한다.

판례 법인세법상 업무추진비와 광고선전비의 구별 등

▶ 법인이 사업을 위하여 지출한 비용 가운데 상대방이 사업에 관련 있는 자들이고 지출의 목적이 접대 등의 행위에 의하여 사업관계자들과의 사이에 친목을 두텁게 하여 거래관계의 원활한 진행을 도모하는 데 있다면 업무추진비라고 할 것이나, 지출의 상대방이 불특정다수인이고 지출의 목적이 구매의욕을 자극하는 데 있다면 광고선전비라고 할 것이다.

▶ 백화점 경영자가 판촉활동의 목적으로 거래실적이 우수한 불특정 고객에게 선물을 증정한다고 사전에 홍보하고 사은품을 지급했다면 이는 소비자의 구매의욕을 자극함으로써 판매를 촉진하기 위한 것이므로 그 구입에 소요된 비용은 상품의 판매를 위한 광고선전 목적으로 불특정다수인을 상대로 지출한 광고선전비에 해당한다(대법원 2000두2990, 2002.4.12).

업무추진비와 기부금

사업과 직접 관계있는 자에게 금전 또는 물품을 기증한 경우에 그 금품의 가액은 업무추진비로 구분하며, 사업과 직접 관계가 없는 자에게 금전 또는 물품 등을 기증한 경우에 그 물품의 가액은 거래실태별로 다음의 기준에 따라 업무추진비 또는 기부금으로 구분한다.

1. 업무와 관련하여 지출한 금품 : 업무추진비
2. 업무추진비에 해당하지 아니하는 금품 : 기부금

사용인이 조직한 단체 등에 지출한 복리시설비

① 사용인이 조직한 단체 등에 지출한 복리시설비는 당해 단체가 법인이면 업무추진비로 간주하고 법인이 아닌 경우에는 법인의 경리의 일부로 간주한다[1].

② 노동조합은 법인으로 간주하는 단체에 해당하므로 노동조합에 지출한 보조금 등 복리시설비는 업무추진비에 해당한다.

③ 이에 반하여 간호사로 조직된 자원봉사회에 지출한 복리시설비는 당해 법인의 경리의 일부이다.

④ 직원 경조사비 사용 목적으로 조직된 사내 단체인 상조회에 해당 목적으로 지급하는 금액 중 사회통념상 타당하다고 인정되는 금액은 직원을 위하여 지출한 복리후생비이다.

⑤ 파견근로자에게 지출하는 체육비, 문화비, 회식비 등 복리후생비도 법인의 손금으로 인정한다.

🌑 영업자가 조직한 단체

영업자가 조직한 단체로서 법인이거나 주무관청에 등록된 조합 또는 협회에 정기적 또는 부정기적으로 지급한 회비는 세금과 공과금으로 손금으로 인정하고[1], 임의로 조직된 조합 또는 협회에 지출한 회비는 비인정기부금이다.

라 업무추진비의 시부인

① 세법상 업무추진비 한도액 계산은 다음과 같다. 여기서 수입금액은 기업회계기준에 의한 매출액에 세무조정사항을 가감한 것이다.

> 12,000,000(중소기업 36,000,000) × 사업연도 월수/12 + 수입금액 × 한도율

구 분		적용률
일반수입금액 한도율	100억원 이하	30/10,000
	100억원 초과 500억원 이하	20/10,000 + 3,000만
	500억원 초과	3/10,000 + 1억1,000만
특정수입금액	특수관계자에 대한 매출	일반수입금액기준 한도액 10%

② 수입금액 기준 한도율은 일반수입금액에 먼저 적용한 후에 특정수입금액에 적용한다. 정부출자기관(정부가 20% 이상 출자한 법인)은 위 한도의 70%를 한도로 한다[2].

🌑 계산사례

중소기업이 아닌 ○○의료법인의 201x 회계연도 총수입금액의 내용이 다음과 같을 때 201x 년도의 업무추진비 한도액은?

---

1) 법인세법시행령 제40조 제2항
1) 법인세법시행령 제19조 제11항
2) 조세특례제한법 제136조 제2항

• 의료수익	600억원
• 의료부대수익	100억원
• 부동산임대	100억원
계	800억원

- 업무추진비 한도액:

12,000,000+(100억×0.3%＋400억×0.2%+300억×0.03%)=131,000,000

6. 기타 의료비용

가 위탁검사 수수료

① 의료기관이 회사 등으로부터 종합검진의 의뢰를 받아서 검진 버스 등을 동원하여 종합검진을 할 때 치과 검사 등을 현지의 의료기관에 의뢰하는 경우, 검사 등 의뢰의 대가로 지급하는 금액은 위탁검사 수수료로 회계처리 한다.

② 관련 증빙은 현금을 지급하는 대가로 치과의원 등으로부터 계산서를 수취하여야 한다. 만약 계산서를 수취하지 않으면 의료기관이 수수료를 지급하면서 사업소득으로 원천징수를 하고 원천징수영수증을 발행한다.

마취과 의사 초빙비

① 마취과 의사를 초빙하여 수술환자 등에 대한 마취시술을 하게 하고 초빙비를 지급하는 경우 지급수수료 또는 위탁검사수수료로 회계처리 한다.

② 초빙비에 대한 증명서류는 마취과 의사가 발행한 계산서이다. 마취과 의사가 계산서를 발행하지 않으면, 초빙한 병원이 사업소득 원천징수영수증을 발행하여야 한다.

나 의료분쟁비용

① 의료분쟁비용은 의료사고 등 의료분쟁으로 인해 발생한 손해배상 또는 합의 비용 등의 금액이다. 의료분쟁비용은 의료사고 보상금, 의료사고 처리수수료, 의료배상 공제료 납입액, 의료분쟁충당부채설정액 등으로 구분할 수 있다.

② 기업회계기준에 의하면 의료사고의 결과로 지출은 아직 이루어지지 않았더라도 손실의 발생이 거의 확실하고 그 손실금액을 추정할 수 있는 경우(예컨대, 합의서를 작성하고 아직 합의금은 지불하지 않은 상태 등)에는 이를 충당부채로 인식하여야 한다. 의료분쟁충당부채는 연도 말 현재 진행되고 있는 재판 등의 진행 경과와 과거의 경험률에 의하여 설정한다.

③ 법인세법은 법인이 임원 또는 사용인의 행위 등으로 타인에게 손해를 끼침으로써 법인이 손해 배상금을 지출한 경우에는 그 손해 배상금의 대상이 된 행위 등이 법인의 업무수행과 관련된 것이고, 또한 고의나 중과실이 아닌 경우에는 그 지출한 손해 배상금은 각사업연도의 소득금액 계산상 손금에 산입하도록 하고 있다.

④ 대부분의 병원은 의료사고로 손실을 예상하여 의료사고 손해배상보험(공제) 또는 임직원 배상책임보험에 가입하고 있다. 임직원 배상책임보험은 임직원의 업무상 행위로 인한 손해배상청구에 대한 보험금의 지급 사유로 임직원을 피보험자로 하는 보험이다. 임직원 배상책임보험료는 임직원에 대한 근로소득으로 보지 않는다.

⑤ 의료분쟁 관련 비용은 판결문, 합의각서, 금융기관 송금명세 등이 증빙서류이다. 의료분쟁비용의 세부내용은 주석으로 기재하여야 한다.

판례 | 의료사고배상금의 필요경비 인정 여부

▶ 의료사고합의금은 사업자 또는 사용인이 업무와 관련하여 고의 또는 중대한 과실로 타인의 권리를 침해함으로써 지급되는 손해배상금이라고 볼 수 없으므로 사업과 관련하여 발생한 손실로서 필요경비에 산입하는 것이 타당하다고 판단됨(국심2001서185, 2001.3.26.).

다　차량유지비

(1) 업무용 차량 관련 비용에 대한 법인세법의 규제

① 법인세법에서는 업무용 승용차 관련 비용과 관련하여 일정한 요건을 충족하는 경우 그 요건에 해당하는 금액만큼만 법인의 경비로 인정해준다. 그 요건은

첫째, 임직원업무전용 자동차보험에 가입해야 하고

둘째, 업무용 승용차 운행기록부를 작성하여 업무 연관성을 증명해야 한다.

② 만약 임직원업무전용 자동차보험에 가입하지 않았으면 해당 차량에 관련된 모든 비용을 인정받을 수 없다.

③ 임직원업무전용 자동차보험에 가입하더라도 업무용 승용차 운행기록부를 작성하지 않으면 감가상각비를 포함하여 최대 1,500만 원까지만 비용인정을 받을 수 있어 이를 초과하여 지출하는 업무용 승용차 관련 비용은 손금으로 인정하지 않는다.

(2) 업무용 차량 관련 비용

업무용 승용차 관련 비용에는 업무용 승용차의 취득·유지를 위하여 지출한 비용이 모두 포함된다.

1. 감가상각비 상당액(리스료 및 렌트 비용의 경우 일정 금액도 이에 해당)
2. 보험료, 수선비, 자동차세, 통행료
3. 금융리스 부채에 대한 이자비용 등

(3) 기준초과 경비에 대한 소득처분

① 만약 업무용 승용차 운행기록부를 작성하였다면 작성된 명세를 바탕으로 업무사용비율을 산정하고,

② 업무용 승용차 관련 총비용 중 업무사용 비율만큼 비용으로 인정받을 수 있고, 초과하는 부분은 비용으로 인정하지 않는 동시에 차량 사용자의 상여로 소득처분 한다. 귀속이 불분명한 경우에는 대표자에게 귀속된 것으로 간주한다.

③ 업무사용비율은 총 주행거리 중 업무용 사용거리가 차지하는 비율이다.

(4) 업무용 차량에 대한 감가상각

① 2016년 이후 취득한 업무용 승용차는 5년간 정액법으로 강제 상각하여야 하고 연간 감가상각비 한도액은 800만원이다. 한도초과액은 이월하여 손금산입한다.

② 감가상각비 한도 초과액은 손금불산입, 유보처분하고, 향후 감가상각비가 800만원에 미달하는 경우 그 미달금액을 한도로 손금추인하고 △유보로 손금추인한다.

③ 리스차량에 대한 감가상각비는 리스료의 70% 해당금액으로 하고, 연간 감가상각비 한도 초과액은 손금불산입하고 기타사외유출로 처분한다[1]. 향후 감가상각비 상당액이 800만원에 미달하는 경우 그 미달금액을 한도로 손금에 산입하고 기타로 소득처분한다.

(5) 업무용 차량 처분손실

① 업무용승용차를 처분하여 발생하는 손실로서 업무용승용차별로 800만원을 초과하는 금액은 이월하여 손금에 산입한다[2].

② 업무용승용차 처분손실 손금불산입액은 처분손실이 발생한 다음 사업연도부터 800만원을 균등하게 손금에 산입하되, 남은 금액이 800만원 미만인 사업연도에는 남은 금액을 모두 손금에 산입한다.

---

1) 법인령 106① 3다 및 법인령50의2⑪2 참조. 유보처분하지 않고 사후관리를 어떻게 할지 참으로 고민스럽다.
2) 법법27의2④ , 이것도 법인령 106① 3에 의하여 기타사외유출처분이다. 사후관리 어려움 문제가 있다.

「의료외비용」은 병원의 운영과정에서 환자 진료와 관련 없이 부수적으로 발생하는 비용으로 다음과 같은 「의료외비용」 등이 있다.

의료외비용		
① 의료부대비용	② 이자비용	③ 기타의 대손상각비
④ 기부금	⑤ 단기매매증권처분손실	⑥ 단기매매증권평가손실
⑦ 외환차손	⑧ 외화환산손실	⑨ 투자자산처분손실
⑩유형자산처분손실	⑪재고자산감모손	⑫고유목적사업준비금전입액
⑬고유목적사업비	⑭잡손실	-

1. 의료부대비용

① 병원이 주된 의료사업 이외에 영안실·매점·슈퍼마켓 등의 부대사업을 직영함으로써 발생하는 수익은 의료부대수익이고 비용은 의료부대비용이다.

② 시설 직영수익을 독립과목으로 계상한 경우에는 해당 비용도 독립과목으로 계상하여야 한다. 의료부대비용에 대한 세부내역은 주석으로 기재하여야 한다.

③ 의료부대비용은 의료비용과 별도로 인건비, 재료비, 관리운영비 등으로 구분하고, 의료업과 부대사업에 공통으로 소요된 비용은 합리적인 기준에 따라 의료비용과 의료외비용으로 배분하여 계상하여야 한다.

1. 인건비는 인력 수, 총급여 및 투입시간 등의 기준으로 배분한다.
2. 재료비는 재료의 투입량, 직접재료비, 사용면적(병실 수), 사용 인원 등의 기준으로 배분한다.
3. 관리운영비는 매출액, 점유면적, 서비스시간, 사용 인원, 관련 유형자산 가액 등의 기준으로 배분한다.

가 주석사례[1]

(1) 의료부대수익과 의료부대비용

의료부대수익과 의료부대비용의 내역은 다음과 같습니다.

구분	장례식장운영	주차장운영	기타시설운영	합계
의료부대수익				
의료부대비용				
의료부대손익				

(2) 의료부대비용의 세부내역

의료부대비용의 세부내역은 다음과 같습니다.

구분	장례식장운영	주차장운영	기타시설운영	합계
1. 인건비				
2. 재료비				
3. 관리운영비				
가. 복리후생비				
나. 감가상각비				
다. 외주용역비				
라. 기타경비				

2. 이자비용

① 이자비용은 장단기차입금 및 기타 채무에 대하여 지급한 이자 및 어음 할인료이다. 또 이자비용에는 채무의 조달과 관련하여 금융기관에 지급한 지급보증료와 금융리스 이자가 포함되어야 한다.

② 세무회계상 이자비용은 원칙적으로 전액 손금으로 인정한다. 그러나 다음 항목에 대하여는 이자비용의 지출이 있었더라도 이를 손금불산입한다.

　　1. 채권자 불분명 사채의 이자

---

1) 의료부대수익과 의료부대비용을 손익계산서에 일괄하여 표시한 경우의 주석사례이다. 이 책 의료부대수익 편에서 인용한 주석과는 차이가 있음에 주목하자. 특히 의료부대비용의 세부내역이 주석으로 표시되지 않으면 병원 전체의 인건비, 감가상각비 등의 확인이 어렵다.

2. 지급받은 자가 불분명한 채권·증권의 이자와 할인액

3. 기준초과차입금의 이자: 의료기관에는 적용되지 않음

4. 건설자금이자: 건설에 소요된 차입금 이자는 자본화하여야 한다.

5. 업무와 관련이 없는 자산과 가지급금 관련 지급이자

③ 비업무용부동산은 업무와 관련 없는 자산이다. 다만, 학교법인이 보유한 부동산은 비업무용부동산 판정에서 제외하지만, 의료법인에 관하여는 예외규정이 적용되지 않는다.

3. 외화자산과 부채의 평가

① 기업회계기준에 의하면 화폐성 외화자산 및 부채는 당해 사업연도 종료일 현재의 기준환율 또는 재정환율로 평가하여 평가손익을 당해 사업연도의 수익 또는 비용으로 처리한다.

② 외화부채의 상환 시에 발생하는 상환 손익도 또한 당해 사업연도의 수익 또는 비용으로 처리하여야 한다. 외화자산·부채의 평가손익 및 상환손익은 영업외수익(비용)이다. 그러나 선수금 및 선급금은 화폐성 자산 또는 부채가 아니라 물품과 관련된 자산·부채이므로 평가대상에서 제외하여야 한다.

③ 세법 규정은 기업회계와 약간의 차이가 있다. 화폐성 외화자산 및 부채의 평가는 기업의 선택 사항이다. 회사는 세무서에 외화자산부채의 평가방법을 신고하여야 하고, 한번 선택한 평가방법은 매기 계속하여 적용하여야 한다. 이후에 평가방법을 변경할 수는 없다.

예제 **외화부채**

① A 병원의 20x2 회계연도의 외화장기차입금의 변동내역표는 다음과 같다.

구분	전기이월	증가(차입)	감소(상환)[1]	계정대체증(감)	기말 잔액
××자금	2,400,000,000		480,000,000	(320,000,000)	1,600,000,000
	(¥200,000,000)		(¥40,000,000)		(¥160,000,000)
××차관자금	630,000,000		126,000,000	16,000,000	520,000,000
	($500,000)		($100,000)	304,000,000	($400,000)
	3,030,000,000		606,000,000	304,000,000	2,120,000,000

---

1) 외화부채 상환 시에는 전기 말 환율(장부 이월 받은 환율)을 적용하여 계산한 외화부채 상당액을 장부에서 차감한다.

② 20x2년 중의 환율변동상황은 다음과 같다(가상).

구분	¥	US$	비고
20x1.12.31	1,200	1,260	전기 말 기준환율
20x2.06.31	1,100	1,280	상환 시의 환율
20x2.12.31	1,000	1,300	당기 말 기준환율

해설 상환 시의 회계처리

- 20x2.6.30 ××자금 상환

(차) 외화장기차입금	480,000,000	(대) 현금예금	440,000,000
		외환차익	40,000,000

- 20x2.6.30 ××차관자금 상환

(차) 외화장기차입금	126,000,000	(대) 현금예금	128,000,000
외환차손	2,000,000		

🥄 기말평가 시의 회계처리 (20x2.12.31 기말 외화부채의 평가)

- ××자금

(차) 외화장기차입금	320,000,000	(대) 외화환산이익	320,000,000

- ××차관자금

(차) 외화환산손실	16,000,000	(대) 외화장기차입금	16,000,000

5장

대손충당금과 퇴직급여충당부채

의료기관은 제3자 단체에 대한 청구미수금 등은 대손의 가능성이 거의 없지만, 본인부담금 미수금에 대해서는 상당한 대손이 발생하고 있다. 의료보호 환자는 연 단위로 급여자격이 갱신되므로 여차 한순간 관리를 소홀히 하면 청구미수금이 악성 채권으로 전환될 수도 있다. 악성 채권에 대해서는 요건이 되는 시기에 대손으로 처리하고 연말에는 대손 가능성을 추정하여 대손충당금을 설정한다.

1. 대 손 금

① 대손금은 회수가 불가능한 채권에 대하여 경비로 회계처리하는 금액이다. 대손금은 자산의 순자산감소액이므로 손금에 산입한다. 기업회계기준에 따르면 대손금은 대손상각으로 의료비용에 계상한다.

② 개별 채권별 분석 또는 연령분석법에 따라 차기 이후의 대손 가능성에 대비하여 설정하는 대손충당금과 대손금은 구분하여 생각할 필요가 있다.

③ 법인세법은 조세채권의 확보를 목적으로 대손금에 대하여 대손 사유, 대상채권, 대손금액을 엄격하게 규정하고 있다.

가 소멸시효

① 금전채권의 소멸시효는 단기소멸시효에 해당하지 않는 한 10년이다. 단기소멸시효에 해당하는 채권인 경우에도 판결 확정, 화해, 지급명령 등으로 확정되면 그날부터 10년이 지나야 소멸시효로 소멸한다.

② 일반적으로 상행위로 인한 채권의 소멸시효는 5년, 3년, 6월 등 단기소멸시효에 해당하고 단기의 소멸시효에 해당하는 채권의 종류는 다음과 같다.

《 단기소멸시효 채권의 종류 》

소멸시효 기간	채권 종류
5년 단기소멸시효	상사채권, 국가가 채무자인 금전채권
3년 단기소멸시효	확정되어 독립된 이자, 부양료, 급료, 사용료, 임금, 의사 등의 치료에 관한 채권, 도급받은 자의 공사에 관한 채권, 변호사 등의 직무에 관한 채권, 상인의 상품 판매대금, 생산자의 생산품 대금, 수공업자의 업무에 관한 채권, 어음금 채권 등
2년 단기소멸시효	보험금 지급 청구권, 보험료 청구권
1년 단기소멸시효	숙박료, 대석료, 음식대, 입장료, 동산의 사용료, 노역인의 임금, 연예인의 임금, 수업자의 교육에 관한 채권 등
6개월 단기소멸시효	수표금 채권(수표를 환수한 경우에는 그때부터 6개월)

나 소멸시효의 중단

① 소멸시효의 중단은 권리 불행사를 중단하게 하는 권리자 또는 의무자의 일정한 행위가 있으면 이미 경과한 시효기간을 소멸하게 하고 그때부터 다시 소멸시효의 기간을 진행하게 하는 제도이다.

② 소멸시효가 중단되는 경우는 다음과 같다.

1. 청구 : 재판상의 청구(소의 제기), 지급명령, 최고(催告, 6개월간 소멸시효연장 효과) 등
2. 압류, 가압류, 가처분
3. 승인[1]: 분할납부 등 채무의 일부 변제, 이자 지급, 상계, 변제각서, 보증 등

③ 최고(催告)는 주로 정식재판청구까지 시간을 벌 목적으로 활용한다. 최고 후 6개월 이내에 제소, 가압류, 압류 등의 조치를 이행하여야 정상적으로 소멸시효를 연장할 수 있다.

④ 승인은 소멸시효의 진행이 개시된 이후에만 가능하다. 법은 현존하지 않는 장래의 채무에 대하여 미리 승인하는 것을 인정하지 않는다.

판례 입원보증서 작성의 법률적인 효과

의료기관들이 관행적으로 행하는 입원보증서 작성의 법률적인 효과를 다음 판례에서 살펴보자(대법원 2001.11.9 선고 2001다52568 판결 참조).

---

1) 채무의 승인 방법에는 일반적으로 채무 일부변제, 이자 지급, 상계, 변제각서, 변제유예신청서, 어음개서, 채무의 지급을 목적으로 하는 어음의 발행, 보증, 담보제공, 채무감액신청, 이자감액신청 등이 있으나, 아무런 형식을 요구하지 아니하고 또한 명시적이건 묵시적이건 불문한다. 다만, 승인으로 인한 시효중단의 효력은 그 승인의 통지가 채권자에게 도달한 때 발생한다. 따라서 전화통화에서 말로써 채무의 승인을 하는 것도 소멸시효 중단사유에 해당한다. 입증을 어떻게 할지가 문제이지…

가. 상고이유 제1점에 대하여

▶ 소멸시효는 객관적으로 권리가 발생하고 그 권리를 행사할 수 있는 때부터 진행한다고 할 것이며 따라서 권리를 행사할 수 없는 동안은 소멸시효는 진행할 수 없다고 할 것이지만, 이때 「권리를 행사할 수 없는 때」라 함은 그 권리행사에 법률상의 장애 사유, 예를 들면 기간의 미도래나 조건 불성취 등이 있는 경우를 말하는 것이므로 권리자의 개인적 사정이나 법률지식의 부족 등으로 인하여 사실상 그 권리의 존재나 권리행사 가능성을 알지 못하였다거나 그와 같이 알지 못함에서 과실 유무 등은 시효의 진행에 영향을 미치지 아니한다.

그리고 민법 제163조 제2호 소정의 「의사의 치료에 관한 채권」에 있어서는, 특약이 없는 한 그 개개의 진료가 종료될 때마다 각각의 당해 진료에 필요한 비용의 이행기가 도래하여 그에 대한 소멸시효가 진행된다고 해석함이 상당하고(대법원 1998.2.13 선고 97다47675 판결 참조), 장기간 입원 치료를 받는 경우라 하더라도 다른 특약이 없는 한 입원 치료 중에 환자에 대하여 치료비를 청구함에 아무런 장애가 없으므로 퇴원 시부터 소멸시효가 진행된다고 볼 수는 없다 할 것이다.

▶ 원심판결 이유에 의하면, 원심은 피고 1이 1990.3.29 척추전후유압술 및 장골이식술을 받은 후 하반신 완전마비의 후유증이 남게 되었으며 그로부터 1998.12.5 퇴원하기까지 약 8년여 동안 원고 병원에서 입원 치료를 받아왔으며, 피고들이 원고 병원을 상대로 의료과오를 원인으로 한 손해배상청구 소송을 제기하여 그 소송이 1999.12.21에 이르러서야 종결되었으나, 그러한 사정만으로는 원고 병원이 피고들을 상대로 치료비를 청구하는 데 법률상으로 아무런 장애가 되지 아니하므로 이 사건 치료비 채권의 소멸시효가 피고 1의 퇴원 시부터 진행한다거나 위 손해배상청구 소송이 종결된 날로부터 진행한다고 볼 수 없으며, 따라서 이 사건 소 제기일로부터 역산하여 민법 제163조 소정의 단기소멸시효 기간 3년이 넘는 기간에 발생한 치료비 채권은 시효로 인하여 소멸되었다고 판단하였는바, 이는 위 법리에 따른 것으로서 옳다고 수긍이 되고 원심판결에 치료비 채권의 소멸시효의 기산점에 관한 법리를 오해한 위법이 있다고 볼 수 없다.

나. 상고이유 제2점에 대하여

▶ 소멸시효의 중단 사유로 승인은 시효이익을 받을 당사자인 채무자가 그 권리의 존재를 인식하고 있다는 뜻을 표시함으로써 성립하는 것이므로 이는 소멸시효의 진행이 개시된 이후에만 가능하고 그 이전에 승인하더라도 시효가 중단되지는 않는다고 할 것이고, 또한 현존하지 아니하는 장래의 채권을 미리 승인하는 것은 채무자가 그 권리의 존재를 인식하고서 한 것이라고 볼 수 없어 허용되지 않는다고 할 것이다.

▶ 원심판결 이유에 의하면, 원심은 피고들이 원고 병원과 진료계약을 체결하면서 "입원료 기타 제 요금이 체납될 시는 원고 병원의 법적 조치에 대하여 아무런 이의를 하지 않겠다."라고 약정하였다 하더라도, 이로써 그 당시 아직 발생하지도 않은 이 사건 치료비 채무의 존재를 미리 승인하였다고 볼 수는 없다고 판단하였는바, 이는 위 법리에 따른 것으로서 옳다고 수긍이 되고 원심판결에 소멸시효의 중단 사유로서의 승인에 관한 법리를 오해한 위법이 있다거나, 심리를 제대로 하지 아니한 채 채증법칙을 위반하여 사실을 잘못 인정한 위법이 있다고 볼 수 없다.

2. 대손 요건

가　대손 사유

① 법인세법상 대손금으로 손금에 산입하기 위해서는 대손 사유에 해당하여야 하고, 입증서류를 구비하여야 한다. 대손금으로 손금산입할 수 있는 불량채권은 다음과 같다.

《 대손금으로 손금산입할 수 있는 불량채권 》

구 분	사 유	손금산입시기
1. 시효완성채권	민법, 상법, 어음수표법 등에 의하여 소멸시효가 완성된 채권[1]	해당사유 발생일
2. 법정소멸채권	① 회생계획인가의 결정 또는 법원의 면책결정에 따라 회수불능으로 확정된 채권 ② 서민 신용회복 지원협약에 따라 면책으로 확정된 채권 ③ 민사집행법의 규정에 따라 채무자의 재산에 대한 경매가 취소된 압류채권	
3. 채무자의 파산 등	① 채무자의 파산, 강제집행, 형의 집행, 사업의 폐지, 사망, 실종, 행방불명으로 인하여 회수할 수 없는 채권 ② 재판상 화해, 조정 등 확정판결과 같은 효력을 가지는 재판상 결정에 의하여 회수불능으로 확정된 채권	사유 발생하여 손비로 계상한 날
4. 기타	① 부도발생일로부터 6개월 이상 지난 수표 또는 어음상의 채권 및 외상매출금(중소기업의 외상매출금으로서 부도발생일 이전의 것에 한함). 다만, 당해 법인이 채무자의 재산에 대하여 저당권을 설정하고 있는 경우를 제외 ② 중소기업의 외상매출금 및 미수금으로서 회수기일이 2년 이상 지난 것(특수관계자 거래는 제외) ③ 회수기일을 6월 이상 경과한 채권 중 30만원 이하의 채권	

② 채무자의 파산·행방불명 또는 이에 준하는 불가항력으로 채권회수가 불가능함은 현지의 거래은행·상공회의소 또는 공공기관에서 확인하여야 한다.

③ 부도발생일은 소지하고 있는 부도수표나 부도어음의 지급기일(지급기일 전에 해당 수표나 어음을 제시하여 금융회사 등으로부터 부도확인을 받은 경우에는 그 부도확인일)이다.

④ 중소기업의 외상매출금으로서 회수기일이 2년 이상 지난 외상매출금은 채무자의 무재산 등 회수불능 사실에 대한 입증이 없더라도 대손요건을 충족하는 것으로 본다.

해석 회수불능채권의 손금 여부

▶ 중소기업인 내국법인의 외상매출금(특수관계인과의 거래로 인하여 발생한 것은 제외)으로서 회

---

1) 정당한 사유없이 채권회수를 위한 제반 법적조치를 취하지 아니함에 따라 채권의 소멸시효가 완성된 경우에 동 채권의 금액은 업무추진비 또는 기부금으로 본다(재법인46012－93, 2003.5.31 등).

수기일이 2년 이상 지난 외상매출금은 채무자의 무재산 등 회수불능 사실에 대한 입증이 없더라도 「법인세법 시행령」 제19조의2제1항제9호의2에 따라 대손요건을 충족하는 것으로 보는 것임 (법령해석과 3362, 2020.10.21.)

나 대손처리 가능한 채권의 종류

① 부실채권이 대손 사유에 해당하면 대손으로 처리할 수 있으며, 그것이 외상매출금이든 대여금이든 채권의 종류에는 제한이 없다.

② 다만, 다음의 채권은 대손금으로 손금산입할 수 없다.

1. 채무보증으로 인한 구상채권
2. 업무 무관 가지급금(특수관계인 여부는 대여 시점을 기준으로 판단)

판례 대손금의 발생요건 및 귀속사업 연도 등

▷ (1) 법인세법상 대손금의 형태가 그에 대응한 청구권이 법적으로는 소멸하지 않고 채무자의 자산 상황, 지급능력 등에 비추어 자산성의 유무에 대하여 회수불능이라는 회계적 인식을 한 경우에 불과하다면, 이는 채권 자체는 그대로 존재하고 있으므로, 법인이 회수불능이 명백하게 되어 대손이 발생하였다고 회계상의 처리를 하였을 때 한하여 이것이 세무회계상 법인세법령에 따른 대손의 범위에 속하는지 여부를 가려 그 대손이 확정된 사업연도의 손금으로 산입할 수 있다.

▷ (2) 보증채무를 이행한 보증인은 주채무잖아 다른 연대보증인들에 대하여 그 변제금액에 상당한 구상채권을 취득하게 되므로, 그 보증채무의 이행으로 곧바로 그 변제금액에 상당한 보증인의 자산을 감소시키는 손비가 발생하였다고 볼 수는 없으며, 다만, 그 보증채무의 이행 당시 주채무자 및 다른 연대보증인들이 이미 도산하여 그들에게는 집행할 재산이 없는 등 자력이 전혀 없어 보증인이 주채무잖아 다른 연대보증인들에 대하여 그 변제금원에 대한 구상권을 행사할 수 없는 상태에 있었다면 보증인의 구상채권은 회수할 수 없는 채권으로서 보증인에게 귀속된 손비의 금액으로 보아 손금에 산입할 수 있다.

▷ (3) 법인이 당해 사업연도에 채무자에 대한 구상금 및 대여금 채권을 대손금으로 계상하여 손금 처리 하였으나, 그 사업연도에는 그 채권의 회수불능 사실이 객관적으로 확정되었다고 보기 어려워 그 사업연도에 귀속되는 대손금으로 인정할 수 없다(대법원 2001두489, 2002.9.24.).

3. 대손금의 손금산입과 회수

가 대손 금액

① 대손금으로 손금산입하는 금액은 대손 요건을 충족한 대상채권 전액이다. 다만, 부도발생일로부터 6월 이상 지난 어음·수표·외상매출금은 비망금액으로 1,000원을 제외한 금액을 대손금으로 한다.

② 동 비망금액은 타 대손 사유에 해당하는 때에 손금산입한다.

예규 사용인이 횡령한 금액의 대손처리

▷ 사용인이 법인의 공금을 횡령한 경우로서 동 사용인과 그 보증인에 대하여 횡령액의 회수를 위하여 법에 의한 제반절차를 취하였음에도 무재산 등으로 회수할 수 없는 경우에는 동 횡령액을 대손처리 할 수 있다. 이 경우 대손처리 한 금액에 대하여는 사용인에 대한 근로소득으로 보지 아니한다(법인세법 기본통칙 19의2 – 19의2…6).

나 손익귀속시기와 손금산입 방법

① 소멸시효완성과 법정소멸(대손사유1,2)을 사유로 하는 대손금은 결산에 반영하지 않으면 신고조정을 통하여 손금에 산입하여야 하고,

② 일반 대손채권은 대손금으로 결산 조정한 때에만 손금으로 인정한다. 결산조정사항인 대손금은 해당 사유가 발생한 사업연도의 손금에 계상하지 아니한 경우에는 추후 경정청구를 통하여 손금산입할 수 없다.

③ 소멸시효완성채권과 법정소멸채권의 손익귀속시기는 대손 사유 발생일이 속하는 사업연도이므로 동 사업연도 후의 사업연도에는 손금에 산입되지 아니한다. 대손금의 손익귀속시기와 손금산입 방법을 요약하면 다음과 같다.

《 대손금의 손익귀속시기와 손금산입 방법 》

구 분	손익귀속시기	손금산입 방법
1. 일반대손채권	대손 사유가 발생하여 손금으로 계산한 사업연도	결산조정
2. 소멸시효완성채권과 법정소멸채권	대손사유발생일이 속하는 사업연도	결산조정 또는 신고조정

해석 법인이 법인세법 시행령 제62조 제1항 제1호 규정에 의한 상법상 소멸시효가 완성된 외상매출금 등은 그 소멸시효가 완성된 날이 속하는 사업연도에 신고조정으로 손금에 산입할 수 있는 것이며, 소멸시효가 완성된 대손금을 당해 사업연도의 소득금액 계산에서 손금에 산입하지 못하면 국세기본법 제45조의2의 규정(법정신고기한 경과 후 3년 이내)에 의하여 경정청구가 가능한 것입니다(법인세과 1689, 2008.07.23.).

다 약정에 의한 채권의 포기

① 약정에 의하여 채권의 전부 또는 일부를 포기하는 경우 기부금 또는 업무추진비로 본다.

② 채권을 조기에 회수하기 위하여 채권 일부를 불가피하게 포기한 경우 특수관계자, 비특수관계자를 불문하고 채권의 일부 포기나 면제에 객관적으로 정당한 사유가 있는 때에는 동 채권 포기액을 손금에 산입한다.

③ 객관적으로 정당한 사유없이 포기하는 경우에는 업무추진비로 간주한다.[1]

해석 특수관계인과의 거래에서 발생한 채권을 약정에 의해 포기하는 경우

비특수관계자 뿐만 아니라 특수관계자에 대한 채권포기액에 대하여도 약정에 의한 채권포기액을 대손금으로 보기 위해서는 채권의 일부를 조기 회수하기 위하여 나머지 채권을 불가피하게 포기하거나 면제한 행위에 객관적으로 정당한 사유 또는 경제적 합리성이 인정된다면, 해당 채권포기액을 손금에 산입하는 것으로 해석하고 있는바, 청구법인의 쟁점채권포기액의 포기행위에 대한 경제적 합리성 유무에 따라 그 손금산입 여부를 판단하여야 할 것으로 보이는 점, 청구법인이 AAA에게 기부 또는 접대할 의도로 쟁점채권포기액을 포기하였다고 보기보다는 스스로의 사업상 손실을 최소화하기 위한 판단으로 보이는 점 등에 비추어, 처분청에서 쟁점채권포기액이 손금에 해당하지 아니한 것으로 보아 청구법인의 경정청구를 거부한 이 건 처분은 잘못이 있는 것으로 판단됨(조심 2022구1913, 2022. 8. 24.).

라 대손금 회수액

① 대손금으로 손금산입한 금액 중 회수된 금액은 회수된 날이 속하는 사업연도의 익금에 산입한다(상각채권 추심이익).

② 대손처리 하였으나 손금 불산입된 금액이 회수된 경우에는 익금에 산입하지 아니한다(이월 익금).

---

1) 법인이 특수관계인이 아닌 거래처에 대한 매출채권 중 일부를 객관적인 정당한 사유 없이 해당 거래처와의 약정에 따라 포기하는 경우 동 매출채권의 일부 포기액은 「법인세법」 제25조에 의한 업무추진비에 해당하는 것임(법인세과 3138, 2020.8.28.)

🔹 대손금에 대한 세무조정 연습

예제 다음 자료에 의하여 세무조정(소득처분 포함)을 하자.

> ▶ 손익계산서상 대손상각비로 대손 처리된 채권의 내용은 다음과 같다.
>   1. 파산된 거래처의 외상매출금   ₩500,000원
>   2. 회수가 불확실한 선급금   1,000,000원
>   3. 부도 발생일로부터 6월 경과한 어음(액면)   700,000원
>
> ▶ 재무상태표에 계상된 다음 채권은 대손처리 하지 아니한 것이다.
>   1. 당기소멸시효 완성된 미수금   ₩600,000원
>   2. 국세결손처분을 받은 채무자에 대한 외상매출금   900,000원

해설 세무조정 사례

손금불산입			손금산입		
대손상각[1] (선급금)	1,000,000원	유보	대손상각 (미수금)	600,000	△ 유보
대손상각[2] (부도어음)	1,000원	유보			

주1) 회수가 불확실한 것은 법인세법상 대손 사유가 아니다.
  2) 대손 사유에는 해당하나 비망금액 1,000원은 대손 금액에서 제외된다.
  * 소멸시효 완성 등을 제외한 일반 대손 사유는 신고조정 할 수 없다.

4. 채권·채무의 재조정

가 채권·채무 재조정의 이해

① 채권채무조정은 채무자의 신용하락 또는 계속기업으로서의 존속 가능성이 희박하게 되어 채무변제 능력이 크게 저하되었을 때 채권자와 채무자 간의 합의나 법원의 결정에 따라 채무자의 부담완화를 공식화하는 구조조정 방법이다.

② 채권자는 채무를 부담하고 있는 기업이 당장 청산되기보다는 회생하는 것이 자기의 손실을 최소화하는 것으로 판단하는 경우 채무자 부담의 전부 또는 일부를 완화해 주는 것에 합의하게 된다.

나 채권채무조정의 방법

채권채무조정 방법은 다음의 방법 또는 각 방법의 결합을 통하여 이루어진다.

　1. 채무자의 제3자에 대한 채권, 부동산 또는 기타의 자산을 채권자에게 이전

　2. 채무자가 채권자에게 지분증권을 발행

　3. 다음의 각 방법에 의하거나 각 방법을 결합한 조건의 변경

- 이자율의 인하
- 유사한 위험을 가진 새로운 부채보다 낮은 이자율로 만기일을 연장
- 원금의 감면
- 발생 이자의 감면

다 채권채무조정의 손실 회계처리

① 채권자가 채권·채무의 조정을 통하여 발생하는 손실은 대손금이다. 기업회계기준에 따르면 원금탕감 부분에 대해서는 즉시 대손으로 당기비용 처리하고, 조건변경에 따른 현재가치차액은 대손충당금을 설정하여 차기 이후의 기간에 환입 처리한다.

② 법인세법의 규정도 기업회계와 같다. 내국법인이 기업회계기준에 따른 채권의 재조정에 따라 채권의 장부가액과 현재가치의 차액을 대손금으로 계상한 경우에는 이를 손금에 산입하며, 손금에 산입한 금액은 기업회계기준의 환입 방법에 따라 익금에 산입한다(법인령 §19의2⑤).

[해석] 대손충당금 설정 채권 잔액 (법인세과 173, 2011.3.9)

(사례1) 甲법인(내국법인)은 2010사업연도(2010.1.1~12.31.) 중 乙법인에 대한 대출채권 100억원에 대하여 기업회계기준에 따른 채권 재조정에 따라 다음과 같이 회계처리

> ① 채권 재조정 시 : 장부가액과 현재가치의 차액을 대손금으로 계상
>   (차) 대손상각비 30억원   (대) 대손충당금 30억원
>
> ② 연말 결산 시 : 기업회계기준의 환입방법에 따라 환입
>   (차) 대손충당금 10억원   (대) 이자수익 10억원

(사례2) 甲법인의 2010.12.31. 현재 乙법인에 대한 대출채권 가액은 다음과 같음

과 목	금 액	비 고
대출채권 대손충당금	100억원 (20억원)	①
장부가액	80억원	②

◆ (질의) 2010사업연도 甲법인의 대손충당금 손금산입 범위액을 산정하는 경우 대손충당금 설정 대상채권 잔액을 100억원으로 해야 하는지 80억원으로 해야 하는지? (채권채무 조정된 乙법인 대출채권 잔액의 포함 여부)

◇ (회신) 내국법인이 기업회계기준에 따른 채권의 재조정에 따라 채권의 장부가액과 현재가치의 차액을 손금에 산입한 경우 동 현재가치할인차금 상당액은 대손충당금 손금산입 범위액 계산 시 채권 잔액에 포함되지 아니하는 것임(법인세과 173, 2011.3.9.).

대손충당금이란 미래의 대손금에 대비하기 위하여 대손 예상액을 손비로 계상한 충당금을 말한다. 기업회계기준에서는 합리적이고 객관적인 기준에 따라 산출한 대손추산액은 대손상각비로 처리하고 채권 등에 대한 대손충당금으로 하여 그 채권 과목에서 차감하는 형식으로 기재하도록 하고 있다. 법인세법상 대손충당금은 결산조정사항이다. 회사가 대손충당금을 회계에 반영한 경우에 세법상 한도 내의 금액을 손금으로 산입한다.

1. 대손충당금 한도액

가   한도액

① 기업회계기준은 회수가 불확실한 채권에 대하여 합리적이고 객관적인 방법으로 산정한 대손추산액을 대손충당금으로 설정하고, 회수가 불가능한 채권은 대손충당금과 상계하도록 규정하고 있다.

② 대손추산액은 미래의 대손 예상액이다. 대손예상액은 개별적인 채권의 대손추산액과 과거의 대손 경험률 등을 고려하여 합리적으로 산정한다.

③ 실무에서는 연령분석법을 주로 사용한다.

《 연령분석법에 의한 대손충당금 설정 예시 》

상대처	의료미수금	60일 이내	60~90일	90~120일	120일 초과
A	70,000	40,000	15,000	15,000	
B	100,000	60,000	40,000		
C	130,000	50,000	80,000		
D	200,000	100,000		70,000	30,000
계	500,000	250,000	135,000	85,000	30,000
회수가능률		98%	90%	20%	5%

• 대손충당금 설정 대상액 : (250,000×0.02+135,000x0.1+85,000×0.8+30,000×0.95)=115,000

법인세법에 의한 대손충당금의 한도액은 설정대상 채권잔액에 한도율을 곱한 금액이다. 한도율은 1%(금융기관 2%)와 대손실적율[1] 중 큰 금액으로 할 수 있다.

> 대손충당금 한도액 = 채권 잔액 × 한도율

나 설정대상 채권

(1) 설정대상 채권의 범위

① 대손충당금 설정대상 채권은 다음과 같이 외상채권, 대여금 및 미수금을 포함하는 대부분의 채권이다.

구 분	채권의 범위
외상매출금	• 외상매출금은 상품·제품·판매가액의 미수액과 가공료·용역 등의 제공에 의한 사업수입금액의 미수액을 말한다.
대 여 금	• 대여금은 금전소비대차계약에 의하여 타인에게 대여한 금액으로 하되 다음은 제외한다. 1. 채무보증으로 인하여 발생한 구상채권 2. 특수관계자에 대한 업무무관 가지급금
기타 채권	1. 어음상의 채권 2. 미수금 3. 기업회계기준·관행상 대손충당금 설정대상 채권

② 의료기관의 건강보험공단에 대한 청구미수금 채권처럼 국가 등에 대한 채권이나 담보가 100% 설정되어 있어서 대손 가능성이 없는 채권도 법인세법상의 대손충당금 설정대상 채권에 포함한다.

③ 그러나 할인어음·배서어음은 당해 법인의 채권이 아니므로 설정대상 채권에서 제외하고, 지급보증금도 설정대상 채권에서 제외한다.

(2) 채권의 금액계산 기준

설정대상 채권의 금액은 당해 사업연도 종료일 현재의 장부가액으로 계산한다. 이 경우 장부가액은 세무상의 장부가액을 말하되 재무상태표의 금액에 다음 사항을 가감하여 계산한다.

---

[1] 대손실적율 = 당 사업연도의 대손발생액 / 직전사업연도말 채권잔액

구 분	채권의 범위
가산 항목	1. 대손 부인된 채권액 2. 세무조정을 통하여 익금산입된 채권액(외상매출누락의 익금산입액)
차감 항목	1. 세무조정을 통하여 손금산입된 채권액(소멸시효 완성 채권의 손금산입액) 2. 부당행위계산부인규정을 적용받는 시가초과액에 상당하는 채권[1] 3. 동일인에게 채권·채무가 있고 상계지급약정이 있는 경우의 상계액[2]

*1) 시가초과액에 상당하는 채권 : 특수관계자로부터 시가를 초과하는 금액으로 채권을 양수하면 부당행위계산 부인규정이 적용되며, 시가 초과액을 손금산입(△유보)함과 동시에 익금산입하여 소득처분 한다. 이 경우 시가초과액은 손금산입 (△유보)되었으므로 세무상 채권액에서 제외된다.
 2) 동일인에게 채권·채무가 동시에 있는 경우 대손충당금 설정대상 채권
   1. 상계약정이 있는 경우 : 상계 후 잔액에 대해서만 대손충당금 설정 가능
   2. 상계약정이 없는 경우 : 상계하지 아니하고 잔액에 대하여 대손충당금 설정 가능

2. 대손충당금의 손금산입

(1) 손금산입 방법 (결산조정)

① 대손충당금을 손금에 산입하기 위해서는 법인이 결산서에 대손충당금을 계상하여야 한다.

② 결산에 반영하지 않은 대손충당금을 신고조정에 의하여 처리할 수는 없다.

(2) 상계와 환입

대손충당금을 계상한 법인은 대손이 발생한 경우 그 대손금을 이미 계상된 대손충당금과 먼저 상계하여야 한다.

① 대손충당금 설정 시

(차) 대손상각	×××	(대) 대손충당금	×××

② 대손이 발생

(차) 대손충당금	×××	(대) 의료미수금	×××

③ 대손충당금 설정 한도액을 초과하는 대손채권이 발생

(차) 대손충당금	×××	의료미수금	×××
대손상각	×××		

④ 대손채권의 회수 시

(차) 현금및현금등가물	×××	(대)상각채권추심이익	×××
대손상각	×××	(또는 대손충당금)	

3. 대손충당금의 세무조정

가 세무조정 구조

법인이 결산서 상 계상한 대손충당금 계상액과 세법상 한도액을 비교하여 그 차액을 계산하고 세무조정한다. 대손충당금의 세무조정은 당해 법인의 대손충당금 계상액 전체를 묶어서 행하며 그 구조는 다음과 같다.

	대손충당금계상액	• 재무상태표상 대손충당금 기말잔액
(−)	한 도 액	• 세법상 한도액(채권잔액×한도율)
(+)	한 도 초 과 액	• 손금불산입(유보)
(△)	한 도 미 달 액	• 세무조정 없음(*결산조정항목임)

나 대손충당금 계상액

① 대손충당금 계상액은 손익계산서상 비용계상액이 아니라 재무상태표상 대손충당금 기말 잔액으로 한다.

② 그 이유는 세무상 대손충당금은 총액법으로 회계처리하기 때문이다.

대손충당금 설정 방법 : 총액법과 보충법

① 총액법은 대손충당금의 전기 말 잔액은 환입하고 기말 소요액은 새로 전입하는 회계처리 방법이다. 보충법은 전기 말 잔액을 환입하지 아니하고 기말 소요액에서 전기 말 잔액을 차감한 차액을 전입하는 회계처리 방법이다.

② 법인세법상 대손충당금의 회계처리는 총액법인 반면 기업회계 기준상은 보충법이다. 그러나 세법은 기업회계기준에 따라 보충법으로 처리한 경우에도 이를 각각 익금 또는 손금에 산입한 것으로 본다.

다 대손충당금 한도 초과액

대손충당금 한도 초과액은 손금불산입(유보)하며, 다음 연도에는 손금산입(△유보)으로 사후 관리한다.[1]

대손충당금 세무조정 사례

예제 다음 자료에 의하여 대손충당금 설정에 대한 세무조정을 해보자.

〈 대손충당금의 변동내용 〉

(대손충당금)			
당기상계액	₩5,000,000	기 초 잔 액	₩8,000,000
기 말 잔 액	7,000,000	당기설정액	4,000,000
	₩12,000,000	(계)	₩12,000,000

① 기초 잔액 중에는 전기의 한도 초과액 6,000,000이 포함되어 있다.

② 당기 상계액 중 대손 요건을 충족하지 못한 금액은 ₩1,000,000이며, 나머지 금액은 대손 요건이 충족되었다.

③ 사업연도 종료일 현재 재무상태표 매출채권은 ₩300,000,000이다.

④ 직전 사업연도 종료일 현재의 채권 잔액은 ₩200,000,000이다.

해설

① 대손금
- (손금불산입) 매출채권 대손상각 1,000,000(유보)

② 전기 대손충당금 한도 초과액
- (손금산입) 전기대손충당금 한도 초과액 6,000,000(△유보)

③ 당기 대손충당금

1. 설정대상 채권 : 300,000,000 + 1,000,000 = ₩301,000,000

2. 한도율 :
$$\text{Max} \begin{bmatrix} (1)\ 1\% \\ (2)\ 4,000,000 \end{bmatrix} = 2\%$$
$$\frac{4,000,000}{200,000,000} = 2\%$$

3. 한도 초과액 : ₩7,000,000 − (301,000,000 × 2%) = ₩980,000

4. 세무조정 :
- (손금불산입) 대손충당금 한도 초과액 : 980,000(유보)

---

[1] 자동조정의 이유 : 법인세법상 대손충당금의 회계처리는 총액법으로 하므로 1차연도의 대손충당금(한도 초과액 포함)은 2차연도에는 환입되어 수익에 계상된다. 2차연도 수익에 계상된 1차연도의 대손충당금 한도 초과액은 이월익금이므로 익금 불산입(＝손금산입)한다.

1. 퇴직과 퇴직급여

가 퇴직급여제도

① 퇴직급여는 근로자가 상당 기간을 근속하고 퇴직하는 경우에 근로관계의 종료를 사유로 하여 사용자가 지급하는 일시지급금이다.

② 근로자퇴직급여보장법은 모든 사업장에 대하여 근속연수가 1년 이상일 때 1년에 30일분 이상의 평균임금을 퇴직급여로 지급하도록 강제하고 있으며(근로자퇴직급여보장법 §8), 일용근로자도 근로 기간이 1년 이상이라면 퇴직급여를 지급하여야 한다.

③ 사용자는 근로자가 퇴직한 경우에 그 지급 사유가 발생한 날로부터 14일 이내에 퇴직급여를 지급하여야 하고, 지연 지급하는 경우에는 지연일수에 대하여 연리 20%의 지연이자를 지급하여야 한다(근로기준법 §36의2).

④ 사용자는 퇴직하는 근로자에게 퇴직급여를 지급하기 위하여 퇴직급여제도 중 하나 이상의 제도를 설정하여야 한다. 퇴직급여제도에는 퇴직금제도 및 퇴직연금제도가 있다.

⑤ 퇴직금제도는 회사 내부에 유보한 자금으로 퇴직급여를 지급하는 것이고, 퇴직연금제도는 회사 외부에 퇴직금의 재원을 적립하여 근로자가 퇴직할 때 금융기관으로부터 직접 수령하도록 하는 것이다.

⑥ 퇴직연금을 회사 외부에 적립하면 회사가 도산하더라도 근로자가 퇴직금을 확보할 수 있고, 안정적인 노후 생활자금을 확보할 수 있다는 장점이 있으며, 확정급여형과 확정기여형 연금제도로 운용되고 있다. 확정급여형은 근로자가 지급받을 퇴직급여의 수준이 사전에 결정되는 제도이고, 확정기여형은 사용자가 부담하여야 할 부담금의 수준이 사전에 결정되는 제도이다. 또, 상시근로자가 10인 미만인 사업장은 기업형 IRP제도에도 가입할 수 있다. 퇴직연금제도는 각각의 장단점이 있으므로 최초에 가입할 때 노사가 충분히 협의하여 결정할 일이다.

⑦ 근로자가 퇴직하면 퇴직연금계좌에서는 퇴직급여를 개인 IRP로 이체하고, 이체된 퇴직소득을 근로자가 연금으로 수령하는 경우에는 연금소득세로 과세하고 일시금으로 수령하는

경우에는 퇴직소득세로 과세한다.

《 퇴직급여제도의 비교 》

구분	퇴직금	퇴직연금			
		확정급여형 (DB형)	확정기여형 (DC형)	개인형퇴직연금제도(IRP)	
				기업형IRP	개인IRP
수　　　　급		퇴직시			퇴직급여 이전
급 여 종 류	일시금	일시금으로 개인 IRP로 퇴직급여 이전			연금 또는 일시금
급　　여　　액	사규 또는 30일분 평균임금× 근속기간	매년 임금총액의 1/12 ± 투자 수익·손실			급여이전금액±투자수 익·손실
적립금운용주체	사용자(기업)	근로자(가입자)			가입자
추 가 납 입	불가	가능(연 400만원)			가능(연1,200만원)
적 용 세 제	일시금 : 퇴직소득세 급여이전 : 퇴직소득세 이연	일시금: 퇴직소득 or 기타소득[1] 급여이전: 퇴직소득세 이연			연금: 연금소득세 일시금: 퇴직소득 or 기타소득

개인형 퇴직연금(IRP)

① 이직하거나 퇴직할 때 일시금으로 받은 퇴직급여를 개인 명의 퇴직연금 계좌에 적립해서 만 55살 이후 연금으로 받을 수 있도록 한 제도로 재직 중에도 사용자가 적립해주는 퇴직급여와 별도로 연금저축 등과 합쳐서 연간 1800만원 한도에서 자기 부담으로 추가 적립해 노후자금을 모을 수 있다.

② 연금저축은 최대 400만원까지 세액공제 혜택을 받을 수 있는데, 개인형 퇴직연금에 가입하면 연금저축과 통합 한도로 최대 700만원까지 세액공제를 추가로 받을 수 있다.

나 회사가 지급하여야 할 퇴직금

① 근로자퇴직급여보장법에 따라 근로자가 퇴직할 때 지급하여야 할 최소한의 퇴직급여액의 범위를 산식으로 표시하면 다음과 같다.

$$퇴직금(법정퇴직금) = 근속연수 \frac{재직일수}{365} \times 30일분의\ 평균임금$$

② 여기서 평균임금은 퇴직한 날 이전 3개월간 당해 퇴직 근로자에게 지급한 임금의 총액을 그 기간의 총일수로 나눈 금액이다.

③ 평균임금 계산의 근거가 되는 임금의 총액에는 근로자가 일한 대가로 받는 모든 금품

---

1) 회사에서 납입한 금액과 여기서 발생한 운용손익의 합계액에 대해서는 퇴직소득세를 적용하고, 개인이 추가로 납입하여 소득공제를 받은 부분에서 발생한 원리금의 합계액에 대하여는 기타소득으로 하여 소득세법을 적용한다.

을 포함한다. 근로자에게 계속적 정기적으로 지급되고, 단체협약 취업규칙 등에 의하여 근로자에게 지급되는 것이라면 그 명칭이 어떠하건 모두 퇴직급여 산정의 기준이 되는 임금으로 간주한다.

④ 따라서 전 직원을 대상으로 취업규칙이나 사규 또는 회사 내부 방침으로 정한 일정기준에 의하여 매월 또는 매년 정기적 계속적으로 식대, 차량유지비, 가족수당, 체력단련비, 기술수당 등을 지급한 경우 명칭 여하를 불문하고 근로의 대가로 지급한 이들 모든 금품의 가액은 평균임금의 산정범위에 포함된다.

다 퇴직금의 중간정산

① 퇴직금제도에서는 중간정산이 근로자의 서면 요구와 사용자의 승인이 있으면 가능하게 되어있어서 사용자와 근로자 쌍방의 합의에 따라 중간정산을 자유롭게 할 수 있었다.

② 그러나 2012년 7월 26일 이후부터는 퇴직금의 중간정산이 엄격하게 제한된다. 다음과 같이 긴급한 자금 수요가 있으면 근로자의 서면 요구와 사용자의 승인으로 퇴직금의 중간정산을 할 수 있지만, 그 외는 퇴직금이 아닌 가지급금으로 본다.

③ 1년마다 퇴직금을 정산하여 지급하는 경우나 연봉제하에서 1년 단위로 지급하는 퇴직금도 퇴직금의 중간정산이므로 다음 요건을 갖춘 경우가 아니라면 가지급금이다.

1. 무주택자인 가입자가 본인 명의로 주택을 구입하는 경우
2. 무주택 근로자가 전세자금이 필요할 경우(한 회사에서 1회에 한함)
3. 본인 또는 그 부양가족이 질병·부상으로 6개월 이상 요양하는 경우
4. 최근 5년 이내에 파산 선고를 받은 경우
5. 최근 5년 이내에 개인회생 절차 개시의 결정을 받은 경우
6. 임금피크제 등으로 최종 퇴직급여 수령액이 감소하는 경우
7. 천재 또는 지변 등 고용노동부령으로 정하는 사유와 요건을 갖춘 경우

라 급여에 포함하여 지급하는 퇴직급여

① 세법은 연봉제하에서 매월 분할 지급하는 퇴직금은 퇴직급여로 인정하지 않고 가지급금으로 인정한다. 대법원 판례도 마찬가지이다.

② 설령 사용자가 근로자들과 근로계약을 체결하면서 매월 임금에 퇴직적립금을 합산하여 지급하기로 약정하고 「매월 급여를 수령할 때 퇴직급여를 정산하여 받기를 희망하며 퇴직 시 회사에 퇴직금에 관한 일체의 이의를 제기하지 않을 것을 확약한다.」라는 내용의 퇴직금 중간정산 신청서를 받았다 하더라도, 퇴직금 지급내지 퇴직금 중간정산의 효력은 인정되지 않는

다1).

③ 퇴직금이란 퇴직이라는 근로관계의 종료를 요건으로 하여 비로소 발생하는 것이므로 근로계약이 존속하는 동안에는 원칙적으로 퇴직금 지급의무는 발생할 여지가 없고, 매월의 월급이나 매일의 일당 속에 퇴직급여를 포함해 지급받기로 하는 약정은 최종 퇴직 시 발생하는 퇴직금청구권을 사전에 포기하는 것으로서 강행법규인 근로기준법 §34에 위반되어 무효라고 본다.

④ 다만, 최근의 판례에 의하면 분할 약정에 의하여 근로자가 퇴직금 명목으로 수령한 금액은 부당이득에 해당하고, 부당이득반환채권으로 퇴직금과 상계할 수 있으며, 민사집행법은 「퇴직금 그 밖에 이와 비슷한 성질을 가진 급여채권의 2분의 1에 해당하는 금액」을 압류금지채권으로 규정하고 있으므로 퇴직금 채권의 2분의 1을 초과하는 부분에 해당하는 금액에 관해서만 상계할 수 있다고 한다.

│판례│ 퇴직금 분할 지급 약정은 무효

▶ 사용자와 근로자가 매월 지급하는 월급이나 매일 지급하는 일당과 함께 퇴직금으로 일정한 금원을 미리 지급하기로 약정한 경우, 그 「퇴직금 분할 약정」의 효력은 원칙적으로 무효이다. 또 무효인 위 약정에 의하여 이미 지급한 퇴직금 명목의 금액은 부당이득에 해당한다. 사용자가 근로자에게 이미 퇴직금 명목의 금원을 지급하였으나 그것이 퇴직금 지급으로서의 효력이 없어 사용자가 같은 금원 상당의 부당이득반환채권을 갖게 된 경우 이를 자동채권으로 하여 근로자의 퇴직금채권과 상계할 수 있으며, 부당이득반환채권을 자동채권으로 하여 근로자의 퇴직금채권을 상계하는 것은 퇴직금채권의 2분의 1을 초과하는 부분에 해당하는 금액에 관하여만 허용된다. (대법원 2010.5.20. 선고 2007다90760)

---

1) 대법원 2006.9.22 선고 2006도3898 판결 등 참조

2. 퇴직급여충당부채

① 기업회계기준에 따르면 보고기간 말 현재 전 종업원이 일시에 퇴직할 경우 지급하여야 할 퇴직금에 상당하는 금액을 퇴직급여충당부채로 설정하여야 한다.

② 퇴직금은 근속연수에 최근 급여액을 곱하여 산정하기 때문에 급여가 인상되면 인상분에 대해 누적 근속연수를 곱한 금액만큼 당기의 퇴직금 증가액에 영향을 미친다.

③ 엄격하게 따지면 당기 급여 인상액 중 전기까지의 누적 근속연수에 해당하는 금액은 전기 이전에 귀속되어야 하지만, 급여규정의 개정과 급여의 인상으로 퇴직금 소요액이 증가하였을 때는 당기분과 전기 이전분을 일괄하여 당기비용으로 인식한다.

가 퇴직급여충당부채의 설정 한도

(1) 기업회계기준

일반기업회계기준에 따르면 보고기간 말 현재 전 종업원이 일시에 퇴직할 경우 지급하여야 할 퇴직금에 상당하는 금액을 퇴직급여충당부채로 설정하여야 한다. 기업회계기준에 따라 당기에 설정해야 할 퇴직급여충당부채는 다음과 같이 계산한다.

> 당기 퇴직급여 = (당기 말 퇴직금 추계액 − 전기 말 퇴직금 추계액) + 당기 중 지급액

(2) 법인세법

세법상 당해연도에 손금에 산입할 퇴직급여충당부채 설정 대상액은 다음 A, B 중 적은 금액이다.

> A. 연간 지급 총급여액 $\times$ 5/100
> B. 당기 말 퇴직금 추계액 $\times$ 0% + 퇴직금 전환금

가) 퇴직금 추계액

법인세법에 따른 퇴직금 추계액은 다음 1, 2중 큰 금액이다.

1. 해당 사업연도 종료일 현재 재직하는 임원 또는 사용인의 전원이 퇴직할 경우에 사규 또는 근로자퇴직급여보장법의 계산방식에 따라 퇴직급여로 지급되어야 할 금액의 추계액(일시 퇴직기준 추계액)

2. 보험수리적기준 추계액에 확정급여형 퇴직연금 가입자의 미가입 기간 퇴직금 추계액을 더한 금액

⊙ 보험수리적기준 추계액

매 사업연도 말일 현재를 기준으로 산정한 가입자의 예상 퇴직 시점까지의 가입 기간에 대한 급여에 드는 비용 예상액의 현재가치에서 장래 근무 기간분에 대하여 발생하는 부담금 수입 예상액의 현재가치를 뺀 금액으로써 고용노동부령으로 정하는 방법에 따라 산정한 금액[1)]

⊙ 확정기여형 퇴직연금 가입자가 있는 경우

확정기여형 퇴직연금 등이 설정된 임원 또는 사용인에 대하여 그 설정 전에 계상된 퇴직급여충당금(다음 1의 금액에 2의 비율을 곱하여 계산한 금액)을 직전 연도 퇴직급여충당금의 누적액에서 차감한다[2)].

1. 직전 사업연도 종료일 현재 퇴직급여충당금의 누적액
2. 직전 사업연도 종료일 현재 재직한 임원 또는 사용인의 전원이 퇴직한 경우에 퇴직급여로 지급되었어야 할 금액의 추계액 중 해당 사업연도에 확정기여형 퇴직연금 등이 설정된 자가 직전 사업연도 종료일 현재 퇴직한 경우에 퇴직급여로 지급되었어야 할 금액의 추계액이 차지하는 비율

나) 퇴직금 추계액에 0%를 곱하는 이유

① 세법은 기업이 퇴직급여충당금을 설정할 수 있는 한도를 매년 축소하여 2016년 이후에는 기업 내부에 유보하는 퇴직금에 대해서는 아예 손금으로 인정받을 수 없도록 하여 기업의 퇴직연금가입을 유도하고 있다.

② 기업으로서는 절세차원에서 DC형이나 DB형의 퇴직연금제도를 채택할 수밖에 없다.

다) 한도 축소에 따른 경과조치

① 과거 연도 한도 내에서 손금에 산입한 퇴직급여충당금의 누적액에서 당해 사업연도 중 임원 또는 사용인에게 지급한 퇴직금을 뺀 금액이 위 계산식의 B에 의한 계산 금액을 초과하는 경우 그 초과한 금액은 익금으로 환입하지 않는다[3)].

② 이것은 이미 세무상 손금으로 인정된 퇴직급여충당부채는 퇴직급여충당부채 설정 한도가 축소되더라도 과거에 적법하게 설정한 금액을 익금에 산입하지 않는다는 의미이다(다음 예제 서식의 ⑨ ,⑫의 6,000,000원).

---

1) 근로자퇴직급여 보장법 제16조 제1항 제1호
2) 법인세법시행규칙 제31조 제2항
3) 법인세법시행령 제60조 제3항

예제 다음 자료에 의하여 갑의료법인의 20x2 회계연도 퇴직급여충당부채 설정 한도액을 구하여 보자.

(예시) 1. 1년 이상 근속한 임직원의 총급여 : 452,000,000원

2. 퇴직금 추계액 : 85,000,000원

3. 퇴직급여충당금의 기 중 변동내용은 다음과 같다(지금까지 한도 초과액은 없다고 가정).

기초잔액	지급액	설정액	기말잔액
43,000,000	37,000,000	79,000,000	85,000,000

해설 따라서 설정 한도액은 「① , ② 」 중 적은 금액인 0원이다.

① $452,000,000 \times 5\% = 22,600,000$

② $85,000,000 \times 0\% + 0 = 0$

퇴직급여충당금 조정명세서 – 부분						
법인세법 시행령 제60조 제2항 및 제3항에 따른 한도액	④장부상 충당금 기초잔액	⑤확정기여형 퇴직연금자의 퇴직연금 설정 전 기계상된 퇴직급여충당금	⑥기중 충당금 환입액	⑦기초 충당금 부인누계액	⑧기중 퇴직금 지급액	⑨차감액 (④-⑤-⑥-⑦-⑧)
	43,000,000				37,000,000	(△) 6,000,000
	⑩추계액 대비 설정액 (㉒ × 설정률)		⑪ 퇴직금전환금	⑫설정률 감소에 따른 환입을 제외하는 금액 MAX(⑨-⑩-⑪, 0)		⑬ 누적한도액 (⑩-⑨ +⑪+⑫)
	0			6,000,000		0
한도 초과액 계산	⑭한도액 MIN(③, ⑬)		⑮회사계상액		⑯한도 초과액 (⑮-⑭)	
	0		79,000,000		79,000,000	

나 회계처리

(1) 기업회계기준

퇴직급여충당금을 설정하는 법인의 기업회계에 따른 회계처리 방법은 다음과 같다.

- 기말 설정시
  - (차) 퇴직급여   ×××   (대) 퇴직급여충당금   ×××
- 지급 시 – 개인별 퇴직급여충당금 계상액과는 관계없음
  - (차) 퇴직급여충당금 ×××   (대) 현금및현금등가물   ×××
- 퇴직급여충당금 잔액이 없는 경우
  - (차) 퇴직급여   ×××   (대) 현금및현금등가물   ×××

(2) 법인세법

① 퇴직급여충당금을 손금에 산입한 법인은 임원 또는 사용인이 실제로 퇴직하여 퇴직금을 지급하는 때에 개인별 퇴직급여충당금과는 관계없이 이미 설정된 총 퇴직급여충당금에서 먼저 지급해야 한다.

② 세무계산상 용인된 퇴직급여충당금을 초과하여 퇴직금이 지급되는 경우에는 과거년도에 퇴직급여충당금을 과다 설정하여 부인된 금액 중 상계되는 금액만큼은 다시 손금으로 추인하여야 한다.

3. 확정급여형 퇴직연금제도

가 확정급여형 퇴직연금(DB)

① 확정급여형 퇴직연금제도(Defined Benefit Retirement Pension)는 근로자가 지급받을 퇴직급여의 수준이 근무 기간과 평균임금에 따라 사전에 확정된 퇴직연금이다.

② 확정급여형 연금제도에서는 기업주가 퇴직금 추계액의 60% 이상을 외부의 금융기관에 적립·운용하여야 하고, 1년에 1회 이상 부담금의 납부의무가 있다. 비용부담자인 사용자가 연금 운용의 주체가 되므로 적립금의 운용실적에 따라 기업주가 부담해야 하는 부담금의 수준이 변동하게 된다.

③ 근로자는 회사를 퇴직하면 퇴직연금을 일시불 형태로 또는 연금의 형태로 찾을 수 있다. 퇴직금을 연금형태로 받으려면 가입 기간이 10년 이상인 동시에 55세 이상인 경우만 가능하고, 수급 기간은 5년 이상이다.

④ 근로자가 퇴직금을 일시불로 받으면 사업자는 일시지급액을 개인퇴직연금(IRP)으로 이체하게 되어있으며, 근로자는 필요할 때 찾아 쓰거나 추가적인 적립, 운용을 통하여 연금으로 수급이 가능하다.

나 손금산입 한도

확정급여형 퇴직연금 부담금으로 지출하는 금액은 ① 과 ② 의 금액 중 큰 금액에서 ③ 의 금액을 뺀 금액을 한도로 손금에 산입한다(법령 44의2④).

① 사업연도 말 전임직원에 대한 퇴직금 추계액(확정기여형 퇴직연금 등이 설정된 사람 제외)에서 해당 사업연도종료일 현재의 퇴직급여충당금을 공제한 금액에 상당하는 연금에 대한 부담금

② 매 사업연도 말일 현재를 기준으로 산정한 가입자의 예상 퇴직 시점까지의 가입 기간에 대한 급여에 드는 비용 예상액의 현재가치에서 장래 근무 기간분에 대하여 발생하는 부담금 수입 예상액의 현재가치를 뺀 금액으로써 고용노동부령으로 정하는 방법에 따라 산정한 금액에서 해당 사업연도 종료일 현재의 퇴직급여충당금을 공제한 금액에 상당하는 연금에 대한 부담금

③ 직전 사업연도 종료일까지 지급한 부담금

위의 ① 및 ② 는 퇴직금 추계액을 계산하는 방법이다. ① 은 전통적으로 퇴직금을 추계하는 방식이고, ② 는 보험수리적기준 퇴직금 추계 방식이다. 이 내용을 간략하게 그림으로 표시하면 다음과 같다.

| 퇴직연금 한도액 | = | 퇴직금 추계액 | − | 퇴직급여충당금 손금인정액 | − | 이미 손금에 산입한 퇴직연금 |

다 회계처리

(1) 퇴직연금 불입 시

① 확정급여형 퇴직연금으로 불입하는 자산은 회사의 자산이다. 금융기관에 퇴직연금 부담금을 납입할 때는 DB형에서 운용되는 자산을 기업이 직접 보유하고 있는 것으로 보아 다음과 같이 회계처리 한다.

(차) 퇴직연금 운용자산	×××	(대) 현금및현금등가물	×××
지급수수료	×××		

② 퇴직연금 운용자산은 퇴직금 지급목적으로 설정된 자산이므로 재무상태표 공시는 퇴직급여충당금에서 차감하는 형식으로 표시한다.

Ⅱ. 고정부채		
퇴직급여충당금	3,000,000	
(△퇴직연금운용자산)	2,000,000	1,000,000

(2) 운용수익 발생 시

① 퇴직연금 운용자산의 운용수익은 회사에 귀속된다. 운용수익은 영업외수익이고, 운용수익이 많이 발생할수록 회사가 불입할 퇴직연금액은 감소한다.

② 운용수익이 발생한 경우의 회계처리는 다음과 같다.

(차) 퇴직연금운용자산	×××	(대) 퇴직연금운용수익	×××
지급수수료	×××		

(3) 종업원이 퇴사할 때

가) 일시금을 선택하는 경우(타 회사 DB형 이동 포함)

① DB형 연금에 가입한 근로자가 퇴직하고 퇴직일시금을 선택하는 경우 퇴직소득에 대한 원천징수의무는 실제로 퇴직소득을 지급하는 자에게 있다.

② 통상 사용자는 퇴직금 지급 대상액과 퇴직연금 적립금의 차이 금액을 근로자가 지정하는 IRP계좌로 이체하고 퇴직소득 지급명세서를 작성하여 연금계좌 취급기관에 통보하면, 연금계좌 취급기관은 퇴직소득을 지급하면서 원천징수를 이행하고 세액의 납부를 하게 된다.

③ 명예퇴직금 등이 발생하여 DB형 연금 운용금융기관과 사용자가 퇴직급여를 각각 지불하는 경우에는 퇴직소득세액에 대한 정산이 필요하다. 이 경우 근로자는 먼저 지급받은 퇴직소득에 대한 원천징수영수증을 원천징수의무자에게 제출하고, 원천징수의무자는 퇴직자에게 이미 지급된 퇴직소득과 자기가 지급할 퇴직소득을 합계한 금액에 대하여 정산한 소득세를 원천징수하여야 한다[1].

④ 이때 회사는 지급명세서를 발행하여 연금계좌 취급기관에 통보하고 익월 10일까지 원천징수이행상황신고서에 의하여 관할세무서에 퇴직급여의 지급상황을 보고한다. 또, 연금계좌 취급기관은 원천징수세액을 신고 납부한다. 퇴직소득에 대한 지급명세서는 지급일이 속하는 다음연도 3월 10일까지 관할세무서에 제출하여야 한다.

(차) 퇴직연금운용자산	×××	(대) 현금및현금등가물	×××
퇴직급여충당금	×××	퇴직연금운용자산	×××

나) 연금을 선택하는 경우

① 근로자가 퇴직연금의 수령을 선택한 경우에는 재무상태표일 이후 퇴직근로자에게 지급하여야 할 예상퇴직연금합계액의 현재가치를 퇴직연금 미지급금으로 계상한다.

---

1) 소법148 ① 및 소령184의3 ②

② 예상퇴직연금합계액은 퇴직 후 사망률과 같은 보험수리적 가정을 사용하여 추정하고, 현재가치는 만기가 비슷한 국공채의 시장이자율에 근거하여 계산한다.

③ 사망률과 같은 보험수리적 가정이나 할인율이 변동함에 따라 발생하는 퇴직연금 미지급금의 증가액은 당기비용인 퇴직급여로 회계처리 한다. 퇴직연금 미지급금은 비유동부채로 분류하고, 1년 이내에 만기가 도래하는 부분도 유동부채로 인식하지 않는다.

④ 근로자가 연금수령을 선택할 때 회사가 퇴직일시금 상당액을 지급하고 일시납 연금상품을 구매하도록 DB형의 규약에서 약정한 경우에는 회사가 퇴직일시금을 지급함으로써 연금지급에 대한 책임을 부담하지 않는 것이므로 일시금 지급과 동일하게 회계처리 한다.

⑤ 이때 연금의 원천징수의무는 DB운용 금융기관에 있으므로 회사가 원천징수를 하지 않는다는 차이가 있을 뿐이다.

🔹 퇴직 시점

근로자가 수령하게 될 퇴직연금의 현재가치를 계산하여 퇴직연금 미지급금으로 계상하고 설정된 퇴직급여충당금은 차감한다. 차액이 발생하면 전액을 퇴직급여로 비용처리 한다.

(차) 퇴직급여충당금	×××	(대) 퇴직연금미지급금	×××
퇴직급여	×××		

🔹 퇴직연금 지급 시점

(차) 퇴직연금미지급금	×××	(대) 퇴직연금운용자산	×××

🔹 결산일

매 결산일마다 근로자가 수령하게 될 퇴직연금의 현재가치를 다시 추정하여 퇴직연금 미지급금을 평가하고 평가차액을 퇴직급여로 비용으로 처리한다.

(차) 퇴직급여	×××	(대) 퇴직연금미지급금	×××

라 사례연습

(1) 최초 가입

사례

① 「코페병원」에는 총 3명의 직원이 각각 10년 이상 근무하고 있는데 이들에 대한 전기 말 (20x0.12.31) 퇴직금 추계액은 100,000,000원이었다.

② 병원은 퇴직금 추계액 전액에 대하여 퇴직급여충당금을 설정하였으며 세법상 손금부인 누계액은 70,000,000원이다.

③ 금년부터 DB형 퇴직연금에 가입하기로 하고, 적립비율은 60%, 연금지급기간은 5년으로 약정하였다. 당기말(20x1.12.31) 현재 이들에 대한 퇴직금 추계액은 다음과 같다.

④ 병원은 퇴직금 추계액의 60%인 72,000,000원을 퇴직연금으로 불입하고, 수수료 1,050,000원을 별도로 지급하였다.

A: 25,000,000   B: 35,000,000   C: 60,000,000 계: 120,000,000

❖ 퇴직연금 불입 시

(차) 퇴직연금 운용자산	72,000,000	(대) 현금및현금등가물	73,050,00
지급수수료	1,050,000		

❖ 퇴직급여충당금의 설정 – 당기중 퇴직금 지급액은 "0" 으로 가정

(차) 퇴직급여	20,000,000	(대) 퇴직급여충당금	20,000,000

- 당기설정대상액 = 당기말추계액 − 전기말추계액 + 당기지급액

  [20,000,000 = (120,000,000 − 100,000,000 + 0) = 20,000,000]

(2) 퇴직금 지급

사례

① 2차연도 말인 20x2.12.30. A가 퇴사하였고, 퇴직금지급 대상액은 30,000,000원이다.

② A가 퇴직급여를 일시불로 수령할 경우와 매년말 7,000,000원씩 5년간 연금으로 수령할 경우의 회계처리는 각각 다음과 같다.

❖ 일시불 수령 시

(차) 퇴직연금운용자산	15,000,000	(대) 현금및현금등가물	15,000,000
퇴직급여충당금	30,000,000	퇴직연금운용자산	30,000,000

- A에 대한 전년도말 퇴직연금적립액 : 25,000,000 × 60% = 15,000,000
- 원천징수는 연금계좌 취급기관에서 한다.

연금 선택 시

- 20x2.12.30 현재 5년 만기 국공채의 시장이자율을 4%로 가정

(차) 퇴직급여충당금	30,000,000	(대) 퇴직연금미지급금	31,164,000
퇴직급여	1,164,000		

- 7,000,000 × 4.452(4%, 5년 적금의 현가요소) = 31,164,000

일시납 연금상품 구입 시

① 그러나 근로자가 연금으로 수령하기로 하였는데 회사가 퇴직일시금 상당액으로 일시납 연금상품을 구매하도록 퇴직연금규약에 약정되어 있었다면 이때의 회계처리는 다음과 같다.

② 원천징수는 하지 않는다.

(차) 퇴직급여충당금	30,000,000	(대) 퇴직연금운용자산	15,000,000
		현금및현금등가물	15,000,000

(3) 2차 연도말 운용자산평가 및 추가납부

퇴직연금 운용자산의 평가

- 20x2년 말 퇴직연금 운용수익이 9,000,000원이고, 운용수수료는 1,000,000원이다.

(차) 퇴직연금 운용자산	8,000,000	(대) 퇴직연금운용수익	9,000,000
지급수수료	1,000,000		

- 기말퇴직연금운용자산 = 당초퇴직연금운용자산 − 퇴직금지급액 + 당기운용증가액
- 72,000,000 − 15,000,000 + 8,000,000 = 65,000,000

추가불입

① A의 퇴사 후 D가 입사하였고, 20x2.12.31. 현재 전 직원의 퇴직금 추계액은 125,000,000원이다.

② 이 경우 추가납부하여야 할 금액은 다음 계산근거에 따라 10,000,000원이고 납부시점의 회계처리는 다음과 같다.

- 기말퇴직금 추계액 × 적립비율 = 125,000,000 × 60% = 75,000,000
- 퇴직급여 운용자산 평가액 = 65,000,000
- 추가납부 대상액 = 10,000,000

(차) 퇴직연금 운용자산	10,000,000	(대) 현금및현금등가물	10,000,000

> ### 20x2.12.31 퇴직급여충당금의 설정

(차) 퇴직급여	35,000,000	(대) 퇴직급여충당금	35,000,000

- 당기말추계액 − (전기말추계액−기중퇴직금지급액) = 퇴직급여충당금
- 125,000,000 − (120,000,000−30,000,000) = 35,000,000

(4) 3차연도 A의 연금수령 관련 회계처리

> ### 3차연도 말 A의 연금수령 시

(차) 퇴직연금미지급금	7,000,000	(대) 퇴직연금운용자산	7,000,000

> ### 3차연도 말 퇴직연금 미지급금을 현재가치로 평가

- 국공채의 시장이자율을 5%로 가정
- 20x3.12.31 현재 퇴직연금 미지급금의 현재가치는 7,000,000 × 3.546(5%, 4년 적금의 현가 요소), 24,822,000원이므로 추가로 퇴직급여를 인식할 금액과 이에 대한 회계처리는 다음과 같다.

$$24,822,000 - (31,164,000 - 7,000,000) = 658,000$$

(차) 퇴직급여	658,000	(대) 퇴직연금미지급금	658,000

해석 퇴직연금 손실 발생시 손익 인식 여부

▶ (질의) 법인이 확정급여형(DB) 퇴직연금제도를 도입하고 1억원을 퇴직연금운용사업자에게 납부하여 운용토록 하였음
- 퇴직연금운용사업자는 적립금을 정기예금, 펀드(채권, 주식) 등에 운용하고 연도말(결산 시점)에 운용성과를 법인에 통보해줌
- 운용결과 1천만원의 손실이 발생한 경우 손익을 인식하여야 하는지?

<예시>
① 불입 시 : (차변) 퇴직연금운용자산   1억원   (대변) 현   금   1억원
② 결산 시 : (차변) 퇴직연금운용손실   1천만원   (대변) 퇴직연금운용자산   1천만원

▶ (회신) 내국법인이 확정급여형 퇴직연금제도를 도입하면서 퇴직연금운용사업자에게 그 퇴직연금운용자산의 운용을 위탁하여 기업회계기준에 따라 법인이 당해 자산을 직접 보유한 것으로 인정되는 경우 당해 운용자산에서 발생한 손익은 그 구성자산별로 법인세법 제40조 및 제42조의 규정에 따라 손익을 인식하는 것임(법인세과 572, 2009.5.13).

마 세무조정

(1) 20x1.12.31 종료하는 회계연도

퇴직급여충당금 한도 초과액

20x1년 지급한 총급여액이 150,000,000원이라면 퇴직급여충당금 설정 한도액은 다음과 같이 0원이다.

- A 총급여액기준 : 연간 지급 총급여액 × 5/100, (150,000,000 × 5% = 7,500,000)
- B 추계액기준 : 당기 말 퇴직금 추계액 × 한도율 − 퇴직급여충당금 누계액 + 퇴직전환금
  120,000,000 × 0% − (100,000,000 − 70,000,000−0) = 0

따라서 퇴직급여충당금 회사설정액 20,000,000은 전액 한도초과금액이다.

《 소득금액조정합계표 부분 》

익금산입 및 손금불산입			손금산입 및 익금불산입		
과 목	금 액	처 분	과 목	금 액	처 분
퇴직급여충당금	20,000,000	유보			

퇴직연금에 대한 세무조정

20x1년 중 불입한 퇴직연금은 72,000,000원이고 퇴직연금 한도액은 다음과 같이 90,000,000원이므로 전액 손금산입 대상이다.

- 퇴직연금한도액 = 추계액 − 퇴직급여충당금 손금 인정액
- 120,000,000 − 30,000,000 = 90,000,000

《 소득금액조정합계표 부분 》

익금산입 및 손금불산입			손금산입 및 익금불산입		
과 목	금 액	처 분	과 목	금 액	처 분
			퇴직연금	72,000,000	△ 유보

(2) 20x2.12.31 종료하는 회계연도

퇴직금 지급 시

근로자가 퇴직하면서 퇴직연금을 일시불로 받는 경우나 연금으로 선택하여 받는 경우나 회사의 세무조정은 동일하다.

《 소득금액조정합계표 부분 》

익금산입 및 손금불산입			손금산입 및 익금불산입		
과 목	금 액	처 분	과 목	금 액	처 분
퇴직연금	15,000,000	유보			

퇴직급여충당금 한도 초과액

20x2년 지급한 총급여액이 200,000,000원이라고 가정하면 퇴직급여충당금 설정 한도액은 다음과 같이 0원이다.

- A 총급여액기준 : 200,000,000×5% = 10,000,000
- B 추계액기준 : 125,000,000×0%−(120,000,000 − 90,000,000 − 30,000,000) = 0

따라서 퇴직급여충당금 한도 초과액은 35,000,000 − 0 = 35,000,000원이다.

《 소득금액조정합계표 부분 》

익금산입 및 손금불산입			손금산입 및 익금불산입		
과 목	금 액	처 분	과 목	금 액	처 분
퇴직급여충당금	35,000,000	유보			

퇴직연금에 대한 세무조정

20x2년 중 납입한 퇴직연금은 운용증가액 8,000,000원에 실불입액 10,000,000원을 더한 18,000,000원이다. 퇴직연금 한도액은 다음과 같이 58,000,000원이므로 납입액 18,000,000원은 전액 손금산입한다.

- 퇴직연금한도액 = 추계액 − 퇴직급여충당금 손금 인정액 − 기손금산입 퇴직연금
- 58,000,000 = 125,000,000 − 10,000,000 − 57,000,000

《 소득금액조정합계표 부분 》

익금산입 및 손금불산입			손금산입 및 익금불산입		
과 목	금 액	처 분	과 목	금 액	처 분
			퇴직연금	18,000,000	△ 유보

4. 확정기여형 퇴직연금제도

가 확정기여형 퇴직연금(DC)

① 확정기여형 퇴직연금제도(Defined Contribution Retirement Pension)는 퇴직급여의 지급을 위하여 사용자가 부담하여야 할 부담금의 수준이 사전에 확정되고, 근로자의 연금급여는 외부 적립금의 운영 결과 그 투자수익률에 따라 변동되는 제도이다.

② DC형 퇴직연금제도에서는 근로자가 적립금의 운용에 관한 책임을 진다. 근로자는 퇴직연금규약에서 금융기관이 제시하는 운용방법 가운데서 자신이 선택하여 운용하므로 운용결과는 자기 몫이다.

③ DC형 퇴직연금제도에서는 적립금이 사용자와 독립되어 개인 명의로 적립되므로 근로자로서는 기업이 도산해도 수급권이 100% 보장된다. 기업으로서는 퇴직급여에 대한 부담금이 일정하게 정해져 있으므로 효율적인 재정관리를 할 수 있고, 적립금 운용실적에 관하여 책임을 지지 않는다는 장점이 있다.

④ 사용자는 연간 1회 이상 부담금을 정기 납부해야 하고, 가입자가 해지하는 경우 미납된 부분을 해지일로부터 14일 이내에 납부해야 한다.

나 손금산입 한도

① 당기분 확정기여형 퇴직연금의 납입액은 당기 퇴직급여금의 지급으로 보아 전액 손금으로 인정한다.

② 과거 연도분까지 소급해서 DC형 연금을 납부한 경우에는 전기까지 퇴직급여충당금으로 손금불산입한 금액이 손금산입 한도다. 이때는 세무조정계산서에서 전년도 유보액을 $\triangle$ 유보 처리하는 절차로 손금으로 산입하게 된다.

다 회계처리

① DC형 퇴직연금제도를 설정한 경우에는 해당 회계기간에 회사가 납부하여야 할 부담금(기여금)을 퇴직급여(비용)로 인식하고, 퇴직연금운용자산, 퇴직급여충당금 및 퇴직연금 미지급금은 인식하지 않는다.

② 왜냐면, 별도 적립된 퇴직연금은 회사의 자산이 아니라 연금의 수혜자인 종업원의 재산이기 때문이다.

> (차) 퇴 직 급 여 ×××　　　　(대) 현금및현금등가물 ×××

라 사례연습

(1) 최초 가입

「코페병원」에는 총 3명의 직원이 근무하고 있는데 이들에 대한 전기 및 당기말 퇴직금 추계액의 내용은 다음과 같다.

	20x0.12.31.종료 회계연도			20x1.12.31.종료 회계연도		
	평균임금	연수	퇴직금 추계액	평균임금	연수	퇴직금 추계액
A	3,000,000	8	24,000,000	3,300,000	9	29,700,000
B	4,000,000	9	36,000,000	4,400,000	10	44,000,000
C	5,000,000	10	50,000,000	5,500,000	11	60,500,000
계			110,000,000			134,200,000

① 「코페병원」은 퇴직금 추계액 전액에 대하여 퇴직급여충당금을 설정하고 있으며 전년 말(20x0.12.31) 세법상 손금부인 누계액은 77,000,000원이었다.

② 금년(20x1년)부터 DC형 퇴직연금에 소급하여 가입하기로 하고, 퇴직금 추계액의 100%를 코페생명(주)에 불입하기로 하였다.

③ 「코페병원」이 부담하는 수수료율은 1.5%이다.

● 퇴직연금 불입 시

- 수수료 134,200,000의 1.5%인 2,013,000원을 함께 지급하였다.

> (차) 퇴직급여충당금 110,000,000　　　(대) 현금및현금등가물　136,213,000
> 　　퇴직급여　　　　 24,200,000
> 　　지급수수료　　　　2,013,000

1. 세법은 DC형 퇴직연금에 가입하여 내는 부담금 전액을 손금으로 인정한다.

2. 20x1년에 불입한 134,200,000원은 20x0.12.31 이전분 퇴직급여 110,000,000원과 20x1년분 퇴직급여 24,200,000원의 합계액이다.

3. 20x0.12.31 이전분 퇴직급여충당금 110,000,000원 중 손금불산입한 금액 77,000,000원은 다음과 같은 세무조정으로 손금에 산입한다.

《 소득금액조정합계표 부분 》

익금산입 및 손금불산입			손금산입 및 익금불산입		
과 목	금 액	처 분	과 목	금 액	처 분
			퇴직급여충당금	77,000,000	△ 유보

● 퇴직급여충당금의 설정

- 회사가 퇴직금 추계액의 100%에 대하여 DC형 연금으로 냈으므로 추가로 설정할 퇴직급여충당금은 없다.

(2) 퇴직금 지급

- 20×2.6.30. A가 퇴사하였다. 퇴사 당시 A의 평균임금은 3,500,000원이었고, 근속기간은 9.5년이다.

> (차) 퇴직급여　　　　3,550,000　　　(대) 현금및현금등가물　　3,550,000

- 회사의 추가부담액 = 퇴직일시금 해당액 - 전기까지 퇴직연금납입액

> (3,500,000×9.5) - 29,700,000 = 3,550,000

- 회사가 지급하는 퇴직금 3,550,000원은 근로자의 퇴직일부터 14일 이내에 DC 운용 금융기관에 내야 한다. 퇴직소득에 대해 원천징수는 하지 않는다.

(3) 2차연도 말 퇴직연금 추가납부

- 2차연도 말에 퇴직급여로 불입할 금액은 다음과 같이 계산한다.
- 14,000,000의 1.5%인 240,000원도 함께 냈다면 이때의 회계처리는 다음과 같다.

	20x2.12.31. 종료 회계연도			비고
	평균임금	연수	퇴직금 추계액	
B	4,500,000	1	4,500,000	
C	6,000,000	1	6,000,000	
D	7,000,000	0.5	3,500,000	A 퇴사 후 신규 입사
계			14,000,000	

> (차) 퇴직급여　　14,000,000　　　(대) 현금및현금등가물　　14,240,000
> 　　　지급수수료　　　240,000

6장

유형자산과 감가상각비

유형자산의 취득원가와 관련한 일반기업회계기준과 법인세법의 규정은 거의 유사하다. 유형자산의 최초 취득원가는 역사적 원가주의를 따라서 매입가액에 부대비용을 가산하여 산출한다. 취득 이후의 추가 발생원가는 그것이 유형자산의 가치를 증가시키거나 내용연수를 연장하는 등 자본적지출에 해당하는 경우에는 유형자산의 원가에 가산하고, 그렇지 않으면 발생한 기간의 기간비용으로 회계처리 한다.

1. 유형자산의 취득원가

① 유형자산은 최초에는 취득원가로 측정하며, 현물출자, 증여, 기타 무상으로 취득한 자산의 가액은 공정가치를 취득원가로 한다.

② 기업회계기준에 따르면 유형자산뿐만 아니라 모든 자산의 취득원가는 그 자산을 취득하여 의도하는 목적에 사용할 수 있는 상태에 이르기까지 지출하게 되는 현금의 현재가치로 측정한다.

③ 따라서 유형자산의 취득원가에는 매입가격뿐만 아니라 운임, 설치비 등 취득에 따른 부대비용을 포함하여야 한다. 기업회계기준에서 열거하고 있는 부대비용은 다음과 같다.

1. 설치장소 준비를 위한 지출
2. 외부 운송 및 취급비
3. 설치비
4. 설계와 관련하여 전문가에게 지급하는 수수료
5. 유형자산의 취득과 관련하여 국·공채 등을 불가피하게 매입하는 경우 당해 채권의 매입금액과 일반기업회계기준에 따라 평가한 현재가치와의 차액
6. 자본화 대상인 차입원가
7. 취득세, 등록세 등 유형자산의 취득과 직접 관련된 제세공과금
8. 해당 유형자산의 경제적 사용이 종료된 후에 원상회복을 위하여 그 자산을 제거, 해체하거나 부지를 복원하는 데 소요될 것으로 추정되는 원가가 충당부채의 인식요건

을 충족하는 경우 그 지출의 현재가치

9. 유형자산이 정상적으로 작동되는지를 시험하는 과정에서 발생하는 원가. 단, 시험과정에서 생산된 재화(예: 장비의 시험과정에서 생산된 시제품)의 순매각금액은 당해 원가에서 차감한다.

④ 유형자산의 취득원가에 대한 법인세법의 규정도 기업회계와 유사하다. 취득금액 결정과 관련한 법인세법의 내용을 정리하면 다음 표와 같다.[1]

취득형태	취득금액	참　고
매입한 자산	매입가액＋매입부대비용	매입부대비용 = 매입수수료, 운임, 취득세, 등록세, 관세, 철거비, 기타부대비용
직접 제조·생산·건설	제작원가 등＋부대비용	제작원가 등 = 원재료비, 노무비, 운임, 하역비, 보험료, 제수수료, 공과금, 설치비, 기타부대비용
기타 취득(교환, 증여, 현물출자, 합병 등)	취득 당시의 시가 또는 정상가액(시가 ±30%)	특수관계인과의 거래는 시가, 제3자와의 거래는 정상가액 범위 내의 금액

해석 **무상취득 시 취득원가 결정의 사례**

국립대학교병원설치법에 따라 설립된 국립대학교병원이 종전의 국립대학교부속병원으로 있을 당시에 사용하던 고정자산 중 부동산은 국가와 무상임대계약에 의해 사용하고 진료장비 등의 물품은 물품관리법 제38조의 규정에 따라 국가로부터 무상 양여 받아 수익사업에 사용한 경우에 당해 물품은 무상으로 받은 자산에 해당되는 것으로 당해 자산에 대한 감가상각범위액을 계산함에 있어서 감가상각 기초가액(취득가액)은 당해 자산을 양여 받을 당시 타인으로부터 매입할 경우에 소요될 시가상당액(시가가 불분명한 경우에는 법인세법 시행규칙 제16조의2에 의한 가액)으로 하는 것이고 이때 감가상각내용연수는 무상양여에 의한 취득을 중고자산의 취득으로 보아 법인세법 시행령 제59조 제1항의 규정에 따라 수정한 내용연수를 적용하는 것임(법인 46012-2055, 1998.7.23.).

가 건설자금의 이자

① 일반기업회계기준에 따르면 건설에 1년 이상 소요되는 건설자금의 이자는 자본화하여야 한다.

② 자본화할 수 있는 차입원가는 적격자산을 취득할 목적으로 직접 차입한 자금(특정차입금)에 대한 차입원가와 일반적인 목적으로 차입한 자금 중 적격자산의 취득에 들었다고 볼 수 있는 자금(일반차입금)에 대한 차입원가로 나누어 산정한다.

---

1) 법인세법 제41조

③ 특정차입금에 대한 차입원가 중 자본화할 수 있는 금액은 자본화기간 동안 특정차입금으로부터 발생한 차입원가에서 동기간 동안 자금의 일시적 운용에서 생긴 수익을 차감한 금액으로 한다.

④ 일반차입금에 대한 차입원가 중 자본화할 수 있는 차입원가는 회계기간 동안의 적격자산에 대한 평균지출액 중 특정차입금을 사용한 평균지출액을 초과하는 부분에 대해 자본화이자율을 적용하는 방식으로 산정한다.

⑤ 자본화이자율은 회계기간 동안 상환되었거나 미상환된 일반차입금에 대하여 발생된 차입원가를 가중평균하여 산정한다.

⑥ 법인세법에서는 유형자산의 매입·제작·건설을 위하여 직접 충당된 차입금의 이자는 특정차입금이라고 하여 반드시 자본화하도록 하고 있고, 그 외의 건설 기간에 발생한 차입금 이자에 대하여는 일반차입금이라고 하여 회사가 선택으로 자본화할 수 있도록 하고 있다.

● 자본화하는 특정차입금 이자의 범위는 다음과 같다.

1. 사업용 유형자산의 매입·건설·제작에 소요되는 차입금의 이자일 것
2. 지급이자 또는 이와 유사한 성질의 지출금 - 지급보증료 등을 포함
3. 당해 사업연도에 실제로 유형자산의 취득에 지출한 날짜부터 당해 유형자산 등이 준공된 날까지의 이자

● 일반차입금의 이자에 대해서는 다음 중 적은 금액을 자본화한다.

1. 해당 사업연도 중 건설 등에 소요된 기간에 실제로 발생한 일반차입금의 지급이자 등의 합계
2. (건설자산의 평균잔액 - 특정차입금의 평균잔액) × 자본화 이자율
   *평균잔액은 총 적수를 365로 나누어 구한다.

나 철거비용

① 토지만을 사용할 목적으로 건축물이 있는 토지를 취득하여 그 건축물을 철거하거나, 자기 소유의 토지에 있는 임차인의 건축물을 취득하여 철거한 경우 철거한 건축물의 취득가액과 철거비용은 당해 토지의 취득원가에 산입한다.

② 기존 건축물의 수선이 건축법 시행령 §2조서 규정하는 신축, 개축, 재축에 해당하는 경우에는 기존 건축물의 장부가액과 철거비용은 당기비용으로 처리하고 그 외 새로이 지출한 금액은 신규 취득자산의 장부가액으로 보아 새로이 내용연수를 적용하여 감가상각한다.[1]

---

1) 법인세법 기본통칙 23-26…7

다 일괄구매자산의 취득원가 배분

① 일괄구매란 두 종류 이상의 자산을 한 묶음으로 하여 구매하면서 대금을 자산별로 구분하지 않고 일괄하여 지급하는 경우를 말한다. 토지와 건물을 일괄 구매하는 경우가 대표적이다.

② 일괄구매가격은 각 자산의 상대적인 공정가치에 의하여 개별자산에 배분되어야 하고, 공정가치를 알 수 없는 경우에는 감정가액이나 공시지가 등을 이용할 수 있다.[1]

사례 ① 병원으로 쓸 목적으로 토지와 건물을 700,000,000원에 구입하였다.

② 토지와 건물의 감정가액은 각각 250,000,000원과 350,000,000원이다.

🏺 토지와 건물의 취득원가는 각각 얼마로 결정하여야 할까?

- 토지 : 700,000,000×250,000,000/(250,000,000+350,000,000)=291,666,666
- 건물 : 700,000,000×350,000,000/(250,000,000+350,000,000)=408,333,334

라 교환으로 취득한 자산의 취득원가 결정

① 병원이 소유한 유형자산을 타인의 유형자산과 교환하는 경우 취득원가를 어떻게 결정할 것인가에 대하여 논란이 있다.

② 기업회계기준에서는 동종자산 간의 교환에 대하여는 처분손실이나 처분이익을 인식하지 않고, 이종자산 간의 교환에 대하여는 처분손익을 인식하도록 하고 있다. 동일한 종류의 자산을 교환하는 경우에는 자산의 수익획득과정이 완료되지 않았으므로 처분손익을 인식하지 않는다.

③ 따라서 교환으로 인수하는 자산의 취득원가는 제공한 자산의 장부가액이다. 이종자산 간의 교환 경우에는 양도자산의 수익획득과정이 완료되었으므로 처분손익을 인식하고 교환으로 취득하는 자산의 공정가액을 취득원가로 인식한다.

④ 법인세법은 「내국법인이 2년 이상 당해 사업에 직접 사용하던 사업용 유형자산을 특수관계자 외의 다른 내국법인이 2년 이상 당해 사업에 직접 사용하던 동일한 종류의 사업용 유형자산과 교환하는 경우 당해 교환취득자산의 가액 중 교환으로 발생한 사업용 유형자산의 양도차익에 상당하는 금액은 당해 사업연도의 소득금액 계산에서 이를 손금에 산입할 수 있다[2]」고 규정하고 있어 동종자산 간의 교환에 따른 처분손실은 인식하고, 처분이익은 익금

---

1) 법인세법 시행령 제89조는 부당행위계산에 적용되는 시가의 범위를 정하고 있으며, 일괄취득 등으로 취득한 자산의 시가가 불분명한 경우에는 이 규정 제2항을 적용한다.

2) 법인세법 제50조, 소비성 서비스업, 부동산중개·매매·임대업에는 적용 안 함.

불산입 할 수 있도록 하고 있다.

| 해석 | 교환으로 인한 자산양도차익의 손금산입 여부 등

▶ (질의) 가. 사실관계
- 甲법인과 乙법인은 제조업을 영위하는 법인으로 부동산 임대업도 영위하고 있으며, 두 법인은 사업용 부동산을 교환할 예정임
- 법인세법 제50조의 교환자산 양도차익 손금산입 규정은 소비성 서비스업과 부동산업은 적용하지 않도록 규정하고 있음

나. 질의내용
- 법인세법 제50조(교환으로 인한 자산양도차익 상당액의 손금산입) 규정을 교환법인 당사자 법인 모두에게 적용 가능 여부
- 제조업 관련 부동산과 임대전용 부동산을 교환하는 경우 적용 여부 및 제조업과 부동산임대업을 겸업하는 경우 적용 여부

▶ (회신) 법인세법 제50조의 규정은 사업용 고정자산의 교환 당사자인 내국법인 모두가 같은 조의 요건을 모두 갖춘 경우에는 교환 당사자 법인 모두에게 적용되는 것이며, 법인세법 제50조의 규정은 자산을 교환하는 당사자인 내국법인 모두가 조세특례제한법 제9조 제1항 및 같은 법 시행령 제60조의2 제1항 제1호 내지 제3호에 규정한 사업을 제외한 사업에 2년 이상 직접 사용하던 사업용 고정자산을 교환하는 경우에 적용되는 것이며, 교환대상 부동산의 일부를 임대사업에 사용한 경우에는 임대사업에 사용하던 부분에 대한 양도차익 상당액에 적용하지 아니하는 것임(법인세과 908, 2009.8.14).

마 장기할부 구매

① 병원에서는 고가의 의료장비 등을 장기할부조건으로 구매하는 때도 있다. 장기할부조건 구매 대가에는 이자가 포함되는 것이 일반적이다.

② 기업회계기준에 의하면 장기할부조건으로 매입하는 자산에 대하여는 그 취득원가를 구매 시점의 현재가치로 기록하도록 하고 있다. 약정으로 지급하게 되는 총합계금액을 매입 시점의 현재가치로 계산한 금액과 계약으로 지급하여야 할 총 금액의 차이는 판매자의 자금을 사용한 데 대한 대가이므로 이자비용으로 처리한다.

③ 기업회계기준에 의하면 현재가치평가는 강행규정이다. 장기연불조건의 매매거래 또는 이와 유사한 거래에서 발생하는 자산·부채로서 명목상의 가액과 현재가치의 차이가 중요한 경우에는 이를 현재가치로 평가하여 매출액이나 취득원가에서 차감하여야 한다.

④ 반면, 법인세법상 현재가치평가는 임의규정이다. 장기연불조건으로 자산을 취득한 경우라 하더라도 자산의 취득금액은 명목상 지급해야 할 금액으로 기록함을 원칙으로 한다.

⑤ 다만, 병원의 선택으로 유형자산의 취득원가를 현재가치로 평가하여 기록할 수도 있으

며, 이 경우에는 계약으로 지급하여야 할 총금액에서 현재가치할인차금을 차감한 금액을 취득금액으로 한다.

사례 장기할부조건 유형자산 매입

1. A병원은 20×1.12.31. 매년말 10,000,000원씩 5년간 지불하는 조건으로 PET-CT를 구입하였다.
2. 이때의 적용 이자율은 10%이고 의료장비의 내용연수는 5년이다.
3. 정액법을 적용한다.

① 계약상 지불하여야 할 총금액을 취득원가로 할 때 취득 시의 회계처리 및 매년 말의 감가상각을 하자.
② 유효이자율법을 적용할 때 취득 시의 회계처리, 매년 말 감가상각 및 현재가치할인차금 관련 회계처리를 하자.

《 현재가치할인차금 테이블 》

(단위 : 천원)

일자	현금지급액	이자	원금	미상환원금
×1.12.31	10,000	0	10,000	31,700
×2.12.31	10,000	3,170	6,830	24,870
×3.12.31	10,000	2,487	7,513	17,357
×4.12.31	10,000	1,734	8,266	9,091
×5.12.31	10,000	909	9,091	0
계	50,000	8,300	41,700	

해설

⊕ **명목가액법**

• 취득 시(20×1.12.31)

(차) 의료기기	50,000,000	(대) 현금예금	10,000,000
		장기성미지급금	40,000,000

• 기말감가상각 (1개월분 감가상각비를 인식)

(차) 감가상각비	833,333	(대) 의료기기감가상각누계액	833,333

➡ 유효이자율법

- 취득 시(20×1.12.31)

(차) 의료기기	41,700,000	(대) 현금예금	10,000,000
현재가치할인차금	8,300,000	장기성미지급금	40,000,000

- 기말감가상각(1개월분 감가상각비의 인식) 및 이자반영

(차) 감가상각비	695,000	(대) 의료기기감가상각누계액 695,000

- 주) 1차연도에는 지급이자 발생액이 없어서 현재가치할인차금에 대한 상각회계 처리를 하지 않는다. 그러나 2차연도부터는 현재가치할인차금에 대한 상각회계 처리가 추가된다.

〈 명목가액법과 유효이자율법의 비교 〉

구분	1차연도	2차연도	3차연도	4차년도	5차년도
명목-감가비	833,333	10,000,000	10,000,000	10,000,000	10,000,000
유효-감가비	695,000	8,340,000	8,340,000	8,340,000	8,340,000
유효지급이자		3,170,000	2,487,000	1,734,000	909,000

바 고가 구매 또는 저가 구매

① 제3자와의 거래에서 유형자산을 정상가액보다 높은 가격(시가×130% 이상의 가격)으로 매입하는 경우가 있다.

② 세법에서는 구매가격과 정상가격과의 차이금액(시가의 30%를 초과하여 지급한 금액)을 매입자가 매도자에게 기부한 것으로 간주하고 그 기부금에 상당하는 금액은 그 자산의 취득원가에서 차감하도록 하고 있다.[1]

③ 만일 그러한 거래가 특수관계자와의 사이에서 발생한 것이라면 구매가격과 시가와의 차이금액은 취득원가에서 차감하고 이 금액만큼을 특수관계자에게 공여한 것으로 간주하여 부당행위계산부인 규정을 적용하여야 한다.[2]

④ 이와 반대로 저가매입은 정상가액 또는 시가와의 차이금액을 취득원가에 가산하고 차이금액은 자산수증이익 또는 수입기부금으로 회계처리를 하면 될 것이다.

---

1) 법인세법 시행령 제32조
2) 법인세법 제52조, 고가매입 규정은 시가와 구매가격의 차이가 3억원 이상 또는 시가의 5%를 초과하면 적용한다.

판례 청구법인이 취득한 가액은 ○○○의 당초 취득가액인 2,504,100,000원보다 2,019,746,637원이나 많은 금액임을 알 수 있고 이에 대하여 청구법인은 기계 시설장치 외에 관련 소프트웨어를 포함하여 구입함에 따른 것이라는 주장만 할 뿐 구체적인 가액 산정의 내역이나 근거를 제시하지 못하고 있으며, 청구법인이 감정평가법인의 감정평가를 거친 가액으로 거래한 것도 아니므로 ○○○의 장부가액을 시가로 보아 시가의 130% 상당액을 정상가액으로 보고 그 차액을 기부금으로 의제하여 과세한 처분이 정당하다고 판단된다(국심 2005서 4458, 2007.2.9).

사 복구비용의 자본화

① 일반기업회계기준에서는 복구비용을 자본화하도록 규정하고 있다.

② 쓰레기매립장, 저유설비 등 토양·수질·대기오염 등을 유발할 수 있는 시설물을 신축하는 경우 해당 유형자산의 경제적 사용이 종료된 후에 원상회복을 위하여 그 자산을 제거, 해체하거나 부지를 복원하는 데 소요될 것으로 추정되는 원가가 충당부채의 인식요건을 충족하는 경우 그 지출의 현재가치를 자산의 취득원가로 처리하여야 한다.

③ 취득원가에 가산할 복구원가는 다음과 같이 단계적으로 추정할 수 있다.

1. 현재 복구공사를 진행하는 것을 가정했을 경우 복구공사에 투입될 인력 소요를 해당 자산을 건설할 당시의 토목공사 등의 관련 자료를 분석하는 방법 등에 의해 산출하고, 그 결과를 토대로 노무비를 추정한다.

2. 복구공사에 투입될 장비사용 계획과 이와 유사한 공사에 현재 적용하고 있는 공사간접비 배부율 등을 참고하여 공사간접비를 산출한다.

3. 복구공사를 자체적으로 시행하지 않고 외부에 도급공사를 줄 경우 공사원가에 통상적으로 적용할 수 있는 정상이윤을 가산한다.

4. 해당 자산의 취득완료 시점부터 복구공사를 실시하게 될 시점까지의 물가상승률을 과거 경험과 자료를 토대로 추정하여 미래가치를 산출하기 위한 승수를 산정한다.

5. 위 1~4까지의 단계를 거쳐 인플레이션을 감안한 예상현금흐름을 산출한다.

6. 복구공사원가에 직접적인 영향을 미치는 원재료, 인건비 등의 수급상황과 가격의 예기치 못한 변동을 예상 현금흐름에 고려하기 위하여 과거의 경험과 자료를 토대로 시장 위험 프리미엄을 산정하고, 위 (5)의 현금흐름을 조정한다.

7. 위 6의 시장 위험 프리미엄으로 조정된 현금흐름을 현재가치로 할인한다. 현재가치로 할인하기 위해서는 무위험이자율에 개별 기업에 적용되는 신용위험을 고려하여 산출된 할인율을 적용한다.

(1) (사례1) 복구원가의 추정 사례[1]

《 예상 현금흐름 》	(백만원)
(1) 노무비	131,250
(2) 장비사용 및 간접비 배분(80%로 가정)	105,000
(3) 계약자에 대한 정상이윤[정상이윤율을 20%로 가정: (131,250 + 105,000)×20%]	47,250
인플레이션을 고려하기 전의 예상 현금흐름	283,500
(4) 취득완료 시점부터 복구공사가 진행될 시점(10년으로 가정)까지 인플레이션(연간 평균 인플레이션율을 4%로 가정)을 고려한 승수 [=(1+0.04)10]	(1.4802)
(5) 인플레이션을 고려한 예상 현금흐름(= 283,500×1.4802)	419,637
(6) 시장 위험 프리미엄(노무비, 원재료 수급변동 등을 고려하여 5%로 가정) [=419,637 × 5%]	20,982 3
시장 위험 프리미엄 조정 후의 예상 현금흐름	440,619
(7) 무위험이자율에 해당기업의 신용위험을 고려하여 산출된 할인율(8.5%로 가정)을 기초로 취득완료 시점부터 복구공사가 진행될 시점까지의 현재가치 할인율[=1/(1+0.085)10]	(0.442285)
현재가치할인율을 적용하여 산출한 복구충당부채	194,879

(2) (사례2) 회계처리와 세무조정

2×01년 1월 1일에 취득한 폐수처리장과 관련된 다음 자료를 토대로 취득 시점의 회계처리와 회계연도말 감가상각액의 계상과 복구충당부채전입액의 인식에 관한 회계처리를 예시해보기로 한다.

> • 폐수처리장의 원가: 400,000 잔존가치: 10,000
> • 내용연수: 10년 감가상각 방법: 정액법
> • 다만, 복구충당부채는 사례1의 자료를 이용한다. (단위: 백만원)

취득 시점의 회계처리(2×01년 1월 1일)

> (차) 구 축 물* 594,879 (대) 미지급금(또는 현금) 400,000
> 복구충당부채 194,879

* 구축물과는 구분하여 구축물복구원가추정자산의 과목으로 표시할 수 있다.

---

1) 사례 1, 2, 3은 일반기업회계기준 부록에서 인용하였음.

결산 시점의 회계처리(2×01년 12월 31일)

- 감가상각액의 계상과 복구충당부채 전입액의 인식

(차) 감가상각액[1]	58,488	(대) 감가상각누계액	58,488
복구충당부채전입액[2]	16,565	복구충당부채	16,565

1) 감가상각액의 산출: (594,879 - 10,000)/10년 = 58,488 또는 (400,000 - 10,000)/10년 + 194,879/10년 = 58,488
2) 복구충당부채전입액의 산출: 194,879 × 8.5% = 16,565. 기초복구충당부채 194,879에 유효이자율 8.5%를 적용하여 산출한 다음, 기간비용으로 인식하고, 이를 복구충당부채에 가산한다.

2×01년 12월 31일의 세무조정

〈 소득금액조정합계표 부분 〉

익금산입 및 손금불산입			손금산입 및 익금불산입		
과 목	금 액	처 분	과 목	금 액	처 분
복구충당부채	194,879	유보	구축물	194,879	△ 유보
구축물[1]	19,488	유보			
복구충당부채[2]	16,565	유보			

1) 구축물 복구충당부채 해당액에 대한 감가상각비를 손금불산입하고 유보처분한다. 내용연수가 만료되는 시점의 구축물 복구충당부채 해당액에 대한 유보 잔액은 제로가 될 것이다.
2) 복구충당부채전앱액을 복구충당부채로 익금산입하고 유보처분한다(복구충당부채는 세무상 부채가 아니므로 재무상태표에 기재된 복구충당부채 잔액은 자본금과적립금조정명세서(을)표의 복구충당부채 유보잔액과 일치하여야 한다). 내용연수가 만료되는 시점의 복구충당부채 유보잔액은 복구공사 시점의 소요원가 추정액 440,619원이 될 것이다.

계산자료 1

- 유효이자율법을 적용하여 산출된 복구충당부채전입액

연도	기초복구충당부채(a)	복구충당부채전입액(b)	기말복구충당부채(a+b)
2×01	194,879	× 8.5% = 16,565	211,444
2×02	211,444	× 8.5% = 17,973	229,417
…	…	…	…
2×10	406,100	× 8.5% = 34,519	440,619

◉ 계산자료 2

- 회계연도별 복구충당부채전입액과 감가상각액

연도	복구충당부채전입액	감가상각액(원가에 가산된 복구원가분)	감가상각액(최초취득분)
2×01	16,565	19,488	39,000
2×02	17,973	19,488	39,000
…	…	…	…
2×10	34,519	19,488	39,000

(3) (사례3) 복구공사시점의 회계처리와 세무조정

◉ 복구충당부채 잔액보다 큰 경우

- 폐수처리장의 경제적 내용연수가 종료된 후 복구공사에 실제 소요된 원가가 500,000 으로 복구충당부채 잔액보다 큰 경우
- 복구공사 시점(2×11년 1월 1일)

(차)	복구충당부채	440,619	(대)	미지급금(또는)현금	500,000
	복구공사손실	59,381			

◉ 복구충당부채 잔액보다 작은 경우

- 폐수처리장의 경제적 내용연수가 종료된 후 복구공사에 실제 소요된 원가가 400,000 으로 복구충당부채 잔액보다 작은 경우
- 복구공사 시점(2×11년 1월 1일)

(차)	복구충당부채	440,619	(대)	미지급금(또는 현금)	400,000
				복구공사이익	40,619

◉ 2×11년 12월 31일의 세무조정

〈 소득금액조정합계표 부분 〉

익금산입 및 손금불산입			손금산입 및 익금불산입		
과 목	금 액	처 분	과 목	금 액	처 분
			복구충당부채*	440,619	△ 유보

* 2×11년 1월 1일 복구공사를 하고 복구충당부채와 상계하였으므로 법인세법의 권리의무확정주의에 따라 2×11회계연도에 복구공사비를 인식하는 절차이다.

2. 취득 또는 완성 후의 지출

가 자본적지출과 수익적지출

① 법인의 유형자산에 대하여는 그것을 취득한 후에 수선·증설·개량·부품대체 등 추가적인 원가가 발생하는 것이 보통이다. 추가로 유형자산에 투입되는 원가는 그것이 유형자산의 가치를 증가시키거나 내용연수를 연장하는 경우에는 유형자산의 원가에 가산하고 그렇지 않으면 발생한 기간의 비용으로 회계처리 한다.

② 유형자산의 가치를 증가시키거나 내용연수를 연장하는 수선비 등의 지출을 자본적지출이라 하고, 유형자산의 원상을 회복하거나 능률유지를 위한 부품의 개체 등은 수익적지출이라고 한다.

③ 엘리베이터 또는 냉난방기의 설치, 피난시설 등의 설치 등 유형자산의 용도변경을 위한 개조는 가장 전형적인 자본적지출이다. 도장비, 유리의 개체, 부품 대체, 외장의 복구 등은 전형적인 수익적지출이다.

③ 자본적지출과 수익적지출의 구분 기준에 있어서 기업회계기준과 법인세법은 특별한 차이가 없다. 이와 관련한 내용을 요약 정리하면 다음 표와 같다.

《 자본적지출과 수익적지출의 비교 》

구 분	자본적지출	수익적지출
추상적 구분 (기업회계기준)	유형자산의 가치 증가 또는 내용연수를 연장하는 지출	유형자산의 원상회복, 능률유지를 위한 지출
구체적 구분 (법인령 § 31)	·용도변경목적의 개조 ·엘리베이터, 냉난방장치의 설치 ·재해 등으로 유형자산이 소실, 훼손되어 본래 용도에 사용불가능한 것의 복구 ·기타 개량, 확장, 증설 등 이와 유사한 성질의 것 ·면세사업자의 유형자산 취득 시 부가가치세 매입세액	·건물, 벽의 도장 ·파손된 유리, 기와의 대체 ·기계에 소모되는 부속품 설치와 벨트 대체 ·자동차의 타이어, 튜브 대체 ·재해를 입은 자산에 대한 외장, 유리의 삽입 ·기타 조업가능 상태 유지위한 지출

나 즉시상각과 즉시상각의제

① 유형자산의 취득금액 또는 자본적지출에 해당하는 금액은 감가상각을 통하여 비용으로 처리한다. 그러나 법인들은 오류이든 의도적이든 유형자산의 취득 또는 자본적지출에 대하여 유형자산의 증가로 회계기록을 하여 매년 감가상각을 통하여 비용으로 처리하는 대신 당해 사업연도의 비용으로 회계처리를 하는 예도 있다.

② 이처럼 자본적지출과 수익적지출의 구분기준을 무시하고 법인이 유형자산을 취득하고 그것을 당해연도의 비용으로 기록하였거나, 자본적지출에 해당하는 것을 수익적지출로 기록한 경우에는 그 비용으로 처리한 내용을 세법에서는 부인하게 되는데, 그 손금부인 절차를 즉시상각(卽時償却)이라 한다.

③ 그런데 즉시상각에는 두 가지 부류가 있으니 하나는 회사의 비용처리 자체를 전액 손금으로 인정하는 즉시상각이고, 나머지 하나는 법인이 그 손금 처리한 금액을 감가상각비로 회계처리를 한 것으로 간주하여 감가상각비 한도를 계산하여 시부인 하는 즉시상각이다. 세법에서는 후자에 대하여 특별하게 즉시상각(卽時償却)의 의제(擬制)라는 용어를 사용한다.

(1) 즉시상각 – 전액손금인정

세법은 소액자산의 취득과 소액수선비 및 주기적인 수선비 지출 등에 대하여 회사가 비용으로 처리한 경우에 이를 전액 손금으로 인정한다. 이를 즉시상각이라 한다. 이 중 병원에 적용될 수 있는 내용을 열거하면 다음과 같다.

🌑 소액자산

① 소액자산을 유형자산으로 기록하여 감가상각하고, 자산대장에서 관리하는 등의 활동은 그렇게 함으로써 얻는 이득이 투입되는 노력에 비하여 높지는 않을 것 같다.

② 따라서 기업이 거래단위별로 구매원가가 100만원 이하인 소액의 감가상각자산을 취득한 경우에 이를 그 사업용에 사용한 날이 속하는 사업연도의 비용으로 기록한 것에 한하여 세법은 이를 손금으로 인정한다.

③ 다만 다음 자산의 취득에 대하여는 자본적지출로 처리하여야 하고, 수익적지출로 처리한다면 즉시상각의제(卽時償却擬制)라고 하여 감가상각으로 회계처리 한 것으로 간주하여 감가상각비 한도와 비교하여 감가상각비를 시부인 한다.

   1. 고유 업무의 성질상 대량으로 보유하는 자산
   2. 사업의 개시 또는 확장을 위하여 취득하는 자산
   3.

😎 소액의 수선비, 주기적인 수선비

다음에 해당하는 수선비를 결산서에 손금으로 계상한 경우에는 이를 자본적지출로 보지 아니한다.

1. 개별자산별로 지출한 수선비의 합계액(=자본적지출+수익적지출)이 300만원 미만인 경우
2. 개별자산별로 지출한 수선비의 합계액이 직전 사업연도종료일 현재 B/S상 미상각잔액의 5% 미만인 경우
3. 3년 미만의 기간마다 지출하는 주기적인 수선비

😎 특정의 자산

영화필름, 공구(금형), 가구, 전기기구, 가스기기, 가정용 기구·비품, 시험기기, 시계, 측정기기 및 간판, 전화기(휴대폰 포함), 개인용 컴퓨터 및 주변기기 등은 구입시점에 즉시 비용으로 처리할 수 있다.

😎 생산설비의 폐기 손실

시설의 개체·기술의 낙후로 폐기한 유형자산에 대하여는 1,000원을 공제한 금액을 감가상각비로 처리할 수 있다.

(2) 즉시상각의 의제 - 감가상각의 시부인

① 즉시상각의 의제란 유형자산의 증가로 기록하여야 할 거래내용을 회사가 비용으로 회계처리 하였으므로 세무상으로는 이를 감가상각비로 회계처리 한 것으로 간주한다는 뜻이고, 감가상각 시부인이란 세법에 따라 감가상각비로 간주해 준 금액과 감가상각비의 한도액을 비교하여 한도 범위 내의 금액은 손금 인정하고 범위초과액은 손금부인 한다는 뜻이다.

② 즉시상각의 의제 규정이 적용되어 감가상각 시부인을 하는 경우의 예를 들면 다음과 같다.

1. 건설이 미완료된 상각자산에 대한 건설자금이자 등을 비용으로 계상한 경우
2. 업무 성질상 대량 보유하거나 사업의 개시 또는 확장을 위한 소액자산을 수익적지출로 계상한 경우
3. 취득세·등록세 등 자본적지출 해당액을 세금과 공과 등 비용으로 계상한 경우
4. 300만원 초과하는 대 수선비 중 자본적지출에 해당하는 것을 비용으로 처리한 경우
5. 거래단위별 구매원가가 100만원 이상인 유형자산의 구매에 대하여 비용으로 손익계산서에 반영시킨 경우 등

③ 이상 회사가 손익계산서에 비용으로 계상할 때 전액 손금으로 인정하는 즉시상각과 손익계산서에 비용으로 표시했을 때 전액 감가상각으로 회계처리 한 것으로 간주하여 회사의 감가상각 한도를 계산하는 즉시상각의 의제 관련 내용을 요약하여 표시하면 다음과 같다.

《 즉시상각의제 내용 요약 》

구 분	즉시상각의제(한도계산)	수익적지출(즉시상각)
수선비	· 건당 300만원 이상 · 장부가액×5% 이상 · 3년을 초과하는 주기적 수선	· 건당 300만원 미만 · 장부가액×5% 미만 · 3년마다 주기적 수선
금액구분 (구입건당)	· 거래단위별 100만원 초과 지출 · 고유업무의 성질상 대량보유 자산 · 사업개시 또는 확장을 위해 보유	·거래단위별 100만원 이하 지출
특정자산		영화필름, 가구, 전기기구, 가스기기, 시험기기, 시계, 측정기기, 간판, 전화기(휴대폰 포함), 개인용 컴퓨터 및 주변기기 등
기 타		생산설비의 폐기 손실

다 감가상각비 세무조정

예제 다음 자료에 의하여 감가상각비에 대해 세무조정을 하자

1. 손익계산서에 계상된 자산에 대한 감가상각비와 상각범위액은 다음과 같다.

구 분	건 물	기 계	비 고
감가상각비	5,000,000	4,000,000	비용계상액
상각범위액	7,000,000	6,000,000	즉시상각의제분 포함

2. 건물에 대한 비상계단 설치비 4,000,000과 도색비 6,000,000이 수선비로 비용 계상되었다.

3. 기계에 대한 2년마다 대수선비 7,000,000이 수선비로 비용 계상되었다.

4. 차량의 매입가액 5,000,000과 취득세 100,000이 세금과 공과로 비용 계상되었다. 차량의 상각범위액은 3,000,000이다.

해설 감가상각비 시부인액

구 분	건 물	기계장치	차량운반구	비 고
회사의 감가상각비	9,000,000	4,000,000	5,100,000	즉시상각의제액이 포함되었음
당기상각범위액	7,000,000	6,000,000	3,000,000	
시 부 인 액	2,000,000	△2,000,000	2,100,000	

① 건물의 비상계단 설치비는 자본적지출에 해당하므로 회사의 비용처리를 즉시상각으로 의제하여 손익계산서상의 감가상각비 5,000,000원에 포함한다. 따라서 세무상으로는 감가상각비를 9,000,000원으로 계상한 것으로 인정하여 감가상각비를 상각시부인 한다. 도색비는 수익적지출이므로 회사의 회계처리가 정당하다.
② 기계장치에 대한 2년마다 대수선비는 3년 미만 기간의 주기적 수선비이므로 손비로 인정한다.
③ 차량의 매입가액과 취득세는 감가상각자산의 취득가액을 비용으로 계상한 것이므로 상각 시부인 한다.

세무조정

《 소득금액조정합계표 부분 》

익금산입 및 손금불산입			손금산입 및 익금불산입		
과 목	금 액	처 분	과 목	금 액	처 분
건물감가상각비	2,000,000	유보			
차량감가상각비	2,100,000	유보			

3. 유형자산 인식시점 이후의 측정

가 자산재평가제도의 도입

① 인식시점 이후의 측정은 유형자산을 장부에 계상한 후 해당 유형자산의 가치변동을 측정하여 장부에 반영하는 것이다. 2015.12.31.자로 개정된 「재무제표 세부 작성방법」에서는 유형자산을 평가함에 있어서 원가모형이나 재평가모형 중 하나를 회계정책으로 선택하여 유형자산 분류별로 동일하게 적용하도록 규정하고 있다.

② 「재무제표 세부 작성방법」에 의하면 의료기관회계기준에 명시되지 않은 사항에 대하여는 기업회계기준을 준수하도록 하고 있으므로 종전 의료기관회계기준하에서도 일반기업회계기준에 의하여 재평가모델을 적용할 수 있었지만 대부분의 의료기관은 원가모델을 적용하고 있었다. 재평가모델이 개정 의료기관회계기준에 구체적으로 조문화 되었으므로 재평가모델을 도입하는 의료기관이 상당수 있을 것으로 예상된다.

③ 의료기관회계기준에는 재평가모델에 대한 별도의 언급이 없으므로 재평가모델 적용 방법을 일반기업회계기준에서 발췌하여 정리하면 다음과 같다.

(1) 선택적 재평가

유형자산의 후속측정과 관련하여 기업은 각자의 선택에 따라 원가모형으로 회계처리를 할 수도 있고, 재평가모형을 적용하여 회계처리 할 수도 있다. 재평가모형을 반드시 채택하여야 하는 것은 아니다.

(2) 유형자산 분류별 재평가

① 모든 유형자산에 대해 재평가모형을 적용할 수도 있고, 기업의 상황에 따라 토지·건물·기계장치 등 몇 가지 분류로 나누어 그 중 특정 분류에 대해서만 재평가모형을 적용할 수도 있다. 예를 들어, 토지와 건물에 대해서는 재평가모형을 적용하고 기계장치나 비품에 대해서는 원가모형을 적용할 수 있다.

② 다만, 기업이 특정 분류의 유형자산에 대해 재평가모형을 적용한 경우 그 분류 내에 있는 모든 유형자산을 재평가하여야 한다. 예를 들어, 성격과 용도가 유사한 토지 10필지를 보유한 기업이 공정가치가 증가한 1필지만을 재평가하고, 공정가치가 감소한 나머지 9필지는 재평가하지 않는 방법은 인정되지 않는다.

(3) 유형자산 평가방법의 변경

① 원가모형이나 재평가모형 중 하나를 선택하는 것 회계정책의 선택이므로 재평가모형을 선택했던 기업이 원가모형으로 환원하는 것은 회계정책의 변경이다.

② 그러나 원가모형을 적용하던 기업이 재평가모형을 최초로 적용하는 경우의 회계정책 변경은 일반기업회계기준 제5장에서 규정한 회계변경으로 보지 않는다[1].

원가 모형

원가모형은 재평가를 하지 않고 손상차손과 감가상각비만 인식하는 것이다. 원가모형에서 유형자산은 취득원가에서 감가상각누계액과 손상차손누계액을 차감하는 형식으로 재무제표에 표시한다.

나 재평가모형

(1) 재평가모형에서의 장부금액

최초 인식 후에 공정가치를 신뢰성 있게 측정할 수 있는 유형자산은 재평가일의 공정가치에서 이후의 감가상각누계액과 손상차손누계액을 차감한 재평가금액을 장부금액으로 한다.

> 장부금액 = 재평가일의 공정가액 − (감가상각누계액 + 손상차손누계액)

(2) 공정가치

① 재평가는 보고기간 말에 자산의 장부금액이 공정가치와 중요하게 차이가 나지 않도록 주기적으로 수행한다. 공정가치는 합리적인 판단력과 거래 의사가 있는 독립된 당사자 간에 거래될 수 있는 교환가격이다.

② 기업은 재평가시 전문적 자격이 있는 평가인의 감정뿐만 아니라 토지에 대한 개별공시지가 또는 건물이나 차량 등에 대한 지방세 시가표준액 등 정부의 각종 고시금액이나 시장의 객관적인 시세표 등이 공정가치와 대체로 유사하다고 판단되는 경우 이를 재평가액으로 사용할 수 있다.

③ 다만, 어느 정도의 금액이 공정가치와 대체로 유사한지에 대하여는 재평가대상 자산의 금액적 중요성 등 종합적인 상황을 고려하여 기업이 판단한다.

(3) 재평가의 빈도

① 재평가의 빈도는 재평가되는 유형자산의 공정가치 변동에 따라 달라진다. 재평가된 자

---

[1] 일반기업회계기준 문단 5.10

산의 공정가치가 장부금액과 중요하게 차이가 나면 추가적인 재평가가 필요하다.

② 유의적이고 급격한 공정가치의 변동 때문에 매년 재평가가 필요한 유형자산이 있는 반면에 공정가치의 변동이 경미하여 빈번한 재평가가 필요하지 않은 유형자산도 있다. 즉, 매 3년이나 5년마다 재평가하는 것으로 충분한 유형자산도 있다.

(4) 재평가금액의 회계반영

① 유형자산을 재평가할 때, 재평가 시점의 총장부금액에서 기존의 감가상각누계액을 제거하여 자산의 순장부금액이 재평가금액이 되도록 수정한다.

② 유형자산의 장부금액이 재평가로 인하여 증가된 경우에 그 증가액은 기타포괄 손익으로 인식한다. 그러나 동일한 유형자산에 대하여 이전에 당기손익으로 인식한 재평가감소액이 있다면 그 금액을 한도로 재평가증가액만큼 당기손익으로 인식한다.

③ 재평가모형을 적용하기로 선택한다면, 공정가치가 하락한 때도 이를 장부에 반영하여야 한다. 유형자산의 장부금액이 재평가로 인하여 감소한 경우에 그 감소액은 당기손익으로 인식한다. 그러나 그 유형자산의 재평가로 인해 인식한 기타포괄 손익의 잔액이 있다면 그 금액을 한도로 재평가감소액을 기타포괄 손익에서 차감한다.

(5) 회계처리와 세무조정 사례

> **예제** 대한의료원은 20x1.1.1.에 10억원에 구입한 병원 건물에 대하여 내용연수 40년을 적용하여 감가상각하고 있다.
> 1. 20x8.12.31. 감가상각누계액 2억원이고, 장부가액 8억원이고 재평가 공정가치가 12억원으로 평가되었다.
> 2. 재평가모델을 적용하여 회계처리를 하고, 세무조정을 하면 다음과 같다.

🔵 20x8.12.31.의 회계처리

(차) 감가상각누계액	200,000,000	(대) 재평가잉여금	400,000,000
건 물	200,000,000		

📗 세무조정

〈 소득금액조정합계표 부분 〉

익금산입 및 손금불산입			손금산입 및 익금불산입		
과 목	금 액	처 분	과 목	금 액	처 분
재평가잉여금	400,000,000	기타	건물	200,000,000	△유보
			감가상각누계액-건물	200,000,000	△유보

◉ 20x9.12.31.의 감가상각 회계처리

(차) 감가상각비	37,500,000*	(대) 감가상각누계액	37,500,000

* 기업회계기준에 따른 감가상각비 : 12억 / 32년 = 37,500,000

🌰 세무조정

〈 소득금액조정합계표 부분 〉

익금산입 및 손금불산입			손금산입 및 익금불산입		
과 목	금 액	처 분	과 목	금 액	처 분
감가상각비	12,500,000*	유보			

* 법인세법은 자산재평가를 인정하지 않으므로 세법에 따른 연간 감가상각비는 여전히 25,000,000이다. 따라서 기업회계와의 차액 12,500,000원은 손금불산입 사항이다.

(6) 재평가모델 적용시의 주석공시

유형자산을 재평가하는 경우 다음과 같은 사항을 공시한다.

1. 재평가기준일
2. 독립적인 평가인이 평가에 참여했는지 여부
3. 해당 자산의 공정가치 추정에 사용한 방법과 유의적인 가정
4. 해당 유형자산의 공정가치가 시장에서 관측가능하거나 독립적인 제3자와의 최근시장 거래가격에 직접 기초하여 결정된 정도 또는 다른 가치평가기법을 사용하여 추정된 정도
5. 재평가된 유형자산의 분류별로 원가모형으로 평가되었을 경우 장부금액
6. 재평가 관련 기타포괄손익의 변동

2절 　감가상각

1. 감가상각의 의의

한 조각 꽃잎이 떨어지면 봄이 그만큼 줄어든다는데[1] 세월이 가면 콘크리트 건물도 사그라져 없어진다.

① 병원이 소유하는 건물, 의료기기 등 유형자산은 그것을 사용하거나 시간이 경과함에 따라 그 가치가 점차 감소해 간다. 이처럼 유형자산의 경제가치가 소멸하여 가는 현상을 감가라 하고, 이 유형자산의 감가 현상을 회계상 비용으로 반영해 주는 과정을 감가상각이라 한다.

② 좀 더 공식적으로 표현하면 유형자산에 대한 감가상각은 유형자산을 사용하여 이익을 볼 것으로 예상하는 기간에 걸쳐 자산의 원가를 체계적, 합리적으로 배분하는 과정이다. 어떻게 보면 감가상각제도는 수익과 비용을 실현주의에 따라 인식하고, 자산을 역사적 원가주의에 따라 평가하는 실현주의와 역사적 원가주의에 대한 예외적인 제도이다.

③ 기업회계기준과 달리 법인세법에서는 감가상각비를 결산서 상 비용으로 계상한 때에만 손금으로 인정하는 임의상각 제도를 채택하고 있다. 따라서 법인은 선택으로 감가상각비를 비용으로 인식하지 않을 수도 있다. 당해 법인이 감가상각비를 결산서에 비용으로 계상하지 않으면 신고조정을 통해서는 감가상각비를 손금에 산입할 수 없다. 또한, 이후 경정청구의 대상도 될 수 없다.

④ 감가의 원인은 다음 세 가지로 요약할 수 있다. 이 중 물리적 원인에 의한 감가는 일반적인 감가상각의 방법을 통하여 원가 배분을 하고, 우발적·기능적 원인에 의한 감가는 발생한 연도의 손금으로 회계처리 할 수 있다.

1. 물리적 원인 : 기간의 경과에 따른 감가
2. 우발적 원인 : 천재·지변으로 인한 감가
3. 기능적 원인 : 시설의 개체 또는 기술의 낙후로 인한 감가

---

[1] 一片花飛減却春, 杜甫의 시 曲江의 첫구절

2. 감가상각자산의 범위

가 상각자산

① 감가상각의 대상이 되는 자산을 상각자산이라 하고 감가상각의 대상이 아닌 자산을 비상각자산이라 한다.

② 법인세법은 감가상각자산을 유형고정자산과 무형고정자산으로 나누어 다음과 같이 열거하고 있다.

(1) 유형고정자산

건물(부속설비 포함) 및 구축물, 차량 및 운반구·공구·기구비품, 선박 및 항공기, 기계 및 장치, 동물 및 식물, 기타의 유형고정자산

(2) 무형고정자산

① 영업권·의장권·실용신안권·상표권,
② 특허권·어업권·해저광물자원개발법에 의한 채취권·유료도로관리권·수리권·전기가스공급시설이용권·공업용수도시설이용권·수도시설이용권·열공급시설이용권,
③ 광업권·전신전화전용시설이용권·전용측선이용권·하수종말처리장시설관리권·수도시설관리권,
④ 댐사용권, 개발비, 사용수익기부자산

나 비상각자산

① 세무상 상각 대상 자산은 사업용으로 쓰이고 있으면서 시간의 경과와 함께 그 경제적 가치가 소멸되어 가는 자산이어야 한다. 따라서 건설 중인 자산이나 토지와 같은 감가 현상이 없는 자산은 감가상각자산에서 제외되는 것이다.

② 법인세법에서 열거하고 있는 비상각자산은 다음과 같다.
  1. 사업에 사용하지 아니하는 것(유휴설비는 감가상각 대상자산임)
  2. 건설 중인 것
  3. 시간의 경과에 따라 그 가치가 감소되지 아니하는 것

판례 각 비용이 사업에 사용한 자본적지출에 해당하는지 여부

▶ 각 비용 중 토공사 비용은 이 사건 토지를 골프장 부지로 만들기 위하여 그 형질을 변경하는 데

투입된 비용으로서 이 사건 토지 자체에 투입되어 이 사건 토지의 가치를 현실적으로 증가시키는 데에 소요된 비용이라고 할 것이고, 그린조성 공사비용·잔디식재 공사비용·티조성 공사비용·벙커조성 공사비용·수목이식 공사비용은, 그린·잔디·티·벙커·수목 모두 이 사건 토지에 부착되어 이 사건 토지와 물리적으로 명확히 구분되지 않을 뿐만 아니라 경제적으로도 독립한 가치를 지닌다고 볼 수 없는 구축물과 식물(그린·티·벙커 : 구축물, 잔디·수목 : 식물)에 해당하는 점에 비추어 볼 때, 이 사건 토지와 일체가 되는 구축물 등의 물건에 투입되어 이 사건 토지의 가치를 현실적으로 증가시키는 데 소요된 비용이라고 할 것이므로, 이 사건 골프장 조성비 중 각 비용은 토지의 조성 등을 위한 자본적지출에 해당하는 것으로 보는 것이 타당하다(대법원 2006두14490, 2006.12.8에서 인용함).

다 리스자산의 감가상각

① 리스자산 중 금융리스 자산은 리스 이용자인 병원의 자산과 똑같은 방법으로 감가상각하고 운용리스 자산에 대하여는 병원에서 감가상각하여서는 안 된다.

② 운용리스 자산은 리스회사의 감가상각자산에 해당한다.

3. 감가상각비의 계산요소

상각자산에 대한 감가상각비를 계산하기 위해서는 취득원가, 잔존가액 및 내용연수의 세 가지 요소가 필요하다. 취득원가에 대하여는 앞 절에서 설명하였기 때문에 여기서는 잔존가액과 내용연수 및 감가상각 방법에 대하여 알아본다.

가 잔존가액

① 잔존가액이란 유형자산의 내용연수가 모두 경과하여 그 고유의 목적으로 사용할 수 없게 되었을 때 당해 유형자산을 처분하여 얻을 수 있는 추정가격을 말한다. 따라서 유형자산의 취득가액에서 이 잔존가액을 공제하고 난 잔액이 상각 대상 가액이다.

② 현실적으로 유형자산의 잔존가액을 추정하기는 어려운 일이므로 세법에서는 잔존가액을 0으로 규정하고 있다. 다만, 정률법을 적용할 때는 계산의 편의상 잔존가액을 5%로 간주하여 감가상각비를 계산하고 미상각잔액이 5% 이하가 되는 사업연도의 상각범위액에 가산하도록 하고 있다.

나 내용연수

① 내용연수란 쉽게 말해 유형자산의 수명이다. 유형자산은 그 자산의 구조, 용도, 수선유지의 방법 등에 따라 수명이 달라지는 것이 보통이다. 감가상각은 유형자산의 수명기간 동안 원가를 배분하는 과정이므로 유형자산의 내용연수를 길게 잡느냐, 짧게 잡느냐에 따라 각사업연도의 소득금액이 달라진다.

② 즉, 유형자산의 내용연수를 기업의 독자적인 결정에 맡겨 두면 연도별 이익의 조작이 가능하게 되는 것이다. 따라서 세법에서는 업종별, 유형자산별로 기준내용연수를 정하고 있으며, 각 기업은 기준내용연수의 25% 범위에서 내용연수를 선택하여 적용하도록 규정하고 있다.

(1) 기준내용연수

① 세법은 병원의 건축물을 제외한 여타의 유형자산에 대하여 기준내용연수를 5년으로 정하고 있다.

② 따라서 병원은 의료기기 등에 대하여 4년에서 6년 사이의 적절한 내용연수를 정하여 감가상각할 수 있으며, 적용하는 내용연수에 대하여는 관할 세무서장에게 취득일 또는 사업개시일이 속하는 사업연도의 법인세 과세표준 신고기한까지 신고하여야 한다.

③ 신고하지 않았을 때는 기준내용연수를 적용하여야 하고 적용한 내용연수는 그 이후 기간에 계속 적용하여야 한다.

④ 그러나 시험연구용자산과 무형고정자산에 대하여는 법정 내용연수만 있고 내용연수 범위가 없으므로 법정 내용연수를 적용하여야 한다.

《 유형자산의 내용연수 》

구 분	세 목	내용연수	감가상각 방법
건축물	연와조, 블록조, 콘크리트조 등	20년(기준내용연수)	정액법
	철골조, 철근콘크리트조 등	40년(기준내용연수)	
건축물 외 유형고정자산	차량운반구, 의료기기 등	5년(기준내용연수)	정액법, 정률법
무형고정자산[1]	개발비	판매 또는 사용가능 시점부터 20년 이내	정액법
	사용수익기부자산[2]	사용수익기간	정액법

(2) 중고자산 등의 내용연수

① 법인은 운영리스설비를 리스기간 경과 후에 매입하는 경우 등 중고자산을 구입하는 경우가 있다. 이때 내용연수를 어떻게 적용할지가 문제이다. 법인세법은 기준내용연수의 50% 이상이 경과한 중고자산을 다른 법인 또는 사업자인 개인으로부터 취득한 때에는 다음 산식에 의하여 산출된 내용연수를 적용하도록 규정하고 있다.

② 산출된 결과 단수가 6개월 이하이면 없는 것으로 하고 6개월 초과하는 값은 1년으로 한다. 합병, 분할로 자산을 승계한 경우에도 이 규정을 따른다. 이 규정은 사유가 발생한 사업연도의 법인세 과세표준 신고기한까지 내용연수 변경신고서를 제출한 경우에 한하여 적용한다.

③ 따라서 신고가 없거나 내용연수가 50% 미만 경과한 중고자산을 취득한 때는 신규자산과 동일한 내용연수를 적용한다.

> 수정 내용연수＝기준내용연수와 기준내용연수× 50%의 범위 내

- ex) 60개월 동안 운용리스로 이용한 의료장비를 1,000만원에 구입하였다면 새로 적용할 내용연수는 5−5× 50%=2.5년이므로 2~5년 사이에서 선택할 수 있다.

---

[1] 법인세법의 개정으로 창업비와 개업비는 무형고정자산에서 제외되었으므로 발생한 연도의 손금으로 회계처리 하여야 한다.

[2] 사용수익기부자산은 금전 이외의 자산을 국가 등에 기부한 후 그 자산을 사용하거나 그 자산으로부터 수익을 얻는 경우 당해 자산의 수익향유권리를 회계에 반영한 것을 말한다.

(3) 개량·확장·증설 등

① 감가상각이 진행 중인 유형자산에 대하여 개량·확장·증설 등 자본적지출이 발생한 사유로는 기존에 적용하던 내용연수를 변경할 수 없고, 기존 내용연수를 그대로 적용하여야 한다.

② 기존의 유형자산을 철거하고 신축·개축·재축한 경우에는 기존 건축물의 장부가액과 철거비용을 당기 비용으로 처리하고, 신규자산의 취득으로 내용연수를 적용한다.

다 감가상각 방법

① 병원이 선택할 수 있는 감가상각 방법은 정액법 또는 정률법이다. 세법은 다음에 기재된 자산별로 하나의 방법을 선택하여 감가상각하도록 하고 있다.

② 특히 감가상각 방법은 한번 적용하면 계속 동일한 방법을 적용하여야 한다. 경우에 따라서는 감가상각 방법의 변경이 가능하기도 하지만 병원의 상각방법 변경은 대단히 어렵다.

자산의 종류	감 가 상 각 방 법		
	신고 시 선택가능 방법	무신고 시	임의 변경시
건축물·무형고정자산	정액법	정액법	변경 전의 상각방법
유형고정자산	정률법·정액법	정률법	
광업권·폐기물매립시설	생산량비례법·정액법	생산량비례법	
개발비	20년 이내 정액법	5년간 정액법	

4. 감가상각 시부인

① 회사가 결산서에 계상한 감가상각비와 세법상 한도액인 감가상각 범위액을 비교하여 차액을 계산하고 거기에 대하여 세무조정을 하는 것을 감가상각 시부인이라고 한다.

② 회사 계상 감가상각비와 세법상 감가상각비 한도액을 비교하여 한도를 초과하는 금액은 상각부인액이라 하고, 회사 계상액이 한도에 미달한다면 시인부족액이라 한다.

③ 감가상각 시부인은 개별자산별로 시부인 계산하게 되어 있다. 따라서 자산종목별로 그룹화하여 상각부인액과 시인부족액을 통산하면 안 된다.

사례 개별자산별 감가상각 시부인

예제 「코페병원」에는 A, B, C 세 가지 종류의 의료기기가 있다. 병원에서 자산별로 감가상각비를 계산한 자료와 세법상의 감가상각 한도가 다음과 같을 때 감가상각에 대한 시부인을 해보자.

의료비품	한도액	병원측	시인액(부인액)
A	500	400	(100) 과소상각
B	300	250	(50)
C	400	600	200 과대상각
계	1,200	1,250	50

해설 세무조정

〈 소득금액조정합계표 부분 〉

익금산입 및 손금불산입			손금산입 및 익금불산입		
과 목	금 액	처 분	과 목	금 액	처 분
감가상각비	200	유보			

가 상각범위액

① 보유자산의 감가상각 방법별 상각범위액 계산 구조는 다음 표와 같다. 다만, 사업연도 중에 신규로 취득한 자산에 대하여는 사업에 사용한 날부터 사업연도 종료일까지의 월수에 따라 계산한다.

② 1월 미만의 월수는 1월로 한다. 그리고 사업연도 중에 양도한 자산에 대하여는 감가상각을 하지 않아도 소득금액에 별도의 영향을 미치지 아니하므로 기업 환경에 따라 처리할 일이다.

방법별	산 식	감가상각기초가액
정률법	감가상각 기초가액 × 상각률	취득가액 – 감가상각누계액 + 즉시상각의제액 + 상각부인액 – 감가상각 의제액
정액법	감가상각 기초가액 × 상각률	취득가액 + 즉시상각의제의 누계액

나 감가상각의 시부인

① 앞 절의 논리에 의하여 회사가 결산서에 비용으로 계상한 감가상각비는 세법상 손금에 해당하는 감가상각비와 차이가 있다. 회사가 손익계산서에 비용으로 기록한 감가상각비와 즉시상각의제액의 합계액이 세법상 손금 산입한 것으로 간주하는 감가상각비이다.

> 손익계산서상 감가상각비 + 즉시상각의제액 = 세법상의 감가상각비

② 세법상 감가상각비 간주액과 세법상의 감가상각비 한도액을 비교하여 한도 초과액이 나오면 세무조정상 손금불산입하고 유보처분 한다. 이 유보처분금액은 이후 사업연도에 사후관리를 하게 되는데, 그 이후 사업연도에 결산에 반영한 감가상각액이 세법상의 한도액에 미달하게 설정하였다면 이를 시인부족액(是認不足額)이라고 하고 시인부족액의 범위 내에서 적극 손금으로 세무조정(손금추인)한다. 또한, 자산을 양도하거나 재해 등으로 자산이 멸실된 경우에도 손금 추인한다. 주체가 사라지면 그림자도 같이 없어져야 한다.

③ 시인부족액이 발생하면 이월된 상각부인 누계액을 한도로 손금에 산입한다. 감가상각비는 결산조정 항목이므로 회사에서 결산서에 적게 반영한 것에 대하여 적극 세무조정을 해 줄 수는 없다.

사례 **감가상각 시부인**

예제 「코페병원」의 다음 자료에 의하여 감가상각비에 대한 제1기~제5기의 세무조정(소득처분 포함)을 하자.

1. 기초자료

1. 제1기(20×1.1.1~20×1.12.31) 초에 MRI를 1,250(백만원)에 취득했다. 이에 대한 내용연수는 5년으로서 연간 상각범위액은 250이다.
2. 회사의 MRI에 대한 감가상각비 계상액은 다음과 같다.

제1기	제2기	제3기	제4기
0	600	0	400

2. 감가상각비 시부인액

(단위 : 백만원)

구 분	제1기	제2기	제3기	제4기	제5기
회사계상상각비	0	600	0	400	0
당기상각범위액	250	250	250	250	250
시부인액	△250	350	△250	150	△250
설 명	소멸계산	손금불산입	전기부인액 손금산입	손금불산입	전기부인액 손금산입

해설 세무조정

(단위 : 백만원)

구 분	세무조정	감가상각비	금액	비고
제1기	없음	-	-	-
제2기	손금불산입	감가상각비 한도 초과액	350	유보
제3기	손금산입	전기감가상각비 한도 초과액	250	△유보
제4기	손금불산입	감가상각비 한도 초과액	150	유보
제5기	손 금산 입	전기감가상각비 한도 초과액	250	△유보

다 양도자산의 감가상각 시부인

① 유형자산을 양도한 경우 양도자산과 관련하여 이월된 상각부인액은 손금산입(△유보)한다. 양도자산의 이월된 상각부인액을 손금산입하는 이유는 양도자산의 상각부인액이 양도자산 회사 장부가액과 세무상 장부가액의 차이이고, 이는 유형자산처분이익 또는 처분손실에 포함되어 손익계산서에 반영되기 때문이다.

② 양도자산의 시인부족액은 세무조정할 필요가 없는데 이유는 시인부족액이 있는 경우는 양도자산의 회사 장부가액과 세무상 장부가액에 차이가 없기 때문이다.

③ 한편, 감가상각자산 일부를 양도한 경우 양도자산에 대한 감가상각누계액 및 상각부인액 또는 시인부족액은 당해 감가상각자산 전체에 대한 양도 부분의 취득가액 비율로 안분하여 계산한다.

5. 일시상각과 의제상각

가 보험차익으로 취득한 자산에 대한 일시상각제도

① 보험차익이란 병원이 소유하는 자산인 재고자산, 의료기기, 병원 건물 등에 보험사고가 발생하여 보험회사로부터 지급받는 보험금이 피해를 본 자산의 장부가액을 초과하는 경우의 차이 금액을 말한다. 이것은 세법상 익금에 해당하므로 사업연도의 소득을 구성하게 된다.

② 그러나 이에 대하여 당해연도에 과세하게 되면 유형자산의 취득에 소요될 자금 일부가 조세의 납부로 흡수되게 되어 당해 유형자산의 대체취득이 불가능하게 될 수도 있다.

③ 이에 대하여 세법은 일시상각제도를 둠으로써 일단 당해연도에는 과세소득이 거의 발생하지 않도록 하고, 그 이후 연도의 감가상각비를 일시상각충당금과 상계시키도록 함으로써, 그 유형자산의 내용연수 기간에 걸쳐 감가상각비를 적게 비용 처리하도록 규정하고 있다. 즉 이것은 조세 정책적인 측면에서 대체 취득하는 유형자산의 내용연수 기간 법인세부담을 이연하는 제도이다.

④ 보험차익에 대한 일시상각충당금 제도는 유형자산의 멸실 등으로 보험차익이 발생하였을 때 적용한다. 따라서 재해손실이 발생하면 익금에 산입할 금액이 없으므로 이 규정이 적용되지 않는다.

⑤ 보험차익이 발생하면 다음 사업연도 개시일부터 2년 이내에 대체자산의 취득 또는 개량에 사용하여야 하고, 보험차익을 일시상각충당금으로 손금산입하고자 하면 보험차익의 사용계획서 또는 사용명세서를 제출하여야 한다.

사례 보험차익으로 취득한 자산에 대한 일시상각

예제 다음 자료에 의거 「코페병원」이 보험차익으로 취득한 유형자산에 대하여 회계처리를 하여보자.

• 멸실된 건물의 취득가액	1,000,000,000원
• 감가상각누계액	400,000,000원
• 보험금 수령액	1,000,000,000원
• 대체 건물의 취득가액	1,200,000,000원
• 대체건물 감가상각비	60,000,000원

해설

① 보험금 청구 시

| (차) 건물감가상각누계액 | 400,000,000 | (대) 건물 | 1,000,000,000 |
| 미결산계정 | 600,000,000 | | |

② 보험금 수령 시

| (차) 현금 | 1,000,000,000 | (대) 미결산계정 | 600,000,000 |
| | | 보험차익 | 400,000,000 |

③ 보험차익 손금산입

| (차) 일시상각충당금전입 | 400,000,000 | (대) 일시상각충당금 | 400,000,000 |

④ 대체자산 취득 시

| (차) 건물 | 1,200,000,000 | (대) 현   금 | 1,200,000,000 |

⑤ 감가상각비 계상 시

| (차) 감가상각비 | 60,000,000 | (대) 건물감가상각누계액 | 60,000,000 |
| 일시상각충당금 | 20,000,000 | 감가상각비 | 20,000,000 |

*일시상각충당금과 상계할 금액의 계산 (60,000,000×400/1,200 = 20,000,000)

결국, 법인세법은 보험차익을 발생한 연도에 한꺼번에 과세하지 아니하고 그 유형자산의 전 내용연수 기간에 걸쳐 감가상각비를 적게 계상하게 함으로써 궁극적으로는 보험차익을 익금으로 보아 과세하는 방침을 잠시 이연하고 있을 따름이다.

나 감가상각의 의제

① 법인세를 감면받는 법인이 법인세의 감면기간에는 감가상각하지 않고 있다가 그 후 감면을 받지 않는 사업연도의 결산에 감가상각비를 반영시킨다면 그 후 사업연도의 과세소득을 축소함으로써 조세부담을 회피할 수도 있다. 따라서 세법에서는 이에 대한 대비로 감가상각의 의제(減價償却의 擬制) 규정을 두고 있다.

② 즉, 감가상각의 의제란 법인세를 면제 또는 감면받은 법인이 감면 기간에 감가상각하지 않거나 과소계상한 경우, 그 후 사업연도의 감가상각비 계상 시 감면 기간 중의 미계상 또는 과소계상액만큼 감가상각 기초가액에서 공제하여 감가상각비를 계산하는 제도이다. 의제는 간주한다는 뜻이므로 감가상각 의제는 감가상각한 것으로 간주한다는 뜻으로 새기면 되겠다.

③ 참고로 의료법인 등도 중소기업에 해당하는 경우에는 중소기업에 대한 특별세액감면 혜택을 받을 수 있으므로 이 경우에는 의제상각 규정이 적용된다.

6. 감가상각과 회계변경

① 감가상각 방법과 내용연수는 매기 동일한 방법과 내용연수를 계속하여 적용하여야 하지만, 기업 환경의 변화, 경제적 여건의 변동 등 정당한 사유가 있을 때는 감가상각 방법과 내용연수를 변경할 수 있다.

② 일반기업회계기준에서는 감가상각 방법과 내용연수의 변경을 추정의 변경으로 회계처리 하도록 규정하고 있다. 회계추정의 변경은 전진적으로 처리하여 그 효과를 당기와 당기 이후의 기간에 반영하도록 한다. 법인세법의 입장도 동일하다.

가 감가상각 방법의 변경

(1) 기업회계기준

① 감가상각 방법은 매기 계속하여 적용하고, 정당한 사유 없이 변경하지 않는다. 새로 취득한 유형자산에 대한 감가상각 방법도 동종의 기존 유형자산에 대한 감가상각 방법과 일치시켜야 한다.

② 다만, 자산에 내재한 미래 경제적 효익의 예상되는 소비형태에 유의적인 변동이 있는 경우, 변동된 소비형태를 반영하기 위하여 감가상각 방법을 변경하여야 하며 회계추정의 변경으로 회계처리 한다.

③ 한편, 신규사업의 착수나 다른 사업 부문의 인수 등의 결과로 독립된 새로운 사업 부문이 창설되어 기존의 감가상각 방법으로는 그 자산에 내재한 미래 경제적 효익의 예상되는 소비형태를 반영할 수 없으므로 다른 방법을 사용하는 경우에는 회계변경으로 보지 아니한다[1].

(2) 법인세법

법인세법은 일정한 사유가 있는 경우 승인을 받아서 감가상각 방법을 변경하도록 규정하고 있다. 법인세법에 규정된 감가상각 방법의 변경 사유와 승인절차는 다음과 같다.[2]

---

1) 일반기업회계기준 문단 10.39

◉ 감가상각 방법 변경 사유

1. 상각방법이 서로 다른 법인이 합병(분할합병을 포함한다)한 경우
2. 상각방법이 서로 다른 사업자의 사업을 인수 또는 승계한 경우
3. 외국인투자촉진법에 의하여 외국인 투자자가 내국법인의 주식 등을 100분의 20 이상 인수 또는 보유하게 된 경우
4. 해외시장의 경기변동 또는 경제적 여건의 변동으로 인하여 종전의 상각방법을 변경할 필요가 있는 경우
5. 국제회계기준을 최초로 적용한 사업연도에 결산 상각방법을 변경한 경우(종속기업도 적용함)

◉ 감가상각 방법 변경 승인절차

① 상각방법의 변경승인을 얻고자 하는 법인은 그 변경할 상각방법을 적용하고자 하는 최초사업 연도의 종료일까지 감가상각방법 변경신청서를 납세지 관할세무서장에게 제출(국세정보통신망에 의한 제출을 포함한다)하여야 하고,

② 신청서를 접수한 납세지 관할세무서장은 신청서의 접수일이 속하는 사업연도 종료일부터 1개월 이내에 그 승인 여부를 결정하여 통지하여야 한다.

나 감가상각 내용연수의 변경

① 감가상각자산의 내용연수는 회계추정치이다. 추정의 근거가 되었던 상황의 변화, 새로운 정보의 획득, 추가적인 경험의 축적 등으로 인하여 새로운 추정이 요구되는 경우에는 과거에 합리적이라고 판단했던 추정치라도 이를 변경할 수 있다. 기술혁신에 따라 기계장치가 급속히 진부화되어 추정내용연수를 단축하는 경우가 이에 해당한다.

② 법인세법은 내용연수의 변경 절차를 엄격하게 규정하고 있다. 다음에 정한 사유가 있는 경우 기준 내용연수의 50%(⑤ 와 ⑥ 은 25%)를 가감한 범위 내에서 내용연수를 정하여 관할 지방국세청장의 승인을 받으면 승인받은 내용연수를 새로운 내용연수로 할 수 있다(의료업에 사용하는 유형자산이라면 기준연수가 5년이므로 2년~7년이다).

③ 이 신청은 영업개시일로부터 3월이 되는 날 또는 사업연도 종료일 이전 3월이 되는 날까지 관할 지방국세청장에게 연간 단위로 하여야 하고 사업연도 종료일까지 승인을 얻어야 한다[1].

---

2) 법인세법시행령 제27조
1) 법인세법시행령 제29조

1. 사업장의 특성으로 부식·마모·훼손의 정도가 심한 경우
2. 가동률의 현저한 증가
3. 신기술 등에 의한 가속상각의 필요성
4. 경제적 여건의 변동 등으로 인한 조업 중단·가동률의 중단
5. 국제회계기준을 최초로 적용한 사업연도에 결산 상각방법을 변경한 경우
6. 기준내용연수를 변경한 경우

3절 　 무형자산

무형자산은 지식기반 사회에서 국가 및 기업의 경쟁력을 결정하는 중요한 요소다. 그러나 지금까지의 회계기준은 산업사회에서 부가가치 창출의 중심이었던 유형자산을 중시하였기 때문에, 기업경영과 관련된 의사결정에 유용한 무형자산의 회계처리 및 공시를 덜 중요하게 취급하였다. 따라서 우리나라의 경영환경이 정보화, 지식사회로 전환됨에 따라 무형자산 또는 지식자산의 중요성이 점차 증대되고 있는 상황을 감안하여 무형자산 관련 기업회계기준이 전면적으로 개편되었다. 법인세법상의 용어는 무형고정자산이다.

1. 취득원가

가 무형자산의 인식기준

재화의 생산이나 용역의 제공, 타인에 대한 임대 또는 관리에 사용할 목적으로 기업이 보유하고 있으며, 물리적 형체가 없지만 식별할 수 있고, 기업이 통제하고 있으며, 미래 경제적 효익이 있는 비화폐성 자산으로서 다음 두 가지 요건을 충족시키면 무형자산으로 인식한다.

　1. 자산으로부터 발생하는 미래의 경제적 효익이 기업에 유입될 가능성이 매우 크다.
　2. 자산의 취득원가를 신뢰성 있게 측정 가능

나 종류

일반기업회계기준에서는 무형자산의 종류를 예시적으로 서술하고 있는 데 반하여 법인세법에서는 감가상각자산의 범위를 규정하면서 무형자산의 종류를 구체적으로 열거하고 있다.

(1) 기업회계기준

① 무형자산은 물리적 형체는 없지만, 식별할 수 있고 기업이 통제하고 있으며 미래 경제적 효익이 있는 비화폐성 자산으로 산업재산권, 저작권, 개발비 등과 사업결합에서 발생한 영업권을 포함한다.

② 무형자산 중 별도 표시하는 소분류 항목의 예는 다음과 같다.

  1. 영업권

  2. 산업재산권

  3. 개발비

  4. 기타(라이선스와 프랜차이즈, 저작권, 컴퓨터소프트웨어, 임차권리금, 광업권, 어업권 등을 포함. 이들 항목이 중요한 경우에는 개별표시 가능.)

(2) 법인세법

법인세법에서는 무형자산의 종류를 별도로 규정하고 있는 것은 아니고, 감가상각자산의 범위를 규정하면서 무형자산의 종류를 구체적으로 열거하고 있다.

  1. 영업권, 의장권, 실용신안권, 상표권

  2. 특허권, 어업권, 유료도로관리권, 수리권, 전기·가스공급시설이용권, 수도시설이용권 등

  3. 광업권, 전신전화전용시설이용권 등

  4. 댐사용권

  5. 개발비

  6. 사용수익기부자산 가액

  7. 주파수이용권, 공항시설관리권

다 취득원가

① 무형자산의 취득원가는 매입가에 부대비용을 가산하여 결정하며, 다른 자산의 취득원가와 마찬가지로 자산을 취득하여 의도하는 목적에 사용할 수 있는 상태에 이르기까지 지출되는 현금흐름의 현재가치로 측정한다.

② 여러 가지 경우의 취득원가 결정기준을 요약하면 다음과 같다.

  1. 개별취득 : 구매원가＋부대비용

  2. 매수기업결합으로 인한 취득 : 매수일의 공정가액

  3. 국고보조 등에 의한 취득 : 취득일의 공정가액 (취득가액에서 차감하는 형식으로 표시하고 그 자산의 내용연수에 걸쳐 상각금액과 상계한다.)

  4. 교환에 의한 취득

    • 이종자산과의 교환 : 제공한 자산의 공정가액

    • 동종자산과의 교환 : 교환으로 제공한 자산의 장부가액

  5. 내부적으로 창출된 영업권 : 인식하지 않는다.

6. 내부적으로 창출된 무형자산
- 연구단계의 지출 : 발생한 기간의 비용
- 개발단계의 지출 : 일정 조건을 충족하는 경우에는 무형자산, 그 이외의 경우에는 경상개발비로 하여 기간비용으로 인식
- 내부적으로 창출된 무형자산의 취득원가 : 직접비+간접비

2. 특별한 무형자산

가 영업권

① 기업회계기준은 사업결합에서 발생하는 영업권만 영업권으로 인정하고, 내부적으로 창출된 영업권은 자산으로 인식하지 않는다.

② 법인세법에서는 사업결합에서 발생하는 영업권뿐 아니라 설립인가, 특정 사업의 면허, 사업의 개시 등과 관련하여 부담한 기금·입회금 등으로서 반환청구를 할 수 없는 금액도 영업권의 범위에 포함한다.

(1) 기업회계기준

기업회계기준에 의한 영업권은 사업결합 시 승계한 순자산 가치보다 이전 대가를 더 많이 지급한 경우 그 초과금액을 측정하여 영업권으로 인식한다.

(2) 법인세법

법인세법이 정한 영업권의 내용은 다음과 같다.[1]

① 사업의 양도·양수 과정에서 양도·양수자산과는 별도로 양도사업에 관한 허가·인가 등 법률상의 지위, 사업상 편리한 지리적 여건, 영업상의 비법, 신용·명성·거래처 등 영업상의 이점 등을 감안하여 적절한 평가방법에 따라 유상으로 취득한 금액

② 설립인가, 특정 사업의 면허, 사업의 개시 등과 관련하여 부담한 기금·입회금 등으로서 반환청구를 할 수 없는 금액과 기부금 등

(3) 염가매수차익(부의 영업권)

① 기업회계기준은 사업결합 시 승계한 순자산 가치보다 이전 대가가 더 적었을 때 발생

---

1) 법인세법시행규칙 제12조 제1항

하는 염가매수차액을 당기손익으로 인식하도록 규정하고 있다.

　② 이에 반하여 법인세법은 염가매수차액을 일시에 익금으로 산입하지 않고 60개월간 균등분할 하여 익금에 산입하도록 규정하고 있다.[1]

나 개발비

(1) 기업회계기준

　① 내부적으로 창출한 무형자산이 인식기준에 부합하는지를 평가하기 위하여 무형자산의 창출과정을 연구단계와 개발단계로 구분하여 연구단계에서 발생한 지출은 발생한 기간의 비용으로 인식하고, 개발단계에서 발생한 지출은 자산으로 인식한다.

　② 무형자산을 창출하기 위한 내부 프로젝트를 연구단계와 개발단계로 구분할 수 없는 경우에는 그 프로젝트에서 발생한 지출은 모두 연구단계에서 발생한 것으로 본다.

연구단계 활동과 개발단계 활동

　① 연구는 새로운 과학적 또는 기술적 지식을 얻기 위해 수행하는 독창적이고 계획적인 탐구 활동이고, 개발은 상업적인 생산 또는 사용 전에 연구결과나 관련 지식을 새롭거나 현저히 개량된 재료, 장치, 제품, 공정, 시스템 및 용역의 생산을 위한 계획이나 설계에 적용하는 활동이다.

　② 프로젝트의 연구단계에서는 미래 경제적 효익을 창출할 무형자산이 존재한다는 것을 입증할 수 없으므로 연구단계에서 발생한 지출은 무형자산으로 인식할 수 없고 발생한 기간의 비용으로 인식한다.

　③ 연구단계에 속하는 활동과 개발단계에 속하는 활동의 일반적인 예를 서로 비교하면 다음과 같다.

《 연구단계·개발단계에 속하는 활동 비교 》

연구단계에 속하는 활동	개발단계에 속하는 활동
1. 새로운 지식을 얻고자 하는 활동	1. 생산 전 또는 사용 전의 시작품과 모형을 설계, 제작 및 시험하는 활동
2. 연구결과 또는 기타 지식을 탐색, 평가, 최종선택 및 응용하는 활동	2. 새로운 기술과 관련된 공구, 금형, 주형 등을 설계하는 활동
3. 재료, 장치, 제품, 공정, 시스템, 용역 등에 대한 여러 가지 대체안을 탐색하는 활동	3. 상업적 생산목적이 아닌 소규모의 시험공장을 설계, 건설 및 가동하는 활동
4. 새롭거나 개선된 재료, 장치, 제품, 공정, 시스템, 용역 등에 대한 여러 가지 대체안을 제안,	4. 새롭거나 개선된 재료, 장치, 제품, 공정, 시스

---
[1] 법인세법시행령 제80조의3

연구단계에 속하는 활동	개발단계에 속하는 활동
설계, 평가 및 최종 선택하는 활동	템 및 용역 등에 대하여 최종적으로 선정된 안을 설계, 제작 및 시험하는 활동

💮 무형자산 인식조건

개발단계에서 발생한 지출은 다음의 조건을 모두 충족하는 경우에만 무형자산으로 인식하고, 그 외의 경우에는 발생한 기간의 비용으로 인식한다.

1. 무형자산을 사용 또는 판매하기 위해 그 자산을 완성할 수 있는 기술적 실현 가능성을 제시할 수 있다.
2. 무형자산을 완성해 그것을 사용하거나 판매하려는 기업의 의도가 있다.
3. 완성된 무형자산을 사용하거나 판매할 수 있는 기업의 능력을 제시할 수 있다.
4. 무형자산이 어떻게 미래 경제적 효익을 창출할 것인가를 보여줄 수 있다. 예를 들면, 무형자산의 산출물, 그 무형자산에 대한 시장의 존재 또는 무형자산이 내부적으로 사용될 것이라면 그 유용성을 제시하여야 한다.
5. 무형자산의 개발을 완료하고 그것을 판매 또는 사용하는 데 필요한 기술적, 금전적 자원을 충분히 확보하고 있다는 사실을 제시할 수 있다.
6. 개발단계에서 발생한 무형자산 관련 지출을 신뢰성 있게 구분하여 측정할 수 있다.

💮 취득원가

① 내부적으로 창출한 무형자산의 원가는 위에서 설명하고 있는 인식기준을 최초로 충족한 이후에 발생한 지출금액으로 한다.

② 내부적으로 창출한 무형자산의 원가는 그 자산의 창출, 제조, 사용준비에 직접 관련된 지출과 합리적이고 일관성 있게 배분된 간접 지출을 모두 포함한다.

(2) 법인세법

법인세법에서는 개발비를 상업적인 생산 또는 사용 전에 재료·장치·제품·공정·시스템 또는 용역을 창출하거나 현저히 개선하기 위한 계획 또는 설계를 위하여 연구결과 또는 관련 지식을 적용하는데 발생하는 비용으로서 당해 법인이 개발비로 계상한 것[1]으로 규정하고 있어서 기업회계기준과 특별한 차이는 없다.

---

1) 법인세법시행령 제24조 제1항 제2호 바목

다 소프트웨어

① 일반기업회계기준에서는 컴퓨터소프트웨어를 무형자산으로 분류하고 있다. 기업회계기준에 따르면 내부에서 개발한 소프트웨어 개발 원가가 자산 인식조건을 충족하는 경우에는 개발비로 처리하고, 외부에서 구입한 소프트웨어는 소프트웨어 과목으로 회계처리하는 것이 타당해 보인다.

② 기업회계기준과 달리 법인세법에서는 업무자동화를 위한 전산시스템의 구축과 소프트웨어 개발비용을 유형자산의 「기구 및 비품」으로 계상하여 감가상각하는 것으로 해석하고 있다. 소프트웨어에 대하여 한쪽에서는 무형자산으로, 다른 한쪽에서는 유형자산으로 규정하고 있으므로 비품에 대하여 정률법을 적용하는 병원에서는 별도 세무조정의 문제가 있으므로 유의하여야 한다.

3. 무형자산의 감가상각

① 무형자산의 상각방법은 자산의 경제적 효익이 소비되는 행태를 반영한 합리적인 방법으로 결정하여야 하고, 그 자산의 추정내용연수 동안 체계적인 방법에 따라 비용으로 배분한다.

② 상각방법에는 정액법, 체감 잔액법(정률법 등), 연수합계법, 생산량 비례법 등이 있다. 다만, 합리적인 상각방법을 정할 수 없는 경우에는 정액법을 사용한다. 무형자산의 내용연수는 무형자산의 종류에 따라 달리 결정되는데 기업회계기준과 법인세법의 내용은 다르다.

③ 기업회계기준에 의하면 무형자산의 내용연수는 경제적 요인과 법적 요인의 영향을 받는다. 내용연수는 이러한 요인에 의해 결정된 기간 중 짧은 기간으로 한다. 상각기간은 독점적, 배타적인 권리를 부여하고 있는 관계 법령이나 계약에 정해진 경우를 제외하고는 20년을 초과할 수 없다. 상각은 자산이 사용 가능한 때부터 시작한다.

④ 법인세법은 무형자산의 종류별로 내용연수를 달리 정하고 있다. 상각기간과 상각방법은 매기 계속하여 적용하고 정당한 사유 없이 이를 변경할 수 없다. 다만 무형자산을 사용하는 동안 내용연수에 대한 추정이 적절치 않음이 명백해지는 경우(예컨대 취득 또는 완성 후 지출로 자산의 성능이 향상되거나 감액손실을 인식하는 등)에는 상각기간의 변경이 필요할 수도 있다.

《 무형자산의 종류별 상각방법과 내용연수 》

종 류	상각방법	내용연수
① 영업권, 의장권, 실용신안권, 상표권,	정액법	5년
② 특허권, 어업권, 유료도로관리권, 수리권, 전기가스공급시설 이용권, 수도시설이용권 등	정액법	10년
③ 광업권, 전신전화전용시설이용권 등	생산량비례법, 정액법	20년
④ 댐사용권	정액법	50년
⑤ 개발비	20년 이내 연단위 상각	
⑥ 사용수익기부자산가액	사용수익기간 동안 균등상각	
⑦ 주파수이용권, 공항시설관리권	사용기간 균등액	

7장

고유목적사업준비금

1. 고유목적사업준비금 제도

비영리법인들은 각기 고유의 설립목적이 있다. 학교법인은 교육사업을, 종교재단은 종교의 보급을, 사회복지법인은 아동복지, 장애인복지 등 사회복지사업을 목적으로 설립된 비영리법인이다. 학교법인이나 사회복지법인 등의 비영리법인들은 설립목적사업을 수행하는 데 필요한 운영자금을 외부의 제3자로부터 기부받거나 직접 사업체를 운영하여 조달한다. 그리고 비영리사업에 필요한 자원의 획득을 위한 수익사업의 목적으로 병원을 운영하는 비영리법인도 있다.

가 고유목적사업준비금

① 비영리법인이 목적사업의 수행에 필요한 운영비의 조달을 위하여 수익사업을 영위하는 경우에 그 수익사업에서 발생한 소득의 전부 또는 일부를 앞으로 그 비영리법인의 목적사업에 사용하기 위하여 적립하는 적립금을 고유목적사업준비금이라고 한다.

② 비영리법인의 수익사업에서 발생한 소득을 직접 고유목적사업비로 사용하는 경우에는 이를 제3자 간의 거래로 인식하여 외부의 일반기부금 단체에 일반기부금을 지출하는 것과 동일하게 취급한다. 예를 들어 수익사업 소득금액을 고유목적사업의 수행에 직접 소요되는 인건비 등 목적사업의 필요 경비로 사용하거나 고유목적사업에 사용되는 자산(유형자산)을 취득하는 경우에는 고유목적사업에 지출한 것으로 본다.[1]

나 고유목적사업준비금의 손금산입

① 세법은 비영리법인이 그 법인의 고유목적사업 또는 일반기부금에 지출하기 위하여 고유목적사업준비금을 설정하는 경우에 사업연도 소득금액의 일정 부분을 손금에 산입할 수 있도록 하고 있다.

---

1) 재경부 법인 46012-36, 1999.3.13

② 고유목적사업준비금의 손금산입은 반드시 결산에 반영하여야 하고(결산조정사항) 신고조정으로 손금에 산입 할 수는 없다. 법인세법은 외부회계감사를 받는 비영리법인은 잉여금 처분에 의한 신고조정도 가능하도록 규정하고 있지만, 의료기관회계기준이 고유목적사업준비금 전입액을 결산에 반영하도록 규정하고 있으므로 현실적으로 신고조정을 채택하고 있는 의료기관은 거의 없다.

다 개인병원 비적용

개인병원에 대하여는 고유목적사업준비금 제도가 적용되지 않는다.

2. 고유목적사업준비금의 손금산입

가 설정대상 법인

① 고유목적사업준비금 제도는 비영리조직(비영리법인+비영리단체)이 수익사업에서 가득한 소득금액의 일정 부분을 그 조직의 고유목적사업이나 외부 비영리조직에 대한 일반기부금으로 사용한다면 그 부분에 대하여 법인세를 과세하지 않는, 일종의 간접보조금 지원 제도이다.

② 모든 비영리조직이 고유목적사업준비금을 설정할 수 있는 것은 아니다. 법인세법은 비영리법인 및 일부 비영리단체에 대해서만 고유목적사업준비금을 설정할 수 있도록 설정 대상 을 제한적으로 규정하고 있다.

③ 다음에 속하는 비영리조직은 법인세법과 조세특례제한법에 따라 고유목적사업준비금을 설정할 수 있다.

  1. 비영리법인
  2. 법인세법이 정한 일반기부금 수령 가능 단체
  3. 법령에 따라 설치된 기금
  4. 공동주택의 입주자대표회의 또는 자치관리기구

나 설정 한도

① 비영리법인이 그 법인의 고유목적사업 또는 일반기부금에 지출하기 위하여 고유목적사

업준비금을 비용으로 결산에 반영한 경우에는 일정한도 내에서 손금에 산입한다.

② 고유목적사업준비금의 손금산입 범위 액은 비영리법인의 형태에 따라 다르며 특히 병원은 의료기관의 설립 주체에 따라 설정 한도가 달라진다. 병원을 운영하는 비영리법인의 유형별로 고유목적사업준비금을 설정할 수 있는 한도를 요약하면 다음과 같다.

병원의 설립 주체	고유목적사업준비금의 설정 한도
학교법인, 국립대학교병원, 사회복지법인, 지방의료원, 국립암센터, 적십자병원 등	수익사업에서 발생한 소득의 100%
의료법인, 사단법인, 재단법인 등	금융소득의 100%와 기타의 수익사업에서 발생한 소득의 50%의 합계액
인구 30만 이하의 대학병원이 없는 시군에 소재하는 의료기관	수익사업에서 발생한 소득의 100%

③ 수익사업에서 발생한 소득금액 전액에 대하여 고유목적사업준비금을 설정할 수 있는 의료기관 관련 법인은 다음과 같다.[1]

1. 사립학교법에 따른 학교법인
2. 사회복지사업법에 따른 사회복지법인
3. 다음의 어느 하나에 해당하는 법인
   - 국립대학병원 및 국립대학 치과병원
   - 서울대학교병원
   - 서울대학교 치과병원
   - 국립암센터
   - 지방의료원
   - 대한적십자사가 운영하는 병원
   - 국립중앙의료원
4. 수도권 과밀지역 및 광역시를 제외한 지역으로 인구수가 30만명 이하인 시·군 지역이고, 국립대학병원 설치법에 따른 국립대학병원 또는 사립학교법에 따른 사립학교가 운영하는 병원이 소재하고 있지 아니한 지역에 소재하는 비영리의료기관

④ 그 밖의 의료기관을 운영하는 비영리법인은 금융소득의 100%와 금융소득을 제외한 기타의 수익사업 발생 소득의 50%의 합계액을 고유목적사업준비금으로 설정할 수 있다.

고유목적사업준비금의 설정 한도는 다음 산식과 같다.

---

1) 조세특례제한법 제74조 제1항. 이 조항은 2022.12.31까지 적용된다. 이외에 산학협력단, 평생교육법에 따른 원격대학 형태의 평생교육시설을 운영하는 비영리법인 및 국립대학교법인과 발전기금, 도서관법인, 박물관법인, 일부 문화예술단체, 국제행사조직위원회, 해당 과세연도의 고유목적사업이나 일반기부금에 대한 지출액 중 100분의 80 이상의 금액을 장학금으로 지출한 공익법인을 운영하는 비영리법인, 공무원연금공단 및 사립학교교직원연금공단 등도 100%의 고유목적사업준비금을 설정할 수 있다.

> 설정 한도액 = 금융소득의 100 % + 기타의 수익사업 발생 소득의 50%(100%)

위에서 금융소득의 범위는 다음과 같다[1]).

  1. 이자소득금액(소득법 §16① 각호. 비영업대금의 이익은 제외)

  2. 배당소득금액(소득법 §17① 각호. 상속세 또는 증여세 과세가액에 산입되는 주식 등 으로부터 발생한 배당소득금액은 제외)

  3. 특별법에 따라 설립된 비영리 내국법인이 당해 법률에 의한 복지사업으로서 그 회원 또는 조합원에게 대출한 융자금에서 발생한 이자금액

⑤ 이자소득, 배당소득 등은 고유목적사업 부문에서 발생한 이자소득 등을 포함하고, 결산에 반영하지 않은 이자소득 등은 제외한다.[2]) 또, 미수이자는 고유목적사업준비금 설정대상 이자소득에서 제외한다. 세법이 권리확정주의에 의하여 수익을 인식하도록 정하고 있는 점을 고려하면 고유목적사업준비금 설정대상 이자소득은 당해 사업연도에 확정된 이자소득으로 한정하는 것이 논리에 맞다.

⑥ 그리고 확정급여형 퇴직연금제도를 운용함으로써 발생하는 이자수입은 수익으로 인식함과 동시에 퇴직연금으로 손금산입하는 것을 고려할 때 고유목적사업준비금 설정대상 이자소득에서 제외하는 것이 타당하다.

해석 비영리 내국법인이 근로자퇴직급여보장법 제12조에 따른 확정급여형 퇴직연금제도에 가입하고 퇴직연금 운용사업자와 같은 법 제16조의 신탁계약을 체결하여 퇴직연금 적립금의 운용을 위탁함에 따라 발생한 운용수익은 법인세법 제29조 제1항 제1호 및 제2호의 고유목적사업준비금 설정대상 이자소득 또는 배당소득에 해당하지 아니하는 것이며, 해당 퇴직연금 가입대상 종업원에 대해 손금산입한 퇴직연금 부담금과 대응하여 수익사업 또는 비영리사업의 익금으로 하는 것임(법규과 1508, 2010.10.5.).

⑦ 마이너스(−) 플러스(+)가 혼재된 배당소득은 합산하여 계산하고, 배당소득의 순액이 마이너스면 다른 소득에서 차감할 수 있다[3]). 또, 비영리법인은 배당소득에 대하여 고유목적사업준비금을 설정할 수 있으므로 법인법 §18의3에 따른 수입배당금 익금불산입 규정은 적용하지 않는다[4]).

---

1) 법인세법 제29조

2) 비영리법인은 영리법인과 달리 금융기관으로부터 수령하는 수입이자 중 원천징수된 이자소득에 대하여 결산에 반영하지 않고 원천납부로 종결할 수 있다(원천납부방법). 법인이 이자소득에 대하여 원천납부방법을 선택하여 결산에 반영하지 않은 경우에는 당해 이자소득을 소득금액에 포함하지 않는다. 설령 이자소득을 신고납부하는 법인의 이자소득의 일부가 신고 누락되었다고 하더라도 이 부분에 대하여는 추가적으로 고유목적사업준비금을 설정할 수 없고, 이후에 경정청구도 할 수 없다(조심2011서3492, 2011.12.22. 참조).

3) 법인세과-358, 2011.05.23. 참조

4) 고유목적사업준비금을 손금에 산입하지 않은 경우 수입배당금의 익금불산입 규정을 적용할 수 있음(법인세법시행령 제17조의 3 제4항 및 사전-2016-법령해석법인-0053, 2016.4.6. 참조)

⑧ 기타의 수익사업에서 발생한 소득은 총소득금액에서 특례기부금과 10년 이내에 발생한 이월결손금을 공제한 후의 소득금액을 말한다. 여기서 총소득금액은 고유목적사업준비금과 특례기부금을 손금에 산입하기 전의 소득금액이다.

> 기타의 수익사업 소득 = 총소득금액－금융소득－특례기부금－이월결손금

사례 학교법인 부속병원의 고유목적사업준비금 설정 한도 계산

1. 다음 경우 대한대학교 부속 대한의료원의 고유목적사업준비금 당기 설정 한도액은 얼마인가?

2. 대한의료원이 수도권에 있는 의료법인인 경우라면 한도액은 얼마인가?

> 1. 고유목적사업준비금 설정전 손익계산서상 당기순이익   1,000,000,000원
> 2. 세무조정상 익금산입액   400,000,000원
> 3. 손금산입액   250,000,000원
> 4. 손익계산서에 반영되어 있는 수입이자   100,000,000원

해설 1. 부속병원 : 1억 + (10억+4억－2.5억－1억) × 100% = 11.5억

2. 의료법인 : 1억 + (10억+4억－2.5억－1억) × 50% = 6.25억

- 학교법인 부속병원 또는 의료법인 병원 여부에 따라서 고유목적사업준비금 설정 한도액은 11.5억원과 6.25억원으로 차이가 있다.

다 한도 초과액의 처리

① 법인이 손금으로 계상한 고유목적사업준비금이 세법에서 정한 한도를 초과하는 경우에는 그 한도 초과금액을 손금불산입한다.

② 손금으로 계상한 고유목적사업준비금은 법인이 고유목적사업준비금 전입액으로 비용처리한 금액과 직접 고유목적사업에 지출한 금액 및 일반기부금의 합계액이다.[1] 이를 산식으로 나타내면 다음과 같다.

법인이 손금으로 계상한 고유목적 사업준비금	=	결산상 고유 목적사업준비금 전입액	+	직접고유 목적사업 지출액	+	결산서 상 일반기부금 계상액

해석 사립학교법에 따른 학교법인이 직전사업연도 말 현재 고유목적사업준비금 잔액이 없어 당해

---

[1]수익사업을 영위하는 비영리법인이 일반기부금을 수익사업회계에서 지출한 경우에는 이를 고유목적사업준비금을 계상하여 지출한 것으로 보는 것이므로 동 일반기부금 지출액과 고유목적사업준비금 전입액을 합산한 금액이 당해 사업연도의 고유목적사업준비금 손금산입 한도액을 초과하는 경우에는 그 초과액을 손금불산입한다(법인 46012－718, 1997.3.10).

사업연도 중에 고유목적사업준비금에서 차감하지 아니하고 직접 고유목적사업 등에 지출한 금액이 있으면 그 금액은 이를 당해 사업연도에 계상할 고유목적사업준비금에서 지출한 것으로 보아 법인세법 시행규칙 별지 제27호 서식의 고유목적사업준비금 조정명세서상 ③, ⑫의 당기계상 고유목적사업준비금란에 포함하여 기재하는 것임(서이 46012－11591, 2003.9.2).

③ 그리고 고유목적사업준비금의 한도 초과액은 퇴직급여충당금 등의 한도 초과액과 달리 다음 사업연도 이후에 한도 미달액이 발생하면 손금추인 할 수 없다. 법인이 이를 환입하여 수익으로 계상하면 이월익금으로 보아 익금으로 산입하지 않는다.[1]

④ 따라서 고유목적사업준비금 한도 초과액이 발생하면 다음연도에 이를 고유목적사업준비금 환입액으로 수익 인식하고 세무조정에서 익금불산입으로 처리하는 것이 여러모로 편리할 것이다.

라 손금산입 방법

고유목적사업준비금을 손금에 산입하는 방법은 신고조정과 결산조정의 두 가지가 있다. 법인세법이 외부회계감사를 받는 비영리법인은 잉여금 처분에 의한 신고조정도 가능하도록 규정하고 있지만, 의료기관회계기준이 고유목적사업준비금 전입액을 결산에 반영하도록 규정하고 있으므로 현실적으로 신고조정을 채택하고 있는 경우는 거의 없다.

마 중복지원의 배제

고유목적사업준비금 제도에 대하여는 중복지원의 배제 규정이 있다. 비영리법인이 수익사업에서 발생한 소득에 대해서 법인세법 또는 조세특례제한법에 규정된 비과세 및 면제, 준비금의 손금산입, 소득공제 또는 세액감면을 적용받는 경우에는 고유목적사업준비금을 설정할 수 없다. 다만, 세액공제를 적용받는 경우에는 고유목적사업준비금의 설정이 가능하다.[2]

---

1) 법인세법 기본통칙 29－56…3, 및 법인 46012－735, 2001.5.28
2) 법인세법 제29조 제8항 및 동 시행령 제56조 제8항

3. 고유목적사업준비금의 사용

가 사용용도

(1) 고유목적사업준비금의 사용 용도

① 고유목적사업준비금의 사용 용도는 고유목적사업비와 일반기부금 두 가지다. 고유목적 사업준비금을 손금으로 계상한 법인은 사업연도의 종료일 이후 5년 이내에 법인의 고유목적 사업이나 일반기부금으로 지출하여야 한다.

② 의료기관회계기준도 법인세법과 동일하게 계정과목 해설에서 고유목적사업준비금을 「법인의 고유목적사업 또는 기부금에 지출하기 위하여 설정한 준비금」으로 표시하고 있다.

- 고유목적사업비
- 일반기부금

(2) 고유목적사업비의 범위

① 고유목적사업은 당해 비영리법인의 법령 또는 정관에 규정된 설립목적을 직접 수행하는 사업이다. 그러나 법인세법에 규정된 수익사업은 고유목적사업비의 지출대상인 고유목적 사업의 범위에서 제외한다.

② 비영리법인들은 각기 고유의 설립목적이 있다. 학교법인은 교육사업을, 한국보훈복지의료공단은 국가유공자의 복지를, 사회복지법인은 아동복지·장애인복지 등 사회복지사업을 목적으로 설립된 비영리법인이다.

③ 사립대학부속병원, 보훈병원, 사회복지법인병원 등은 병원 그 자체로 목적사업이기도 하지만 학교법인, 한국보훈복지의료공단, 사회복지법인 등 설립 기관의 운영에 필요한 자원의 획득의 한 방편으로 운영되고 있기도 하다. 이들 비영리법인은 법인회계와 병원회계를 별도로 구분하고 있으며, 전국 각지에 여러 개의 병원을 운영하면서 병원 이외의 다른 수익사업체를 운영하기도 한다.

④ 법인세법은 비영리법인의 수익사업에 속하는 자산을 법인회계(고유목적사업회계 또는 비수익 회계로 표현하기도 함)에 전출하여 직접 고유목적사업비로 사용하는 경우에는 이를 제3자 간의 거래로 인식하여 외부의 일반기부금 단체에 일반기부금을 지출하는 것과 동일하게 취급한다.

⑤ 고유목적사업비의 지출 대상인 고유목적사업은 순수한 비영리사업에 국한한다. 사립학교법인이 고유목적사업인 교사 신축을 위하여 대출받은 차입금의 상환과 이자의 지급은 고

유목적사업비의 지출로 인정한다.

⑥ 그러나 비영리법인이 운영하는 수익사업은 고유목적사업준비금의 지출 대상인 고유목적사업이 될 수 없고, 의료업은 법인세법에서 수익사업으로 간주하므로 고유목적사업준비금을 의료업에서 발생한 차입금의 상환이나 인건비로 사용할 수는 없다.[1]

⑦ 또, 고유목적사업과 수익사업에 공동으로 사용하는 유형자산을 구입한 경우에는 취득가액을 사용면적으로 안분 계산하여 고유목적사업에 해당하는 금액만큼을 고유목적사업에 사용한 것으로 하고, 공통으로 사용되는 면적에 해당하는 취득금액은 수익사업에 속하는 것으로 한다.

⑧ 법인세법은 의료업을 영위하는 비영리법인에 대하여는 의료기기 등 유·무형자산을 구입한 경우에도 고유목적사업준비금을 사용한 것으로 인정한다는 특칙을 두고 있다.

병원의 설립 주체별로 고유목적사업준비금을 사용할 수 있는 범위를 요약 정리하면 다음과 같다.

병원 형태	고유목적사업준비금 사용처
학교법인, 사회복지법인 등	일반기부금, 의료기기 구입 수익사업의 자산을 비영리사업회계에 전출
의료법인 병원 등	일반기부금, 의료기기 등 유·무형자산 구입

해석 고유목적사업 지출로 보는 병원 건물 및 부속토지 범위 등

▶ (질의) 질의법인은 '19년에 매입한 나대지에 병원, 기숙사 등을 신축할 예정임. '21.1월 상기 매입토지와 관련하여 한방병원, 기숙사 등으로 구체적인 이용범위에 대한 설계가 확정됨. 기숙사는 '21.2월에 건설에 착공하여 '21.**월에 준공되었으며, 한방병원은 '22.8월에 건설에 착공하여 '24.**월에 준공될 예정임. (질의1) 고유목적사업의 지출로 보는 병원 건물 및 부속토지 범위 (질의2) 고유목적사업비에 지출한 것으로 보는 시점

▶ (회신) 1. 보건업을 영위하는 비영리내국법인(이하 '의료법인')이 병원 건물과 그 부속토지를 취득하기 위하여 지출한 금액은 「법인세법 시행규칙」 제29조의2제1항제1호의 규정에 의하여 이를 고유목적사업에 지출 또는 사용한 금액으로 보는 것이나, 귀 질의의 토지가 병원 건물의 부속토지에 해당하는지 여부는 사실판단할 사항임

2. 「법인세법 시행규칙」 제29조의2제1항제1호의 규정에 따른 병원 건물의 부속토지 면적을 산정함에 있어 동일경계안의 토지 위에 병원 건물과 그 외의 건물이 있고 해당 토지가 병원 건물과 그 외의 건물의 효용과 편익을 위하여 공통으로 사용되는 경우 병원건물의 부속토지면적은 각 건물의 바닥면적에 의하여 안분계산하는 것임

3. 의료법인이 병원 건물 등을 신축하면서 허가조건으로 당해 법인의 토지에 도로를 개설하여 이

---

[1] 고유목적사업이란 당해 비영리 내국법인의 법령 또는 정관에 규정된 설립목적을 직접 수행하는 사업으로서 법인세법 시행령 제2조 제1항의 규정에 의한 수익사업 외의 사업을 말한다(법인세법 시행령 제56조 제5항).

를 관할지방자치단체에 기부채납하기로 한 경우 도로부지 취득비용 및 공사원가는 잔존토지의 자본적 지출로 하는 것이며, 「법인세법 시행규칙」 제29조의2제1항제1호의 규정에 따른 병원 건물의 부속토지를 취득하기 위하여 지출하는 금액에는 병원 건물의 부속토지에 대한 자본적 지출액을 포함하는 것임

4. 고유목적사업준비금을 손금으로 계상한 의료법인이 병원 건물을 신축하기 위하여 지출한 비용은 지출시점에 고유목적사업에 지출 또는 사용한 것으로 보는 것이며, 병원 건물 신축용 토지를 취득하기 위해 지출한 금액의 고유목적사업 사용일에 대하여는 기존 해석사례(법인세과-498, 2009.04.24.)를 참조하시기 바람(법규법인-5960, 2022.05.13.).

> ▶ 병원 건물 신축(증축)용 토지 및 주차장용 토지를 취득하기 위해 지출하는 금액은 고유목적사업에 지출 또는 사용한 금액으로 보지 않는 것이며, 병원 건물의 건축공사에 착공하기 위해 병원회계로 당해 토지를 전입하는 때에는 그 전입하는 시점에서 고유목적사업에 지출 또는 는 사용한 금액으로 보는 것임(법인세과-498, 2009.04.24.).

(3) 용도외사용 등

① 고유목적사업준비금을 용도 외에 사용한 경우에는 고유목적사업준비금의 임의환입에 해당하므로 해당 사유가 발생한 연도의 익금에 산입한다.

② 유·무형자산 취득 후 법령 또는 정관에 규정된 고유목적사업이나 보건업에 3년 이상 자산을 직접 사용하지 아니하고 처분하는 경우에는 그 금액을 고유목적사업에 지출 또는 사용한 금액으로 보지 않는다.

③ 고유목적사업준비금을 설정하여 손금에 산입한 비영리법인이 5년 이내에 고유목적사업준비금을 고유목적사업이 아닌 다른 용도에 사용함으로써 더는 이를 고유목적사업에 사용할 수 없는 것이 분명해진 경우에는 5년의 기한을 기다릴 필요 없이 곧바로 해당 사유가 발생한 사업연도의 익금에 산입한다.[1]

나 사용시기

(1) 일반 비영리법인

① 비영리법인은 수익사업에서 발생한 소득금액에 대하여 고유목적사업준비금을 설정하고, 설정된 고유목적사업준비금은 사업연도 종료일 이후 5년 이내에 고유목적사업비 또는 일반기부금으로 지출하여야 한다.

② 의료업을 영위하는 비영리법인의 고유목적사업비는 법인회계로 전출하는 돈 또는 의료업에 사용하는 고정자산 구입비, 두 가지 중 하나이다. 고유목적사업비의 지출 여부는 기부

---

1) 수원지방법원-2015-구합-69509, 2016.07.20. 고유목적사업준비금으로 임대사업용 자산을 취득한 사건.

금과 마찬가지로 현금주의에 의하여 판단하므로 의료용 고정자산 구입비의 사용 시기 판단은 명백하지만, 법인회계에 전출하는 돈의 사용 시기에 대하여는 의문의 여지가 있다. 이 때문에 중요한 법정공방도 몇 차례 있었다.

③ 법인회계에 전출하는 돈을 고유목적사업비로 사용한 때는 언제인가? 고유목적사업회계에 전출한 때인가 아니면 고유목적사업에 직접 사용한 때인가?

세법은 고유목적사업회계에 전출했다는 사실만으로는 고유목적사업에 사용한 것으로 인정하지 않으며, 고유목적회계에 전입된 자산의 사용 내용에 따라 사용 여부를 판단한다.

해석 고유목적사업에 사용한 것의 의미

(질의) 수익사업을 영위하는 비영리 내국법인 지점이 수익 일부를 고유목적사업을 영위하는 비영리 내국법인 본점에 전출하는 경우 고유목적사업에 사용한 것으로 볼 수 있는지?

(회신) 수익사업을 영위하는 비영리법인 지점이 수익 일부를 고유목적사업을 영위하는 비영리법인 본점에 전출하는 경우에는 고유목적사업준비금을 고유목적사업에 사용한 것으로 볼 수 없는 것임(서면-2016-법령해석법인-4643, 2016.12.14)

(2) 학교법인

① 학교법인은 수익사업회계에 속하는 자산을 고유목적회계에 전출하는 시점에 고유목적사업에 사용한 것으로 본다[1].

② 학교법인 이외의 비영리법인은 수익사업회계에서 비수익사업회계로 전출하는 시점이 아니라 비영리사업에 직접 사용하는 시점에 고유목적사업에 사용한 것으로 인정하는 점과는 차이가 있다.

③ 그러나 학교법인이라고 하더라도 실제 사용 여부와 무관하게 해당자산을 고유목적사업에 사용한 것으로 의제하여 영구적으로 법인세 부담을 면제하는 취지로 해석할 수는 없다.

④ 학교법인이 수령한 고유목적준비금을 교육목적이 아닌 수익사업 목적, 예컨데 임대업에 사용하는 경우에는 법인세의 추징을 면할 길이 없다.

〈 비수익사업에 전출했을 때 사용 시기의 판정 〉

학교법인	그 외의 비영리법인
전출한 때	비영리사업에 사용한 때

해석 수익사업회계에 속하는 자산을 비영리사업회계에 전출한 경우

▶ (질의) 사립학교법에 따라 설립되어 조세특례제한법 제74조 제1항 제1호의 규정을 적용받는 법

---

1) 법인세법 시행규칙 제76조 제4항 및 조세특례제한법 제74조 제1항 제1호 참조. 학교법인에 전출의 행위가 명목뿐인 경우로서 당해 자산을 계속하여 수익사업에 사용하거나, 동 자산이 전출 후에도 수익사업과 비영리사업에 공통되는 경우에는 그 전출이 없는 것으로 본다.

인이, 고유목적사업인 교육사업과 수익사업인 부동산임대사업을 영위하면서 교육사업과 수익사업을 총괄하는 재단이 별도의 조직으로 운영되고 있음(교육사업과 수익사업의 총괄업무 이외의 별도 사업은 없음). 그리고 그 회계는 고유목적회계인 학교회계, 수익사업회계인 임대회계와 재단회계로 구분경리하고 있는 경우, 수익사업회계에 속하는 자산(당좌자산)을 재단회계(학교회계가 아님)에 전입하는 금액은?

1. 재단을 비영리사업으로 보아 법인세법 시행규칙 제76조 제4항 후단의 규정을 적용하여 비영리사업에 지출한 것으로 경리하여야 하는지, 아니면 재단을 비영리사업으로 보지 아니하여 재단회계에 전입한 금액을 수익사업 간의 전입으로 경리하여야 하는지?

2. 그리고 재단회계에 전입한 금액이 법인세법 제29조 제2항 및 동 시행령 제56조 제5항에 규정한 고유목적사업에 지출한 것에 해당하는지, 아니면 학교회계에 전입한 금액만이 고유목적사업에 지출에 해당하는지?

▶ (회신) 사립학교법에 따른 학교법인이 수익사업회계에 속하는 자산을 비영리사업회계에 전출한 경우에는 이를 비영리사업에 지출한 것으로 보아 법인세법 제29조 제2항의 규정을 적용하는 것임. 다만, 당해 전출의 행위가 명목뿐인 경우로서 당해 자산을 계속하여 수익사업에 사용하거나, 동 자산이 전출 후에도 수익사업과 비영리사업에 공통되는 경우에는 그 전출이 없는 것으로 보는 것임(법인 46012-4050, 1999.11.22).

다 준비금 설정 없이 직접 고유목적사업비로 사용한 경우

① 법인법 §29② 에 의하면 비영리 내국법인이 고유목적사업준비금을 손금으로 계상하면 법정 한도액 범위에서 손금에 산입한다.

② 고유목적사업준비금을 계상하지 아니하고 곧바로 고유목적사업에 지출하면 당해 사업연도에 계상할 고유목적사업준비금에서 지출한 것으로 보아 역시 손금에 산입한다.

해석 | 고유목적사업비 손금산입 여부

▶ (질의) 법인 회계실무자의 실수로 학교법인의 기본재산을 일시적으로 사용케 하고 받은 임대료 수입을 사립학교의 사용료 및 대여료 수입으로 계상한 후 고유목적사업에 사용하였음, 즉 사립학교회계에서 수익으로 계상하지 아니하고 학교법인의 수익사업 신고 시 동 임대료 상당액을 매출로, 그리고 동 금액만큼 고유목적사업준비금을 설정하여 신고하여야 하나 학교법인의 수입사업 신고 시 수익과 비용계상을 누락시켰음. 이 경우 학교법인이 수익사업의 매출을 누락시켰고 동 금액에 대한 고유목적사업준비금을 설정하지 않았으므로 누락된 매출 부분을 익금산입하여 법인세를 추징해야 하는지?

▶ (회신) 고유목적사업준비금을 설정하지 아니하고 고유목적사업비로 지출한 경우 준비금을 계상하여 지출한 것으로 보아 설정 한도 초과액은 손금불산입함(서면2팀 840, 2004.4.22.).

라 의료기관에 대한 적용의 특례

(1) 고유목적사업비에 의료용 유형자산 구입비도 포함

① 비영리법인은 설정된 고유목적사업준비금을 고유목적사업비나 일반기부금으로 사용하여야 한다. 고유목적사업은 당해 비영리법인의 법령 또는 정관에 규정된 설립목적을 직접 수행하는 사업이다. 정관에 규정된 목적사업이 수익사업에 해당한다면 그 수익사업은 고유목적사업비의 지출대상 고유목적사업이 될 수 없다.

② 수익사업에서 번 돈을 수익사업을 위해 사용하는 것을 고유목적사업준비금의 사용으로 인정할 수는 없다. 비영리법인의 수익사업을 위하여 국가가 보조금을 주는 꼴이기 때문이다.

③ 그런데 의료업은 비영리 공익사업(상증법의 비영리 공익법인이면서 법인세법상의 일반기부금을 받을 수 있는 단체)이기도 하고 법인세법이 정하는 수익사업이기도 하다. 따라서 법인세법은 특별히 의료기관에 대하여 고유목적사업준비금을 사용할 수 있도록 허용하고 있다.

④ 의료업을 영위하는 비영리법인이 다음 1, 2, 3에 열거하는 의료기기 등 유형자산을 취득하거나 4, 5를 위하여 지출한 때에는 고유목적사업에 지출한 것으로 인정한다.[1]

　　1. 병원 건물 및 부속토지

　　2. 의료기기법에 따른 의료기기

　　3. 보건의료기본법에 따른 보건의료정보의 관리를 위한 정보시스템 설비

　　4. 해외에서 보건의료서비스를 제공하기 위한 병원건물 및 부속토지 임차(인테리어 포함), 의료기기 임차, 정보시스템 설비 임차

　　5. 연구개발사업(자체연구, 위탁연구, 공동연구 포함)

⑤ 의료기기 등에 대한 투자에 대하여 고유목적사업준비금을 설정하여 사용할 수 있도록 하는 현재의 제도는 일종의 과세이연제도이다.

⑥ 고유목적사업준비금을 설정하는 당해연도에는 고유목적사업준비금 전입액에 해당하는 금액만큼 과세소득을 감소시킬 수 있지만, 그 이후에 의료기기 등을 취득한 경우에 의료기기 등의 감가상각비 해당액만큼 의료발전준비금 환입 등의 계정과목을 사용하여 익금으로 산입하는 절차를 거치게 되어있다.

⑦ 의료발전준비금 환입액은 고유목적사업준비금 설정대상 소득금액에 포함된다.

(2) 병원 건물 및 부속토지

① 병원 건물 및 부속토지를 취득하기 위하여 지출하는 금액은 고유목적사업에 지출 또는

---

1) 법인세법 시행령 제56조 제6항 제3호 및 법인세법 시행규칙 제29조의2

사용한 금액으로 본다. 그러나 연수원, 기숙사, 사택 등 환자 진료 및 치료와 직접 관련이 없는 부동산의 취득에 대하여는 고유목적사업준비금의 사용으로 인정하지 않는다.[1]

② 환자 진료시설을 위한 임차보증금의 지급도 비유동자산에 대한 지출이므로 고유목적사업준비금의 사용으로 할 수 있다. 이 경우 임차보증금의 회수는 고유목적사업준비금의 환입이다.

해석 고유목적사업준비금의 사용 관련 사례

▶ 의료업을 영위하는 비영리 내국법인이 병원 건물의 부속토지로 사용 중인 타인 명의 토지를 토지 소유자로부터 단계적으로 분할 취득하는 경우에는 동 토지를 취득하는 시점마다 고유목적사업에 지출 또는 사용한 금액으로 보는 것이며, 의료업을 영위 중인 비영리 내국법인이 기타의 수익사업(주차장)에 사용하던 토지를 병원 건물의 착공을 위해 병원회계로 당해 토지를 전입하는 때에는 그 전입하는 시점에서 고유목적사업에 지출 또는 사용한 금액으로 보는 것임(서면2팀 957, 2007.5.17).

(3) 자본적지출

① 의료업을 영위하는 비영리 내국법인이 고유목적사업준비금을 손금으로 계상한 후 병원 건물에 대한 자본적지출을 할 때는 그 지출금액을 고유목적사업에 지출 또는 사용한 것으로 본다.

② 토지, 건물의 취득 경우와 마찬가지로 환자 진료 및 치료와 직접 관련이 없는 부동산에 대한 자본적지출에 대해서는 지출 또는 사용으로 인정받을 수 없다.

해석 고유목적사업준비금의 사용

▶ [질의] 의료법인이 병원건물에 필수적 부속설비인 전기설비, 소방설비, 냉난방설비, 보일러설비 등에 사용한 자본적 지출도 병원건물에 취득하기 위하여 지출하는 금액에 포함하여 고유목적사업에 지출한 것으로 보는지 여부

▶ [회신] 법인세법 제29조에 따라 고유목적사업준비금을 손금에 산입하고 이를 의료발전회계로 구분하여 경리하는 의료법인이 병원 건물을 취득하기 위하여 지출하는 금액은 법인세법 시행령 제56조 6항 3호에 따라 고유목적사업에 지출 또는 사용한 금액으로 보는 것이며, 이 경우 「기획재정부령이 정하는 고정자산의 취득」에는 병원건물에 대한 자본적지출액을 포함하는 것임(서면 2019법인-0100, 2019.3.28. 및 법인세과 753, 2010.8.9).

(4) 고유목적사업에 지출한 시기

① 병원 건물의 신축공사는 완공까지 긴 시간이 필요하다. 착공부터 완공까지 수년이 걸리는 장기 건축공사에 대하여 공사대금을 완공 시점에 일시불로 지급하는 경우는 거의 없고,

---

1) 의료법인이 병원건물에 해당하지 아니하는 직원 기숙사 및 연수원을 취득하기 위하여 지출하는 금액은 고유목적사업에 지출 또는 사용한 금액에 해당하지 아니하는 것임. 법인세과-1121, 2010.11.30 참조

대부분의 경우 착수금, 중도금, 막대금의 형식으로 대금 지급이 이루어진다.

② 장기건설공사와 관련하여 고유목적사업에 지출한 것으로 인정하는 시기는 언제인가? 착수금, 중도금 등 고유목적사업을 위한 진행 과정에 현금으로 지출한 날인가, 아니면 공사 완공일인가?

③ 필자는 고유목적사업비의 사용일은 현금주의에 따라 판단하는 것이 타당하다고 생각한다. 법 본문에 「지출」이라고 명시하고 있기 때문이다. 더구나 외상으로 의료기기를 구입하거나 완공 후에 공사대금을 지급하는 경우처럼 인도 기준 또는 공사완공기준을 사용한다면 고유목적사업준비금 사용 시점을 기업이 임의로 조절할 수 있는 등 과세소득의 왜곡 가능성이 존재한다.

④ 병원 건물 신축(증축)용 토지 및 주차장용 토지를 취득하기 위해 지출하는 금액은 고유목적사업에 지출 또는 사용한 금액으로 보지 않고, 차후에 병원 건물의 건축공사에 착공하기 위해 병원회계로 당해 토지를 전입하는 때에는 그 전입하는 시점에 고유목적사업에 지출 또는 사용한 것으로 본다.[1]

(5) 의료발전회계

① 고유목적사업준비금을 설정하고 있는 법인이 의료업을 위한 유형자산을 취득한 경우에는 고유목적사업준비금 사용액에 해당하는 금액을 의료발전회계로 구분하여 경리하여야 한다[2].

② 의료발전회계에서는 고유목적사업준비금의 연도별 사용 내용, 해당 자산에 대한 연도별 감가상각비의 내용 등을 관리하여야 한다.

③ 필자가 개발하여 사용하고 있는 의료발전회계명세서를 인용하면 다음과 같다.

〈 20x1.12.31. 의료발전회계명세서 〉

계정	자산명	취득일	취득가액			내용 연수	상각누계액			기말장 부가액
			기초	기중구입	기말		기초	당기	기말	

위의 명세서에서 기 중 구입의 합계액은 당해연도 고유목적사업준비금 사용액 중 의료업 고정자산 취득액이고, 당기 상각액 합계액은 당년도 의료발전준비금 환입액이다. 기말장부가액 잔액은 의료발전준비금 미환입 잔액과 일치하여야 한다.

---

1) 법인세과-498, 2009.4.24 참조
2) 법인세법시행령 제56조 제10항

🔘 마 준비금의 사용순서

① 비영리법인이 손금으로 계상한 고유목적사업준비금을 고유목적사업 등에 지출하는 경우에는 그 금액을 먼저 계상한 사업연도의 고유목적사업준비금부터 순차로 상계하여야 한다.

② 직전 사업연도 종료일 현재의 고유목적사업준비금 잔액을 초과하여 당해 사업연도의 고유목적사업 등에 지출한 금액이 있다면 그 금액은 이를 당해 사업연도에 계상할 고유목적사업준비금에서 지출한 것으로 본다.

해석 고유목적사업준비금을 설정과 지출

▶ (질의) 학교법인이 「용역, 병원, 부동산임대 등」 사업부문이 있으며, 사학기관 재무·회계 규칙 및 내부관리목적에 따라 1차로 사업부문별로 재무제표를 작성하고, 2차로 종합 재무제표를 작성하고 있음. 고유목적사업준비금도 사업별 제무제표에 반영한 후 통합재무제표에 합산신고하고 있음

   1. 고유목적사업준비금을 설정할 때 「수익사업에서 발생한 소득」의 범위에 세무조정으로 익금산입한 인정이자가 포함되는지

   2. 고유목적사업비를 지출하는 경우 상기의 통합재무제표를 기준으로 먼저 계상한 사업연도의 고유목적사업준비금부터 우선 상계하는 것인지 또는 개별재무제표의 고유목적사업준비금을 기준으로 상계하는 것인지

▶ (회신) 1. 수익사업에서 발생한 소득에는 해당 사업연도에 세무조정으로 익금산입한 인정이자 상당액이 포함되는 것임

   2. 다수의 수익사업부문을 영위하고 있는 비영리 내국법인이 고유목적사업준비금을 설정하는 경우 전체 수익사업에서 발생한 소득을 기준으로 설정하는 것이며, 손금으로 계상한 고유목적사업준비금을 고유목적사업 등에 지출하는 경우에는 먼저 계상한 사업연도의 전체 고유목적사업준비금부터 차례로 상계하는 것임(법인세과 907, 2011.11.11).

🔘 바 일반기부금지출과 고유목적사업준비금

① 법인세법에 따르면 고유목적사업준비금을 설정한 비영리법인이 일반기부금 단체에 일반기부금을 지출하는 때에는 별도로 기부금으로 회계처리 하지 않고 고유목적사업준비금에서 차감하여야 한다. 실무적으로는 연도 중에는 기부금으로 회계처리 하고 연도 말에 일반기부금 총액을 일괄하여 고유목적사업준비금과 대체하는 회계처리를 해주면 될 것이다.

② 일반기부금 지출총액이 고유목적사업준비금 설정액 범위 내에 있다면 일반기부금에 대한 한도 초과 여부를 계산할 필요도 없다.

③ 법인세법에 의한 일반기부금의 회계처리는 외부에 공표하는 재무제표에 기부금이 표시되지 않으므로 재무제표의 왜곡 현상을 초래한다. 의료기관회계기준과도 일치하지 않는다.

기업회계기준을 따르고 세무조정에서 반영하는 것이 적절할 것 같다.

④ 이 경우 병원이 손금으로 반영한 고유목적사업준비금 설정액은 고유목적사업준비금 전입액에 일반기부금을 합한 금액이다.

[해석] 일반기부금을 지출한 경우 세무처리 방법

▶ (질의) 고유목적사업준비금을 설정하고 있는 비영리 내국법인입니다. 우리 법인은 일반기부금 지출 시 기설정된 고유목적사업준비금에서 사용한 것으로 보지 아니하고 일반기부금으로 처리한 후 일반기부금 한도초과규정을 적용하여 시부인계산 하고 있습니다. 고유목적사업준비금을 설정한 비영리법인이 일반기부금을 지출한 경우 세무처리 방법은?

　(갑설) 고유목적사업준비금을 설정한 비영리법인이 일반기부금을 지출한 경우 준비금과 상계처리 하고, 일반기부금 시부인 규정을 적용하지 않음

　(을설) 준비금과의 상계 및 일반기부금 시부인 처리를 선택 적용

　(병설) 일반기부금 시부인 규정을 적용하여 손금산입

▶ (회신) 고유목적사업준비금을 손금으로 계상한 비영리 내국법인이 일반기부금을 지출하는 경우에는 같은 조 제2항에 의하여 먼저 계상한 사업연도의 고유목적사업준비금에서 순차로 상계하여야 하며, 이 경우 같은 법 제24조 규정에 의한 일반기부금 시부인 규정은 적용하지 않는 것임(법인세과 1033, 2009.9.21.).

4. 고유목적사업준비금의 회계처리

① 고유목적사업준비금의 손금산입은 반드시 결산에 반영하여야 하고(결산조정사항) 잉여금 처분에 의한 신고조정이나 단순 신고조정으로 손금에 산입 할 수 없으나 공인회계사의 외부회계감사를 받는 비영리법인은 잉여금 처분에 의한 신고조정도 가능하다.

② 고유목적사업준비금을 결산조정방법에 따라 손금산입하는 경우와 신고조정방법에 따라 손금산입하는 경우를 나누어 설명하면 다음과 같다.

가 결산조정방법

① 공인회계사의 외부감사를 받는 법인을 제외한 모든 비영리법인은 고유목적사업준비금을 결산에 반영하여야 손금으로 인정받을 수 있다. 결산 시에 설정하지 아니한 고유목적사업준비금은 경정청구의 대상이 아니다.[1]

---

1) 서면-2016-법인-5193, 2016.12.21.

② 고유목적사업준비금을 사용하여 의료기기 등의 유형자산을 구입할 경우에는 의료발전회계로 구분하여 경리하여야 한다.[1] 의료발전회계는 고유목적사업준비금 사용액의 사후관리 목적으로 세법이 요구하고 있는 계정과목이다.

(1) 고유목적사업준비금의 설정과 사용

① 고유목적사업준비금을 설정하고, 사용하는 경우의 회계처리는 다음과 같다.

- 고유목적사업준비금을 설정할 때

(차) 고유목적사업준비금 전입액 ×××	(대) 고유목적사업준비금 ×××

- 일반기부금을 지출하거나 고유목적사업에 전출하는 경우

(차) 기부금(전출금) ×××	(대) 현금및현금등가물 ×××
고유목적사업준비금 ×××	기부금(전출금) ×××

② 그리고 고유목적사업회계가 수익사업회계에서 전출한 금액을 수령하여 이를 고유목적사업비 등에 사용하는 경우의 회계처리는 다음과 같다.

- 전입 받을 때

(차) 현금및현금등가물 ×××	(대) 수익사업전입금 ×××

- 고유목적사업에 지출할 때

(차) 시설비, 인건비 등 ×××	(대) 현금및현금등가물 ×××

(2) 의료기기 등 유형자산의 취득

① 의료업을 영위하는 비영리법인이 의료기기 등 유형자산을 취득하기 위하여 지출하는 금액을 고유목적사업준비금의 사용으로 처리하고자 하면 사용한 고유목적사업준비금 상당액을 의료발전회계로 구분하여 경리하여야 한다.

② 의료발전회계란 고유목적사업준비금의 적립 및 지출에 관해 다른 회계와 구분하여 독립적으로 경리처리 하여 고유목적사업준비금을 사후관리하려는 제도이다.

③ 고유목적사업준비금으로 취득한 의료발전회계의 자산에 대한 감가상각비는 세무계산상 손금에 산입하면 안된다.

④ 병원이 감가상각비 상당액을 의료발전준비금 환입액으로 회계처리를 하면 별도의 세무

---

1) 법인세법 시행령 제56조 제9항 및 법인세법 시행규칙 제29조의2 제2항

조정을 하지 않음으로써 의료발전준비금 환입액을 과세소득에 포함해야 한다. 이렇게 익금산입되는 의료발전준비금 환입액은 당기 사업연도의 고유목적사업준비금 설정 한도액 계산에 포함하여야 한다.

해석 의료발전준비금 환입액의 소득금액 여부

▷ 고유목적사업준비금을 사용하여 취득한 의료기기에 대한 감가상각비를 손금으로 계상하고 동 감가상각비 상당액을 의료발전준비금의 환입으로 익금에 산입한 금액은 수익사업에서 발생한 소득에 해당함(법인세과 644, 2009.5.29).

사례 회계처리 예시

① 이에 대한 회계처리를 예시하면 다음과 같다.

- 20x1.12.31 고유목적사업준비금 100,000,000원을 설정

(차) 고유목적사업준비금전입액 100,000,000	(대) 고유목적사업준비금	100,000,000

- 20x2.3.1 의료기기 100,000,000원 구입함 : 내용연수 5년 정액법

(차) 의료기기	100,000,000	(대) 현금예금	100,000,000
고유목적사업준비금	100,000,000	의료발전준비금	100,000,000

② 취득한 의료기기는 병원 회계에 계상하고 고유목적사업준비금을 사용한 것으로 회계처리 한다. 이때 사용한 고유목적사업준비금의 상대 과목은 의료발전준비금이고 고유목적사업준비금의 적립 및 지출내역을 반영해 주는 역할을 한다.

③ 의료발전준비금을 재무상태표에 표시하는 방법은 두 가지가 있다.

첫째, 재무상태표에 비유동부채란의 고유목적사업준비금 항목 다음에 표시하는 방법

둘째, 해당 자산의 취득원가에서 차감 표시하는 방법

- 20x2.12.31. 기말 감가상각비 계상 시 의료발전준비금의 고려

(차) 감가상각비	500,000,000	(대) 감가상각누계액	500,000,000
의료발전준비금	20,000,000	의료발전준비금환입액	20,000,000

- 병원은 회계연도 말 결산 시 보유하고 있는 모든 유형자산에 대한 감가상각을 행할 것이다(임의로 감가상각비를 5억원으로 가정하였음).

④ 그러나 의료발전준비금으로 구입한 자산의 감가상각비는 세무회계에서는 비용으로 인정하지 않으므로 이에 해당하는 감가상각비만큼을 따로 계산하여 의료발전준비금환입액(의료외수익 항목)으로 회계처리 한다. 이렇게 하면 별도의 세무조정은 필요 없다.

- 20x3년 중 의료발전준비금에서 구입한 의료기기를 50,000,000에 처분

(차) 현금및현금등가물	50,000,000	(대) 의료기기	100,000,000
의료기기감가상각누계액	20,000,000		
유형자산처분손실	30,000,000		

(차) 의료발전준비금	80,000,000	(대) 의료발전준비금환입액	80,000,000

⑤ 의료발전준비금에서 1억원에 취득한 의료기기를 처분하였으므로 전년도 감가상각비 해당액 환입을 제외한 잔액 80,000,000원을 환입하여야 한다. 의료발전준비금환입액은 의료외수익이고 위와 같이 회계처리 한 경우에 별도의 세무조정은 필요 없다.

- 전년도 결산 시 의료발전준비금환입 계정을 사용하지 않는 경우의 회계처리는 다음과 같다.

(차) 현금및현금등가물	50,000,000	(대) 의료기기	100,000,000
의료기기감가상각누계액	20,000,000	유형자산처분이익	70,000,000
의료발전준비금	100,000,000		

⑥ 이 경우에는 세무조정 시에 의료발전준비금 전년도 유보액을 손금산입하는 처분을 하여야 한다.

〈 소득금액조정합계표 부분 〉

익금산입 및 손금불산입			손금산입 및 익금불산입		
과 목	금 액	처 분	과 목	금 액	처 분
			감가상각비 (의료발전준비금)	20,000,000	△유보

나 신고조정 방법

① 공인회계사의 외부회계감사를 받는 비영리법인은 고유목적사업준비금을 기업회계기준에 따라 이익잉여금으로 처분하고, 세무조정으로 손금으로 산입하는 것이 가능하다.[1] 신고

② 조정으로 고유목적사업준비금을 세무조정계산서에 계상하는 경우에는 그 금액 상당액을 해당 사업연도의 이익처분으로 고유목적사업준비금으로 적립하여야 한다.

③ 각사업연도의 소득금액 계산에서 고유목적사업준비금을 세무조정계산서에 손금으로 계상하지 아니하였거나 과소계상한 경우에는 그 이후 경정 등의 청구로 손금에 산입할 수 없다.

---

[1] 법인세법 제61조 제1항은 고유목적사업준비금의 설정을 반드시 이익잉여금처분계산서에 기재할 것을 요구하고 있다.

(1) 고유목적사업준비금의 설정

① 고유목적사업준비금을 신고조정으로 손금에 산입할 때에는 손금에 산입할 준비금 상당액을 이익잉여금처분계산서에 이익의 처분으로 적립한다. 이에 대한 회계처리는 다음과 같다 (결산에 반영하는 경우와 동일한 상황이라고 가정).

② 세무조정 시에는 이익의 처분으로 적립한 금액을 손금산입(△유보)한다. 그러나 처분가능이익이 없거나 부족한 경우에는 처분 부족액을 합한 금액을 손금에 산입한 후 다음 사업연도 이후에 부족분을 추가로 적립하여야 한다.

(차) 미처분이익잉여금	100,000,000	(대) 이익잉여금 (고유목적사업준비금)	100,000,000

③ 이에 대한 세무조정은 다음과 같다.

〈 소득금액조정합계표 부분 〉

익금산입 및 손금불산입			손금산입 및 익금불산입		
과 목	금 액	처 분	과 목	금 액	처 분
			고유목적사업준비금	100,000,000	△유보

해석 잉여금처분에 의한 고유목적사업준비금의 신고조정

▶ (질의) 비영리 내국법인이 고유목적사업준비금을 법인세법 제61조의 신고조정으로 손금산입에서
  1. 이익처분으로 준비금 손금산입에서 처분대상 이익이 고유목적사업과 수익사업을 모두 합산한 회계상 이익인지, 수익사업의 이익만으로 한정되는지 여부
  2. 참고로, 외부회계감사를 받는 비영리법인이 외부에 공시되는 이익잉여금처분계산서(기본금변동계산서)는 고유목적사업과 수익사업을 합산한 내용을 제출함.

▶ (회신) 주식회사의 외부감사에 관한 법률 제3조의 규정에 따른 감사인의 회계감사를 받는 비영리 내국법인이 법인세법 제29조의 규정에 따른 고유목적사업준비금을 세무조정계산서에 계상한 경우로서 그 금액상당액이 당해 사업연도의 이익처분에서 당해 준비금의 적립금으로 적립된 경우 같은 법 제61조의 규정에 따라 그 금액을 손금으로 계상한 것으로 보는 것이며, 이 경우 이익처분은 같은 법 제113조의 구분경리에 의하여 산정된 수익사업에서 발생한 잉여금을 대상으로 한다(법인세과 840, 2009.7.22.).

(2) 고유목적사업에 사용하는 경우의 회계처리

고유목적사업준비금은 목적사업비, 일반기부금, 유형자산의 구입 등의 세 가지 용도로 사용할 수 있으며 이에 대한 회계처리는 다음과 같다.

● 고유목적사업에 전출하거나 일반기부금을 지출하는 경우

① 고유목적사업준비금을 설정한 법인의 고유목적사업 전출액 및 일반기부금 지출액은 이익잉여금(고유목적사업준비금)과 상계한다. 고유목적사업준비금은 고유목적사업비로 사용하거나 일반기부금에 지출하기 위하여 설정해둔 것이기 때문이다.

② 이 회계처리는 일반기부금 등이 발생할 때마다 한 건씩 따로 처리할 필요는 없으며 연말결산 시 일괄적으로 처리하는 것이 실무상 편리하다.

(차) 이익잉여금	×××	(대) 현금및현금등가물	×××
(고유목적사업준비금)			

③ 이에 대한 세무조정은 다음과 같다. 사용액 또는 전출액만큼을 고유목적사업준비금 익금산입 유보처분하고 동 금액만큼 의료발전준비금 손금산입 △유보처분한다. △유보액은 이후 감가상각비 유보처분을 통하여 상계해나간다.

〈 소득금액조정합계표 부분 〉

익금산입 및 손금불산입			손금산입 및 익금불산입		
과 목	금 액	처 분	과 목	금 액	처 분
고유목적사업준비금	×××	유보	의료발전준비금	×××	△유보

● 유형자산을 구입하는 경우

① 법인이 고유목적사업준비금으로 의료기기 등의 유형자산을 구입할 경우에는 구입한 유형자산에 대한 감가상각비와 연계하여 세무조정을 하여야 한다. 우선 법인이 고유목적사업준비금으로 의료기기 등의 유형자산을 구입할 경우에는 다음과 같이 회계처리 한다.

② 이 경우에는 의료발전회계가 부채계정이나 자산의 차감적평가계정이 아니라 이익잉여금 과목으로 관리한다.

(차) 의료기기	100,000,000	(대) 현금및현금등가물	100,000,000
이익잉여금	100,000,000	이익잉여금	100,000,000
		(의료발전준비금)	

③ 이에 대한 세무조정은 다음과 같다. 의료장비 구입액에 해당하는 금액을 익금산입하고 유보처분 한다.

〈 소득금액조정합계표 부분 〉

익금산입 및 손금불산입			손금산입 및 익금불산입		
과 목	금 액	처 분	과 목	금 액	처 분
고유목적사업 준비금	100,000,000	유보	의료발전준비금	100,000,000	△유보

④ 최초에 고유목적사업을 적립할 때 손금산입한 금액을 의료기기를 구입할 때 익금산입 하였으므로 고유목적사업준비금 유보사항의 관리는 끝났고, 구입한 의료기기에 대한 사후 관리과정(의료발전준비금의 사후관리)에 들어간다.

⑤ 고유목적사업준비금의 사용으로 취득한 유형자산은 의료발전회계로 사후관리하게 되어 있고, 매년 발생하는 감가상각비 20,000,000원은 환입하거나 감가상각을 말아야 하는 문제가 남는다. 외부감사를 받는 경우이므로 이익잉여금처분계산서에 의료발전준비금 환입액으로 회계처리 한다.

⑥ 이때의 세무조정은 다음과 같은데 내용연수기간 동안 감가상각비 해당액을 손금불산입 하고 유보로 처분한다.

〈 소득금액조정합계표 부분 〉

익금산입 및 손금불산입			손금산입 및 익금불산입		
과 목	금 액	처 분	과 목	금 액	처 분
감가상각비 (의료발전준비금)	20,000,000	유보			

5. 고유목적사업준비금의 환입

① 손금에 산입한 고유목적사업준비금의 잔액이 있는 비영리 내국법인이 다음에 해당하게 된 경우에는 그 잔액은 당해 사유가 발생한 날이 속하는 사업연도의 소득금액 계산에 있어서 이를 익금에 산입한다.

1. 해산한 때(고유목적사업준비금을 승계한 경우는 제외)
2. 고유목적사업 전부를 폐지한 때
3. 법인으로 보는 단체가 국세기본법의 규정에 따라 승인이 취소되거나 거주자로 변경

된 때

4. 고유목적사업준비금을 손금에 산입한 사업연도의 종료일 이후 5년이 되는 날까지 고유목적사업 등에 사용하지 아니한 때(5년 내 미사용 잔액에 한한다.)

5. 기한이 도래하지 않은 고유목적사업준비금 잔액을 임의환입한 때. 이 경우 먼저 손금에 산입한 사업연도의 잔액부터 차례로 감소시킨 것으로 본다(법인법 §29 ⑥ 참조).

② 이때는 고유목적사업준비금의 손금산입에 따른 법인세 과소납부액에 일일 0.022%의 이율을 적용한 금액을 가산하여 납부하여야 한다.

③ 다만, 고유목적사업준비금을 손금에 산입한 법인이 사업에 관한 모든 권리와 의무를 다른 비영리 내국법인에 포괄적으로 양도하고 해산하는 경우에는 해산등기일 현재의 고유목적사업준비금 잔액은 그 다른 비영리 내국법인이 승계할 수 있다.

④ 설정한 고유목적사업준비금을 임의로 환입하는 경우에도 이자상당액 가산 및 납부 규정을 적용한다.

예제 환입이자 계산하는 사례

- 20×1년 12월 31에 종료하는 사업연도(법인세 과세표준 1억, 산출세액 10백만원)에 5천만원을 고유목적사업준비금으로 계상하였고
- 20×6년 12월 31일로 종료하는 사업연도까지 4천만원만 고유목적사업비로 지출한 경우

⚙ 20×6년도에 대한 법인세 신고 시 추가 납부하여야 할 이자 상당액은?

👜 (계산)

- 미사용 고유목적사업준비금에 대한 이자 상당액의 계산

    1. 미사용액 1천만원을 손금산입하지 않은 경우의 법인세액

        110,000,000 (그 당시의 과표 1억+1,000만원) × 10% (그 당시 세율) = 11,000,000원

    2. 미사용액 1천만원을 손금산입한 경우의 당초 법인세액 : 10,000,000원

    3. 법인세액의 차액 : 11,000,000 − 10,000,000 = 1,000,000원

    4. 이자상당액 계산 : 1,000,000×(365＋365＋366＋365＋365)×0.022% = 401,720원

👜 (결과)

- 20×6귀속 법인세 신고 시 1천만원 익금산입하고, 별도로 401,720원 추가 납부함.

2절 | 비영리법인의 내부거래

1. 수익사업과 고유목적사업 간 내부거래의 유형

① 법인세법은 법인을 영리법인과 비영리법인으로 구분하여 영리법인에 대하여는 소득 발생 원천을 가리지 아니하고 모든 소득에 대하여 법인세 납세의무를 지우지만 비영리법인에 대하여는 법인법 §3② 각호에서 정한 특정한 발생 원천에서 생긴 소득에 한하여 납세의무를 지우고 있다.

② 법인법 §113은 비영리법인이 영위하는 수익사업에서 생긴 소득에 대한 과세를 위하여 비영리법인이 자산·부채 및 손익을 수익사업에 속하는 것과 비수익사업에 속하는 것으로 구분경리 하도록 요구하고 있다.

③ 수익사업 구분경리 원칙에 의하면 수익사업과 비수익사업 간 거래는 비영리법인 내부 거래이기는 하나 제3자 간 거래와 같이 인식하여야 한다. 비영리법인의 내부거래는 다음과 같이 4가지 형태가 있다.

1. 비수익사업에서 비수익사업으로
2. 비수익사업에서 수익사업으로
3. 수익사업에서 비수익사업으로
4. 수익사업에서 수익사업으로

가 비수익사업에서 비수익사업으로

① 학교법인의 법인 일반회계에서 학교회계로의 지출처럼 비수익사업에서 비수익사업으로 자산·부채를 이전하는 것은 비수익사업 간의 내부거래이다.

② 비수익사업 간의 내부거래는 수익사업에서 수익·비용으로 인식해서는 안 되고, 고유목적사업준비금의 사용으로 처리해서도 안 된다.

나 비수익사업에서 수익사업으로

① 비영리법인은 고유목적사업에 속하는 자산을 수익사업회계로 전환하는 경우가 있으며, 그 반대로 수익회계의 자산을 고유목적사업회계로 전환하는 경우도 있다.

② 비영리법인이 기타의 사업에 속하는 자산을 수익사업에 지출 또는 전입한 경우 그 자산가액은 자본의 원입으로 경리한다. 이 경우 자산가액은 시가에 의한다.[1]

해석   유형자산처분소득과 자산가액 여부

▷ (질의) 사립학교를 운영하는 법인이 30년간 고유목적사업(교육사업)에 사용하던 운동장을 교육부의 사전승인을 받아 수익사업인 주상복합건물을 신축하여 분양하고자 함
   1. 고유목적사업에 3년 이상 계속 사용하던 토지에 주상복합건물을 신축하여 분양하는 것이 수익사업에서 발생한 소득인지 아니면 고정자산 처분소득인지 여부
   2. 비수익사업에서 수익사업으로 전출하는 사업용지의 자본원입시 가액과 수익사업의 원가를 자본원입시 시가로 하는지 아니면 장부가액으로 하는지 여부

▷ (회신) 고유목적사업에 3년 이상 계속 사용하던 토지에 주상복합건물을 신축하여 분양하는 것은 수익사업에서 생기는 소득에 해당하는 것이며, 사립학교법인이 고유목적사업(교육사업)에 사용하던 운동장을 주상복합건물의 건축용지로 사용하기 위해 수익사업에 전입하는 경우, 당해 자산가액은 「법인세법 시행규칙」제76조 제3항에 의해 수익사업에 대한 자본의 원입으로 경리하고 이 경우 자산 가액은 시가에 의하는 것임(서면2팀 313, 2006.2.7).

다 수익사업에서 비수익사업으로

① 비영리법인이 수익사업에 속하는 자산을 기타의 사업에 지출한 경우 그 자산가액중 수익사업의 소득금액(잉여금을 포함한다)을 초과하는 금액은 자본원입액의 반환으로 한다. 이 경우 학교법인, 산학협력단, 평생교육시설 등이 수익사업회계에 속하는 자산을 비영리사업회계에 전입한 경우에는 이를 비영리사업에 지출한 것으로 한다[2].

② 따라서 앞에 언급한 바와 같이 학교법인은 비영리 회계에 전출한 사실만으로 고유목적회계에 지출한 것으로 인정하는 반면에 여타의 비영리법인은 고유목적사업에 실제로 지출한 경우에 고유목적사업에 사용한 것으로 인정한다.

③ 이는 교육의 공공성 특수성을 고려하여 교육사업에 대한 재원 공급을 촉진할 필요가 있고, 학교법인의 학교회계(비영리사업회계)에 대하여는 사립학교법에 따라 고유목적사업 외의 용도로 부당 지출되는 것을 차단할 수 있는 각종 안전장치가 확보되어 있기 때문이다.

---

1) 법인세법 시행규칙 제76조 제3항
2) 법인세법 시행규칙 제76조 제4항

1. 기본재산 처분 시 관할청 허가(사립학교법 §28①)
2. 학교 교육에 직접 사용되는 일정 재산 매도·담보제공 금지(§28②)
3. 교비회계 수입 타 회계에 전출·대여 금지(§29⑥)
4. 매 회계연도 개시 전, 종료 후 관할청에 예·결산 보고·공시(§31①)
5. 법령 등 위반 예산에 대한 관할청 사전지도(§31②)
6. 결산서 제출 시 감사 전원이 서명·날인한 감사증명서 첨부, 독립된 공인회계사 등이 작성한 감사증명서 첨부(§31④) 등[1]

　④ 비영리법인이 수익사업에 속하는 자산을 비영리사업에 지출한 때에는 당해 자산가액을 다음 각호에 규정하는 금액과 순차적으로 상계처리하여야 한다.[2]

1. 고유목적사업준비금 중 법인법 §29의 규정에 의하여 손금산입된 금액(같은 조 제2항 후단의 금액을 포함한다)
2. 고유목적사업준비금 중 손금부인된 금액
3. 법인세 과세 후의 수익사업 소득금액(잉여금을 포함한다)
4. 자본의 원입액

해석 고유목적사업준비금 초과지출 회계처리

▷ 비영리 내국법인이 직전 사업연도 종료일 현재의 고유목적사업준비금의 잔액을 초과하여 당해 사업연도의 고유목적사업비로 지출하는 경우에 "법인세법 기본통칙 113-156…3(비영리법인의 잉여금의 범위)" 제2항에 따라 처리하면서, 그 회계처리 등에 대하여는 다음의 예시를 참고바랍니다(서면2팀 217, 2005.2.1).

▷ 직전 사업연도 재무상태표상 고유목적사업준비금 5,000원, 이익잉여금 10,000원, 자본금 50,000원, 당해연도 고유목적사업에 지출 18,000원 가정

구분	수익사업회계		비영리회계	
18,000 고유목적 사업비 지출시	(차) 고유목적사업준비금 잉　여　금 출　연　금(자본원입)	5,000 10,000 3,000	(차) 현　　　금 (대) 고유목적사업준비금수입 출　연　금 잉　여　금	18,000 5,000 3,000 10,000
	(대) 현　　　금	18,000	(차) 고유목적사업비 (대) 현　　　금	18,000 18,000
결산 시 (18,000 전입 가정)	(차) 고유목적사업준비금전입 (대) 고유목적사업준비금	18,000 18,000	－	
	(차) 고유목적사업준비금 (대) 잉　여　금 출　연　금(자본원입)	13,000 10,000 3,000	(차) 출　연　금 잉　여　금 (대) 고유목적사업준비금수입	3,000 10,000 13,000

---

1) 서울고등법원 2011누17297, 2011.11.30. 판결 참조
2) 법인세법 기본통칙 113－156…3

해석 ▌ 자산가액과 상각부인액 처리

▶ (질의) 공단조성사업을 목적으로 설립된 비영리법인이 수익사업 및 비수익사업 구분 경리함에 있어 당해 자산에 감가상각 부인액이 다음과 같은 경우

〈자산의 취득가액 및 상각부인액〉

  (취득가액 : 10,000, 감가상각누계액 : 5,000, 시가 : 5,200, 상각부인액 : 100)

1. 수익사업에 속하는 자산을 비수익사업으로 지출하는 경우 자산가액을 장부가액으로 하는지 아니면 시가로 하는지.

2. 수익사업에 속하는 자산을 비수익사업으로 지출하는 경우 상각부인액의 처리

▶ (회신) 1. 수익사업과 수익사업이 아닌 기타의 사업(이하 「비수익사업」이라 함)을 영위하는 비영리법인이 수익사업에 사용하던 자산을 비수익사업에 전출하는 경우에는 당해 자산의 시가상당액을 기준으로 법인세법기본통칙 113－156…3 제2항의 규정을 적용하는 것이며, 비수익사업으로의 전출 당시 당해 자산에 대한 감가상각부인액(유보)이 있는 경우 동 부인액은 그 전출일이 속하는 사업연도의 소득금액 계산시 손금에 산입(△유보)하는 것임. (서이46012-10843, 2003.4.22)

2. 비수익 사업부분의 장부상 계상할 자산의 가액에 대하여는 법인세법이 적용되지 아니하는 것임.

라 수익사업에서 수익사업으로

① 수익사업에서 수익사업으로의 자산·부채의 이전은 수익사업 상호 간의 거래이므로 수익이나 비용이 될 수 없고 고유목적사업준비금의 사용으로 인식할 수도 없다.

② 수익사업에서 비영리사업으로 자산을 이전하였으나 그 자산에서 계속 수익이 발생한다면 형식적으로는 자산이 비수익사업으로 이전된 것이지만 실질적으로는 수익사업에서 수익사업으로 자산이 이전된 것이다.

③ 이러한 자산의 지출에 대하여 고유목적사업준비금의 사용으로 회계처리 하면 안 된다.

해석 ▌ 고유목적사업사용과 관련한 사례

▶ (1) 사립학교법에 따른 학교법인이 법인세법 제3조3항5호의 고정자산 처분으로 발생된 소득을 조세특례제한법 제74조제1항1호에 따라 고유목적사업준비금으로 손금산입한 후, 해당 금액을 수익용 기본재산인 예금으로 재예치하고 비영리사업회계에 전출한 경우라도 법인세법 제29조제2항의 고유목적사업에 지출된 것으로 볼 수 없다(법규법인 2010-0164).

▶ (2) 질의 : 사립학교법인이 임대사업용 부동산을 수익사업 회계로부터 고유목적사업 회계(일반회계)로 전출한 후 동 재산에서 발생하는 임대소득을 전액 고유목적사업에 지출하는 경우 임대용 부동산을 고유목적사업 회계로 전출한 것이 고유목적사업 준비금의 사용으로 볼 수 있는지 여부

(2) 답변 : 사립학교법에 의한 학교법인이 수익사업 회계에 속하는 임대용 부동산을 비영리사업 회계로 전출한 행위가 명목뿐인 경우로서 당해 재산을 계속하여 수익사업에 사용하는 경우에는

그 전출이 없는 것으로 본다(서면2팀 341, 2006.2.14).

④ 임대사업과 의료사업을 수행하는 비영리법인의 임대사업 부문이 의료사업 부문에 부동산을 임대하는 경우에는 수익사업 상호 간의 거래에 대하여 부가가치세 납세의무가 발생한다. 부가가치세법은 이러한 경우를 면세전용이라고 하여 과세사업에서 공제받은 부가가치세 매입세액을 반환하도록 규정하고 있다.

⑤ 부서별 성과측정 등 내부관리 목적으로 수익사업 상호간 거래에 대하여 각 부서에서 수익·비용으로 회계처리하는 경우에도 법인세 신고시에는 내부거래를 제거하여야 한다.

2. 비수익사업으로 지출하는 고유목적사업비

가 성격

① 법인법 §29에 의하면 비영리법인은 고유목적사업준비금을 설정할 수 있고, 설정된 고유목적사업준비금은 고유목적사업 또는 일반기부금으로 사용할 수 있다.

② 법인세법은 수익사업에서 설정한 고유목적사업준비금을 고유목적사업에 사용할 수 있도록 규정한 점에서 수익사업이 고유목적사업에 지출하는 금품을 외부의 기부금 단체에 기부하는 금품과 유사한 성격으로 규정하고 있다.

③ 그러나 수익사업이 고유목적사업에 지출하는 금품의 성격은 기부금의 성격이지만 법인의 내부거래이므로 기부금은 아니다. 설사 기부금이라 하더라도 고유목적사업준비금을 100% 설정할 수 있는 법인의 수익사업이 비수익사업으로 지출하는 고유목적사업비에 대해서는 특례기부금과 일반기부금으로 구분할 수도 없다. 대부분의 특례기부금 단체는 일반기부금도 수령할 수 있기 때문이다.

④ 학교법인이 수령하는 기부금 중 시설비, 교육비, 장학금 및 연구비는 특례기부금에 해당하고 인건비, 운영비 등으로 수령하는 기부금은 일반기부금이다. 각종 대학병원, 특별법에 의하여 설립된 병원과 준정부기관이 설립한 병원에 시설비, 교육비 및 연구비로 지출하는 기부금은 특례기부금이지만 이들 기관에 인건비, 운영비 등으로 기부하는 금품은 일반기부금이다.

⑤ 따라서 수익사업에서 비수익사업으로 지출하는 고유목적사업비를 특례기부금 또는 일반기부금으로 판단할 수는 없다.

나 고유목적사업비의 평가 문제

그렇다면 수익사업이 고유목적사업에 지출하는 금품의 평가를 어떻게 할 것인가?

(1) 법인령 §37 및 동 §72의 적용 가능성

① 법인령 §37 및 동 §72에 따르면「특례기부금과 일반기부금은 장부가액으로 평가한다. 다만, 특수관계인 간의 기부금은 시가로 평가한다」고 규정하고 있다.

② 그러나 수익사업이 고유목적사업에 지출하는 금품의 성격은 기부금의 성격이지만 기부금이 아니고, 고유목적사업준비금 100% 설정 가능 법인의 수익사업이 비수익사업으로 지출하는 고유목적사업비를 특례기부금과 일반기부금으로 구분할 수도 없으므로 수익사업이 비수익사업으로 지출하는 고유목적사업비에 대하여 법인령 §37 특례기부금과 일반기부금의 평가 규정과 법인령 §72의 자산의 평가 규정을 적용할 수는 없다.

③ 다음 국세청 해석은 학교법인의 수익사업이 비수익사업에 지출하는 금품의 가액을 특례기부금으로 보아 장부가액으로 평가하여야 한다고 판단하고 있다.

> **해석** (법인세과 632, 2009.5.28).
>
> ▷ 당 연합회는 교육기본법 제15조 및 민법 제32조에 따라 설립되었습니다. 당 연합회는 사이버대학을 설립한 후, 고유목적사업 및 임대수익사업에 사용 중인 토지 및 건물을 재평가하여 사립학교에 출연할 예정입니다. 1~5층 고유목적사업, 5~12층 임대사업에 사용하고 있으며, 출연예정 부동산의 취득가액은 10억원이나 감정가액은 50억원입니다.
> 1. 비영리법인이 고유목적사업과 수익사업에 공통으로 사용하던 토지 및 건물을 재평가하여 출연하는 경우 이를 고정자산의 처분으로 생기는 수입으로 보아야 하는지?
> 2. 부동산 출연행위에 대해 법인세법상 기부금 관련 규정의 적용 여부?
>
> ▷ (회신) 비영리 내국법인이 수익사업을 영위하는 경우에는 자산·부채 및 손익을 당해 수익사업에 속하는 것과 수익사업이 아닌 기타의 사업에 속하는 것을 각각 별개의 회계로 구분하여 경리하여야 하며, 고유목적사업과 수익사업에 사용되는 토지 및 건물을 재평가하여 사립학교법에 의한 사립학교에 시설비·교육비·장학금 또는 연구비에 충당할 목적으로 출연하는 경우에는 수익사업에 속하는 토지 및 건물의 재평가하기 전의 장부가액을 법인세법 제24조2항4호에 규정된 특례기부금으로 보는 것임(법인세과 632, 2009.5.28).

(2) 법인세법시행규칙 제76조 제3항의 적용가능성

① 법인세법시행규칙 제76조는 제3항에서 비영리법인이 기타의 사업에 속하는 자산을 수익사업에 지출 또는 전입한 경우 그 자산가액은 자본의 원입으로 경리하고 시가에 의하도록 하는 한편, 제4항에서 비영리법인이 수익사업에 속하는 자산을 기타의 사업에 지출한 경우 그 자산 가액 중 수익사업의 소득금액(잉여금을 포함한다)을 초과하는 금액은 자본원입액의

반환으로 하되, 학교법인이 수익사업회계에 속하는 자산을 비영리 사업회계에 전입한 경우에는 이를 비영리사업에 지출한 것으로 한다.」고 규정하고 있다.

② 법인세법 시행규칙 제76조 제3항에 의하면 비영리법인이 기타의 사업에 속하는 자산을 수익사업에 지출 또는 전입한 경우 자산 가액은 시가에 의하게 되어있으므로, 반대로 기타의 사업에 속하는 자산을 수익사업에 지출하는 때도 시가에 의하도록 하는 것이 회계원칙상 부합한다[1].

③ 비영리법인의 임대용 부동산을 고유목적사업에 사용할 목적으로 전출하는 경우에는 시가로 평가하여야 한다는 해석은 다음과 같다.

해석 학교법인의 수익사업에 속하는 임대용 부동산을 비영리사업회계 전입시 자산가액의 평가 및 평가이익 과세 여부

▶ 조세특례제한법 제74조 제1항 제1호에 따른 학교법인이 수익사업회계에 속하는 금전 외의 자산을 비영리사업회계에 전입한 경우 법인세법 시행규칙 제76조 제4항 후단에 따라 비영리사업에 지출한 것으로 보는 것임. 이 경우 그 자산의 가액은 시가로 평가하는 것이며, 자산의 평가이익(장부가액과 시가와의 차액)은 전입일이 속하는 사업연도의 수익사업의 익금에 해당하는 것임(기재부 법인 364, 2012.5.16.)

▶ 수익사업과 수익사업이 아닌 사회복지사업을 영위하는 비영리법인이 수익사업에 사용하던 자산을 사회복지사업에 진출하는 경우에는 당해 자산의 시가상당액을 기준으로 법인세법 기본통칙 113-156…3 제2항에 따라 상계처리하는 것이며 ~ (서면인터넷방문상담2팀-1376, 2006.07.20).

사례 연구

① A 학교법인은 고유목적사업과 수익사업을 병행하던 2007년 중 수익사업(부동산임대)에 사용하던 토지, 건물을 고유목적사업에 전입 처리하면서, 시가(감정가) 15,412백만원과 장부가액 2,432백만원의 차액인 12,980백만원 상당액을 임의평가증하여 시가상당액인 15,412백만원 상당을 기존에 계상된 고유목적사업준비금과 상계하고 평가증액을 세무상 익금불산입(△유보) 하였다.

② 국세청은 위 기획재정부 해석에 근거하여 A학교법인의 수익사업회계에 속하는 부동산을 비영리사업회계로 전입한 것에 대하여 그 전입일 현재 부동산의 평가이익을 수익사업의 익금에 산입하여 법인세를 과세하였고, 조세심판원은 국세청의 손을 들어주었다[2].

③ A 학교법인은 불복하여 행정소송을 제기하였고, 1,2,3심에서 모두 승소하였다. 이와 관련한 대법원 판례를 인용하면 다음과 같다.

---

1) 서울행정법원-2014-구한-66045, 2015.01.30, 아래 A 학교법인의 조세 불복사건에 대한 1심 판결임.

2) 조심2013서1499, 2014.05.27. 수익사업회계에 속하는 부동산을 비영리사업회계로 전입한 것에 대하여 그 전입일 현재 부동산의 평가이익을 수익사업에 익금에 산입하여 법인세를 과세한 처분은 잘못이 없음.

판례 법인세법시행규칙 제76조는 제3항에서 비영리법인이 기타의 사업에 속하는 자산을 수익사업에 지출 또는 전입한 경우 그 자산가액은 자본의 원입으로 경리하고 시가에 의하도록 하는 한편, 제4항(이하「이 사건 쟁점 조항」이라 한다)에서 비영리법인이 수익사업에 속하는 자산을 기타의 사업에 지출한 경우 그 자산가액 중 수익사업의 소득금액(잉여금을 포함한다)을 초과하는 금액은 자본원입액의 반환으로 하되, 학교법인이 수익사업회계에 속하는 자산을 비영리사업회계에 전입한 경우에는 이를 비영리사업에 지출한 것으로 한다.」고 규정하고 있다. ~ 중략

① 이 사건 쟁점 조항 후문은 사립학교법인이 수익사업회계에 속하는 자산을 비영리사업회계에 전입한 경우에는 이를 비영리사업에 지출한 것으로 본다는 것인데, 여기서의「지출」은 그 문언 해석상 손익거래와 관계없는 자본원입액의 반환 등으로 해석함이 상당한 점,

② 이 사건 부동산을 비영리사업회계에 전입한 것이 그 자체로 수익성을 가지거나 수익을 목적으로 한 것이라고 할 수 없고, 이 사건 평가차익을 고정자산의 처분이익으로 볼 경우 실제 처분하지 아니한 미실현이익에 대하여 과세가 되는 결과가 발생하는 점,

③ 그 평가이익을 자본조정 등의 항목으로 계상하여 당기의 손익에 반영하지 않더라도 향후 제3자에게 처분할 때에 이를 익금으로 산입할 수 있어 조세회피의 문제가 발생하지 아니하는 점,

④ 이 사건 쟁점 조항은 구분경리를 위한 규정일 뿐 미실현이익에 대한 과세의 근거 규정이 될 수 없는 점

등을 종합하여 보면, 이 사건 평가차익은 과세대상이 되는 고정자산의 처분이익에 해당하지 아니하고, 이때 고유목적사업준비금과 상계하는 자산가액은 기타의 사업에 속하는 자산을 수익사업에 지출 또는 전입한 경우와 마찬가지로 시가에 의하여야 한다는 이유로, 이와 다른 전제에서 피고가 한 이 사건 처분은 위법하다고 판단하였다[1].

(3) 실제 적용

① 법인세법에는 수익사업에서 비수익사업으로 지출하는 자산의 평가에 대하여 명백한 규정이 존재하지 않고 국세청 예규는 혼란스럽다. 그러나 법원은 '법인세법 시행규칙 제76조 제3항에 근거하여 비영리법인이 기타의 사업에 속하는 자산을 수익사업에 지출 또는 전입한 경우 자산가액은 시가에 의하도록 되어 있으므로, 반대로 기타의 사업에 속하는 자산을 수익사업에 지출하는 경우에도 시가에 의하도록 하는 것이 회계원칙상 부합한다'고 판단하고 있다.

② 수익사업에서 비수익사업으로 지출하는 자산을 시가로 평가한다면 그 다음 문제는 당기순이익을 초과하는 지출의 회계처리 문제와 발생한 평가이익을 과세소득에 포함시켜야 하는지 여부이다.

---

1) 대법원 2016. 8. 18. 선고 2016두31173 판결

다　적용순서

① 법인세법시행규칙 제76조 제4항은 「비영리법인이 수익사업에 속하는 자산을 기타의 사업에 지출한 경우 그 자산가액 중 수익사업의 소득금액(잉여금을 포함한다)을 초과하는 금액은 자본원입액의 반환으로 한다」고 규정하고 있고, 법인세법 기본통칙은 「비영리법인이 수익사업용 자산을 비수익사업으로 지출하는 경우에는 다음의 순서에 따라 상계처리하여야 한다[1].」고 규정하고 있다.

1. 손금산입된 고유목적사업준비금(직전 사업연도 종료일 현재 고유목적사업준비금의 잔액을 초과하여 당해 사업연도에 고유목적사업 등에 지출한 금액을 포함한다)
2. 손금부인 된 고유목적사업준비금
3. 법인세 과세 후의 수익사업 소득금액(잉여금을 포함한다)
4. 자본의 원입액

② 이 통칙에 따르면 수익사업에 사용하던 자산을 비수익사업에 지출하는 경우 다음과 같이 회계처리 하여야 한다.

📗 수익사업

(차) 고유목적사업준비금	×××	(대) 자산	×××
이익잉여금	×××		
출자금	×××		

📗 비수익사업

(차) 자산	×××	(대) 수익사업전입금	×××
		수익사업전입금	×××
		수익사업출자금	×××

라　평가이익의 소득처분과 사후관리

① 수익사업에서 비수익사업으로 지출은 법인의 한 사업부문에서 다른 사업부문으로 이전하는 내부거래이고, 내부거래에서 발생한 평가이익을 과세소득에 포함한다면 미실현이익에 대한 과세이다.

② 또한, 법인법 §3② 제5호는 비영리법인의 열거된 과세소득으로 「고정자산의 처분으로 인하여 생기는 수입」이라고 규정하고 있는 데 반하여, 법인칙 §76④ 전문은 「자산을 ~ 비영리사업에 지출」이라고 규정하고 있으므로, 지출을 「고정자산의 처분」과 동일한 의미라고 해

---

1) 법인세법 기본통칙 113-156…3

석할 수 없다.

③ 따라서 「장부가액으로 회계처리 하지 아니하고, 시가로 회계처리 한다.」는 사정만으로 「고정자산의 처분」과 동일하게 해석하여 평가증액을 과세대상 소득으로 할 수 없다. 평가이익은 세무상 익금불산입(△유보) 처분하고 향후 제3자에게 처분할 때 익금산입하는 것이 타당하다.

④ 고유목적사업에 3년 이상 직접 사용한 고정자산의 양도차익은 법인세 과세대상에서 제외하므로 수익사업에서 전출 받은 고정자산을 3년 이상 고유목적사업에 사용하다가 처분하는 경우에는 세금에 미치는 영향이 없다.

⑤ 따라서 다음과 같이 유보사항을 없애주고, 유형자산 평가이익을 익금불산입 처리하는 세무조정이 필요하다.

〈 소득금액조정합계표 부분 〉

익금산입 및 손금불산입			손금산입 및 익금불산입		
과 목	금 액	처 분	과 목	금 액	처 분
유형자산평가이익	12,980백만	유보	유형자산평가이익	12,980백만	기타

⑥ 만약, 고유목적사업에 3년 미만의 기간동안 사용하다가 처분한다면 법인세 과세대상에 해당하므로 다음과 같은 세무조정이 필요하다.

〈 소득금액조정합계표 부분 〉

익금산입 및 손금불산입			손금산입 및 익금불산입		
과 목	금 액	처 분	과 목	금 액	처 분
유형자산평가이익	12,980백만	유보			

8장

기부금과 회계

1. 기부금의 의의

① 기부금이란 법인 또는 개인이 자유로운 의사결정에 따라 특수관계가 없는 자에게 업무와 직접 관련 없이 무상으로 지출하는 재산적 증여의 가액이다.

② 기부금의 수령 주체는 주로 교육, 문화, 종교, 예술, 사회복지사업을 하는 단체이고, 기부금을 지출하는 자는 반대급부를 기대하지 않고 이러한 단체에 경제적 이익을 제공한다. 사회복지법인 등의 비영리법인은 기부금의 수혜자이기도 하지만 경우에 따라서는 사회의 일원으로서 기부금 지출의 주체가 되기도 한다.

③ 기업회계와 달리 법인세법은 지출의 임의성, 사업과의 무관성이라는 기부금의 성격 때문에 조세채권 확보를 목적으로 한 규제를 하고 있다. 기부금을 규제한 내용은 기부금의 종류에 따라 달라진다. 일정한도 내에서만 손금에 산입하고 한도를 초과하는 금액은 손금불산입하는 기부금이 있는가 하면 전액 손금으로 인정하지 않는 기부금도 있다.

④ 법인세법과 관련된 기부금의 성격을 요약하면 다음과 같다.

1. 자유로운 의사결정 : 강제 할당하는 공과금과 구별되는 특징이고, 현금주의에 의한 귀속시기를 판정하는 근거
2. 특수관계 있는 경우 : 부당행위계산에 해당. 예외적으로 특수관계자인 공익법인에 고유목적사업비로 지출한 금액은 기부금으로 인정
3. 업무와 관련이 있는 경우 : 업무추진비에 해당

2. 기부금의 범위

기부금에 포함되는 금액은 국가 등에 대한 기부금, 문화, 예술, 종교, 교육, 사회복지를 위하여 지출하는 기부금 등 본래 의미의 기부금뿐만 아니라 간주기부금을 포함한다.

(1) 본래적 의미의 기부금

국가 등에 대한 기부금과 문화, 예술, 종교, 교육, 사회복지를 위하여 지출하는 기부금 등은 본래적 의미의 기부금이다. 본래적 의미의 기부금은 특례기부금과 일반기부금으로 구분한다[1]).

(2) 의제기부금 및 비인정기부금

① 특수관계 없는 자에게 정당한 사유없이 정상가액 기준으로 30% 범위를 초과하여 저가양도, 고가양수, 또는 무상기부하는 경우 정상가액과의 차액을 기부금으로 간주한다(의제기부금).

② 대부분의 의제기부금은 비인정기부금으로 손금불산입대상이다. 의제기부금은 세무조정을 하면서 손금불산입하고, 소득 처분을 적절히 하여야 한다. 병원의 특수관계인에 대한 의제기부금은 상여로, 제3자에 대한 의제기부금은 기타사외유출로 처분한다.

③ 일반기부금단체에 자산을 저가 양도하거나 채권을 포기한다면 손금인정기부금이고 기부금 한도 계산에 포함한다.

⊕ 의제기부금 관련 사례연구

① 모비영리법인이 종합병원을 수익사업으로 운영하면서, 병동을 새로이 짓는 기간동안 병원 내방객의 주차편의를 위하여 주차장용 건물을 별도로 지은 후, 쟁점건물에서의 유료주차수입과 모든 관리를 포함한 주차장 운영권을 아무런 대가 없이 "㈜○○"에 위탁시킨 사례가 있다.

② 과세관청에서는 쟁점 건물의 무상임대를 기부행위로 보아, 쟁점 건물의 준공 당시 장부가액 738,429,757원과 부수 토지에 대한 각사업연도 종료일 현재의 공시지가로 계산한 토지가액을 합한 금액에 각사업연도 종료일 현재의 정기예금이자율 10%를 곱한 금액을 각각의 적정임대료로 하고, 그 적정임대료에 30%를 감한 금액을 각각의 각사업연도의 기부금으로 산입하여, 법인세 과세표준과 세액을 경정하였다.

③ 위의 사례와 관련하여 과세당국과 병원의 쟁점 사항은 다음과 같다.

   1. 특수 관계없는 법인에 주차장 운영권을 무상으로 사용하게 하여 수익을 취하게 함이 재산적 증여로서, 기부행위에 해당하는지.

---

1) 수익사업에서 비수익사업으로 지출하는 고유목적사업비는 엄격한 의미에서 기부금이 아니므로 기부금 서술에서 제외하였다. 예컨대, 전국 각지에 다수의 의료기관을 운영하는 비영리법인이 외부의 제3자로부터 수령하는 기부금은 일반기부금이다. 그러나 어떤 병원의 자산을 다른 병원에 이전하는 것은 고유목적사업준비금의 사용이나 기부금으로 인정하지 않는다. 내부거래일 뿐이다.

    2. 의료사업장에 있는 쟁점 건물의 주차장 운영권 무상대여가 의료사업과 직접적인 관련이 있는 것으로 보아, 재산적 증여를 업무추진비로 보아야 하는지.

    3. 기부금에 해당하는 적정임대료를 계산하면서, 부당행위계산의 부인 규정에 있는 산식으로 계산함이 정당한지를 판단해 보자.[1]

3. 기부금의 유형

가 기부금의 분류

(1) 기부금의 손금 인정 범위

    ① 법인세법상 기부금의 유형을 손금 인정 범위에 따라 분류하면 다음과 같이 크게 세 가지로 구분할 수 있다.

    1. 소득금액의 50% 범위에서 손금으로 인정되는 특례기부금[2]

    2. 소득금액의 10% 범위에서 손금으로 인정되는 일반기부금(사회적기업은 20%)

    3. 전액 손금 부인하는 비인정기부금

    ② 그러나 비영리법인에 적용되는 일반기부금은 일반법인의 기부금과 다른 점이 있다. 일반법인의 일반기부금에 대하여는 소득금액의 10% 범위의 지출에 대해서만 손금으로 인정된다. 그러나 비영리법인은 고유목적사업준비금을 설정할 수 있고, 설정된 고유목적사업준비금의 범위 내에서 일반기부금을 지출할 수 있다.[3]

    ③ 따라서 위 「2. 소득금액의 10% 범위에서 손금으로 인정되는 기부금」은 비영리법인에 대하여는 고유목적사업준비금의 범위 내에서 지출할 수 있는 일반기부금이다.

(2) 비영리법인의 기부금

    ① 비영리법인에 적용되는 기부금의 종류는 영리법인과 달리 다음과 같이 수정하여 적용하여야 한다.

    1. 소득금액의 범위 내에서 50% 손금으로 인정되는 특례기부금

    2. 고유목적사업준비금의 범위 내에서 지출할 수 있는 일반기부금[4]

---

1) 심사법인 99-63, 1999.5.7., 국세청은 비인정기부금에 해당하는 것으로 판단하였다.

2) 법인세법 제24조 제2항

3) 법인세법 제29조 제1항 및 제2항

4) 실질적으로는 고유목적사업비 지출액을 제외한 금액이다. 그러나 극단적인 경우에는 고유목적사업준비금 설정액 전액을 일반기부금으로 지출하는 것도 가능하다.

3. 전액 손금 부인하는 비인정기부금

② 따라서 비영리법인이 기부금으로 지출할 수 있는 총합계금액은 극단적인 경우에는 고유목적사업준비금 설정액 전액을 일반기부금으로 지출하는 것도 가능하므로 영리법인의 그것과 비교할 때 범위가 상당히 확장되는 경향이 있다.

나 특례기부금

① 특례기부금에 대하여는 당해 사업연도의 소득금액에서 이월결손금을 차감한 금액의 50% 범위에서 손금으로 인정한다.

② 이를 산식으로 표시하면 다음과 같고, 이 산식에서 한도액 계산에 이용되는 소득금액은 위 2유형 중 특례기부금을 손금에 산입하기 전의 소득금액이다[1].

③ 「특례기부금의 손금산입 한도액을 계산할 때 고유목적사업준비금 설정액은 소득금액에 가산하지 않는다[2]」는 해석이 존재한다.

> 특례기부금 한도액 = (소득금액 − 이월결손금) × 50%

(사례1) 특례기부금 한도액 계산사례

예제 의료법인 대한의료재단 대한병원의 재무팀장은 기부금 이외의 다른 모든 세무조정을 끝마치고 마지막 단계로 기부금에 대해 세무조정을 하고자 한다.

다음 자료에 의할 때 특례기부금 한도액은?

- 결산서상 당기순이익　　　512,000,000
- 익금산입·손금불산입　　　340,000,000
- 손금산입·익금불산입　　　130,000,000
- 특례기부금　　　　　　　 50,000,000
- 일반기부금　　　　　　　　　36,000,000 (고유목적사업준비금과 상계하지 않음)
- 고유목적사업준비금 전입액　500,000,000

해답

- 일반법인의 특례기부금 한도는 특례기부금과 일반기부금을 손금에 산입하기 전 소득금액의 50%이지만, 비영리법인의 일반기부금은 고유목적사업준비금과 상계하게 되어 있으므로 비영리법인의 특례기부금 한도는 특례기부금을 손금에 산입하기 전 소득금액의 50%이다.

---

[1] 영리법인과 다른 점이다. 영리법인의 특례기부금 한도 계산시 소득금액은 특례기부금과 일반기부금을 손금에 산입하기 전 소득금액이다.

[2] 기준-2015-법령해석법인-0216, 2015.10.19.

- 대한병원의 특례기부금 한도액 계산 결과는 다음과 같다.

$$\{(512{,}000{,}000 + 340{,}000{,}000 - 130{,}000{,}000) + 50{,}000{,}000\} \times 50\% = 386{,}000{,}000$$

그러나 이 해석은 문제가 있다. 다음 사례를 검토해 보자.

● (사례2) 특례기부금 한도액 계산사례

예제 학교법인 대한대학교 대한의료원의 재무팀장은 기부금 이외의 다른 모든 세무조정을 끝마치고 마지막 단계로 기부금에 대해 세무조정을 하고자 한다.

📗 다음 자료에 의할 때 특례기부금 한도액은?

- 결산서상 당기순이익   512,000,000
- 익금산입·손금불산입   340,000,000
- 손금산입·익금불산입   852,000,000
- 특례기부금   50,000,000
- 일반기부금   36,000,000 (고유목적사업준비금과 상계하지 않음)
- 고유목적사업준비금 전입액   500,000,000

해답

- 특례기부금 손금산입 전 소득금액은 다음과 같이 50,000,000원(특례기부금 해당액)이고,
- 특례기부금 한도는 25,000,000원이다.

$$\{(512{,}000{,}000 + 340{,}000{,}000 - 852{,}000{,}000) + 50{,}000{,}000\} \times 50\% = 25{,}000{,}000$$

● 이 해석을 따르면

① 사례2에서 보는 바와 같이 고유목적사업준비금을 100% 설정하는 비영리법인은 언제나 특례기부금 지출액의 50%는 한도 초과액이므로 이에 대한 법인세를 부담하여야 한다.

② 고유목적사업준비금을 설정하는 비영리법인은 특례기부금을 지출하지 말라는 뜻이 아니라면, 특례기부금 한도액 계산은 특례기부금 및 고유목적사업준비금 설정 전 소득금액을 기준으로 하는 것이 타당할 것 같다.

③ 이월결손금은 각사업연도 개시일 전 10년 이내에 개시한 사업연도에서 발생한 세무상 결손금으로서 그 후의 각 사업연도 소득금액 또는 과세표준의 계산상 공제되지 않은 금액이다.

④ 고유목적사업준비금을 설정하고 있는 비영리법인이 국가 지방자치단체 등에 특례기부금을 지출한 경우에는 별도로 기부금으로 회계 처리하여야 한다. 고유목적사업준비금과의 상

계는 금지되어 있다.

🌐 **특례기부금의 내용은 다음과 같다.**

① 국가 또는 지방자치단체(지방자치단체조합 포함)에 대한 기부금, 다만, '기부금품의 모집 및 사용에 관한 법률'을 적용받는 기부금품은 같은 법 §5② [1])에 따라 접수하는 것만 해당한다.

② 국방헌금과 국군장병 위문금품의 가액

③ 천재·지변으로 생기는 이재민을 위한 구호금품의 가액

④ 다음 각 기관(병원 제외)에 시설비·교육비·장학금 또는 연구비로 지출하는 기부금

    1. 사립학교법에 따른 사립학교

    2. 비영리 교육재단 : 국립·공립·사립학교의 시설비, 교육비, 장학금 또는 연구비 지급을 목적으로 설립된 비영리 재단법인으로 한정한다.

    3. 「근로자직업능력개발법」에 따른 기능대학

    4. 평생교육법에 따른 원격대학 형태의 평생교육시설

    5. 「경제자유구역 및 제주국제자유도시의 외국교육기관 설립·운영에 관한 특별법」에 따라 설립된 비영리법인이 운영하는 국제학교

    6. 「산업교육진흥 및 산학협력촉진에 관한 법률」에 따른 산학협력단

    7. 한국과학기술원, 광주과학기술원, 대구경북과학기술원, 울산과학기술원

    8. 국립대학법인 서울대학교, 국립대학법인 인천대학교 및 이와 유사한 학교

    9. 재외국민의 교육지원 등에 관한 법률 제2조3호에 따른 한국학교 : 기부금 모금액 및 그 활용 실적을 공개할 수 있는 인터넷 홈페이지가 개설되어 있는 학교에 한한다.

⑤ 다음 각 병원에 시설비·교육비 또는 연구비로 지출하는 기부금

    1. 국립대학병원

    2. 국립대학치과병원

---

1) 기부금품의 모집 및 사용에 관한 법률 제5조(국가 등 기부금품 모집·접수 제한 등)
  ① 국가 및 지방자치단체 및 그 소속 기관·공무원과 국가 또는 지방자치단체에서 출자·출연하여 설립된 법인·단체는 기부금품의 모집을 할 수 없다. 다만, 대통령령이 정하는 국가 또는 지방자치단체에서 출자·출연하여 설립된 법인·단체는 그러하지 아니하다.
  ② 국가 또는 지방자치단체 및 그 소속 기관·공무원과 국가 또는 지방자치단체에서 출자·출연하여 설립된 법인·단체는 자발적으로 기탁하는 금품이라도 법령에 다른 규정이 있는 경우 외에는 이를 접수할 수 없다. 다만, 다음 각 호의 어느 하나에 해당하면 이를 접수할 수 있다.
    1. 대통령령으로 정하는 바에 따라 사용 용도와 목적을 지정하여 자발적으로 기탁하는 경우로서 기부심사위원회의 심의를 거친 경우
    2. 모집자의 의뢰에 의하여 단순히 기부금품을 접수하여 모집자에게 전달하는 경우
    3. 제1항 단서에 따른 대통령령으로 정하는 국가 또는 지방자치단체에서 출자·출연하여 설립한 법인·단체가 기부금품을 접수하는 경우

　　3. 서울대학교병원

　　4. 서울대학교치과병원

　　5. 사립학교법에 따른 사립학교가 운영하는 병원

　　6. 국립암센터

　　7. 지방의료원

　　8. 국립중앙의료원

　　9. 대한적십자사가 운영하는 적십자병원

　　10. 한국보훈복지의료공단이 운영하는 병원

　　11. 한국원자력의학원

　　12. 국민건강보험공단이 운영하는 병원

　　13. 한국산재의료원

⑥ 사회복지사업, 그 밖의 사회복지활동 지원에 필요한 재원을 모집·배분하는 것을 주된 목적으로 하는 비영리법인으로서 다음의 요건을 갖춘 법인에 지출하는 기부금

　　1. 기부금 모금액 및 그 활용 실적을 공개할 수 있는 인터넷 홈페이지가 개설되어 있을 것

　　2. 감사인에게 회계감사를 받을 것

　　3. 상증법 §50의3(주식보유 현황은 제외)에 따른 결산서류 등을 인터넷 홈페이지 또는 국세청 홈페이지를 통하여 공시할 것

　　4. 상증법 §50의2에 따른 전용계좌를 개설하여 사용할 것

　　5. 신청일 직전 5개 사업연도 평균 기부금 배분 지출액이 총지출금액의 100분의 80 이상이고 기부금의 모집·배분 및 법인의 관리·운영에 사용한 비용이 기부금수입금액의 100분의 10 이하일 것.

　　6. 신청일 직전 5개 사업연도 평균 개별 법인별 기부금 배분지출액이 전체 배분지출액의 100분의 25 이하이고, 상증령 § 38 ⑩에 따른 출연자 및 상증령 §122 ① 에 따른 출연자의 특수관계인으로서 같은 항 제4호·제5호 또는 제8호에 해당하는 비영리법인에 대해서는 기부금 배분지출액이 없을 것

　　7. 지정이 취소된 경우에는 그 취소된 날부터 3년, 재지정을 받지 못하게 된 경우에는 그 지정기간의 종료일부터 3년이 지났을 것

　──해석── 1. 해외 이재민을 위한 구호금품의 특례기부금 해당 여부

▶ 해외 이재민에 구호금품을 기부하는 경우로서 해당 기부금의 사용내역이 객관적으로 확인되는 경우 동 기부금은 특례기부금에 해당하는 것임(법령해석법인-1617 [법령해석과-495],

2016.02.23.).

2. 공사미수금을 회수하지 아니하고 기부하는 경우 기부금 해당 여부

▶ 학교시설 공사비

내국법인이 사립대학교의 시설비·교육비·연구비로 지출한 경우 조세특례제한법 제73조 제1항의 규정에 의거 당해 과세연도의 소득금액계산에서 이월결손금을 차감한 소득금액 범위 안에서 손금에 산입할 수 있는 것으로, 이때 사립학교의 시설비에는 교사신축공사를 수주하였으나 공사미수금을 회수하지 아니하고 기부하는 경우도 포함되는 것임(서면2팀 2471, 2004.11.29).

▶ 학교법인의 수익사업용 건축물 공사비

- (질의) 당 법인은 1997년 2월에 학교법인 수익용 건물 신축공사를 A건설사와 도급계약을 체결하고, 공사비를 1998년 9월 건물 준공 후 7년 동안의 임대수익금으로 변제하고 7년 후에는 공사비 청구권은 소멸되는 것으로 도급계약을 체결함. 계약체결 당시에는 7년간의 임대수익으로 공사비를 완제할 수 있을 것으로 예상했으나, 지금까지 상당한 금액을 변제하지 못한 상태임. 건물공사비 중 일부에 대하여 약정에 의하여 포기할 것을 고려하고 있는 바, 약정에 의한 공사비 포기금액이 조세특례제한법 제73조의 제1항 제2호 규정에 의한 기부금의 과세특례에 해당하는지 여부

- (회신) 학교법인이 수익사업을 위한 건물 신축과 관련하여 공사대금으로 지출할 금액 중 약정에 의해 일부 포기받는 경우에는 기부금의 과세특례를 적용하지 않는 것임(서면2팀 1536, 2005.9.27).

다 고유목적사업준비금 범위에서 손금 인정 기부금(일반기부금)

① 비영리법인이 지출할 수 있는 일반기부금의 최대한도는 설정된 고유목적사업준비금과 당해 사업연도의 고유목적사업준비금 설정 한도액을 합한 금액이다.[1]

② 신규로 설립되어 고유목적사업준비금 잔액이 없는 비영리법인이 당해 법인의 고유목적사업이나 일반기부금으로 지출한 금액은 당해 사업연도에 계상할 고유목적사업준비금에서 지출한 것으로 본다. 이 경우 당해 사업연도의 고유목적사업준비금의 손금산입 범위를 초과하여 지출하는 금액은 손금에 산입하지 않는다.

③ 일반기부금의 증빙서류는 기부금영수증이다. 저소득층 노인에게 무료급식을 제공하는 등 불특정 다수인을 대상으로 지출한 기부금으로 사실상 영수증 수취가 불가능한 때에도 객관적인 증빙서류에 의해 기부목적 및 기부금 지출 사실 등이 확인된다면 당해 증빙서류를 기부금영수증에 갈음할 수 있다[2].

④ 다음에 열거된 기부금은 일반기부금이다[3]. 민법 §42에 따라 주무관청의 허가를 받아

---

1) 법인세법 제29조 제1항
2) 법인-890, 2009.08.03.

설립된 단체 중 기획재정부장관이 일반기부금 단체로 지정한 경우에는 그 지정일이 속하는 연도의 1월 1일부터 3년간(재지정의 경우에는 재지정일부터 6년)만 일반기부금 단체로 존속 된다. 이러한 단체에 기부금을 지출할 때는 일반기부금으로 공제받을 수 있는 기간 내에 있 는지를 확인하여야 할 것이다.

💠 다음 단체에 지출하는 기부금

① 사회복지법인

② 영유아보육법에 따른 어린이집

③ 유치원·초·중·고등학교, 「근로자직업능력 개발법」에 의한 기능대학, 평생교육법에 따른 전공대학 형태의 평생교육시설 및 원격대학 형태의 평생교육시설

④ 의료법에 의한 의료법인

⑤ 종교의 보급 기타 교화를 목적으로 설립하여 주무관청에 등록된 단체

⑥ 민법 상 비영리법인, 비영리외국법인, 사회적협동조합, '공공기관 운영에 관한 법률' 제 4조의 공공기관 또는 법률에 의하여 직접 설립된 기관 중 다음의 요건을 모두 충족한 것으로서 국세청장의 추천을 받아 기획재정부장관이 고시한 법인

1. 수입을 회원의 이익이 아닌 공익을 위하여 사용하고 사업의 직접 수혜자가 불특정다수 일 것(비영리외국법인의 경우 추가하여 재외동포 지원, 한국 홍보 또는 국제교류·협력 목적일 것)

2. 해산시 잔여재산을 국가·지방자치단체 또는 유사한 목적의 다른 비영리법인에 귀속하 는 내용의 정관 존재

3. 인터넷 홈페이지에 연간 기부금 모금액 및 활용실적을 공개한다는 내용이 정관에 기재 되어 있고, 법인의 공익위반 사항을 국민권익위원회, 국세청 또는 주무관청에 제보할 수 있도록 공익위반사항 관리·감독 기관 인터넷홈페이지와 해당 법인 홈페이지가 연결 되어 있을 것.

4. 해당 비영리법인의 명의 또는 그 대표자의 명의로 특정 정당 또는 특정인에 대한 선거 운동을 한 사실이 없을 것

5. 지정이 취소된 경우에는 그 취소된 날부터 3년, 재지정을 받지 못하게 된 경우에는 그 지정기간의 종료일부터 3년이 지났을 것

💠 다음 기부금

① 유치원의 장·초중고대학교의 장, 기능대학의 장 또는 「평생교육법」에 의한 원격대학의

---

3) 법인세법 시행령 제39조 제2항

장이 추천하는 개인에게 교육비·연구비 또는 장학금으로 지출하는 기부금

② 상증령 §14 각 호의 요건을 갖춘 공익신탁으로 신탁하는 기부금

③ 사회복지·문화·예술·교육·종교·자선·학술 등 공익목적으로 지출하는 기부금으로서 기획재정부장관이 지정하여 고시하는 기부금

④ 사회복지시설 또는 기관 중 무료 또는 실비로 이용할 수 있는 시설 또는 기관에 기부하는 금품의 가액

　1. 아동복지시설

　2. 노인복지시설 중 법인세법 시행령이 정하는 시설

　3. 장애인복지시설

　4. 한부모가족 복지시설

　5. 정신요양시설 및 정신재활시설

　6. 성매매방지 및 피해자보호 등에 관한 법률에 따른 지원시설 및 성매매피해상담소

　7. 가정폭력 관련 상담소 및 보호시설

　8. 성폭력피해상담소 및 성폭력피해자 보호시설

　9. 사회복지관, 부랑인·노숙인 시설

　10. 재가장기요양기관

　11. 다문화가족 지원센터

⑤ 기획재정부장관이 지정하는 국제기구 중 다음에 해당하는 기구에 지출하는 기부금

　1. 사회복지·문화·예술·교육·종교·자선·학술 등 공익을 위한 사업 수행

　2. 우리나라가 회원국으로 가입할 것

⑥ 법인으로 보는 단체 중 고유목적사업준비금을 설정할 수 없는 단체의 수익사업에서 발생한 소득을 고유목적사업비로 지출하는 금액은 이를 일반기부금으로 본다(법인령 §32 ②).

해석 재단법인에 기부한 경우 손금산입 한도액

▶ (질의) 질의법인은 (재)ㅇㅇ대학교의과대학교육연구재단으로 교수, 졸업생, 학부고, 지역 의료 종사자 등이 기부(출연)한 기금의 과실금(이자)으로 국립인 ㅇㅇ대학교 의과대학의 교원에게 학술연구, 연수 및 교육자료를 지원함으로써 의학교육과 연구발전에 기여함을 목적으로 "공익법인의 설립·운영에 관한 법률" 규정에 따라 설립하였음. 대학본부, 대학병원, 의과대학 등은 기부금을 받아 교육발전에 사용하므로 그 사용목적이 다 같고, 기부금을 받는 주체도 재단, 또는 법인형태로서 그 내용 또한 같다고 할 수 있으나 대학본부에 기부하면 전액(100%) 손금인정 공제되고, 대학병원은 50% 공제되며 질의 재단에 기부할 경우 법인은 5%, 개인은 10% 공제된다면 질의 재단의 기부금 모금상의 애로사항이지만 재단과 기부문화의 발전에 저해가 될 수 있다고 보여지는 바 국립대학교 의과대학 교육연구재단에 대한 기부금도 전액 손금용인 될 수 있는지, 소득금액의

5%(개인 10%)만 손금용인 되는 것인지를 질의함.

▶ (회신) 기부금을 받는 단체가 국가기관 등이 아닌「공익법인의 설립·운영에 관한 법률」규정에 따라 설립된 재단법인인 경우, 기부한 내국법인의 손금산입 한도액은 「법인세법」제24조 제1항 제1호의 금액에서 제2호의 금액을 차감한 금액에 100분의5를 곱하여 산출한 금액의 범위 내에서 용인되는 것임(서면2팀 862, 2005.6.20).

| 해석 | 신장협회에 대한 기부금

▶ (질의) 병원이 사단법인 한국신장협회가 추천하는 투석환자를 무료로 치료해 주는 경우 무료치료금액을 병원이 본 협회에 기부금을 지출한 것으로 간주하여 본 협회가 병원에 기부금영수증을 발행하는 경우 세법상 문제가 없는지.

▶ (회신) 사단법인 한국신장협회에 사업비로 지출하는 기부금은 법인세법 제18조 제1항에 규정하는 일반기부금에 해당하는 것이나 의료업을 영위하는 법인이 사단법인 한국신장협회가 추천하는 신장병환자를 무료로 치료하는 경우 그 치료비상당액을 동 협회에 대한 기부금으로 볼 수 없고, 보건복지부장관이 정하는 무료진료권 또는 새마을진료권에 의하여 행하는 무료진료가액은 같은 법 시행령 제12조 제2항 제13호의 규정에 의하여 당해 법인의 손비로 처리할 수 있음(법인 46012-740, 1997.3.13).

라 비인정기부금

① 위에 열거된 특례기부금과 고유목적사업준비금의 범위 내에서 손금으로 인정하는 기부금 이외의 모든 기부금은 비인정기부금이고, 비인정기부금은 손금으로 인정하지 않는다.

② 법인세법은 특수관계가 없는 자와의 거래 중 다음의 내용에 대해서도 비인정기부금으로 규정하고 있다.

1. 법인이 특수관계자 외의 자에게 당해 법인의 사업과 직접 관계없이 무상으로 지출하는 재산적 증여의 가액

2. 법인이 특수관계자 외의 자에게 정당한 사유없이 자산을 정상가액보다 낮은 가액으로 양도하거나 정상가액보다 높은 가액으로 매입함으로써 그 차액 중 실질적으로 증여한 것으로 인정되는 금액. 이 경우 정상가액은 시가에 시가의 100분의 30을 가산하거나 100분의 30을 차감한 범위의 가액

2절 | 기부금의 회계

1. 기부금의 회계처리

가 특례기부금

① 비영리법인이 수익사업에서 특례기부금을 지출한 경우 고유목적사업준비금 손금산입 규정은 적용되지 않는다. 따라서 특례기부금은 고유목적사업준비금의 지출로 처리할 수 없으며 기부금으로 회계처리하고 한도액을 계산하여 시부인 처리한다.

② 손금산입 한도를 초과하는 금액은 다음 사업연도 개시일부터 5년 이내에 끝나는 각사업연도에 이월하여 그 초과금액을 손금에 산입한다.

나 일반기부금

① 법인세법에 의하면 고유목적사업준비금을 손금으로 계상한 비영리 내국법인이 일반기부금을 지출하는 경우에는 먼저 계상한 사업연도의 고유목적사업준비금에서 순차로 상계하여야 한다.

② 모든 일반기부금은 고유목적사업준비금에서 상계할 수 있으며[1], 고유목적사업준비금에서 상계하는 일반기부금은 한도계산 대상이 아니다.

③ 고유목적사업준비금의 잔액이 없는 비영리법인이 일반기부금을 지출한 경우에는 이를 고유목적사업준비금을 계상하여 지출한 것으로 보는 것이므로 동 일반기부금지출액과 고유목적사업준비금 전입액을 합산한 금액을 당해 사업연도의 고유목적사업준비금 설정액으로 본다.

④ 의료기관회계기준은 「재무제표 세부 작성방법」 계정과목 해설에서 고유목적사업준비금을 법인세법과 동일하게 「법인의 고유목적사업 또는 기부금에 지출하기 위하여 설정한 준비금」이라고 규정하고 있다. 그러나 기업회계기준에 의하면 일반기부금을 손익계산서에서 제거하는 것은 회계의 왜곡이다.

---

1) 특수관계 의료법인에 대한 기부금도 일반기부금에 해당함(서면-2016-법인-4682, 2016.11.30)

⑤ 기업회계기준에 따라 일반기부금을 손익계산서에 표시하고 고유목적사업준비금 전입액과 합산한 금액을 고유목적사업준비금 설정액으로 보고 세무조정을 하는 방법을 고려해 볼 수 있으나, 세무조정계산서와 손익계산서의 상충은 피할 길이 없어 보인다.

> **해석** 대학교에 장학금으로 지출하는 기부금

▶ (질의) 수익사업으로 부동산임대업을 영위하는 비영리법인이 고유업종의 인재양성을 위하여 업종과 관련된 대학교 학과를 지정하여 장학금(등록금, 학생회비 등)을 기부할 예정임. 상기 기부금을 수익사업에서 지출한 기부금으로 보는 지, 아니면 비수익사업의 지출로 처리하여야 하는지?

▶ (회신) 비영리 내국법인이 고유목적사업준비금을 손금산입한 후 일반기부금으로 지출하는 금액은 고유목적사업준비금을 사용한 것으로 보는 것이나, 국립대학 및 「사립학교법」에 의한 사립학교에 장학금으로 지출한 기부금은 고유목적사업준비금에서 상계처리하지 아니하고 법인세법 제24조 제2항에 따라 특례기부금의 손금산입한도액내에서 손금에 산입하는 것임(법인-138, 2009.1.12.).

2. 기부금의 세무조정

⊙ 세무조정 절차를 진행해보자.

1. [별지 제27호 서식] 고유목적사업준비금 조정명세서(을)의 1.일반기부금 지출내역을 기록하고,

2. [별지 제21호 서식] 기부금조정명세서 및 [별지 제22호 서식] 기부금명세서에서 일반기부금을 삭제한다. 이렇게 할 경우

3. [별지 제47호 서식] 주요계정명세서(갑) 서식의 (115)일반기부금은 0(영)로 표시되고 (112)특례기부금만 표시된다.

4. [별지 제47호 서식] 주요계정명세서(갑) 서식의 (115)일반기부금, (112)특례기부금 및 비인정기부금 손금불산입 금액의 합계는 손익계산서에 표시된 기부금과 일치하여야 하는데, (115)일반기부금이 0(영)이므로 손익계산서와 세무조정 내용은 불일치한다.

5. 상충을 피하려면 법인세법의 규정에 따라 손익계산서에서 일반기부금을 제거하여야 한다.

예제

제13장 제2절 병원의 결산 실무 사례를 인용하여 의료법인 코페병원의 20x8회계년도 ○○ 복지재단에 대한 일반기부금 지출이 38,420,000원 있는 것으로 가정하고 세무조정 절차를 진행해보자.

① 먼저 일반기부금 해당액을 고유목적사업준비금의 사용으로 인식하는 회계처리를 하고,

　　　(차) 고유목적사업준비금 38,420,000　(대) 기부금　38,420,000

② [별지 제27호 서식] 고유목적사업준비금 조정명세서(을)의 1.일반기부금 지출내역을 기록한다.

사업 연도	20x8.1.1 ~ 20x8.12.31	고유목적사업준비금 조정명세서(을)		법인명	코페병원
				사업자등 록번호	123-45-67890
지출내역				④ 금액	⑤ 비고
① 구분	② 적요	③ 지출처			
		상호(성명)	사업자등록번호 (주민등록번호)		
Ⅰ. 일반기부금	기부금	○○복지재단	xxx-xx-xxxxx	38,420,000	
Ⅱ. 고유목적사업비	건물증축비	○○건설(주)	xxx-xx-xxxxx	761,580,000	
Ⅲ. 고유목적사업관련 운영경비					
Ⅳ. 기 타					
⑥ 계				800,000,000	

③ 손익계산서에서 일반기부금을 제거하였으므로 [별지 제21호 서식] 기부금조정명세서 및 [별지 제22호 서식] 기부금명세서에 일반기부금을 기재하지 않는다.

사업연도	기부금조정명세서				법인명
20×8. 1. 1. 20×8.12.31.					코페병원

1. 특례기부금 등 손금산입 한도액 계산

① 소득금액계	② 법인세법 제13조제1호에 의한이월결손금 합계액	③ 법인세법 제24조 제2항 기부금 해당금액	④ 조세특례제한법 제76조 및 동법 제73조 제1항 제1호 기부금 해당금액	⑤ 손금산입액 [(① − ②)와 (③ + ④) 중 적은금액]	⑥ 소득금액 잔액 (① − ② − ⑤)	⑦ 법정기부금 등 한도초과액[(③ + ④) − (① − ②)]
740,346,423		20,000,000		20,000,000	720,346,423	0

3. 일반기부금 손금산입 한도액 계산

⑭ 일반기부금 해당금액 (⑲기부금 포함)	⑮ 일반기부금 한도액 (⑫×5%)	⑯ 손금산입액 (⑭와 ⑮ 중 적은 금액)	⑰ 이월액잔액중 손금산입액 [⑭<⑮인 경우로서(⑮−⑭)와 ㉘이월액 잔액 합계액중 적은 금액]	⑱ 정기부금 한도초과액(ㄱ) (⑭ − ⑮)
38,420,000	36,017,321	0		0

5. 기부금 한도초과액 총계

㉓ 기부금합계 (③ + ④ + ⑧ + ⑭)	㉔ 손금산입합계 (⑤ + ⑩ + ⑯ + ㉑)	㉕ 한도초과액합계 (㉓−㉔)=⑦ + ⑬ + ㉒
20,000,000	20,000,000	0

기부금조정명세서 ⑮의 일반기부금 한도액은 서식에 따라 계산할 경우 36,017,321원이지만 고유목적사업준비금을 설정하는 비영리법인의 일반기부금 한도액은 이 표에서 기재하지 않는다.

서식 ㉓의 기부금합계액은 특례기부금 지출액 20,000,000원만 기재한다. 결국 고유목적사업준비금을 설정하는 비영리법인에게 기부금조정명세서는 특례기부금조정명세서의 역할만 있을 뿐이다.

3. 기부금의 평가

① 법인이 기부금을 금전 이외의 자산으로 제공할 수가 있다. 이런 경우 기부금의 평가를 어떻게 할 것인가의 문제가 발생한다.

② 예컨대 장부가액 1,000만원이고 시가 1억원인 토지를 기부하는 경우 기부금의 가액을 1,000만원으로 할지, 1억원으로 할지가 문제이다.

③ 법인이 기부금을 금전 이외의 자산으로 제공하는 경우 기부금의 가액은 당해 자산을 기부한 시점의 시가(시가가 장부가액보다 낮은 경우에는 장부가액)에 의한다.

④ 다만, 일반기부금(법인령 §87① 의 특수관계인에게 기부한 일반기부금은 제외한다)과 특례기부금은 장부가액으로 한다.[1]

가 장부가액으로 평가하는 경우

① 특례기부금과 일반기부금(특수관계인 제외)으로 기부하는 경우에는 기부금품의 가액을 장부가액으로 평가한다.

② 장부가액 1,000만원인 토지를 특례기부금으로 기부한 경우 회계처리는 다음과 같다.

(차) 기 부 금	10,000,000		(대) 토 지	10,000,000	

해석 공익법인이 기부받은 자산의 취득가액

▶ (질의) 질의법인은 장학사업을 영위하는 공익법인임. 질의법인과 특수관계 없는 개인으로부터 상장주식(40,000주)을 기부받을 예정이며, 기부자의 동 주식 취득 시 주당 취득가액은 다음과 같음

취득일자	취득주식수	주당 취득가액
2004.12.14	12,000주	3,000원
2005.3.16.	10,000주	6,500원
2009.7.10	9,500주	4,000원
2010.10.4	8,500주	8,000원

① 질의법인이 상기 주식을 기부받을 당시 주식 종가는 12,000원 정도로 예상됨

② 질의법인은 상기 주식을 기부받은 후 곧바로 증권시장에서 양도하여 목적사업인 장학사업에 사용할 예정임
   1. 질의법인이 기부받은 주식의 취득가액을 얼마로 계상하는지 여부
   2. 기부자가 해당 주식을 양도한 대금으로 기부할 경우 취득가액

---
1) 법인세법 시행령 제37조 제1항

▶ (회신) 상속세 및 증여세법 시행령 제12조에 따른 공익법인 등이 「법인세법 시행령」 제87조제1항 각호의 특수관계자 외의 자로부터 기부받은 일반기부금에 해당하는 금전 외 자산의 취득가액은 기부한 자의 기부 당시 장부가액으로 하되, 상속세 및 증여세법에 따라 증여세 과세가액에 산입되지 아니한 출연재산이 그 후 과세요인이 발생하여 그 과세가액에 산입되지 아니한 출연재산에 대하여 증여세의 전액이 부과되는 경우에는 기부 당시의 시가로 하는 것임(법인세과 27, 2012.01.09.).

나 시가로 평가하는 경우

① 다음에 해당하는 특수관계 있는 일반기부금 단체에 기부한 일반기부금은 시가로 평가한다.

1. 임원의 임면권 행사, 사업방침의 결정 등 당해 법인의 경영에 대하여 사실상 영향력을 행사하고 있다고 인정되는 자와 그 친족

2. 주주 등(소액주주 등 제외)과 그 친족

3. 법인의 임원·사용인 또는 주주 등의 사용인(주주 등이 영리법인은 그 임원을, 비영리법인은 그 이사와 설립자이다)이나 사용인 외의 자로서 법인 또는 주주 등의 금전 기타 자산에 의하여 생계를 유지하는 자와 이들과 생계를 함께하는 친족

4. 해당 법인이 직접 또는 그와 위 ① 에서 ③ 까지의 관계에 있는 자를 통하여 어느 법인의 경영에 대하여 지배적인 영향력을 행사하고 있는 경우 그 법인

5. 해당 법인이 직접 또는 그와 위 ① 에서 ④ 까지의 관계에 있는 자를 통하여 어느 법인의 경영에 대하여 지배적인 영향력을 행사하고 있는 경우 그 법인

6. 당해 법인에 100분의 30 이상을 출자하고 있는 법인에 100분의 30 이상을 출자하고 있는 법인이나 개인

7. 당해 법인이 「독점규제 및 공정거래에 관한 법률」에 의한 기업집단에 속하는 법인은 그 기업집단에 소속된 다른 계열회사 및 그 계열회사의 임원

② 장부가액이 1,000만원이고 시가가 1억원인 토지를 시가로 평가하는 경우의 회계처리는 다음과 같으며, 이렇게 회계처리 하면 별도의 세무조정은 필요치 않다.

(차) 기부금	100,000,000	(대) 토 지	10,000,000
		유형자산처분이익	90,000,000

● 법인세법 기부금 평가 규정의 요약

종류	현물기부금의 평가
특 례 기 부 금	장부가액
일 반 기 부 금	장부가액(특수관계인은 시가와 장부가액 중 큰 금액)
고 유 목 적 사 업 비	시가
비 인 정 기 부 금	시가와 장부가액 중 큰 금액

4. 기부금의 손금 귀속시기

① 기부금의 손금산입 시기는 원칙적으로 현금주의에 의한다. 즉, 기부금은 현금으로 지급하는 날이 속하는 기간의 비용으로 기록하여야 한다. 수표로 지급하는 경우에는 수표의 교부일, 어음으로 지급하는 경우에는 어음의 결제일이 손금의 귀속시기이다.

② 기부금을 지급하고 가지급금 등으로 이연 계상한 경우에는 그 지출한 사업연도의 기부금으로 하고, 그 후의 사업연도는 이를 기부금으로 보지 아니한다. 미지급금으로 계상한 기부금은 실제로 지출할 때 기부금으로 인식한다.[1]

③ 예외적으로 설립 중인 공익법인 등에 지출한 기부금은 그 공익법인의 설립 인가 또는 허가를 받은 날이 속하는 사업연도의 기부금에 해당한다. 따라서 이 경우에는 가지급금, 선급비용 등 자산으로 기록하거나 기부금으로 회계처리 하고 세무조정에서 손금불산입하고 설립인가를 받는 기간의 손금으로 추인하도록 관리하여야 한다.

---

1) 세법상 기부금의 손금귀속년도에 관하여 현금주의를 채택하고 있는바, 비영리법인이 배당금을 실제로 수령하지 않은 상태에서 미수금 확인서만 수취하고 회계처리상 미수금인 채로 비영리사업의 회계로 전출한 경우에는 실제로 현금으로 지급한 것이 아니므로 이를 손금에 산입할 기부금으로 볼 수 없다. 대법원 1991.8.27, 선고, 88누7248, 판결참조

9장

의료기관의 결산

의료기관을 운영하는 대부분의 비영리법인과 정부기관은 내부적인 필요 또는 외부적 법적 제약에 의하여 회계단위를 구분하여 회계단위별로 회계기록을 유지하고 재무보고를 하고 있다. 회계단위별로 독립된 기업 실체처럼 자산, 부채, 자본(순자산) 및 수익과 비용을 별도로 기록하는 회계시스템을 우리나라에서는 분회계라고 하는데, 구분회계는 미국의 기금회계와 거의 유사한 성격이다.

사립학교법, 사회복지법인법, 의료기관재무회계기준규칙 및 법인세법은 회계단위별로 구분회계를 유지할 것을 요구하고 있으나, 각 법이나 규칙이 규정하고 있는 구분회계의 단위는 서로 다르다. 특히 법인세법은 수익사업과 비수익사업의 구분회계를 요구하고 있으며, 법인세의 신고를 위하여는 구분하여 작성한 회계단위의 통합 재무제표의 작성이 필요하다.

1. 구분회계

가 관련법에 따른 회계의 구분

① 사립학교법 §29(회계의 구분)에 의하면 학교법인의 회계는 그가 설치·경영하는 학교에 속하는 회계와 법인의 업무에 속하는 회계로 구분하고, 학교에 속하는 회계는 다시 이를 교비회계와 부속병원회계(부속병원 한정)로 구분할 수 있으며, 법인의 업무에 속하는 회계도 이를 일반업무회계와 수익사업회계로 구분할 수 있도록 하고 있다.

② 또한, 사회복지법인재무회계규칙 §6(회계의 구분)에 의하면 법인의 회계는 당해 법인의 업무 전반에 관한 회계(법인회계), 당해 법인이 설치·운영하는 사회복지시설에 관한 회계(시설회계)와 법인이 수행하는 수익사업에 관한 회계(수익사업회계)로 구분하도록 규정하고 있다.

③ 사립학교법과 사회복지법인재무회계규칙은 각 회계단위별로 구분회계를 하여야 함을 명시하고 있음을 알 수 있다. 법적으로 명시되지는 않았지만, 의료기관을 유지하는 학교법인이나 사회복지법인 이외의 재단법인 등도 회계를 구분하여야 하는 상황은 학교법인이나 사

회복지법인과 유사하다.

④ 일반적으로 학교법인은 수익사업을 영위하는 비영리조직의 모델 격으로 의료사업을 위시하여 다양한 수익사업을 유지하고 있다. 구분회계의 본보기로 학교법인의 회계구분 내용을 표시하면 그림과 같다.

《 사립학교법에 따른 학교법인의 회계조직도[1] 》

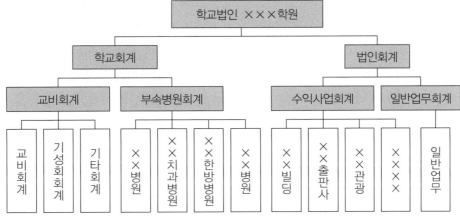

나 의료기관회계기준규칙에 따른 회계의 구분

① 의료기관회계기준규칙 제3조(회계의 구분)에 의하면 법인의 회계와 병원의 회계를 구분하도록 하고 있으며, 또 법인이 둘 이상의 병원을 설치·운영하는 경우에는 병원마다 회계를 구분하도록 하고 있다.

② 의료기관회계기준규칙에 따른 회계구분의 내용을 표시하면 다음과 같다.

《 의료기관회계기준규칙에 따른 회계의 구분 》

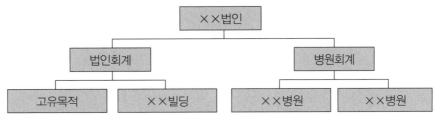

---

1) 정병수, 사립대학회계, 동원, 1999년, 23쪽

다 법인세법에 따른 회계의 구분

① 영리법인에 대하여는 특정회계연도 동안의 총 익금에서 총손금을 차감한 잔액인 각 사업연도 소득금액을 과세소득의 범위로 정하고 있지만, 비영리조직은 영리법인과 달리 수익사업에서 발생하는 소득에 한하여 법인세의 신고 및 납세의무가 있다.

② 일반적으로 교육사업, 사회복지사업 등 비영리조직의 고유목적사업은 비수익사업이고, 고유목적사업을 유지하기 위하여 운영하는 수익사업은 법인세법상 수익사업으로 분류된다. 그러나 비영리법인의 의료사업은 의료법이나 사립학교법 등에 의하면 고유목적사업에 속하지만, 법인세법상은 수익사업으로 분류하고 있음은 익히 알고 있는 사실이다.

③ 법인세법은 비영리법인이 수익사업을 영위하거나 수입이 있을 때에는 자산, 부채 및 손익을 수익사업과 비수익사업으로 구분하여 회계기록을 유지를 요구하고 있다.

④ 구분회계의 본보기 격인 학교법인의 회계조직도를 법인세법에 따라 재구성하여 보면 그림과 같다.

《 법인세법상 학교법인의 회계조직도[1] 》

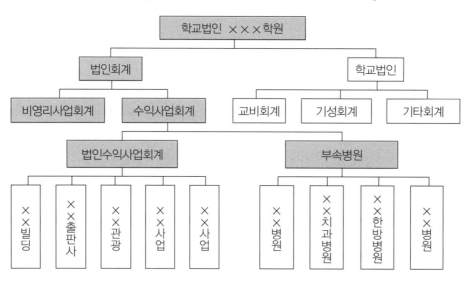

---

1) 정병수, 사립대학회계, 동원, 1999년, 24쪽

2. 구분회계의 유지

① 구분회계를 유지하기 위하여는 각 구분된 회계단위가 하나의 독립된 기업 실체처럼 독자적인 분개장(또는 전표), 총계정원장, 보조부 등을 완전히 비치하고, 구분된 회계단위의 거래를 기록·요약하여야 한다.

② 각 회계단위는 정기적으로 재무제표를 작성하여 재단 또는 본부(결산총괄부서)에 보내면 본부는 독립된 회계단위의 재무제표를 내부 관리회계 목적으로 활용하고, 관계기관에 보고하고, 각 산하 회계단위의 재무제표를 통합하여 법인세 신고 또는 외부보고용 재무제표를 작성하게 된다.

③ 구분된 회계단위별로 독립된 회계기록을 유지하는 시스템을 회계단위별 독립회계 시스템이라고 한다. 이와 같은 회계시스템을 채택해도 계정과목의 수와 명칭, 내부통제시스템, 재무제표의 양식과 내용, 회계정책 등은 일반적으로 본부가 결정하는 것이 바람직하다.

가 상호대응계정의 설정

① 본부와 병원, 병원과 수익사업체, 병원과 병원 간에는 서로 자원을 주고받는 경우가 많다. 회계단위별 독립회계 시스템을 유지할 때에는 이러한 내부거래를 독립된 실체 사이의 거래로 간주하고 장부에 기록해야 하는데 그 이유는

첫째, 내부적 이유로 회계단위별 운영성과를 파악하기 위한 관리상의 목적과

둘째, 외부적 법적 요구에 의한 구분회계 단위별 결산을 적정하게 하기 위함이다.

② 의료기관에 주로 발생하는 내부거래는 다음과 같다.

　1. 자금의 대여 및 차입 : (내부)대여금, (내부)차입금

　2. 전출금의 지급, 전입금의 수수 : 전출금 , 전입금

　3. 파견 인건비의 수수 : 지급 수수료, 기타수익

　4. 다른 회계단위의 의료장비 사용 : 지급수수료, 수입임대료

③ 이러한 내부거래는 추후 결산 시에 법인세법의 요구로 법인 전체의 과세소득금액 계산을 위하여 내부거래 상계 과정에 고려하여야 할 요소이므로 상세하게 기록하고, 결산에 임하여서는 상호대조 확인 과정을 거쳐야 한다.

나 상호대응계정의 조정

① 회계 기말에 각 회계단위가 기록한 상호대응 계정이 서로 일치하지 않는 경우가 있다. 그 이유는 어느 한 회계단위가 기록한 거래를 다른 회계단위가 기록하지 않았기 때문이다. 이러한 상황은 은행계정조정표를 작성함으로써 은행잔액과 회사잔액을 일치시켜야 하는 경우와 유사하다.

② 각 회계단위 간의 상호대응계정을 회계 기간에 계속해서 일치시키는 것은 어렵지만, 회계 기말에 법인세 신고목적으로 수익사업 합산 재무제표를 작성하기 위하여는 상호대응 계정을 반드시 일치시켜야 한다.

다 결산절차

(1) 개별회계단위의 결산

① 사립학교법, 사회복지법인 재무회계규칙, 의료기관 회계기준 등에 의하면 회계단위별 결산절차가 필요하다.

② 결산을 위하여는 시산표가 이용된다. 통상 시산표에 결산조정 사항을 반영시켜 재무상태표와 손익계산서를 작성하고 합계잔액시산표, 재무상태표, 손익계산서 및 기 중의 거래내용분석을 통하여 현금흐름표를 작성하고 이익잉여금처분계산서를 작성하는 절차를 거친다.

③ 이들 재무제표는 회계단위별로 작성기준과 내용이 매우 다르다. 학교법인의 경우를 예를 들어 적용되는 회계원칙을 표시하면 다음과 같다.

《 사립대학의 회계단위별로 적용되는 회계원칙과 재무제표의 종류[1] 》

구 분	법인 일반업무회계 및 학교회계	부속병원회계	수익사업회계
회계원칙	사학기관 재무회계규칙에 대한 특례규칙	의료기관회계기준규칙	기업회계기준
결산재무제표의 종류	자금계산서 재무상태표 운영계산서	재무상태표 손익계산서 기본금변동계산서 현금흐름표	재무상태표 손익계산서 이익잉여금처분계산서 현금흐름표

④ 또한, 재무제표에는 부속명세서 및 주기와 주석이 첨부되어야 한다. 부속명세서는 재무제표가 한정된 지면에 담지 못하는 세부적인 내용을 보다 자세하게 설명하여주는 보완적인 재무보고서이다.

---

1) 정병수, 사립대학회계, 동원, 1999년, 31쪽, 일부수정

⑤ 주기는 재무제표상 해당 과목 다음에 그 회계사실의 내용을 간단한 자구 또는 숫자로 괄호 안에 표시하는 방법이고, 주석은 재무제표상 해당 과목 또는 금액에 기호를 붙이고 난외 또는 별지에 동일한 기호를 표시하여 그 내용을 간결, 명료하게 기재하는 방법이다.

⑥ 의료기관회계기준규칙이 요구하는 재무제표의 주요부속명세서의 종류는 다음과 같다. 이중 재무상태표 과목에 대하여는 명세서의 세부 항목별로 기초이월, 당기 중 증가 및 감소, 기말잔액을 반드시 표시하도록 하고 있으며, 진료과별·환자유형별 외래(입원)수익명세서 및 직종별 인건비명세서는 손익계산서에 공표되는 수준 이상의 자세한 내용을 기록을 요구하고 있으므로 이를 위하여 기 중 회계기록을 좀더 자세하게 유지할 필요가 있다.

1. 의료미수금명세서

2. 재고자산명세서

3. 유형자산명세서

4. 감가상각누계액명세서

5. 차입금명세서

6. 진료과별·환자유형별 외래(입원)수익명세서

7. 직종별 인건비명세서

8. 진료과별 환자유형별 입원환자 명세서

9. 진료과별 환자유형별 외래환자 명세서

(2) 합산재무제표의 작성

① 법인세의 신고를 위하여 각 회계단위별 표를 작성한 재무제표를 합산하여야 한다. 합산 대상 회계단위는 병원 및 기타의 수익사업이다.

② 법인세법이 요구하는 재무제표는 재무상태표, 손익계산서, 이익잉여금처분계산서 및 현금흐름표이다. 합산 재무제표를 작성하기 위해서는 다음과 같이 정산표를 이용하는 것이 좋다. 정확한 과세소득의 계산을 위해서는 정산표의 작성과정에서 내부거래 제거 및 조정 절차는 특히 중요하다.

《 정 산 표 》

과목	수정 후 시산표			내부거래제거 및 조정		정산표	
	학교	병원	×× 수익사업	차변	대변	차변	대변

3. 위탁운영 병원의 결산

가 위·수탁병원[1]의 현황

① 지방자치단체가 설립한 병원을 대학교부속병원, 의료법인 등에 위탁 운영하게 하는 경우가 있다. 서울대학교병원은 서울특별시립 보라매병원을 수탁 운영하고 있고, 일부 지방의료원, 의료법인 등은 구·군·시·도립 노인요양병원을 수탁 운영하고 있다.

② 보라매병원처럼 위탁자와 수탁기관 간에 위탁운영과 관련하여 특별한 대가관계가 개입되지 않는 경우도 있지만, 지방자치단체가 설립한 대부분의 노인요양병원은 수탁기관이 금품이나 토지 등 일정 자산을 지방자치단체에 기부하는 조건으로 수탁운영권을 부여받는다.

③ 일반적으로 위·수탁병원 설립 초기에는 수탁기관이 지방자치단체에 토지를 기부채납하면 지방자치단체는 그 지상에 노인요양병원 건물을 짓고 의료장비 등 병원시설물을 구입하여 수탁기관에 일정 기간 위탁 운영하게 하고 있다.

④ 수탁기관과 지방자치단체 간의 위·수탁 계약 내용은 사안별로 다르지만, 공통적인 조건은 위탁병원을 독립회계로 회계처리 하여야 하고, 병원 운영 이익금은 병원의 운영비 및 시설재 투자에 사용할 수 있을 뿐 수탁기관 또는 외부로 유출할 수 없는 조건이다.

⑤ 위·수탁운영 병원과 관련하여 고려할 점은 다음 세 가지다.·

첫째, 위탁병원의 법인세 문제

둘째, 수탁운영권을 획득하기 위하여 기부채납하는 재산의 회계처리 문제

셋째, 위·수탁 운영하는 노인요양병원이 인식해야 할 자산의 범위

나 위·수탁병원의 법인세 문제

① 지방자치단체가 설립하고 민간 비영리병원이 수탁 운영하는 노인요양병원은 위·수탁운영 병원의 대표 격이다. 노인요양병원은 치매 관리에 대한 국가적 필요에 의해 1997년 최초로 설립된 이후 2017.12.31. 현재 전국에 79개의 구·군·시·도립요양병원이 개설되어 있다. 이 중 지방자치단체가 직영하는 병원은 극히 일부분이고 대부분 민간에 위탁하여 운영하고 있다.

② 전국에 산재한 노인요양병원과 관련한 지방자치단체의 조례와 각 지방자치단체가 수탁기관과 체결하는 협약의 내용은 서로 다르지만, 지방자치단체의 「노인전문병원 설치 및 운영

---

[1] 위탁하는 입장에서는 위탁병원, 위탁받는 입장에서는 수탁병원이다.

에 관한 조례」와 위탁병원에 대한 위탁 운영계약서에 일반적으로 포함되는 내용은 대체로 다음과 같다.

위탁병원에 대한 위탁 운영계약서 예

사례

① 수탁기관은 위탁병원의 관리운영에 필요한 관리규정을 정하여 지방자치단체장의 승인을 받아야 하고, 병원 운영을 위하여 건물, 시설물, 장비 등 지방자치단체 소유의 재산을 무상으로 사용한다.

② 수탁 관리하는 재산은 위탁병원 운영 이외의 목적으로 사용하거나 제3자에게 담보권 설정, 대여, 매매 및 교환을 할 수 없고, 수탁재산을 신·증축, 원형변경 또는 멸실하고자 할 때는 사전에 지방자치단체의 승인을 얻어야 하며, 이에 소요되는 비용을 수탁기관이 부담하였을 경우에도 확장 및 취득된 재산의 소유권은 지방자치단체에 귀속된다. 위탁병원은 독립회계로 처리하여야 하고, 위탁병원의 운영에서 발생되는 이익금은 위탁병원의 운영 및 시설에 재투자하여야 한다.

③ 지방자치단체는 위탁병원의 설립목적을 달성하기 위하여 수탁기관의 위탁병원 운영 전반에 대한 서류 및 현지실사를 통한 감독·평가를 실시할 수 있다.

④ 수탁기관은 조례에 의하여 협약이 해지되었거나 위탁 운영 기간이 만료되었을 때에 지방자치단체에 수탁물권 및 관리운영권을 지체없이 양도하고, 세부적인 업무인계를 하는 등 위탁병원의 정상적 운영을 위하여 최대한 협조하여야 한다.

위·수탁병원의 법인세 신고 관련

위·수탁병원의 법인세 신고와 관련하여 다음과 같은 세 가지 다른 견해가 있다.

1. 위탁병원은 지방자치단체가 설립한 것이고, 위탁병원의 운영에서 발생되는 이익금은 위탁병원의 운영 및 시설에 재투자하여야 하므로 법인세 과세대상이 아니라는 견해

2. 위탁병원은 법인세법에서 정한 비영리사업이 아니므로 법인세 과세대상에 해당되고 수탁기관의 지점에 해당하므로 수탁기관의 과세소득과 합산하여 법인세를 신고하여야 한다는 견해

3. 법인세 과세대상이지만 수탁기관과는 별도의 실체이므로 수탁기관의 과세소득과 분리하여 별도로 법인세를 신고하여야 한다는 견해

(1) 법인세 과세대상 여부

① 비영리법인이 지방자치단체와 위·수탁 협약을 체결하여 수탁 운영하는 노인전문병원의 의료사업이 법인세법이 정하는 수익사업에 해당하는지 여부에 대하여 서로 상반되는 국세청

해석이 존재한다.

② 「비영리법인이 지방자치단체로부터 병원의 운영권과 시설물사용관리권을 위탁받아 이를 관리·운영하고 실질적으로 지방자치단체에 귀속시키는 수익은 법인법 §2③ 의 규정에 의하여 법인세가 과세되지 아니하는 것[1]이라는 해석이 있었고, 「비영리 내국법인이 지방자치단체로부터 위탁받은 노인전문병원의 의료사업은 법인령 §2 ① 의 수익사업에 해당하여 법인세 신고의무가 있다.[2]는 해석도 존재한다.

③ 수탁기관이 수탁 운영하는 노인요양병원이 수익사업에 해당하지 않는다는 해석은 수탁운영 병원의 수익이 실질적으로 지방자치단체에 귀속된다는 판단에 따른 것이고, 수익사업에 해당한다는 해석은 노인요양병원 사업이 법인세법에 명시된 비영리사업이 아니라는 판단에 근거한 것으로 보인다.

④ 국세청은 2009.3.5. 기획재정부 해석 이후부터 비영리법인이 수탁 운영하는 노인요양병원을 수익사업으로 판단하고 있다. 필자는 비영리법인이 수탁 운영하는 노인요양병원은 지방자치단체가 직영하는 것이 아니고, 병원의 수입금액을 직접 지방자치단체에 귀속시키는 것도 아니므로 후자의 논리가 옳다고 본다.

(2) 노인요양병원은 수탁기관의 지점인가, 별도 법인인가?

① 비영리법인이 수탁 운영하는 노인요양병원을 수익사업이라고 판단할 경우 수탁기관의 지점으로 인식하여 수탁기관의 과세소득과 합산하여 법인세를 신고하여야 한다는 견해와

② 법인세 과세대상이지만 수탁기관과는 별도의 실체이므로 수탁기관의 과세소득과 분리하여 별도로 법인세를 신고하여야 한다는 서로 다른 견해가 있다.

🔅 지점이라는 견해

① 대부분 수탁기관은 수탁운영 병원의 실적을 본 병원의 실적과 합산하여 법인세를 신고하고 있다. 수탁운영 병원을 지점처럼 인식하는 것이다.

② 이들의 논리는 수탁기관은 지방자치단체가 위탁한 병원 운영관리 사무에 관하여 그 수행과정에서 발생하는 모든 사고에 대하여 민·형사상의 책임을 지고 있고, 수탁재산을 훼손·망실한 경우에는 지방자치단체에 금전적 손실을 배상하여야 하는 책임을 부담하고 있으며,

③ 수탁기관이 지방자치단체의 지휘·감독을 받지 않고 그 스스로 주체가 되어 의사와 간호사 등 병원 운영 인력과의 고용계약 및 급여액 산정 등의 인사 업무와 그 외의 병원 운영에 관한 기본적인 의사결정 권한을 독립적으로 행사하고 있다는 점 등을 고려할 때, 수탁기

---

1) 법인46012-4619, 1995.12.26 및 서면2팀-2566, 2004.12.08
2) 기획재정부 법인세제과-188, 2009.03.05. 및 서면-2015-법인-2061, 2016.04.18. 참조

관이 위탁병원의 운영에 대하여 일체의 책임을 지고 있는 사업주에 해당한다는 것이다.

🔅 별도 법인이라는 견해

① 수탁자는 위탁병원의 운영권을 위임받지만, 병원 운영에서 발생하는 이익금은 수탁기관에 귀속시킬 수 없고 위탁병원의 운영 및 시설에 재투자하여야 하므로 위탁병원은 수탁기관의 지점이라고 볼 수 없다.

② 수탁기관은 위탁받은 노인병원의 수익과 비용의 귀속처가 아니므로 노인병원의 소득은 수탁기관의 과세소득에 포함되어서는 안 된다.[1] 따라서 수탁병원은 별도 법인으로 인식하여 법인세 신고를 하여야 한다.

다 기부채납하는 자산에 대한 회계처리 문제

(1) 특례기부금에 해당한다는 견해

① 수탁기관이 노인요양병원의 수탁 운영을 위하여 지방자치단체에 제공하는 자산을 의료사업을 위한 순수한 기부로 보아 특례기부금으로 보는 견해가 있다. 이 견해는 기본적으로 위·수탁병원과 수탁기관을 별도의 실체로 인정하는 데서 출발한다.

② 그러나 수탁기관과 위·수탁병원을 별도의 실체로 인정하더라도 병원의 위탁운영권을 얻기 위하여 제공하는 자산은 법인의 사업과 직접적인 관계가 있는 기부이므로 특례기부금으로 보는 것은 무리가 있다.[2]

③ 법인세법에 의하면 기부금은 당해 법인의 업무와 직접적인 관계가 없고 아무런 반대급부 또는 효익 없이 지출한 경우를 말하는 것이기 때문이다[3].

> **해석**　특례기부금으로 인정하는 사례

▶ 처분청은 위탁병원의 실지 운영자가 청구법인이고 청구법인이 위탁병원의 수익을 계속하여 얻을 수 있는 것으로 보아 위탁병원의 손익을 청구법인의 손익에 합산하여 과세하였으나, 위탁운영계약서, 위탁병원설치 운영조례 및 관할 지방자치단체장의 사실조회신문 등에 의하면 위탁병원은 수탁자인 청구법인이 운영하나 지방자치단체장의 감독 및 승인을 받게 되어있고, 위탁병원은 독립회계로 별도 경리하면서 진료비 등의 수입금액은 위탁병원의 운영, 시설물의 유지관리 및 재투자에만 사용하며, 유보된 소득은 위탁병원에 귀속되어 지방자치단체장의 승인을 받게 되어있어 위탁병원의 손익이 청구법인에 귀속된 것으로 보기 어려움에 비추어 위탁병원의 손익을 청구법

---

1) 법인세법 제5조에 의하면 신탁재산에 귀속되는 소득은 그 신탁의 이익을 받을 수익자 또는 위탁자가 그 신탁재산을 가진 것으로 보고 세법을 적용하도록 하고 있다.

2) 특수관계가 없는 자에게 무상으로 지출하는 기부금이라 하더라도 법인의 사업과 직접 관계가 있다면 이를 손금에 산입할 수는 없다(대법원 2002. 11. 13. 선고 2001두1918 판결 등 참조).

3) 법인세법 시행령 제35조 제1호 참조

인의 소득에 합산하여 과세한 이 건의 처분은 부당한 것으로 판단된다.

▶ 처분청이 과세근거로 제시하고 있는 국세청 과세자문 회신문의 내용을 보면 청구법인이 위탁병원의 수탁운영권을 득하기 위하여 쟁점 금액을 기부하고 위탁병원의 실질운영자가 되어 병원을 운영한다 하여 쟁점 금액을 청구법인의 영업권으로 보았으나, 위 회신문에서 「실질운영」이란 위탁병원의 모든 수익과 비용이 수탁자인 청구법인에 실지로 귀속되는 경우이어야 할 것이고,

▶ 이 건의 경우와 같이 위탁병원의 운영은 수탁자가 하지만 위 쟁점에서 본 바와 같이 위탁병원의 수입금액 및 유보소득이 운영자인 청구법인에 귀속되지 하니 하고 위탁병원에 귀속되며, 위탁병원을 수탁 운영함으로써 청구법인이 얻을 수 있는 이익이 달리 확인되지 아니하면 적용하기 어려워 보이는 점, 사용수익기부자산은 기부자의 사용·수익이 전제되어야 함에도 쟁점 금액과 관련한 자산은 청구법인이 사용·수익할 수 없게 되어있어 사용수익기부자산으로 보기 어려우며,

▶ 비영리 의료법인인 청구법인의 경우 배당 등을 하지 못하는 잉여금을 계속 적립할 필요가 없어 위탁병원의 의료사업에 순수한 기부를 할 수 있을 것으로 보이는 점 등으로 보아 쟁점 금액이 특례기부금이라는 청구주장은 합당해 보이지만, 처분청은 쟁점 금액이 청구법인의 수익에 어떤 영향을 미치는지를 구체적으로 제시함이 없이 쟁점 금액을 막연하게 청구법인의 미래 수익창출 등과 연관이 있다고 판단하여 영업권으로 보아 과세한 것은 잘못이라 하겠다.

▶ 따라서 처분청이 청구법인의 손익과 위탁병원의 손익을 합산하고 쟁점 금액을 청구법인의 영업권으로 보아 과세한 처분은 청구법인의 손익을 위탁병원의 손익과 독립되는 별도의 소득으로 구분하여 계산하고 쟁점 금액은 청구법인의 특례기부금으로 보아 그 과세표준과 세액을 경정하여야 할 것으로 판단된다(국심 2007부3223, 2009.8.27).

(2) 사용수익기부재산에 해당한다는 견해

① 수탁기관이 노인요양병원의 운영권을 얻기 위하여 지방자치단체에 제공하는 자산을 사용수익기부자산으로 보는 견해가 있다. 이 견해는 수탁기관과 위·수탁병원을 단일 실체로 본다는 전제하에 성립된다.

② 왜냐하면, 법인세법에 따른 사용수익기부자산은 법인이 국가나 지방자치단체에 금전 이외의 자산을 기부하고, 자산을 기부한 대가로 당해 자산을 사용하거나 그 자산으로부터 수익을 얻는 경우[1]에 해당하기 때문이다.

판례 사용수익기부자산으로 보는 판례

▶ 이 사건 노인전문병원은 경기도의 소유에 속하고, 독립회계단위로 운영되며, 이 사건 노인전문병원의 운영으로 인해 원고가 직접적인 수익을 얻을 수 없다고 하더라도, 원고는 경기도와의 위탁운영 협약에 따라 이 사건 노인전문병원을 위탁 운영하면서 이 사건 노인전문병원을 사용하고 있고, 구 법인세법 시행령 제24조 제1항 제2호 사목에 규정된 「사용」의 의미를 원고의 주장처럼 수익의 귀속 주체가 되는 것과 대등한 개념으로 해석할 아무런 근거가 없다(서울고등법원-2014-

---

1) 법인세법 시행령 제24조 제1항 제2호 사목.

누-62199, 2015.01.13.).

(3) 영업권에 해당한다는 견해

① 수탁자가 지방자치단체의 시·도립병원 설치 조례에 의하여 건립되는 병원의 수탁운영권을 획득하기 위하여 병원 건축대금의 일부를 금전으로 지방자치단체에 기부하고 당해 병원의 실질적인 운영자가 되어 병원을 운영하는 경우,

② 수탁운영권의 획득을 위해 지방자치단체에 제공하는 기부금은 수탁기관의 영업권으로 보는 국세청 해석이 있다.[1] 이 견해는 수탁운영 병원을 수탁기관의 지점으로 파악하는 견해에서 성립하고, 재무제표에 미치는 영향은 사용수익기부자산으로 보는 경우와 동일하다.

라 노인요양병원의 재무보고

① 노인요양병원의 재무보고에 포함해야 하는 자산의 범위 또한 논란거리이다. 토지, 건물 등은 지방자치단체의 소유이므로 노인요양병원의 재무보고 대상에 포함되어서는 안 된다는 견해가 있고, 노인요양병원의 수탁 의무를 정확하게 표시하기 위하여는 토지, 건물 등 수탁 자산을 재무보고에 포함하여야 한다는 견해도 있다.

② 필자는 노인요양병원의 토지, 건물 등의 소유권이 수탁자에게 있는 것은 아니지만 수탁 책임이 있으므로 다음과 같이 회계처리를 하고 재무제표에 반영하여야 한다고 생각한다.

🍀 최초수탁 시

(차) 토지	×××	(대) 수탁의무(토지)	×××
건물	×××	수탁의무(건물)	×××
의료기기	×××	수탁의무(의료기기)	×××

🍀 기말결산 시

수탁기간과 경제적 내용연수 중 짧은 쪽을 적용하여 감가상각비를 계산하고 수탁의무와 상계처리 한다.

(차) 감가상각비	×××	(대) 감가상각누계액(건물)	×××
		감가상각누계액(의료기기)	×××
(차) 수탁의무(건물)	×××	(대) 감가상각비	×××
수탁의무(의료기기)	×××	감가상각비	×××

---

1) 법규과-416, 2007.01.24.

📙 재무상태표 - 부분

⋮

(2) 유형자산

토지	×××	
수탁의무	(×××)	0
건물	×××	
감가상각누계액	(×××)	
수탁의무	(×××)	0

⋮

법인세 신고를 위한 합산 손익계산서의 당기순이익에서 출발하여 기업회계와 세법의 차이를 세무조정계산서에서 조정하면 각 사업연도 소득을 산출한다. 그리고 각 사업연도 소득에서 이월결손금을 공제한 것이 법인세의 과세표준이다.

- 각 사업연도 소득＝당기순이익(＋/－) 세무조정
- 법인세 과세표준＝각 사업연도 소득－이월결손금

1. 세무조정

① 기업회계기준에 의한 당기순이익을 법인세 납부의 기초가 되는 과세소득(과세표준)으로 한다면 복잡한 법인세법을 따로 제정하거나 공부할 필요가 없을 것이다. 그러나 기업회계의 목적과 과세소득을 계산하는 세무회계의 목적이 다르므로 수시로 바뀌는 법인세법을 골치가 아프지만 따라잡을 수밖에 없다.

② 법인세법의 각 사업연도 소득계산을 위하여 기업회계기준에 따라 산정한 당기순이익을 기초로 하여 조정해가는 절차가 세무조정이다. 즉, 세무조정은 기업회계와 세무회계의 차이를 규명하고 이를 당기순이익에 가감하여 세무상 과세소득에 해당하는 각 사업연도 소득금액을 도출하는 과정이다.

가 결산조정

① 기업회계의 비용은 대부분 세무회계에서도 동일하게 손금으로 인정하고 있다. 결산조정은 법인이 회계처리를 통하여 비용으로 결산서에 반영한 경우에 한해서만 세무회계에서 손금으로 인정하는 제도를 말한다.

② 결산조정항목을 결산서에 비용으로 계상하지 아니한 경우에는 세무조정(신고조정)을 통하여 동 항목을 손금에 산입할 수 없고, 경정청구의 대상으로도 인정하지 않는다.

판례 매출 누락에 대응하는 원가의 인정 문제

▶ 법인이 매출 사실이 있음에도 불구하고 매출액을 장부에 기재하지 아니하였으면 매출누락금액뿐만 아니라 그 대응경비까지 밝혀졌다고 하더라도 특별한 사정이 없는 한 매출원가 등 대응경비가 포함된 매출누락금 전액이 사외로 유출된 것으로 보아야 하고, 이 경우 매출누락금 전액이 사외로 유출된 것이 아니라고 볼 특별한 사정은 이를 주장하는 법인이 입증하여야 함.

과세관청이 법인세 과세표준 신고 시에 경비로 신고되지 않은 금액을 특별히 법인의 경비로 인정하여 법인의 소득금액 계산에서 공제해 주었다 하더라도, 사외유출 되어 대표자 등에게 귀속되는 소득금액에서 법인의 부담으로 지출된 경비를 당연히 공제해야 하는 것은 아님. 법인의 대표이사가 법인의 수익을 사외유출 시켜 자신에게 귀속시킨 금전 중 법인의 사업을 위하여 사용된 것임이 분명하지 아니한 것은 특별한 사정이 없는 한 대표이사 자신에 대한 상여 내지 이와 유사한 임시적 급여로서 근로소득에 해당하게 됨(서울행법 2001구8116, 2001.10.10).

● 결산조정의 내용

구분	결산조정사항	예 외
충당금의 설정	① 일시상각충당금	신고조정 선택 가능
준비금의 설정	① 법인세법상 준비금 ② 조특법상 준비금	신고조정 선택 가능 – 외부감사 대상인 경우

① 한편 비영리법인은 영리법인과 달리 금융기관으로부터 수령하는 수입이자 중 원천징수된 이자소득에 대하여 결산에 반영하지 않고 원천납부로 종결할 수 있다.

② 예컨대 예금이자 수입 발생액 200,000,000원과 원천징수 당한 세액 30,000,000원이 있을 경우에 수입이자 2억원을 결산 재무제표에서 제외하고 원천납부세액 3천만원을 기납부세액으로 공제받지 않는 방법이다.

③ 이 방법이 법인세를 절감시킬 수 있다고 주장하는 사람이 있다. 과연 얼마나 세금을 절약할 수 있을까? 효과분석을 하여보자.

예제

1. ○○의료법인이 20×1 회계연도 결산하면서 예금이자 수입 발생액 200,000,000원에 대하여 원천징수 당한 세액이 30,000,000원 있다고 가정하자.

2. 이 법인은 금년도의 소득금액이 높게 발생하여 법인세 절감 차원에서 이자소득을 결산에서 제외할 것을 고려하고 있다.

3. 예금이자 수입 발생액 200,000,000원을 결산에서 제외했을 때 얼마의 세금 절감 효과가 있을 것인가?

> 해설
>
> 1. 고유목적사업준비금 설정 한도의 감소 200,000,000원 → 소득금액 : 불변
> 2. 과세표준 : 불변 → 산출세액 : 불변
> 3. 기납부세액 공제 불가능 → 20×8회계연도 추가납부세액 30,000,000원

④ 예상과는 달리 20×1회계연도에 30,000,000원의 추가적인 법인세 부담이 있다. 이자 수입을 결산에 반영했을 때보다 200,000,000원의 고유목적사업준비금을 설정할 수 없다. 이것은 과세이연의 반대현 상임을 알 수 있다.

⑤ 따라서 의료기관은 어떠한 경우에도 이자소득은 법인결산에 반영시키는 것이 이득임을 알 수 있다.

나 신고조정

① 기업회계상 수익 또는 비용에 해당하지 않지만, 세법상 익금 또는 손금인 것에 대하여는 결산에 반영시키지 않고 세무조정계산서에 반영시키더라도 세법상 손금 또는 익금으로 인정하는 것이 있다. 이를 신고조정이라 한다.

② 결산조정 항목을 제외한 모든 익금 손금 사항은 신고조정항목이다. 신고조정은 소득금액에 미치는 영향에 따라 가산되는 조정과 차감되는 조정으로 크게 나뉘며, 조정의 유형에 따라 다음과 같이 구분한다.

1. 익금산입
2. 손금산입
3. 손금불산입
4. 익금불산입

2. 세무조정과 각 사업연도 소득의 계산

가 세무조정 등 예제

「코페의료법인」의 손익계산서는 다음과 같다. 이 법인의 재무상태표와 손익계산서의 항목을 세법에 따라 검토한 결과 다음과 같은 사항을 발견하였다. 이 경우에

첫째, 세무조정을 하고

둘째, 고유목적사업준비금 설정 한도액을 계산하고

셋째, 202x 회계연도의 각 사업연도 소득금액을 계산해 보자

예제 202x 회계연도

📖 202x 회계연도

1. 수입기부금 120,000,000원은 거래관계 없는 독지가로부터 받은 것이다.

2. 세금과 공과금 중 83,000,000원은 병원 건물 신축을 위하여 구입한 토지에 대한 농지조성비로 지방자치단체에 납부한 것이다.

3. 수입이자 중 54,000,000원은 은행예금적금의 보유기간분 이자상당액을 반영한 것이다.

4. 이자비용 중 60,000,000원은 채권자를 밝힐 수 없는 사채에 대한 이자지급액이다.

5. 감가상각비 한도 초과액이 132,000,000원이다.

6. 고유목적사업준비금을 최대한 설정하기를 희망하고 있으며, 이익잉여금처분계산서에 반영한다.

나 세무조정 등 계산사례

💬 소득금액조정합계표

익금산입 및 손금불산입			손금산입 및 익금불산입		
과목	금 액	소득처분	과목	소득처분금액	조정
법인세비용	62,000,000	기타사외	수입기부금	120,000,000	기타
세금과공과	83,000,000	유보	수입이자	54,000,000	△ 유보
이자비용	60,000,000	상여	고유목적사업준비금		△ 유보
감가상각비	132,000,000	유보			
합 계	337,000,000		합 계	174,000,000	

고유목적사업준비금 설정 한도액

- (당기순이익+익금산입－손금산입－수입이자)×50%＋수입이자총액

=(284,142,300＋337,000,000－174,000,000－121,000,000)×50%＋121,000,000

=284,071,150

각 사업연도 소득금액

- 각 사업연도 소득금액＝당기순이익＋익금산입－손금산입

=284,142,300＋337,000,000－458,071,150＝163,071,150

- *(174,000,000＋284,071,150＝458,071,150)

손익계산서 (202x 회계연도)			
과목	금액	과목	금액
Ⅰ. 의료수익	48,004,247,100	Ⅳ. 의료외수익	8,637,215,300
Ⅱ. 의료비용	51,858,944,100	수입이자	175,000,000
인건비	24,828,470,000	수입기부금	120,000,000
복리후생비	5,218,721,700	시설직영수입	7,842, 215,300
재료비	9,609,173,600	잡이익	500,000,000
감가상각비	9,014,246,200	Ⅴ. 의료외비용	4,436,376,000
대손상각비	2,545,083,200	지급이자	
세금과공과	643,249,400	기타의료외비용	
Ⅲ. 의료손실	3,854,697,000	Ⅵ. 법인세전이익	346,142,300
		Ⅶ. 법인세비용	62,000,000
		Ⅷ. 당기순이익	284,142,300

3. 과세표준의 계산

① 각 사업연도 소득금액의 계산이 끝났으면 다음 단계는 과세표준의 계산을 할 차례이다. 과세표준의 계산구조는 다음과 같다.

각 사업연도 소득금액

(－) 이월결손금

(－) 비과세소득

(－) 소득공제

(＝) 과세표준

② 여기서 이월결손금은 재무상태표상의 이월결손금이 아니라 10년 이내에 발생한 세무상의 이월결손금으로 자본금과 적립금 조정명세서(갑) 하단의 금액이다.

4. 산출세액과 납부할 세액

① 과세표준의 계산이 끝났으면 이제는 산출세액과 납부할 세액을 계산할 단계이다. 의료기관의 각 사업연도 소득에 대한 법인세의 납부할 세액을 산출하는 과정은 다음과 같다.

과세표준×세율 ＝ 산출세액

(－) 공제감면세액[1]

(＝) 총법인세부담액

(－) 기납부세액 (중간예납세액, 원천징수세액)

(＝) 납부할 세액

---

[1] 이 단계에서 최저한세의 적용을 고려해야 한다.

② 의료기관에 대한 법인세율은 영리법인과 동일하게 세율을 적용하는 4단계 누진세 구조이다.

《 법인세율 (법인법 §55①) 》

과세표준	세율
2억원 이하	9%
2억원 초과 200억원 이하	19%
200억원 초과 3천억원 이하	21%
3천억원 초과	24%

*2023.1.1. 이후 개시하는 사업연도부터 적용

③ 이제 앞의 손익계산서에서 법인세비용으로 기록된 62,000,000을 원천징수세액 및 중간예납세액이라고 하자. 또 이 법인이 수도권 외에 소재하는 기업에 해당한다고 가정하고 납부할 세액을 계산해 보면 다음과 같다.

> 1. 산출세액 :　　　　　　　163,071,150 × 9% = 14,676,404
> 2. 중소기업특별세액감면[1] :　　14,676,404 × 15% = 2,201,461
> 3. 총법인세부담액 :　　　14,676,404 − 2,201,461 = 12,474,943
> 4. 납부할 세액 :　　12,474,943 − 62,000,000 = (−)49,525,057

따라서 이 경우에는 환급받을 세액이 49,525,057원이다.

---

1) 고유목적사업준비금을 설정하는 경우에는 중소기업특별세액감면을 받을 수 없다.

1. 기한 후 신고제도

① 법인세는 결산기가 종료한 날부터 3월이 되는 달 말일까지 신고하게 되어 있다. 신고기한 이내에 신고하지 않은 경우로서 납부할 세금이 있는 자는 기한 후 신고를 해야 하는데, 세무서에서 결정·경정하기 전까지 이행해야 한다.

② 기한 후 신고하는 경우에는 각종 의무 불이행에 따른 가산세를 부담해야 하나, 중소기업에 대한 세금감면과 같은 공제 및 경감 규정 등은 적용할 수 있다.

2. 경정청구와 수정신고

가 수정신고

① 수정신고란 납세의무자가 과세표준과 세액을 정부에 적법 신고하였으나 그 기재사항에 오류 및 누락이 있으면 이를 수정하여 신고하는 제도를 말한다. 과세표준을 결정하는 데는 고도의 전문성과 기술성이 필요하므로 여러 가지 착오나 누락이 있을 수 있고, 납세자는 이러한 오류나 누락이 발견되면 수정신고를 할 수 있는 제도가 필요한 것이다.

② 그래서 애초 신고서에 기재된 과세표준 및 세액이 세법에 따라 신고하여서 할 과세표준과 세액에 미달하게 신고하였거나, 결손금액 및 환급금액을 초과하여 신고한 때, 또는 세무조정과정에서 국고보조금·공사부담금·토지재평가차액에 상당하는 금액을 익금과 손금에 동시 산입하지 아니하여 과세이연을 시키지 못한 불완전신고의 경우에는 관할 세무서장이 당해 국세의 과세표준과 세액을 경정하여 통지하기 전까지는 수정신고서를 제출할 수 있다.

③ 과세표준수정신고서를 제출하는 납세자는 부족 납부한 세액과 세법이 정한 가산세를 신고서 제출과 동시에 추가 납부하여야 한다. 단, 과세표준수정신고서는 법정신고 기한 경과 후 6월 이내에 제출한 때에만 최초의 과소 신고로 인하여 부과하여야 할 가산세의 100분의 50을 경감하는 것이고, 이때 추가하여 납부하여야 할 세액을 납부하지 아니하면 신고 불성실 가산세 경감 규정이 배제된다.

나 경정청구

① 납세자가 당초 신고한 내용에 초과 납부한 현상이 발생하였거나 결손금이 과소계상된 경우 당초 신고서를 수정하는 방법으로 경정청구제도가 있다. 납세자가 과세표준신고서를 법정기한 내에 제출한 때에만 신고기한 경과 후 5년 이내에 경정청구를 통하여 과다납부한 세액을 환급받거나, 결손금의 계상액을 증액시키거나, 과소 환급세액을 추가 환급받는 등 필요한 조치를 받을 수 있다.

② 한편 정상적인 신고에는 일반적으로 5년 이내의 경정청구 기간을 두고 있으나 5년이 경과한 후의 소송이나 허가 취소 등 후발적인 사유로 말미암은 감액청구는 당해 사유가 발생한 것을 안 날로부터 3월 이내에 감액 경정청구를 할 수 있다.[1]

해석 비영리법인이 법인세 신고 시 과세표준에 산입한 이자소득에 대하여는 수정신고 또는 경정청구로 원천징수에 의한 과세방법으로 변경할 수 없음

▶ [질의] 비영리법인이 법인세 과세표준신고 시 이자소득 중 일부에 대하여는 분리과세방법을 선택함으로써 과세표준에 산입하지 아니하였는바

   1. 결산 시 고유목적사업준비금을 설정하면서 분리과세방법을 선택한 이자소득에 대하여는 설정할 수 없는지 여부
   2. 과세표준에 산입한 이자소득 중 일부만을 분리과세방법으로 수정신고 또는 경정청구를 할 수 있는지 여부

▶ [회신] 1의 경우 비영리법인이 이자소득에 대한 법인세 과세방법을 법인세법 제27조의 규정에 의한 원천징수방법을 선택함으로써 각 사업연도 소득금액에 포함되지 아니한 이자소득에 대하여는 같은 법 제12조의2의 규정에 의한 고유목적사업준비금을 손금에 계상할 수 없는 것이며, 2의 경우 비영리법인이 법인세법 제26조의 규정에 의한 법인세 과세표준신고 시 과세표준에 산입한 이자소득에 대하여는 신고기한이 경과한 후 수정신고 또는 경정청구에 의하여 다시 같은법 제27조에 규정하는 원천징수에 의한 과세방법으로 변경할 수 없는 것임. (법인 46012-638, 1998.3.14).

해석 이자소득과 다른 수익사업소득이 함께 있는 비영리법인이 이자소득을 과세표준에 포함하지 않고 신고한 경우는 원천징수방법으로 과세하며 경정 등의 청구대상이 안됨

▶ 수익사업과 비영리사업을 영위하는 비영리법인이 과세표준을 신고하면서 누락된 선납원천세의 환급가능 여부

▶ 이자소득과 다른 수익사업소득이 함께 있는 비영리법인이 법인세 과세표준과 세액을 신고함에 있어서 이자소득을 과세표준에 포함하지 아니한 경우 동 이자소득에 대하여는 법인세법 제27조제2항의 규정에 의하여 원천징수방법으로 과세하는 것이며 이를 경정 등의 청구에 의하여 과세표준에 포함할 수 없는 것임.(법인 46012 – 136, 1998.1.16)

---

1) 국세기본법 제45의2 ②

1. 소득처분의 의의

각 사업연도 소득은 당기순이익에 세무조정사항을 가감하는 간접법으로 계산한다. 이 과정에서 나타나는 세무조정사항에 대한 소득의 귀속을 결정하는 절차를 소득처분이라 한다. 소득처분의 취지는 다음의 두 가지로 요약할 수 있다.

● 소득세의 적정과세

세무조정을 통하여 파악된 법인의 소득이 외부로 유출된 경우에는 그 소득의 귀속자에게 소득세를 과세하기 위함이다.[1]

● 법인 소득계산의 적정화

세무조정을 통하여 파악된 법인 소득이 내부에 남아 있는 경우에는 기업회계상 금액에 세무조정사항을 반영하여 세무상 자산, 세무상 부채 및 세무상 자본을 계산한다. 이를 기초로 각 사업연도 소득금액과 청산 소득금액을 계산함으로써 법인 소득계산의 적정화를 도모한다.

2. 소득처분의 대상과 유형

소득처분은 각 사업연도 소득 전체가 아니라 당기순이익 부분을 제외한 세무조정사항만을 대상으로 한다. 법인의 소득 중 당기순이익 부분은 법인의 잉여금처분절차를 통하여 그 귀속이 이미 확정되었으므로 귀속의 확정을 위한 세법상 소득처분이 불필요하기 때문이다.

---

[1] 당기순이익에서 잉여금 처분절차를 거쳐 상여금을 받는 임직원에게는 소득세가 과세된다. 당기순이익에 가산된 익금산입액이 임직원에게 귀속되는 경우에는 그 경제적 실질이 잉여금처분에 의한 상여와 동일하므로 소득세가 과세되어야 한다. 소득세 과세의 전 단계로 소득이 특정 개인에게 귀속되었음을 법률적으로 확정해야 하는데 확정절차가 소득처분이다.

가 익금산입(손금불산입)에 대한 소득처분

(1) 사외유출 (배당·상여·기타사외유출·기타소득)

① 익금산입(손금불산입)된 금액이 법인 외부로 유출된 경우에는 그 귀속자의 유형에 따라 소득처분한다. 귀속자가

　　1. 출자자(임원·사용인 제외)이면 배당

　　2. 임원·사용인(출자자 포함)이면 상여

　　3. 법인 또는 사업자인 개인에게 귀속된 소득이 법인의 각 사업연도 소득 또는 개인의 사업소득을 구성하면 기타사외유출

이상 3가지 유형 외의 자이면 기타소득으로 소득처분 한다.

② 사외유출에 대한 소득처분 중에서 배당·상여·기타소득으로 처분된 금액은 그 귀속자에게 추가적인 소득세 부담을 초래한다. 반면, 기타사외유출로 처분된 금액은 그 귀속자에게 추가적인 세부담을 초래하지 아니한다.

③ 기타사외유출로 처분된 금액은 그 귀속자인 법인 또는 개인사업자의 각 사업연도 소득 또는 사업소득에 이미 포함되어 법인세 또는 소득세가 과세되고 있기 때문이다.

> **판례**　사외유출 발생시 소득이 대표자 등에게 현실로 귀속되었는지 여부

▶ 소외 회사는 부동산을 양도하고 양도대금을 회계장부에 기재하지 아니하고 법인세의 과세표준 신고 시에도 이를 누락하였음이 확인되나, 동 금액이 자회사의 공사대금채무의 변제에 충당된 것이 확인되는 바 비록 사외로 유출되었다 하더라도 보증채무의 변제에 사용된 것이 분명하고 대표이사에게 현실적으로 귀속되지 않았다면 현실적으로 귀속되었음을 전제로 한 소득처분은 위법함(대법원 2003두7941, 2003.10.23).

▶ 사외유출이 발생한 경우 소득이 대표자 등에게 현실로 귀속되었는지 여부는 과세관청이 입증해야 할 사항으로서 기본적으로 사실심 법원의 자유심증에 의하여 판단될 사실인정의 문제임(대법원 1977.10.24선고 97누447판결 참조)

(2) 사내유보(유보)

익금산입(손금불산입)된 금액이 사외로 유출되지 아니하고 회사 내부에 남아 있는 경우에는 유보로 처분한다. 유보로 처분된 금액은 당해 법인에 귀속되며 세무상 잉여금의 증가액이 된다.

(3) 기타

익금산입(손금불산입)된 금액이 사외로 유출되지도 아니하고 유보로 처분되기 위한 조건

도[1]) 충족하지 아니한 경우에는 기타로 소득처분 한다.

(4) 소득처분의 특례

기타사외유출 소득처분의 특례

다음의 익금산입 또는 손금불산입 세무조정은 귀속자에 불구하고 무조건 기타사외유출로 소득처분 한다. 동 항목들은 그 귀속자에게 추가적인 소득세가 과세될 수 없는 항목이기 때문이다.

1. 임대보증금 등에 대한 간주임대료 익금산입액
2. 특례기부금·일반기부금 한도 초과액 및 비인정기부금 손금불산입액
3. 업무추진비 한도 초과액
4. 채권자 불분명 사채 이자와 지급받은 자가 불분명한 채권·증권이 이자 중 원천징수 세액 상당액
5. 타 법인주식 등과 관련된 지급이자 손금불산입액
6. 비업무용 부동산 등과 관련된 지급이자 손금불산입액

귀속자가 불분명한 경우의 소득처분 특례

사외유출 되었으나 귀속자가 불분명한 경우에는 대표자에게 귀속된 것으로 간주하며 대표자에 대한 상여로 처분한다. 이에 해당하는 예는 다음과 같다.

1. 증빙불비 비용의 손금불산입액
2. 매출누락액의 익금산입액(불분명한 경우에 한함)

추계결정시의 소득처분 특례

추계결정시의 익금산입액은 대표자에 대한 상여로 처분한다. 다만, 천재·지변 기타 불가항력으로 장부·기타증빙이 멸실되어 추계결정하는 경우에는 기타사외유출로 소득처분한다.

나 손금산입(익금불산입)에 대한 소득처분

사내유보의 경우(△유보)

손금산입(익금불산입)된 금액이 세무상 자산감소액 또는 부채증가액이 됨과 동시에 세무상 잉여금감소액이 되면 △유보로 처분한다.

---

1) 유보처분의 조건 : 유보로 소득 처분되기 위해서는 다음 두 가지 조건이 동시에 충족되어야 한다.
   ① 사외유출이 아닐 것
   ② 세무상 자산증가 또는 부채감소와 동시에 세무상 잉여금 증가액이 될 것

유보(△) 외의 경우 기타

손금산입(익금불산입) 세무조정에 대한 소득처분은 △유보로 처분되는 것을 제외하고는 기타로 처분한다.

3. 소득처분의 사후관리

배당·상여·기타소득

배당·상여·기타소득으로 소득처분 한 금액은 소득세법상의 과세대상 소득이 된다. 따라서 당해 소득의 귀속자는 소득세 납세의무를 부담하게 되며 법인은 그러한 소득의 지급자로서 소득세 원천징수세액을 납부할 의무를 진다.

기타사외유출·기타

기타사외유출·기타로 소득처분 한 금액은 추가적인 소득세부담을 초래하지 아니하며 별도의 사후관리대상이 아니다.

유보(△유보)

유보(△유보)로 처분된 것은 세무상의 자산·부채 및 자본을 구성하며 차기 이후 사업연도의 소득금액 계산, 각종 손금 한도액 계산, 청산 소득금액 계산에 영향을 미친다. 이러한 이유로 유보는 다음 사업연도로 이월하여 사후관리를 한다.

10장

부동산과 세금

일반적으로 부동산이나 차량을 구입하면 취득세를[1], 보유하는 동안에는 재산세, 종합부동산세, 도시계획세 등을 납부하게 되어있다. 그리고 부동산의 처분 시에는 양도소득세나 법인세가 따른다. 부동산이나 차량의 취득과 보유에 따르는 세금은 지방세에 속하고 법인세나 소득세 등의 국세와 달리 특별시, 광역시, 도, 시, 군, 구의 지방자치단체에 과세권이 있다. 그러나 부동산 보유세의 일종인 종합부동산세는 국세에 속한다. 지방세법에는 의료기관이 취득, 보유하는 재산에 대한 취득세, 재산세 등의 비과세 및 면세(감면)규정이 있다.

1. 취 득 세

가 납세의무자

① 취득세는 부동산, 차량, 기계장비, 항공기, 선박, 입목, 광업권, 어업권, 골프회원권, 승마회원권, 콘도미니엄 회원권 또는 종합체육시설 이용회원권을 취득한 자에게 부과한다. 관계 법령에 따른 등기·등록 등을 하지 아니한 경우라도 사실상 취득하면 취득한 것으로 보고 해당 취득물건의 소유자 또는 양수인을 취득자로 하여 취득세를 부과한다[2].

② 건축물 중 조작 설비, 그 밖의 부대설비에 속하는 부분으로서 그 주체 구조부와 하나가 되어 건축물로서의 효용 가치를 이루고 있는 것에 대하여는 주체 구조부 취득자 외의 자가 가설한 경우에도 주체 구조부의 취득자가 함께 취득한 것으로 간주한다. 또, 선박, 차량과 기계장비의 종류를 변경하거나 토지의 지목을 사실상 변경함으로써 그 가액이 증가한 경우에도 취득으로 본다[3].

나 취득세의 비과세

① 국가, 지방자치단체, 지방자치단체조합, 외국 정부 및 주한 국제기구의 취득에 대하여

---

1) 2010.3.31.부로 지방세법이 전부 개정되면서 2011년부터 등록세는 취득세로 통합하여 과세한다.
2) 지방세법 제7조 제1항 및 제2항
3) 지방세법 제7조 제3항 및 제4항

는 취득세를 부과하지 아니한다. 국가, 지방자치단체 또는 지방자치단체조합에 귀속 또는 기부채납을 조건으로 취득하는 부동산 및 「사회기반시설에 대한 민간투자법」 제2조 제1호에 해당하는 사회기반시설에 대하여는 취득세를 부과하지 아니한다.

② 신탁으로 인한 신탁재산의 취득으로서 다음의 어느 하나에 해당하는 경우에는 취득세를 부과하지 아니한다. 다만, 신탁재산의 취득 중 주택조합 등과 조합원 간의 부동산 취득 및 주택조합 등의 비조합원용 부동산 취득은 제외한다.

　　1. 위탁자로부터 수탁자에게 신탁재산을 이전하는 경우

　　2. 신탁의 종료로 인하여 수탁자로부터 위탁자에게 신탁재산을 이전하는 경우

　　3. 수탁자가 변경되어 신수탁자에게 신탁재산을 이전하는 경우

③ 「징발재산정리에 관한 특별조치법」 또는 「국가보위에 관한 특별조치법 폐지법률」 부칙 제2항에 따른 동원대상 지역 내의 토지의 수용·사용에 관한 환매권의 행사로 매수하는 부동산의 취득에 대하여는 취득세를 부과하지 아니한다.

④ 임시흥행장, 공사현장사무소 등 임시건축물의 취득에 대하여는 취득세를 부과하지 아니한다. 다만, 존속기간이 1년을 초과하거나 임시건축물이 별장, 고급주택, 고급오락장에 해당한다면 취득세를 부과한다.

⑤ 주택법에 따른 공동주택의 개수로 인한 취득 중 시가표준액이 9억원 이하의 주택과 관련된 개수로 인한 취득에 대하여는 취득세를 면제한다.

다 취득세의 과세표준

① 취득세의 과세표준은 취득자가 신고한 가액에 의한다. 연부로 취득하는 경우에는 연부금액이다. 건축물을 건축(신축 및 재축을 제외한다) 또는 개수한 경우와 선박·차량 및 기계장비의 종류변경 또는 토지의 지목을 사실상 변경한 경우에는 그로 인하여 증가한 가액을 각각 과세표준으로 한다.

② 신고 또는 신고가액의 표시가 없거나 그 신고가액이 시가표준액에 미달하는 때에는 그 시가표준액에 의한다. 그러나 다음에 게기하는 취득(증여·기부 그 밖의 무상취득 및 부당행위로 인한 취득을 제외한다)에 대하여는 사실상의 취득가격 또는 연부금액에 의한다.

　　1. 국가·지방자치단체 및 지방자치단체조합으로부터의 취득

　　2. 외국으로부터의 수입에 의한 취득

　　3. 판결문·법인 장부에 의하여 취득가격이 입증되는 취득

　　4. 공매방법에 의한 취득

　　5. '공인중개사의 업무 및 부동산 거래신고에 관한 법률' 제27조의 규정에 의한 신고서

를 제출하여 동법 제28조의 규정에 의하여 검증이 이루어진 취득

라 부동산 취득세율

(1) 표준세율

구 분			세율(%)	비영리사업자
무상취득	상속	농지	2.3	(비영리사업자)
		기타	2.8	1. 종교 및 제사를 목적으로 하는 단체
	기타의 무상취득	비영리사업자	2.8	2. 초·중·고·대학교, 외국교육기관을 경영하는 자 및 평생교육단체
		기타	3.5	
유상취득	원시취득		2.8	3. 사회복지법인
	신탁재산의 이전	비영리사업자	2.5	4. 양로원·보육원·모자원·한센병자치료 보호시설 등 사회복지사업을 목적으로 하는 단체 및 한국한센복지협회
		기타	3.0	
	기타의 원인	농지	3.0	5. 정당법에 따라 설립된 정당
		기타	4.0	
분할	공유물, 합유물, 총유물의분할		2.3	

(2) 중과세

⚙ 본점·주사무소 및 공장 신·증설[1]

수도권정비계획법에 따른 과밀억제권역에서 법인의 본점이나 주사무소의 사업용 부동산을 취득하는 경우와 같은 지역에서 공장을 신설하거나 증설하기 위하여 사업용 과세물건을 취득하는 경우의 취득세율은 「표준세율 + 4%」이다.

⚙ 대도시 내 법인설립·전입, 5년 이내 부동산 취득

① 대도시에서 법인을 설립(휴면법인 인수포함)하거나 법인의 본점 등을 대도시로 전입함에 따라 대도시의 부동산을 취득(그 이후의 부동산 취득 포함)하는 경우와 대도시에서 공장을 신설하거나 증설함에 따라 부동산을 취득하는 경우의 세율은 「표준세율의 3배 - 4%」이다.

② 대도시 중과 제외 업종에 직접 사용할 목적으로 부동산을 취득하거나, 법인이 사원에 대한 분양 또는 임대용으로 직접 사용할 목적으로 1구의 건축물의 연면적이 60㎡ 이하인 공동주택 및 그 부속토지를 취득하는 경우의 취득세는 표준세율을 적용한다. 그러나 다음의 경우에는 위의 세율을 적용한다.

---

1) 지방세법 제13조 제1항

1. 정당한 사유 없이 부동산 취득일부터 1년이 경과할 때까지 대도시 중과 제외 업종에 직접 사용하지 아니하는 경우
2. 정당한 사유 없이 부동산 취득일부터 1년이 경과할 때까지 사원주거용 목적 부동산으로 직접 사용하지 아니하는 경우
3. 부동산 취득일부터 1년 이내에 다른 업종이나 다른 용도에 사용·겸용하는 경우
4. 부동산 취득일부터 2년 이상 해당 업종 또는 용도에 직접 사용하지 아니하고 매각하는 경우
5. 부동산 취득일부터 2년 이상 해당 업종 또는 용도에 직접 사용하지 아니하고 다른 업종이나 다른 용도에 사용·겸용하는 경우

🏵 고급주택 등 사치성 재산[1]

별장, 골프장, 고급주택, 고급오락장 및 고급선박에 적용하는 세율은 「표준세율 + 8%」이다.

(3) 세율의 특례

🏵 형식적인 취득에 대한 세율적용 특례[2]

환매, 1가구1주택과 자경 농지의 상속, 합병, 건축물 이전, 이혼 시의 재산분할에 따른 취득에 대해서는 과거의 등록세에 해당하는 다음의 세율을 적용한다.

> • 일반 납세자 : 표준세율 - 2%
> • 대도시 중과법인 : (표준세율 - 2%) × 3배

🏵 구조변경, 지목변경 등에 대한 세율적용 특례[3]

개수, 구조변경, 지목변경, 과점주주 취득, 건설기계·차량 리스, 지입차량(리스 이용자나 지입회사가 등록) 하는 경우에는 다음의 세율을 적용한다.

> ① 일반납세자 : 2%
> ② 본점·주사무소, 공장 신증설 : 6%
> ③ 고급주택·별장·고급오락장·고급선박·골프장 : 10%

---

1) 지방세법 제13조 제5항 제3호
2) 지방세법 제15조 제1항
3) 지방세법 제15조 제2항

(4) 세율적용

◉ 5년 이내의 용도 전환에 따른 취득세의 추징[1]

토지나 건축물을 취득한 후 5년 이내에 해당 토지나 건축물이 본점이나 주사무소의 사업용 부동산, 공장의 신설용 또는 증설용 부동산 또는 별장, 골프장, 고급주택 또는 고급오락장의 용도로 전환하게 된 경우에는 해당 조항에 규정된 세율을 적용하여 취득세를 추징한다.

◉ 둘 이상의 세율이 동시에 해당되는 경우[2]

같은 취득물건에 대하여 둘 이상의 세율이 해당되는 경우에는 그중 높은 세율을 적용한다. 그러나 중과세하는 경우의 ① , ② 에 동시에 적용되는 경우에는 표준세율의 3배를 적용하고,

중과세하는 경우의 ② , ③ 이 동시에 적용되는 경우에는 「표준세율의 3배 + 4%」의 세율을 적용한다. 또한, 취득한 지 5년 이내에 본점, 공장 등으로 용도변경하여 사용하는경우에는 표준세율의 3배를 적용한다.

2. 취득세와 의료기관

부동산, 차량, 기계장치, 입목, 골프회원권 등을 취득하는 경우에는 취득세를 부담하게 되어있다. 여기에 대하여는 의료기관도 예외는 아니다. 그러나 의료기관의 자산취득, 보유에 대하여는 지방세특례제한법에서 면제 및 감면 규정을 두고 있다.

가 의료기관에 대한 감면 규정의 요약

① 지방세특례제한법에서는 국립대병원과 지방의료원, 사립대 부속병원, 의료법인병원 및 종교단체 병원별로 차등하여 취득세 감면 규정을 두고 있다.

② 의료기관에 대한 취득세의 면제 및 감면 규정을 요약하면 다음과 같다(감염병전문병원에 대해서는 10%를 가산한다).

---

1) 지방세법 제16조 제1항 및 제4항
2) 지방세법 제13조 제6항 및 제7항, 지방세법 제16조 제5항 및 제6항

구분	지방의료원	국립대병원/ 적십자병원	사립대부속병원	의료법인/사 회복지법인	종교단체병원
2021.1.1~ 2021.12.31까지	75%	50%	30%	30%	30%
~ 2024.12.31까지	75%	50%	30%	30%	30%

③ 의료법인 병원과 종교단체 병원에 대하여는 특별시·광역시 및 도청 소재지인 시 지역과 기타지역을 구분하여 감면 규정을 적용한다.

나 면제(감면)하지 않거나 추징하는 경우

면제(감면)하지 않는 경우

① 수익사업에 사용하는 과세대상 자산에 대하여는 취득세를 감면하지 않는다.

② 사립학교부속병원의 의료업에 대하여도 2015.1.1.부터 수익사업으로 분류하고 있다.

감면세액을 추징하는 경우

① 정당한 사유 없이 그 취득일부터 3년이 경과할 때까지 해당 용도로 직접 사용하지 아니하는 경우

② 해당 용도로 직접 사용한 기간이 2년 미만인 상태에서 매각·증여하거나 다른 용도로 사용하는 경우

　　재산세와 종합부동산세 모두 부동산의 보유세이다. 재산세와 종합부동산세는 모두 개인별 과세제도를 택하고 있고,[1] 주택과 토지에 대하여 세금을 부과한다는 점에서 동일한 과세대상을 둔 다른 세금 제도이다. 그리고 종합부동산세는 토지를 종합합산 또는 별도합산 과세대상으로 구분하여 부과하는 재산세의 부과방법을 채용하여 과세대상을 파악하고 있다는 측면에서 양 세제는 유사한 점이 있다. 그러나 재산세는 지방세이고 종합부동산세는 국세이다. 즉 재산세와 종합부동산세는 과세주체가 다르다.

　　지방세는 시, 군 등 지방자치단체에서 관할하는 세금이고 종합부동산세는 납세지 관할 국세청에서 관할하는 국세이다.

　　종합부동산세는 고액의 부동산보유자에게만 적용된다는 점이 다를 뿐 부동산의 보유기간 동안 부담해야 하는 세금이라는 점에서는 동일한 과세방식의 세금제도이다.

1. 재 산 세

　　① 재산세는 크게 토지와 건물에 대한 재산세와 주택에 대한 재산세로 구분되어 진다.

　　② 예전에는 토지분 재산세와 건물분 재산세로 구분하던 것을 개정하여 토지와 건물 그리고 주택으로 구분하여 징수하고 있다. 이유는 주택의 경우 토지와 건물을 합해서 하나의 세금을 내도록 변경되었기 때문이다.

　　③ 재산세의 납세의무자는 과세기준일(6월1일) 현재 사실상의 부동산의 소유자이다.

가 주택

① 반드시 토지가액과 건축물가액을 통합하여 세액을 산출한다.

② 주택의 경계가 불분명할 시 건축물의 바닥면적 10배를 그 부속토지로 본다.

③ 겸용주택의 경우 1동 건물이 주거와 주거 이외의 목적에 사용된다면 주거부분만 주택으로 본다. 1구의 건물이 겸용주택일 경우 주거용이 50% 이상인 경우 전부 주택으로 본다.

---

1) 종합부동산세는 입법 당시의 세대별 합산 과세방식에서 개인별 합산 과세방식으로 변경됨.

④ 고급주택이라고 해서 중과세하는 것은 아니다.

⑤ 1세대가 독립하여 구분 사용할 수 있도록 구획된 부분(침실, 부엌 및 분리된 출입문)은 독립된 주택으로 본다. – 다가구주택의 경우

⑥ 1인이 여러 주택을 보유해도 합산하지 않고 개별 주택별로 과세한다.

⑦ 주택의 과세표준액(토지, 건물을 일괄평가): 주택에 대한 재산세의 과세표준은 시가표준액에 부동산 시장의 동향과 지방재정 여건 등을 고려하여 40%에서 80% 사이에서 대통령령으로 정하는 공정시장가액비율을 곱하여 산정한 가액으로 한다.

> 공동주택의 과세표준액 = 공동주택가격 × 적용비율(60%)
> 단독주택의 과세표준액 = 개별주택가격 × 적용비율(60%)

⑧ 주택의 세율

과세표준	세 율
6,000만원 이하	0.1%
6,000만원 초과 1억5,000만원 이하	6만원 + 6,000만원 초과금액의 0.15%
1억5,000만원 초과 3억원 이하	19만5천원 + 1억5천만원 초과금액의 0.25%
3억원 초과	57만원 + 3억원 초과금액의 0.4%

⑨ 별장(주택용 건축물로서 상시 주거용으로 사용하지 아니하고 휴양, 피서, 위락 등의 용도로 사용되는 주택)은 4%의 중과세를 한다.

⑩ 세 부담의 상한(지방법 §122)

주택 구분	부과세율
3억원 이하	직전 연도 재산세 산출세액의 105/100까지
3억원 초과 6억원 이하	직전 연도 재산세 산출세액의 110/100
6억원 초과	직전 연도 재산세 산출세액의 130/100

나 토지, 건물

① 토지분 재산세의 경우 세 가지로 분류하여 과세한다.
1. 종합합산 과세대상
2. 별도합산 과세대상
3. 분리과세대상

② 종합합산 과세대상과 별도합산 과세대상은 종합부동산세의 부과 대상에 해당하나 분리과세대상은 종합부동산세의 과세대상에 해당하지 않는다.

③ 그리고 주택 외의 건축물은 골프장과 고급오락장을 제외한 전체에 대해 일괄적으로 기준시가에 0.25%를 적용하고 골프장과 고급오락장만 4%를 적용하는 간단한 구조이다.

《 토지에 대한 재산세 적용 구분 》

구 분	대상 토지	비 고
저율 분리과세대상 토지	농지(전, 답, 과수원), 목장, 공익목적의 임야, 공장용지	공부상의 지목과 무관하고, 소유자의 재촌, 자경과 무관
고율 분리과세대상 토지	골프장, 고급오락장	4% 중과세
별도합산 과세대상 토지	상업용 건축물과 그 부속토지, 도시지역 내의 공장용지	기준면적 이내의 토지
종합합산 과세대상 토지	나대지, 비사업용토지 (법인이 소유한 농지, 임야 등)	기준 면적을 초과하는 별도 합산과세대상 토지

(1) 과세대상

	과세대상	구 분
농지	• 시 지역의 농지 중 도시지역 내 농지	종합합산 과세대상
	• 개발제한 구역내 또는 녹지지역 농지	분리과세대상
목장	• 목장	분리과세대상
	• 도시지역에 위치하거나 기준면적을 초과한 토지	종합합산 과세대상
임야	• 임야	종합합산과세대상
	• 공익목적의 임야	분리과세대상
	• 1990년 5월 31일 이전부터 종중 소유로 인정된 임야	
공장	• 공장	분리과세대상
	• 공장 지역에 위치하지 아니하거나 기준면적을 초과한 토지	종합합산 과세대상
건축물	• 상업용 건축물과 부속토지	별도합산 과세대상
	• 무허가, 위법건축물(토지가액의 3%에 미달하는 건축물의 부속토지)	종합합산 과세대상
	• 기준면적을 초과하는 토지	

(2) 과세표준

토지·건축물에 대한 재산세의 과세표준은 시가표준액에 부동산 시장의 동향과 지방재정 여건 등을 고려하여 50%에서 90% 사이에서 대통령령으로 정하는 공정시장가액비율을 곱하여 산정한 가액으로 한다.

- 토지의 과세표준액＝개별공시지가×적용비율(70%)
- 건물의 과세표준액＝시가표준액×적용비율(70%)

(3) 세 율

💠 분리과세 대상 토지

분리과세 과세표준	세　율
전, 답, 과수원, 목장용지, 임야	0.07%
골프장, 고급오락장용 토지	4%
그 외의 토지(공장용지 등)	0.2%

💠 별도합산과세 대상 토지 : 상업용 건축물

별도합산과세 과세표준	세　율
2억원 이하	0.2%
2억원 초과 10억원 이하	40만원＋ 2억원 초과금액의 0.3%
10억원 초과	280만원＋10억원 초과금액의 0.4%

💠 종합합산과세 대상 토지 : 기타 토지 및 면적초과　토지

종합합산과세 과세표준	세　율
5,000만원 이하	0.2%
5,000만원 초과 1억원 이하	10만원＋5000만원 초과금액의 0.3%
1억원 초과	25만원＋1억원 초과금액의 0.5%

(4) 세 부담의 상한

전년도 부과액의 150%까지 부과

다 의료기관에 대한 재산세의 면제 및 감면

① 의료기관이 고유목적사업인 의료업에 사용하는 부동산에 대하여는 국립대병원과 지방의료원, 사립대부속병원, 의료법인병원 및 종교단체병원 별로 차등하여 재산세를 면제 또는 감면한다.

② 의료기관에 대한 취득세의 면제 및 감면규정을 요약하면 다음과 같다(감염병전문병원에 대해서는 10%를 가산한다).

구분	지방의료원	국립대병원/ 적십자병원	사립대부속병원	의료법인/사 회복지법인	종교단체병원
2021.12.31까지	75%	50%	50%	50%	50%
~2024.12.31까지	75%	50%	50%	50%	50%

③ 그러나 의료업 외 수익사업에 사용하는 경우와 의료업 이외의 수익사업에 유료로 사용하게 하는 경우의 그 재산 및 해당 재산의 일부가 그 목적에 직접사용 되지 아니하는 경우의 그 일부 재산에 대해서는 재산세를 면제(감면)하지 않는다.

④ 병원의 주차장으로 사용하는 토지는 의료사업에 필수적인 사업이므로 직영 또는 임대를 불문하고 취득세 또는 재산세 감면대상이다. 그러나 의과대학 부속병원 주차장이 지특법 §41② 단서의 "~해당 재산이 유료로 사용되는 경우'에 해당한다면 재산세 면제규정을 적용하지 않는다.

판례 부속병원 주차장 임대 시 취득세, 재산세 감면대상에 해당되는지

▷ 이 사건 주차장은 △△대학교 의과대학 부속병원이 의료업을 경영함에 있어 환자 등의 접근의 편의를 위한 필수적인 재산으로서, 이 사건 주차장이 없다면 △△대학교 의과대학 부속병원 운영에 큰 지장이 초래될 것으로 보이므로, 원고가 이 사건 주차장을 효율적으로 관리하기 위하여 제3자에게 임대한 것은 공중 또는 특정 다수인을 위하여 하는 의료·조산의 업을 운영함에 있어 반드시 필요한 것으로서, 구 지방세특례제한법 제2조 제1항 제2호에 의하여 이를 수익사업으로 볼 수 없다.

▷ 원고가 이 사건 주차장을 △△대학교 의과대학 부속병원의 운영을 위하여 사용하고 있는 이상 이를 수익사업에 사용하는 것으로 볼 수 없음은 앞서 본 바와 같으나, 앞서 인정한 사실관계에 의하면, 이 사건 주차장은 일부 이용객으로부터 유료로 사용되고 있으므로, 이 사건 주차장에 대한 재산세와 지역자원시설세는 구 지방세특례제한법 제41조 제2항 단서에 의하여 면제되지 아니하고, 이 사건 주차장이 재산세의 과세대상이 되는 이상, 「지방세법」 제150조 제6호의 지방교육세의 과세대상이 된다(대법원 2017두47502, 2017.09.21.).

⑤ 또, 영안실의 일정 부분은 지방세 과세대상이다. 병원이 직영하지 않고 임대하는 영안실은 수익사업인 부동산임대 사업이므로 재산세 등을 과세한다. 직영하는 영안실에 대해서는 병원의 고유업무에 필수적으로 부수되는 부분에 대해서만 비과세하고 나머지 부분은 과세대상으로 본다.

참고 장례식장과 편의시설 운영을 병원 고유업무 여부

▷ 수원지법 행정1부(재판장 이종석 부장판사)는 장례식장과 편의시설 운영을 병원 고유업무가 아닌 것으로 보고 세금을 부과한 것은 부당하다며 서울대병원이 성남시 분당구청장을 상대로 낸 취득세 등 부과 처분취소 청구소송에서 원고패소 판결을 내렸다.

▷ 재판부는 판결문에서 "관련 법은 서울대병원과 국립대병원이 고유업무에 사용하는 부동산에 대해 취득세 등을 면제토록 하고 있다"라며 "그러나 원고가 병원 구내에 은행 등 편의시설과 장례식장을 둔 것은 의료법인인 원고의 고유업무라 할 수 없고 고유업무를 위한 필수불가결한 업무로 볼 수도 없다"라고 밝혔다. 서울대병원은 지난해 분당구청이 병원 부지 중 편의시설과 장례식장이 자리한 부분에 대해 고유업무를 위해 취득한 부동산이 아니라며 취득세 등을 부과하자 소송을 냈다.(서울경제신문, 2005.7.24)

2. 종합부동산세

① 종합부동산세의 과세대상은 주택과 토지이다. 지방세법상 재산세 과세대상 중 일반건축물, 분리과세대상 토지, 선박, 항공기 등은 금액의 많고 적음을 불문하고 과세대상에서 제외된다.

② 그리고 종합부동산세는 주택에 대한 종합부동산세와 토지에 대한 종합부동산세를 합한 금액이고, 토지에 대한 종합부동산세는 토지분 종합합산세액과 토지분 별도 합산세액을 합한 금액이다.

- 종합부동산세＝주택에 대한 종합부동산세＋토지에 대한 종합부동산세
- 토지에 대한 종합부동산세＝토지분 종합합산세액＋토지분 별도합산세액

③ 주택에 대한 세율은 보유 주택수에 따라 달리 적용하고, 주택 소유자의 연령과 보유기간에 따른 감면 규정을 두고 있다.

가　납세의무자

① 종합부동산세는 과세기준일(6월1일) 현재 재산세 과세대상 주택(별장제외), 종합합산대상 토지, 별도합산대상 토지를 과세기준금액을 초과하여 보유하고 있는 자에게만 납세의무가 있다.

② 따라서 이에 해당하지 않는 주택외의 일반 건축물, 분리과세대상 토지 등은 재산세의 과세대상이기는 하지만 종합부동산세의 과세대상에서는 제외된다.

1. 주택 : 주택의 공시가격을 합산한 금액이 9억원을 초과하는 자(1세대 1주택은 12억원 초과자, 법인은 모든 경우)
2. 별도합산토지 : 과세대상토지의 공시가격을 합한 금액이 80억원을 초과하는 자

3. 종합합산토지 : 과세대상토지의 공시가격을 합한 금액이 5억원을 초과하는 자

나 과세표준과 세액의 계산구조

주택(부속토지포함), 종합합산토지(나대지, 잡종지 등), 별도합산토지(일반건축물의 부속토지)로 구분하여 각각 세액을 산출하게 되어 있다.

(1) 주택

과세표준의 계산구조

비영리법인이 소유한 주택에 대한 종합부동산세 과세표준의 계산구조는 다음과 같다. 공정가액비율은 2021년까지 95%, 그 이후는 100%를 적용하고, 임대주택 등 과세표준을 계산할 때 합산에서 배제하는 주택의 범위에 대하여는 종부세법 §8② 에 규정되어 있다.

> (합산가액 − 0억원) × 공정가액비율 = 과세표준

종합부동산세 산출세액의 계산구조

주택분 종합부동산세 산출세액은 납세의무자가 소유한 주택 수에 따라 과세표준에 해당세율을 적용하여 계산한 금액에서 주택의 주택분재산세로 부과된 세액을 차감하여 계산한다.

> 과세표준 × 세율 − 주택분재산세 = 종합부동산세

② 과세표준에 대한 세율은 다음과 같다(납세의무자가 법인인 경우).

- 2주택 이하를 소유한 경우: 2.7%
- 3주택 이상을 소유한 경우: 5%

(2) 토지

① 토지에 대한 종합부동산세의 과세표준과 산출세액 계산구조는 주택에 대한 것과 동일하다.

② 다만 종합합산토지와 별도합산토지에 대한 공제금액 적용세율에 있어서 차이가 있을 뿐이다.

과세표준의 계산구조

> - 종합합산토지의 과세표준=(합산가액 − 5억원)×공정가액비율(95%~100%)
> - 별도합산토지의 과세표준=(합산가액 − 80억원)×공정가액비율(95%~100%)

종합부동산세 산출세액의 계산구조

- 종합합산토지분 종합부동산세＝과세표준×세율－종합합산토지분재산세
- 별도합산토지분 종합부동산세＝과세표준×세율－별도합산토지분재산세

적용세율

① 종합합산 과세대상 토지에 대한 적용세율

과세표준	세　　율
15억원 이하	1천분의 10
15억원 초과 45억원 이하	1천500만원＋(15억원을 초과하는 금액의 1천분의 20)
45억원 초과	7천500만원＋(45억원을 초과하는 금액의 1천분의 30)

② 별도합산 과세대상 토지에 대한 적용세율

과세표준	세　　율
200억원 이하	1천분의 5
200억원 초과 400억원 이하	1억원＋(200억원을 초과하는 금액의 1천분의 6)
400억원 초과	2억2천만원＋(400억원을 초과하는 금액의 1천분의 7)

비영리 내국법인이 3년 이상 정관에 기재된 고유업무에 직접 사용하던 부동산을 매각한 경우에는 법인세를 과세하지 않는다. 그러나 비영리법인이 일정기준에 해당하는 토지, 건물을 양도한 경우에 각 사업연도 소득에 대한 법인세와 함께 토지 등 양도소득에 대한 법인세의 납세의무가 있다.

1. 각 사업연도 소득에 대한 법인세

가 법인세를 비과세하는 경우

① 비영리 내국법인이 3년 이상 정관에 기재된 고유업무에 직접 사용하던 부동산을 매각한 경우에는 법인세를 과세하지 않는다. 3년 이상 직접사용 조건은 정당한 사유여부를 불문한다.

② 그리고 정관에 기재된 목적사업이라고 하더라도 법인세법에 열거된 수익사업과 관련된 부동산을 매각하는 경우에는 과세된다. 의료업에 사용하던 부동산을 매각하는 경우가 대표적인 법인세 과세대상이다.

> **해석** 비영리 내국법인이 3년 이상 계속하여 법령 또는 정관에 규정된 고유목적사업에 직접 사용하지 아니한 토지를 처분하는 경우 정당한 사유 여부에 불구하고 당해 토지의 처분으로 인하여 생기는 수입에 대해서는 법인세가 과세되는 것임.

> ▷ 다만, 동 금액에 대해서는 법인세법 제29조의 규정에 의하여 소득금액의 50%까지 고유목적사업준비금을 손금으로 계상한 경우에는 당해 사업연도의 소득금액 계산에 있어서 이를 손금에 산입이 가능하나 손금으로 계상한 고유목적 사업준비금에 대해서는 5년 이내에 고유목적사업에 사용하여야 하는 것임(재법인 46012-151, 2003.9.19.).

나 법인세를 과세하는 경우

① 비영리법인이 고유업무에 3년 이상 사용하지 않은 부동산과 수익사업에 사용하던 부동산을 매각한 경우에 발생하는 양도차익은 유형자산처분이익으로 손익계산서에 반영하여야

하고 법인세 과세대상 소득을 구성한다.

▷ 비영리법인이 처분일 현재 3년 이상 계속하여 고유목적사업에 직접 사용하지 아니한 부동산을 양도하는 경우에는 법인세법 제3조 제2항 제5호의 규정에 의하여 각 사업연도 소득에 대한 법인세가 과세되는 것이므로 법인세 과세표준 신고를 이행하여야 하며, 이때 발생한 소득에 대하여는 같은 법 제29조 제1항 제4호의 규정에 의하여 고유목적사업 준비금을 손금에 산입할 수 있는 것입니다(서면2팀 339, 2006.2.14).

② 양도차익은 양도가액에서 취득가액을 차감한 것으로 하게 되어 있지만 1990년 12월 31일 이전에 취득한 토지에 대해서는 장부가액과 1991년 1월 1일 현재 상증법에 의하여 평가한 금액을 비교하여 이 중 큰 금액을 취득가액으로 할 수 있다.[1]

▷ 양도 시기가 불분명하지만, 수익사업을 영위하는 비영리 내국법인이 토지 등을 양도한 경우에는 법인세법 부칙(1998.12.28. 법률 제5581호) 제8조 【수익사업소득계산에 관한 특례】 제2항 규정에 의거 고정자산처분익의 과세소득 산입 개정규정을 적용함에 있어 1990.12.31 이전에 취득한 토지 및 건물(부속시설물과 구축물을 포함한다)의 취득가액은 장부가액과 1991. 1. 1. 현재 상속세 및 증여세법 제60조 및 같은 법 제61조 제1항 내지 제3항의 가액으로 평가한 가액 중 큰 금액으로 할 수 있는 것임(서면2팀 1221, 2006.6.27).

다 사례연습

예제 **회계처리와 세무조정**

1. 의료법에 의하여 설립된 「코페의료법인」은 20x8.6.30. 병원 주차장으로 사용하던 토지의 일부인 100m²를 500,000,000원에 매각하였다.
2. 매각한 토지는 1981.8.29. 취득하였고 장부가액은 50,000,000원이다.
3. 1991.1.1.의 공시지가는 180,000,000원이라고 할 때

① 처분 시 회계처리

(차) 현금예금	500,000,000	(대) 토지	50,000,0
		유형자산처분이익	450,000,00

② 세무조정 시 익금불산입 할 금액

$$180,000,000 - 50,000,000 = 130,000,000원$$

---

1) 법인세법 부칙(1998.12.28. 법률 제5581호) 제8조 【수익사업소득계산에 관한 특례】 제2항

2. 토지 등 양도소득에 대한 법인세

① 비영리법인이 일정기준에 해당하는 토지, 건물을 양도한 경우에는 각 사업연도 소득에 대한 법인세에 추가하여 토지 등 양도소득에 대한 법인세를 납부하여야 한다.

② 토지 등 양도소득에 대한 법인세를 계산할 때의 과세표준은 양도가액에서 장부가액을 차감한 것으로 하게 되어있으며, 법인세 과세소득을 구성하는 유형자산처분이익의 익금산입 경우와는 달리 취득가액을 상증법의 평가방법으로 할 수는 없고 반드시 장부가액으로 하여야 한다.

> 과세표준 = 양도가액 − 장부가액

▶ 법인세법 제55조의2 규정을 적용함에 있어 토지 등 양도소득은 토지 등의 양도금액에서 양도 당시의 장부가액을 차감한 금액으로 계산하는 것인 바, 양도금액은 토지 등의 양도로 인하여 발생한 익금을 말하며 장부가액이라 함은 세무상 장부가액으로 세무 상 취득가액에 세무 상 감가상각충당금과 세무 상 평가차액을 가감한 금액으로 하는 것이며, 법인의 토지 등 양도차익은 양도금액에서 양도 당시의 장부가액을 차감한 금액으로 실거래가액으로 계산하는 것으로 기준시가로 계산할 수 없는 것임(서면2팀-1693, 2005.10.21).

③ 그리고 법인이 각사업연도에 법인법 §55의2를 적용받는 2 이상의 토지 등을 양도하는 경우에 토지 등 양도소득은 해당 사업연도에 양도한 자산별로 계산한 양도차익(손) 금액을 합산한 금액으로 한다.

④ 이 경우 양도한 자산 중 양도 당시의 장부가액이 양도금액을 초과하는 토지 등이 있는 경우에는 그 초과하는 금액을 다음 순서로 양도소득에서 순차로 차감하여 토지 등 양도소득을 계산한다.

  1. 양도차손이 발생한 자산과 같은 세율을 적용받는 자산의 양도소득
  2. 양도차손이 발생한 자산과 다른 세율을 적용받는 자산의 양도소득

가 과세대상 부동산과 세율

① 특정 지역 내에 소재한 토지 및 건물(건물에 부속된 시설물과 구축물 포함)의 양도에 따라 발생하는 소득이 이 규정의 적용대상이다. 과세대상 토지, 건물의 양도와 당해 세율을 간략하게 요약하면 다음과 같다.

② 양도자산에 대하여 둘 이상의 규정이 동시에 적용되는 경우에는 그 중 가장 높은 세액을 적용한다.

1. 특정 주택(이에 부수되는 토지를 포함한다) 및 주거용 건축물로서 상시 주거용으로 사용하지 아니하고 휴양·피서·위락 등의 용도로 사용하는 건축물(별장)을 양도한 경우에는 토지 등의 양도소득에 100분의 20(미등기 토지 등의 양도소득에 대하여는 100분의 40)을 곱하여 산출한 세액. 다만, '지방자치법' §3③ 및 ④ 에 따른 읍 또는 면에 있으면서 대통령령으로 정하는 범위 및 기준에 해당하는 농어촌주택(그 부속토지를 포함한다)은 제외한다.

2. 비사업용 토지를 양도한 경우에는 토지 등의 양도소득에 100분의 10(미등기 토지 등의 양도소득에 대하여는 100분의 40)을 곱하여 산출한 세액

3. 주택을 취득하기 위한 권리(조합원입주권 및 분양권)을 양도한 경우에는 토지등의 양도소득에 100분의 20을 곱하여 산출한 세액

나 과세대상 특정주택과 그 부속토지

의료기관에 적용되는 과세대상 특정주택은 국내에 소재하는 주택으로서 다음의 어느 하나에 해당하지 아니하는 주택을 말한다.[1]

1. 해당 법인이 임대하는 「민간임대주택에 관한 특별법」 에 따른 민간매입임대주택 또는 「공공주택 특별법」 에 따른 공공매입임대주택으로서 일정 요건을 갖춘 주택

2. 주주 등이나 출연자가 아닌 임원과 사용인에게 제공하는 사택과 그 밖에 무상으로 제공하는 법인 소유의 주택으로서 사택 제공 기간 또는 무상제공 기간이 10년 이상인 주택

3. 저당권의 실행으로 인하여 취득하거나 채권변제를 대신하여 취득한 주택으로서 취득일부터 3년이 경과하지 아니한 주택

4. 그 밖에 부득이한 사유로 보유하고 있는 주택으로서 기획재정부령으로 정하는 주택 : 대한주택보증주식회사가 매입한 주택만 규정되어 있음

다 비사업용 토지

(1) 과세대상 비사업용 토지의 범위

토지를 소유하는 기간 중 일정기간 동안 다음 각호의 어느 하나에 해당하는 토지를 말한다. 다만 토지의 취득 후 법령의 규정으로 인한 사용의 금지, 그 밖에 부득이한 사유가 있어

---

1) 법인세법 시행령 제92의2에서는 매입임대주택과 유사한 과세제외 임대주택을 많이 예시하고 있으므로 회사가 보유한 주택이 과세대상에서 제외되는 지 여부를 확인하려면 해당 조항을 반드시 찾아보라.

비사업용 토지에 해당하는 경우에는 비사업용 토지로 보지 아니할 수 있다

1. 대부분의 전·답 및 과수원

2. 대부분의 임야

3. 대부분의 목장용지

4. 농지, 임야 및 목장용지 외의 토지 중 다음 각 목을 제외한 토지

   - 지방세법 또는 관계 법률의 규정에 의하여 재산세가 비과세되거나 면제되는 토지
   - 지방세법의 규정에 의한 재산세 별도합산 또는 분리과세대상이 되는 토지
   - 토지의 이용 상황·관계 법률의 의무이행 여부 및 수입금액 등을 감안하여 법인의 업무와 직접 관련이 있다고 인정할 만한 상당한 이유가 있는 토지로서 법인령 §92의8 ① 에서 정하는 것

5. 주택부속토지 중 주택이 정착된 면적에 지역별로 일정 배율(도시지역 안 5배, 도시지역 밖 10배)을 곱하여 산정한 면적을 초과하는 토지

6. 주거용 건축물로서 상시 주거용으로 사용하지 아니하고 휴양·피서·위락 등의 용도로 사용하는 건축물과 그 부속토지. 다만, 읍 또는 면에 소재하고 대통령령이 정하는 범위와 기준에 해당하는 농어촌주택과 그 부속토지를 제외하며, 별장에 부속된 토지의 경계가 명확하지 아니한 때에는 그 건축물 바닥면적의 10배에 해당하는 토지를 부속토지로 본다.

7. 기타 법인의 업무와 직접 관련이 없다고 인정할 만한 상당한 이유가 있는 토지

(2) 비사업용 토지의 기간 기준

토지 등을 보유하면서 일정기간 동안 사업에 사용하였다면 비사업용 토지라고 할 수 없다. 법인령 §92의3에서는 비사업용토지의 기간 기준을 정하고 있다.

① 토지의 소유기간이 5년 이상인 경우에는 다음 각 목의 모두에 해당하는 기간

   1. 양도일 직전 5년 중 2년을 초과하는 기간

   2. 양도일 직전 3년 중 1년을 초과하는 기간

   3. 토지의 소유기간의 100분의 20에 상당하는 기간을 초과하는 기간. 이 경우 기간의 계산은 일수로 한다.

② 토지의 소유기간이 3년 이상이고 5년 미만인 경우에는 다음 각 목의 모두에 해당하는 기간

   1. 토지의 소유기간에서 3년을 차감한 기간을 초과하는 기간

   2. 양도일 직전 3년 중 1년을 초과하는 기간

   3. 토지의 소유기간의 100분의 40에 상당하는 기간을 초과하는 기간. 이 경우 기간의

계산은 일수로 한다.

③ 토지의 소유기간이 3년 미만인 경우에는 다음 각 목의 모두에 해당하는 기간. 다만, 소
유기간이 2년 미만이면 가목은 적용하지 아니한다.

1. 토지의 소유기간에서 2년을 차감한 기간을 초과하는 기간

2. 토지의 소유기간의 100분의 40에 상당하는 기간을 초과하는 기간. 이 경우 기간의
계산은 일수로 한다.

(3) 부득이한 사유가 있어 비사업용 토지로 보지 아니하는 경우

토지의 취득 후 법령의 규정으로 인한 사용의 금지 그 밖에 다음과 같은 부득이한 사유가
있어 비사업용 토지에 해당하는 경우에는 대통령령이 정하는 바에 따라 비사업용 토지로 보
지 아니할 수 있다.

① 다음 각호의 어느 하나에 해당하는 토지는 해당 각호에서 규정한 기간동안 비사업용토
지에 해당하지 아니하는 토지로 본다.

1. 토지를 취득한 후 법령에 따라 사용이 금지 또는 제한된 토지 : 사용이 금지 또는 제
한된 기간

2. 토지를 취득한 후 「문화재보호법」에 따라 지정된 보호구역 안의 토지 : 보호구역으
로 지정된 기간

3. 그 밖에 공익, 기업의 구조조정 또는 불가피한 사유로 인한 법령상 제한, 토지의 현
황·취득사유 또는 이용상황 등을 감안하여 기획재정부령으로 정하는 부득이한 사유
에 해당되는 토지 : 기획재정부령으로 정하는 기간

② 다음 각호의 어느 하나에 해당하는 토지에 대하여는 해당 각호에서 규정한 날을 양도
일로 보아 비사업용 토지의 기간 기준 규정을 적용하여 비사업용 토지에 해당하는지
여부를 판정한다.

1. 민사집행법에 따른 경매에 따라 양도된 토지 : 최초의 경매기일

2. 국세징수법에 따른 공매에 따라 양도된 토지 : 공매일

3. 그 밖에 토지의 양도에 일정한 기간이 소요되는 경우 등 기획재정부령이 정하는 부
득이한 사유에 해당되는 토지 : 기획재정부령이 정하는 날

③ 다음 각호의 어느 하나에 해당하는 토지는 비사업용 토지로 보지 아니한다.

1. 토지를 취득한 날부터 3년 이내에 법인의 합병 또는 분할로 인하여 양도되는 토지

2. 공익사업을 위한 토지 등의 취득 및 보상에 관한 법률 및 그 밖의 법률에 따라 협의
매수 또는 수용되는 토지로서 사업인정고시일이 2006년 12월 31일 이전인 토지 또
는 취득일이 사업인정고시일부터 5년 이전인 토지

3. 종중이 소유한 농지 중 일부(2005년 12월 31일 이전에 취득한 것에 한한다)

4. 사립학교법에 따른 학교법인이 기부(출연)받은 토지

5. 그 밖에 공익, 기업의 구조조정 또는 불가피한 사유로 인한 법령상 제한, 토지의 현황·취득사유 또는 이용상황 등을 감안하여 기획재정부령으로 정하는 부득이한 사유에 해당되는 토지

라 양도소득에 대한 과세특례 규정의 적용이 배제되는 경우

다음의 토지 등 양도소득에 대하여는 양도소득에 대한 과세특례 규정을 적용하지 아니한다. 다만, 미등기 토지 등에 대해서는 적용한다.

① 파산선고에 의한 토지 등의 처분으로 인하여 발생하는 소득

② 법인이 직접 경작하던 농지로서 다음에 해당하는 농지의 교환 또는 분합으로 인하여 발생하는 소득

1. 국가 또는 지방자치단체가 시행하는 사업으로 인하여 교환 또는 분합하는 농지

2. 국가 또는 지방자치단체가 소유하는 토지와 교환 또는 분합하는 농지

3. 경작상 필요에 의하여 교환하는 농지. 다만, 교환에 의하여 새로이 취득하는 농지를 3년 이상 농지소재지에 거주하면서 경작하는 경우에 한한다.

4. 농어촌정비법·농지법·한국농촌공사 및 농지관리기금법 또는 농업협동조합법에 의하여 교환 또는 분합하는 농지

③ '도시 및 주거환경정비법' 그밖의 법률의 규정에 의한 환지처분 등 다음의 사유로 인하여 발생하는 소득

1. 도시개발법 그 밖의 법률에 의한 환지처분으로 지목 또는 지번이 변경되거나 체비지로 충당됨으로써 발생하는 소득.

2. 회사분할·현물출자 법인전환·조직변경 및 동종 자산 간의 교환(법인법 §50의 요건을 갖춘 것에 한한다)으로 인하여 발생하는 소득

3. 그 밖에 공공목적을 위한 양도 등 기획재정부령이 정하는 사유로 인하여 발생하는 소득

마 양도의 시기

① 양도의 시기는 대금청산일, 소유권이전 등기일 및 자산의 사용수익일 중 빠른 날로 한다. 장기할부조건에 의한 양도의 경우에도 같이 적용한다.[1]

---

1) 법인세법 시행령 제92조의2 제6항

② 예약 매출에 의하여 토지 등을 양도하는 경우 이는 계약일에 양도된 것으로 본다. 이 경우의 토지 등 양도소득은 작업 진행률을 기준으로 하여 계산한 수익과 비용 중 지정지역에 포함되는 기간에 상응하는 수익과 비용을 각각 해당 사업연도의 익금과 손금으로 하여 계산한다.

11장

의료기관의 부가가치세

부가가치세(Value Added Tax : VAT)는 생산 및 유통의 각 단계에서 생성되는 부가가치에 대해 부과되는 조세이다.

부가가치세는 원칙적으로 모든 재화나 용역의 소비행위에 대하여 과세하는 일반소비세임과 동시에 조세의 부담이 거래의 과정을 통하여 납세의무가 있는 사업자로부터 최종소비자에게 전가되는 간접소비세의 일종이다. 그리고 각 거래단계에서 창출한 부가가치에 과세하는 다단계 과세방식을 취한다.

1. 사업자와 납세의무자

① 사업자란 영리목적의 유무에 불구하고 사업상 독립적으로 재화 또는 용역을 공급하는 자를 말한다. 이러한 사업자에는 개인, 법인(국가, 지방자치단체와 지방자치단체조합을 포함한다)과 법인격 없는 사단·재단, 기타 단체를 포함한다.

② 부가가치세의 납세의무자는 국내에서 영리목적에 관계없이 독립적으로 사업을 하는 자로서 개인(일반과세자·간이과세자), 법인, 수입자, 국가·지방자치단체, 법인격 없는 사단·재단 기타 단체가 이에 포함될 수 있다.

가 사업자등록

(1) 사업자등록의 신청

① 사업자는 사업장별로 사업개시일부터 20일 이내에 사업자등록을 하여야 하며 신규로 사업을 개시하려는 자는 사업개시일 전이라도 사업자등록이 가능하다.

② 사업자등록을 하지 않은 경우에도 계속적, 반복적으로 재화와 용역을 공급하는 자는 사업자로 보고 부가가치세법을 적용한다. 사업자등록을 하지 않은 경우에는 오히려 많은 불이익이 따른다.

《 사업자등록을 하지 않은 경우의 불이익 》

종 류	내 용
사업자등록 전 매입세액 불공제	사업자등록을 하지 않고 교부받은 세금계산서에 대하여는 매입세액을 공제하지 않음(과세기간 종료 20일 이내에 신청하면 공제 가능).
미등록 가산세	사업개시일부터 20일 이내에 사업자등록을 신청하지 않은 경우에는 공급가액의 1% 상당액을 가산세로 부과
벌금 또는 과료	조세범처벌법에 의하여 50만원 이하의 벌금 또는 과료 부과

해석 미등록사업자가 제조업체에 납품한 행위에 대하여 간이과세 배제 적용 여부

▶ 계속적·반복적으로 재화를 공급하고 대금을 수취한 독립된 사업자이면서 제조업자에 납품한 도매업자로 간이과세를 배제하고 일반사업자로 직권 등록하여 부가가치세를 과세한 당초 처분은 정당함(심사부가 2007-0241, 2007.8.27).

(2) 사업자 단위 과세제도

① 둘 이상의 사업장이 있는 사업자의 경우 사업장별로 사업자등록을 하고 부가가치세의 신고 및 납세의무를 이행하도록 한 것은 업무의 중복 및 비효율을 초래하게 되는 경우가 많다.

② 세법은 둘 이상의 사업장이 있는 사업자에 대하여 과세기간 개시 20일 전까지 사업자 단위로 해당 사업자의 본점 또는 주사무소 관할세무서장에게 사업자 단위 과세사업자로 등록할 수 있도록 하고 있다.

③ 사업자 단위 과세사업자로 등록을 하면 전체 사업장의 부가가치세 관련 업무를 주된 사업장에서 일괄하여 처리할 수 있으며 사업자 단위 과세사업자로 등록한 후에 주된 사업장과 종된 사업장의 변동이 있는 경우 예컨대, 사업장의 신설, 이전, 폐업하는 등의 경우에는 사업자등록의 정정을 하여야 한다.

(3) 면세사업자가 과세사업을 겸영하는 경우

① 부가가치세의 과세사업과 면세사업을 겸업하는 사업자가 최초에 사업을 개시할 때는 부가가치세법에 의한 사업자등록증을 교부받아야 한다(과세사업자등록). 이 경우 당해 사업자는 소득세법 또는 법인세법의 규정에 의한 사업자등록(면세사업자등록)을 별도로 하지 아니한다.

② 소득세법 및 법인세법의 규정에 의하여 등록한 자로서 면세사업을 영위하는 자가 추가로 과세사업을 영위하고자 하는 경우에는 사업자등록 정정신고서를 제출한 때에는 부가가치

세법에 의한 사업자등록을 신청한 것으로 본다.[1]

해석 면세사업자등록번호로 교부받은 매입세액

▶ 사업자가 면세사업자용 사업자등록증을 교부받고 사업자등록 정정신고를 하지 아니한 경우에는 부가가치세법에서 정한 사업자등록을 한 것으로 볼 수 없으므로 면세사업자로 등록하고 있던 기간에 발생한 매입세액은 이를 매출세액에서 공제 할 수 없음(조심2008서4058, 2009.2.17).

나 사업자의 유형

부가가치세를 기준으로 사업자를 구분하면 과세사업자와 면세사업자로 구분할 수 있다. 과세사업자가 공급하는 재화와 용역에는 부가가치세가 과세되고 면세사업자가 공급하는 재화와 용역에는 부가가치세가 과세되지 않는다.

(1) 과세사업자

① 부가가치세 과세사업자는 일반과세사업자와 간이과세사업자로 구분되며 그 유형에 따라 세금의 납부절차와 세부담에 차이를 두고 있다. 부가가치세 과세사업을 하면 일반과세자로 되는 것이 원칙이나, 영세한 소규모사업자의 신고편의 및 세부담 경감을 위하여 간이과세제도를 두고 있다.

② 전년도 매출액이 8,000만원 미만인 사업자는 간이과세자로 분류되며(부동산임대는 4,800만원), 법인사업자는 간이과세자가 될 수 없다.

구 분	일반과세자	간이과세자
매 출 세 액	공급가액×10%	공급대가×10 %×업종별 부가가치율*
세금계산서 발행	의무적으로 발행	발행할 수 없음
매 입 세 액 공 제	전액 공제	매입세액×업종별 부가가치율*
의제매입세액 공제	모든 업종에 적용	음식업 사업자만 적용
기 장 의 무	매입·매출장 등 기장의무	주고받은 영수증 및 세금 계산서만 보관하면 기장한 것으로 봄

* 업종별 부가가치율 : 개략적으로 소매업, 음식점업 15%, 제조업, 농림어업, 운수업 20%, 숙박업 25%, 건설 30%, 부동산임대 40%[2]

---

1) 부가가치세법 시행령 제11조 제10항
2) 부가가치세법 시행령 제111조 제2항

(2) 면세사업자

① 원칙적으로 모든 재화(상품)나 용역(서비스)의 공급에 대하여는 부가가치세가 과세되고, 그 세금을 소비자가 부담하게 되어있으나, 예외적으로 일반 국민의 세금부담 경감 또는 기타 정책적 목적으로 일부 재화 또는 용역의 공급에 대해서는 부가가치세를 면제하고 있다. 면세사업자제도는 궁극적으로 최종소비자의 세 부담을 완화해 최종소비자가 부가가치세만큼 낮은 가격으로 재화와 용역을 소비할 수 있도록 한 것이다.

② 면세사업자 당사자는 공급가액에 대한 매출세액의 징수 및 납세의무는 없지만, 최종소비자와 마찬가지로 매입세액에 대하여는 공제를 받지 못하므로 부가가치세 담세자의 입장에 있는 것이다.

《 부가가치세가 면제되는 재화 및 용역 》

품목	부가세 면제 재화 및 용역
기초생활품 필수품	• 가공되지 아니한 식료품(쌀, 채소, 육류, 어류, 건어물 등) • 우리나라에서 생산된 식용이 아닌 농산물·축산물·수산물·임산물 • 수돗물, 연탄, 여객운송용역(항공기, 고속버스, 택시 등 제외)
국민후생용역	• 의료보건용역 - 성형외과, 피부과 일부 종목 제외 • 교육용역(정부의 인가 또는 허가를 받은 학원, 교습소 등) • 주택(국민주택규모 이하)
문화관련 생산요소	• 도서, 신문, 잡지, 방송(광고제외) • 토지(토지의 임대는 과세)
기타	• 인적용역(변호사, 공인회계사 등 일부의 인적용역은 제외) • 금융·보험용역 • 우표 등

다 각 사업자가 납부하는 부가가치세의 비교

다음 간단한 상황이 일반과세사업자, 간이과세사업자, 면세사업자, 영세율사업자에게 각각 주어진 상황이라고 생각하고 회계처리를 하자.

> 재료 200,000원(VAT별도) 구입, 음식업자가 이것을 가공하여 300,000원에 매출(VAT별도)

일반과세사업자

(차) 재 료 비	200,000	(대) 현 금	220,000
부가가치세대급금	20,000		
(차) 외상매출금	330,000	(대) 매 출	300,000
		부가가치세예수금	30,000
(차) 부가가치세예수금	30,000	(대) 부가가치세대급금	20,000
		현 금	10,000

간이과세사업자

• 공급가액 300,000원에는 부가가치세가 포함되어 있음

(차) 재 료 비	220,000	(대) 현 금	220,000
(차) 외 상 매 출 금	300,000	(대) 매 출	300,000
(차) 세금과 공과금	400	(대) 현 금	400

(6개월 매출액이 1200만원 미만이라면 실제로는 납부할 세액이 없음.)

영세율사업자

(차) 재 료 비	200,000	(대) 현 금	220,000
부가가치세대급금	20,000		
(차) 외상매출금	300,000	(대) 수 출 매 출	300,000
(차) 미 수 금	20,000	(대) 부가가치세대급금	20,000

면세사업자

(차) 재 료 비	220,000	(대) 현 금	220,000
(차) 외상매출금	300,000	(대) 매 출	300,000

2. 과세대상 거래

가 재화와 용역의 공급

① 부가법 §1에 의하면 부가가치세의 과세대상은 재화 또는 용역의 공급과 재화의 수입이다. 그러나 부가가치세의 납세의무자는 「사업상 독립적으로 재화와 용역을 공급하는 자(사업자)」이므로[1] 비사업자가 일시적으로 공급하는 재화 또는 용역은 과세거래가 아니고, 사업자가 공급하는 재화와 용역만 과세대상에 해당한다.

② 또한, 사업자가 제공하는 모든 재화와 용역의 공급이 부가가치세의 과세대상이 되는 것은 아니고 법은 국민주택의 공급, 의료보건용역 등 일부 국민생활의 기초가 되는 재화와 용역의 공급에 대하여 부가가치세를 면제하는 규정을 두고 있다.

해석 의료수입금액의 일정비율로 임대료를 받기로 한 경우 부가가치세 과세 여부

▶ [질의] 양방병원 사업자가 한방병원 사업자와 협약에 의하여 자기의 병원건물 일부(임대평수200평, 진찰 및 입원실 5개방 30병상 규모)에 한방병원을 개설, 쌍방이 독립된 자격으로 의료기자재의 협진이나 검사 등을 조건으로 운영하게 하고 별도의 보증금이나 임대료를 받는 대신 전월 외래환자 진찰 및 입원환자 수입금액의 일정비율을 받기로 하였을 때 매월 입금되는 임대료 명목의 입금금액의 부가가치세 과세 여부

▶ [회신] 양방병원 사업자가 한방병원 사업자와 협약에 의하여 자기의 병원건물 일부분을 한방병원에 임대함에 있어서 쌍방이 상호 독립된 자격으로 각각 운영하되 자기의 의료기자재 이용 및 검사와 환자음식 제공 등을 포함하는 조건으로 하여 별도의 보증금이나 임대료를 받는 대신 한방병원의 외래 및 입원환자에 대한 월별 의료수입금액의 일정비율로 받기로 한 경우 당해 용역제공 대가에 대하여는 부가가치세법 제7조 제1항의 규정에 의하여 부가가치가 과세되는 것임. 다만, 이 경우 제공하는 용역 중 의료검사 용역이 면세하는 의료보건 용역범위 및 이에 필수적으로 부수되는 용역에 해당하는 경우에는 부가가치세법 제12조 제1항 제4호 및 같은 법 시행령 제29조에 규정에 의하여 부가가치세가 면제되는 것임(제도46015-11295, 2001.6.2.).

나 재화의 수입

수입하는 재화에 대한 부가가치세의 과세

재화의 수입은 소비지국 과세원칙에 따라 과세거래에 포함하는 것이므로 재화가 수입될 때

---

1) 부가가치세법 제2조 제3호

세관장이 사업자 여부를 불문하고 수입자로부터 부가가치세를 징수하는 방법으로 과세한다.

◉ 학술연구단체 등이 수입하는 재화에 대한 부가가치세의 면세

학술연구단체·교육기관 및 한국교육방송공사법에 의한 한국교육방송공사 또는 문화단체가 과학·교육·문화용으로 수입하는 재화로서 부가령 §47에서 정하는 것에 대하여는 부가가치세가 면제된다.

3. 매출세액과 매입세액

① 부가가치세법은 사업자가 재화 또는 용역을 공급하는 때에 공급받는 자로부터 당해 재화 또는 용역에 대한 과세표준에 세율을 적용하여 계산한 부가가치세를 징수하도록 하고 있다.

② 재화나 용역의 거래에서 공급자(매출자)가 그 공급받는 자(매입자)로부터 받은 부가가치세의 세액은 매출세액이고, 공급받는 자가 공급자에게 주는 부가가치세의 세액은 매입세액이다.

> **해석** 경비, 위생관리, 근로자파견업을 영위하는 사업자가 간병사를 채용하여 각 병원 및 노인복지요양원에 판견할 예정이며, 이 경우 당해 사업에 대하여 세금계산서를 교부하는 경우 병원은 면세사업자라고 하여 부가가치세를 지급할 수 없다고 하는바 당해 사항이 적법한 것인지 여부

▷ 부가가치세가 과세되는 재화 또는 용역을 공급하는 때에는 공급받는 자가 면세사업자인 경우에도 부가가치세를 거래징수 하는 것임(서면3팀 1783, 2007.6.20).

가 매출세액

① 매출세액은 일정기간(통상 예정신고 또는 확정신고 기간 임) 동안의 재화 또는 용역의 공급가액의 합계액(과세표준)에 세율을 곱하여 계산한다. 현재의 부가가치세 세율은 10%이다.

② 그런데 매출세액의 계산을 위한 과세표준에는 실제 거래징수를 하지 않는 간주공급 등이 포함되고, 단수 차이도 있는 관계로 이 금액이 거래 징수한 금액의 합계액과 항상 일치하는 것은 아니다.

매출세액＝공급가액(과세표준)×세율(10%)

나 매입세액

① 매입세액은 사업자가 전 단계거래에서 재화와 용역을 공급받을 때 부담한 부가가치세이다. 매입세액은 부가가치를 창출하는 과정에서

　1. 과세사업에 관련된 것인지 면세사업에 관련된 것인지, 또는

　2. 사업과 무관한 최종 소비자의 입장에서 지출한 매입세액인지, 아니면

　3. 당해거래 징수당한 매입세액을 입증할 수 있는 세금계산서가 존재하는지

여부에 따라 공제받을 수 있는 매입세액과 공제받을 수 없는 매입세액으로 구분한다.

> - 매입세액 = 매입대가 × 10%
> - 매입세액 = 공제받을 수 있는 매입세액 + 공제받을 수 없는 매입세액

② 납부할 세액에서 공제받을 수 없는 매입세액의 내용은 다음과 같다.

　1. 매입처별세금계산서합계표를 제출하지 아니한 경우의 매입세액 또는 제출한 매입처별세금계산서합계표의 기재사항 중 거래처별등록번호 또는 공급가액의 전부 또는 일부가 기재되지 아니하였거나 사실과 다르게 기재된 경우 그 기재사항이 기재되지 아니한 분 또는 사실과 다르게 기재된 분의 매입세액

　2. 세금계산서를 교부받지 아니한 경우 또는 교부받은 세금계산서에 필요적 기재사항의 전부 또는 일부가 기재되지 아니하였거나 사실과 다르게 기재된 경우의 매입세액

　3. 사업과 직접 관련이 없는 지출에 대한 매입세액

　4. 비영업용 소형 승용자동차의 구입과 유지에 관한 매입세액

　5. 업무추진비 및 이와 유사한 비용의 지출에 관련된 매입세액

　6. 부가가치세가 면제되는 재화 또는 용역을 공급하는 사업에 관련된 매입세액(투자에 관련된 매입세액을 포함)

　7. 토지 관련 매입세액

　8. 사업자등록을 하기 전의 매입세액

다 거래시기(공급시기 = 세금계산서의 발행시기)

(1) 일반원칙

재화와 용역의 공급시기는 다음에 규정하는 때로 한다.

　1. 재화의 이동이 필요한 경우에는 재화가 인도되는 때

　2. 재화의 이동이 필요하지 아니한 경우에는 재화가 이용 가능하게 되는 때

3. 위의 규정을 적용할 수 없는 경우에는 재화의 공급이 확정되는 때

4. 용역이 공급되는 시기는 역무가 제공되거나 재화·시설물 또는 권리가 사용되는 때

(2) 거래형태별 재화의 공급시기

1. 현금판매·외상판매 또는 할부판매 : 재화가 인도되거나 이용 가능하게 되는 때

2. 장기할부판매 : 대가의 각 부분을 받기로 한때

3. 반환 조건부판매·동의 조건부판매 기타 조건부 및 기한부 판매 : 그 조건이 성취되거나 기한이 지나 판매가 확정되는 때

4. 완성도기준 지급 조건부 또는 중간지급 조건부로 재화 공급 : 대가의 각 부분을 받기로 한 때(재화의 인도 또는 이용가능일 이후 받기로 한 대가는 인도일 또는 이용가능일)

5. 전력 기타 공급단위를 구획할 수 없는 재화를 계속적으로 공급 : 대가의 각 부분을 받기로 한때

6. 재화의 공급으로 보는 가공 : 가공된 재화를 인도하는 때

7. 자가공급·개인적공급·사업상증여 : 재화가 사용 또는 소비되는 때

8. 폐업시 잔존재화 : 폐업하는 때

9. 무인판매기를 이용하여 재화를 공급 : 당해 사업자가 무인판매기에서 현금을 꺼내는 때

(3) 거래형태별 용역의 공급시기

1. 통상적인 공급의 경우 : 역무의 제공이 완료되는 때

2. 완성도 기준지급·중간지급·장기할부 또는 기타 조건부로 용역을 공급하거나 그 공급단위를 구획할 수 없는 용역을 계속적으로 공급하는 경우 : 그 대가의 각 부분을 받기로 한 때

3. 위의 규정을 적용할 수 없는 경우 : 역무의 제공이 완료되고 그 공급가액이 확정되는 때

4. 자가공급·개인적공급·사업상증여에 의한 공급의 경우 : 예정신고기간 또는 과세기간의 종료일

(4) 간주공급시기

사업자가 거래시기가 도래하기 전에 재화 또는 용역에 대한 대가의 전부 또는 일부를 받고, 이와 동시에 그 받은 대가에 대하여 세금계산서 또는 영수증을 교부하는 경우에는 그 교부하는 때를 각각 당해 재화 또는 용역의 공급시기로 본다.

4. 부가가치세의 계산구조

가 부가가치세의 과세표준

① 재화 또는 용역에 대하여 매출세액이 되는 거래징수세액을 계산할 때 세율(10%)을 곱하는 금액이 과세표준이다. 과세표준은 다음 가액의 합계액(부가가치세를 포함하지 않은 공급가액)이다.

1. 금전으로 대가를 받는 경우 : 그 대가
2. 금전 이외의 대가를 받는 경우, 부당하게 낮은 대가를 받거나 받지 않는 경우 : 자기가 공급한 재화 또는 용역의 시가(時價)
3. 폐업한 경우 : 재고재화의 시가

해석 의료법인에 무상으로 공급하는 의약품은 부가가치세가 면제 여부

▶ [질의] 의약품 도매업을 영위하는 법인(이하 "갑")이 국공립병원 및 종합병원에 불우한 환자의 삶의 개선과 말기암 환자의 암의 치유 및 생명연장의 목적으로 항암제, 정신분열증 치료제, 당뇨병 치료제 등의 의약품을 무상으로 공급하고자 하며, 관계법령에 의거 무상공급한 의약품을 병원이 외부에 판매하거나 대가를 받고 환자에게 처방하는 경우 불법 의료행위에 해당하여 이러한 목적으로 절대 사용되지 아니함.

"갑"이 의약품을 무상으로 공급하는 병원은 국가 및 지방자치단체가 설립한 서울대학교병원, 국립병원, 시·도립병원, 국립암센터 등의 국공립병원과 사립대학병원과 같은 종합병원이며 국공립병원은 서울대학교병원설치법, 국립대학병원설치법, 국립암센터법 등의 특별법 또는 지방자치단체 조례에 의해 설립된 「공공보건에 관한 법률」에 의거한 공공보건의료기관으로 보건복지부장관의 승인를 받는 곳이며 종합병원은 도시자의 허가를 받아 의료업을 목적으로 설립된 의료법인으로서, 이 경우 "갑"이 무상 공급한 의약품이 면세대상에 해당하는지 여부

▶ [답변] 사업자가 국가·지방자치단체·지방자치단체조합에 무상으로 공급하거나, 주무관청의 허가·인가 또는 주무관청에 등록된 단체로서 의료법의 규정에 의한 의료법인에 무상으로 공급하는 의약품은 부가가치세가 면제됩니다(서면3팀 228, 2007.1.23).

② 에누리액, 환입된 재화의 가액, 국고보조금과 공공보조금, 연체이자, 공급받는 자에게 도달하기 전에 파손(破損)·훼손(毀損)·멸실(滅失)된 재화의 가액, 부가가치세 할인액은 과세표준에 포함하지 않는다.

③ 그러나 대손금과 장려금은 과세표준에 포함된다. 수입재화는 관세의 과세가격에 관세, 특별소비세, 주세 및 교육세·교통세·농어촌특별세를 합한 금액을 부가가치세 과세표준으로 한다.

해석 무상 사용하는 조건으로 기부받는 경우의 부가가치세 과세표준

▶ 학교법인의 소유 토지 위에 영리법인이 건물을 신축한 후 일정 기간 무상 사용하는 조건으로 학교법인에 기부하는 경우 당해 건물의 건축비용을 그 사용기간에 안분하여 산출한 금액은 수익사업에서 생기는 소득으로 보아 학교법인이 각 회계연도별 임대료 수입으로 계상하여야 하는 것이며 토지의 임대에 해당하여 부가가치세가 과세하는 것입니다(서면2팀 979, 2005.7.1).

나 납부세액

사업자가 납부할 부가가치세는 자기가 판매한 재화 또는 용역의 매출세액에서 자기의 사업을 위해서 사용되었거나 사용될 재화와 용역의 매입세액을 공제한 금액이다. 그 결과가 부수(−)이면 환급받을 금액이다.

> 납부할 세액(환급받을 세액) = 매출세액 − 매입세액

다 세금계산서

① 세금계산서는 사업자가 재화 또는 용역을 공급하는 때에 부가가치세를 거래징수하고 이를 증명하기 위하여 거래상대방에게 작성·발급하는 세금영수증으로서, 납부세액(매출세액 − 매입세액)을 계산하는 데 필요한 증명서류이다. 세금계산서는 재화 또는 용역을 공급하는 자가 2부를 발행하여 1부는 자기가 보관하고 1부는 거래 상대편에게 발급한다.

② 세금계산서는 사업자와 거래상대방 관계에서는 송장의 역할을, 외상거래에서는 대금청구서의 역할을, 현금거래에서는 재화 또는 용역대가 및 부가가치세액의 영수증의 역할을, 장부기장에는 증빙자료로서 기능을 수행한다.

(1) 세금계산서의 교부 시기

① 세금계산서는 거래시기에 발행하여야 한다. 그러나 재화 또는 용역의 공급시기 전에 대가의 전부 또는 일부를 받은 경우에 미리 세금계산서의 교부가 가능하고, 다음은 공급시기 전에 대가를 받지 않고도 세금계산서의 발행이 가능하다.

② 이때는 세금계산서를 발행한 때를 거래시기로 본다.

  1. 장기할부판매
  2. 전력 통신 등 공급단위를 구획할 수 없는 재화 또는 용역을 계속하여 공급하는 경우

(2) 세금계산서의 교부 특례

① 사업자가 다음 중 어느 하나에 해당하면 재화 또는 용역의 공급일이 속하는 달의 다음

달 10일까지 세금계산서를 발행할 수 있다.

 1. 거래처별로 1역월의 공급가액을 합계하여 당해 월의 말일자를 발행일로 세금계산서를 발행하는 경우

 2. 거래처별로 1역월 이내에서 사업자가 임의로 정한 기간의 공급가액을 합계하여 그 기간의 종료일을 발행일로 세금계산서를 발행하는 경우

 3. 관계증명서류 등에 의하여 실제 거래사실이 확인되는 경우로서 당해 거래일자를 발행일자로 하여 세금계산서를 발행하는 경우

 ② 사업자가 재화 또는 용역의 공급시기가 도래하기 전에 세금계산서를 교부하고 그 세금계산서 교부일부터 7일 이내에 대가를 지급받는 경우에는 적법하게 세금계산서를 발행한 것으로 본다.

 ③ 제2항에 불구하고 대가를 지급하는 사업자가 다음 각호의 요건을 모두 충족하는 경우에는 공급하는 사업자가 재화 또는 용역의 공급시기가 도래하기 전에 세금계산서를 교부하고 그 세금계산서 교부일부터 7일 경과 후 대가를 지급 받더라도 적법하게 세금계산서를 발행한 것으로 본다.

 1. 거래 당사자 간의 계약서 약정서 등에 대금청구 시기와 지급 시기가 별도로 기재될 것

 2. 대금청구 시기에 세금계산서를 발급받고 재화 또는 용역을 공급받는 자가 이를 전사적 자원관리시스템에 보관할 것

 3. 대금청구 시기와 지급 시기 사이의 기간이 30일 이내일 것

(3) 수정 세금계산서

수정세금계산서는 다음의 사유 및 절차에 따라 발행할 수 있다.

 ① 당초 공급한 재화가 환입된 경우 : 재화가 환입된 날을 작성일자로 기재하고 비고란에 당초 세금계산서 작성일자를 부기한 후 붉은색 글씨로 쓰거나 부(−)의 표시를 하여 발행한다.

 ② 계약의 해지로 재화 또는 용역이 공급되지 아니한 경우 : 계약이 해제된 경우 세금계산서의 작성일자는 계약이 해제된 날로 하고, 비고란에 당초 세금계산서 발행일을 부기한 후 붉은색 글씨로 쓰거나 부(−)의 표시하여 발행한다. 이 경우에는 부가가치세의 수정신고 및 경정청구의 필요가 없다.

 ③ 공급가액에 추가 또는 차감되는 금액이 발생한 경우 : 증감사유가 발생한 날을 작성일자로 기재하고 추가되는 금액은 검은색 글씨로 쓰고, 차감되는 금액은 붉은색 글씨로 쓰거나 부(−)의 표시를 하여 발행한다.

④ 재화 또는 용역을 공급한 후 공급시기가 속하는 과세기간 종료 후 20일 이내에 내국신용장이 개설되었거나 구매확인서가 발급된 경우 : 내국신용장 등이 개설된 때에 그 작성일자는 당초 세금계산서 작성일자를 기재하고 비고란에 내국신용장 개설일 등을 부기하여 영세율 적용분은 검은색 글씨로 세금계산서를 작성하여 발행하고, 추가하여 당초에 발행한 세금계산서의 내용대로 세금계산서를 붉은색 글씨로 또는 부(—)의 표시를 하여 작성하고 발행한다.

⑤ 필요적 기재사항 등이 착오로 잘못 기재된 경우 : 세무서장이 경정하여 통지하기 전까지 세금계산서를 작성하되, 당초에 발행한 세금계산서의 내용대로 세금계산서를 붉은색 글씨로 작성하여 발행하고, 수정하여 발행하는 세금계산서는 검은색 글씨로 작성하여 발행한다.

> **해석** 당사는 감정평가를 제공하는 업체로서 2007년 5월 14일에 거래업체에 용역제공완료로 세금계산서를 교부하였음. 그러나 거래처가 부실감정평가를 이유로 대가를 지불하지 않아 법원에 소를 제기하였으나 감정평가의무가 사실상 이행불능이 되었다는 이유로 당사가 패소하여 대가 전액을 회수하지 못하게 되었음.
> 위 경우 수정세금계산서 작성일자를 당초 공급일인 2007년 5월 14일로 하여야 하는지 아니면 법원판결일을 작성일자로 하여야 하는지 여부

▶ 사업자가 감정평가용역을 공급하고 세금계산서를 교부한 후에 법원판결에 의하여 그 감정평가의무가 사실상 이행불능이 되었다는 이유로 감정평가에 따른 보수를 지급받을 수 없다고 결정된 경우, 부가가치세법 제16조 제1항 및 동법 시행령 제59조 제2호의 규정에 따라 사업자는 작성일자를 당초 세금계산서 작성일자로 기재하고 비고란에 법원판결일을 부기한 후 붉은색 글씨로 쓰거나 부(負)의 표시를 하여 수정세금계산서를 교부할 수 있는 것임.(부가세과 639, 2009.2.18)

5. 과세기간

부가가치세는 6개월을 과세기간으로 하여 신고 납부하게 되며 각 과세기간은 다시 3개월로 나누어 중간에 예정신고제도를 두고 있다.

신 고 구 분		제1기	제2기
예정신고	대 상 기 간	1.1~3.31	7.1~ 9.30
	신 고 납 부	4.1~4.25	10.1~10.25
확정신고	대 상 기 간	4.1~6.30	10.1~12.31
	신 고 납 부	7.1~7.25	1.1~ 1.25

2절 | 비영리사업자가 고려해야 할 부가가치세

1. 재화의 간주공급(공급의제)

① 부가가치세가 과세되는 재화의 공급은 「사업상 독립적으로 재화를 공급」하는 경우이다.

② 그러나 부가가치세법은 재화공급의 요건이 충족되지 않는 경우라 하더라도 자가공급, 개인적 공급, 사업상 증여 및 폐업시의 잔존재화 등은 재화의 공급과 유사한 형태의 거래이므로 재화공급과의 과세형평을 유지하기 위하여 재화의 공급으로 간주하여 부가가치세를 부담하도록 규정하고 있다.

가 재화의 자가공급

① 자가공급은 과세사업자가 자기의 사업과 관련하여 생산, 취득한 재화를 자기의 사업을 위하여 직접 사용, 소비하는 경우를 말한다. 예를 들어 건축자재 도매업자가 자기의 사무실에 자기가 판매하는 바닥재를 설치한다면 이는 재화의 자가공급에 해당한다. 그러나 모든 자가공급이 부가가치세 과세대상이 되는 것은 아니다.

② 과세대상이 되는 자가공급은 다음의 경우이다.

1. 과세사업을 위하여 구입하여 매입세액공제를 받은 재화를 면세사업 또는 비영리사업을 위하여 사용, 소비하는 경우(면세전용)
2. 매입세액공제를 받은 재화를 비영업용 소형 승용자동차와 그 유지를 위하여 사용, 소비하는 경우(매입세액 불공제분은 제외)
3. 타인에게 직접 판매할 목적으로 다른 사업장에 반출하는 경우(총괄납부사업자 및 사업자단위 과세사업자는 제외)

🔘 (사례) 자가공급의 사례 – 면세전용

[예제] 사업자 갑은 20x1.6.20 임대업을 하기 위하여 3층 건물을 500,000,000원에 신축하고(부가가치세 별도) 동 매입세액을 전액 공제받았으나 20x1.9.1 임대되지 않은 2층과 3층을 자기의 병원으로 사용하였다.

이 경우는 과세사업을 위하여 취득한 재화를 면세사업을 위하여 전용한 경우인데 이 경우 면세전용으로 신고하여야 할 과세표준은?

> 🧱 건물신축내역
> - 건물 신축가액 : 5억원(부가가치세 매입세액 5천만원)
> - 각층별 면적 : 660㎡
> - 20x1년 2기 면세 수입금액 500,000,000원, 임대공급가액 20,000,000원

[해설] 계산사례

당초 사업목적이 임대사업을 하기 위하여 부가가치세 매입세액을 전액 공제받았다가 그 이후 사정상 자기의 병원으로 사용하는 경우는 다음 산식에 의하여 과세표준을 구하게 되어 있다(부가령 §49② 제1호).

$$\text{당해 재화의 취득가액} \times (1 - \frac{5}{100} \times \text{경과된 과세기간의 수}) \times \frac{\text{면세 공급가액}}{\text{총공급가액}}$$

- 이 산식에 의하여 계산하면 과세표준은 다음과 같이 456,000,000원이다.

$$5\text{억} \times (1 - \frac{5}{100}) \times \frac{500,000,000}{520,000,000} = 456,000,000$$

- 따라서 면세전용으로 인하여 납부할 세액은 45,600,000원이다

🔵 개인적 공급

① 사업자가 자기의 사업과 관련하여 생산, 취득한 재화를 사업과 직접 관계없이 개인적인 목적 또는 기타의 목적을 위하여 사용, 소비하는 경우로서 대가를 받지 않거나 현저히 낮은 대가를 받는 경우에는 재화를 자기가 소비한 것으로 보고 개인적 공급이라고 하여 부가가치세가 과세되는 거래로 간주한다.

② 다만, 매입세액 불공제분과 실비변상적 복지후생적 목적으로 사용인에게 무상 공급하는 것(작업복, 작업모, 작업화, 직장체육비, 직장연예비 등)은 제외한다.

다 사업상 증여

① 사업자가 자기의 사업과 관련하여 생산, 취득한 재화를 자기의 고객이나 불특정다수인에게 증여하는 경우에는 매매와 과세형평을 맞추기 위하여 사업상 증여라고 하여 부가가치세를 과세한다.

② 다만, 다음은 부가가치세가 과세하지 않는다.

　　1. 부수공급에 해당하는 경우

　　2. 견본품의 제공 및 광고선전물의 배포

　　3. 매입세액 불공제분

해석 임대사업 건물을 법인에 부담부 증여하는 경우

▶ [질의] 20×6. 3월경 대지를 구입하여 병원 건물을 신축 중에 있으며, 부동산임대업으로 사업자 등록하여 부가가치세 신고 시 건축회사로부터 세금계산서를 교부받아 부가가치세 매입세액을 공제받음.

20×7년 4월 본인을 이사장으로 하는 의료법인의 설립을 인가받아 현재 본인 명의로 되어 있는 대지와 신축 중인 병원 건물과 이 부동산의 담보대출금과 함께 병원에 증여할 계획임.

상기 신축 중인 건물을 의료법인에 부담부증여 하는 경우 부가가치세가 과세되는 경우 과세표준 및 세금계산서 교부 여부 등

▶ [회신] 부동산임대업을 영위하는 사업자가 임대사업에 공하던 건물을 당해 사업자가 이사장으로 있는 법인에 부담부증여 하는 경우에는 부가가치세 과세되는 것임(서면3팀 1291, 2007.5.1).

라 폐업시의 잔존재화

① 과세사업자가 사업을 폐지할 때 잔존하는 재화는 자기에게 공급하는 것으로 본다. 폐업 시 보유하는 재화에 대한 부가가치세를 환급받은 상태에서 폐업한다면 환급받은 세액을 반환해야 한다는 논리에서다.

② 같은 논리로 사업개시일 전에 사업자 등록한 경우로서 사실상 사업을 개시하지 않았을 때도 환급받은 세액을 반납해야 하므로 잔존하는 재화는 자기에게 공급하는 것으로 보고 부가가치세를 계산한다(매입세액 불공제 재화 제외).

③ 처분 시의 잔존재화 및 부가가치세의 과세 면세 부분이 포함된 학교법인의 장례식장 관련 사례를 인용해 보기로 한다.

판례 1. 처분개요

▶ 학교법인 ○○○(이하 "청구법인"이라 한다)은 교육용역을 주업으로 하는 학교법인으로서 학교법인 내 수익사업으로 종전까지는 타 사업자에게 임대하던 장례식장을 직접 운영하기로 하고 ○

○○장례식장을 지점법인으로 등록한 뒤 2002.4.6~2005.4.20까지 ○○○ 소재 건물(이하 "쟁점건물"이라 한다)에서 ○○○장례식장이라는 상호(○○○, 이하 "○○○장례식장"이라 한다)로 장례식장을 운영하다가 폐업신고를 하였고, 2005.4.21부터 현재까지 ○○○로 사업장을 이전하여 ○○○장례식장이라는 상호(○○○, 이하 "○○○장례식장"이라 한다)로 운영하면서 문상객에게 제공하는 음식용역 등을 포함하여 장례식장 운영과 관련된 모든 재화 및 용역을 장의업자가 제공하는 장의용역에 부수되는 용역으로 판단하여 그 수입금액을 면세로 신고하였다.

▶ 처분청은 장례절차의 제례의식에 제공되는 음식은 장의업자가 제공하는 장의용역에 부수되는 용역에 해당하나 문상객 및 장지에서 제공하는 음식은 과세대상 재화 및 용역에 해당하는 것으로 보아 2005.12.12 청구법인에 관련 부가가치세를 경정고지하면서, 장례식장 용도로 취득한 건물 등에 대한 부가가치세 매입세액을 공통매입세액으로 보고, 부가가치세법 시행령 제61조 및 같은 법 시행령 제61조의2의 규정에 따라 계산한 금액을 매출세액에 공제되는 매입세액으로 하여 2002년 제1기 부가가치세 64,520천원을 환급결정하고, 쟁점건물을 폐업시 잔존재화로 보아, 2004년 제1기 부가가치세 과세표준을 697,523천원으로 하여 부가가치세 114,779천원을 경정고지하였다. ○○○ 청구법인은 이에 불복하여 2006.2.16에 이 건의 심판청구를 제기하였다.

2. 청구법인 주장

(1) 청구법인이 쟁점건물을 장례식장 용도로 사용하지 않은 2004.4.21 이후 장례식장을 ○○○로 이전하여 계속사업을 하고 있으며 쟁점건물을 학교법인의 교육용역(면세)사업에 사용하고 있어 부가가치세법 기본통칙 6-0-1(폐업시 재고재화로서 과세하지 아니하는 경우) 제1호 또는 제2호에 해당되므로 폐업시 잔존재화로 보아 과세하는 것은 부당하다.

(2) 처분청은 부가가치세법 시행령 제49조(자가공급 등에 대한 과세표준의 계산) 제2항을 적용하여 이 건 과세하였으나, 위 조항은 과세사업에만 공한 자산인 경우에만 적용대상이 되는 것인 바, 쟁점건물은 과세사업(음식용역)과 면세사업(장의사업)에 겸용으로 사용되었기 때문에 위 규정을 적용할 수 없다.

3. 처분청 의견

(1) 쟁점건물은 재고재화에 해당하지 아니하고 법인세법 제24조에 규정된 감가상각대상자산에 해당할 뿐만 아니라 청구법인이 장례식장을 ○○○장례식장으로 이전한 이후 쟁점건물을 학교법인의 연구동으로 사용하였으므로 부가가치세법 통칙 6-0-1 제1호 또는 제2호 적용대상이 아니다.

(2) 청구법인은 학교법인과는 별도로 장례식장 사업장을 구분하여 사업자등록을 하였고, 과세사업과 면세사업에 공한 쟁점건물을 폐업하고 면세사업에 사용하였으므로 이 경우는 부가가치세법 시행령 제49조 제2항의 "과세사업에 공한 감가상각자산을 면세사업에 일부 사용하는 경우"에 해당하여 당초 처분은 정당하다.

4. 결론

이 건의 경우를 살펴보면 청구법인이 쟁점건물을 ○○○장례식장으로 사용하다가 장례식장을 이전한 이후에는 장례식장과 관련된 과세사업에 공하지 아니하고 교육용역과 관련된 면세사업에 공하였고, 과세사업과 면세사업에 공한 쟁점건물(감가상각자산)을 면세사업에 사용하는 경우에도 과세사업에 공한 감가상각자산을 면세사업에 사용하는 경우에 해당한다고 할 것이어서 쟁점건물의 과세분 취득가액에 대응하여 부가가치세법 시행령 제49조 제1항을 적용하여 과세표준을 산출하여 이 건을 과세함은 정당하다고 판단된다(국심 2006전0636, 2006.7.27).

2. 부수재화와 용역

① 일반적으로 음식 용역에 대하여는 부가가치세를 과세한다. 그렇다면 면세사업자인 병원이 입원한 환자에게 음식을 공급하는 경우 일반 음식점과 마찬가지로 환자로부터 부가가치세를 징수하여야 할까?

② 부가가치세법은 주된 거래인 재화 또는 용역의 공급에 필수적으로 부수되는 재화 또는 용역의 공급은 주된 거래인 재화·용역의 공급에 포함되는 것으로 보도록 하고 있다. 면세사업자인 의료사업자가 환자에게 음식을 공급하는 것은 환자의 치료에 필수적으로 부수되는 과정이므로 치료용역과 동일하게 면세사업으로 취급한다.

③ 주된 거래인 재화나 용역에 필수적으로 부수되는 재화와 용역을 주된 거래에 포함하고자 하는 것은 부수적인 재화나 용역을 구분 계산하는 것이 사실상 곤란하거나 과세 행정상의 능률을 고려한 것이다.

가 부수재화와 용역의 범위

① 부가가치세법은 주된 재화·용역의 공급이 부가가치세가 과세되는 재화·용역이면 부수되는 재화·용역이 비록 면세되는 재화·용역이라 하더라도 주된 재화·용역에 포함하여 과세대상으로, 반대로 면세되는 재화·용역의 공급에 필수적으로 부수되는 재화·용역의 공급은 면세되는 재화 또는 용역의 공급에 포함되는 것으로 보도록 하고 있다.

② 부가가치세법에서 주된 거래인 재화·용역의 공급에 필수적으로 부수되는 재화나 용역의 공급으로서 주된 거래에 포함되는 경우를 다음 네 가지로 구분하여 규정하고 있다.

1. 당해 대가가 주된 거래인 재화 또는 용역의 공급대가에 통상적으로 포함되어 공급되는 재화 또는 용역
2. 거래의 관행으로 보아 통상적으로 주된 거래인 재화 또는 용역의 공급에 부수하여 공급되는 것으로 인정되는 재화 또는 용역
3. 주된 사업과 관련하여 우발적 또는 일시적으로 공급되는 재화 또는 용역
4. 주된 사업과 관련하여 주된 재화의 생산에 필수적으로 부수하여 생산되는 재화

나 대가가 주된 거래에 포함되는 경우

① 건강식품업자가 압력중탕기를 이용하여 추출한 추출물을 진공포장기에 포장하여 공급하는 것은 부가가치세가 과세되는 거래이다.

② 그렇다면 한의사가 한약을 조제하여 달인 후 한약액을 진공포장기에 포장하여 환자에게 공급하고 약값을 받는 거래에 대하여는 면세되는 한의사의 용역에서 추출물 중탕 포장용역의 대가를 따로 떼어내어 부가가치세를 과세하여야 하는데, 과세하는 부분을 가려내는 일은 쉽지 않다.

③ 부가가치세법은 이처럼 주된 거래에 포함되어 거래되는 부수되는 재화 또는 용역을 과세거래 또는 면세거래로 별도로 구분하지 않고 주된거래에 포함하여 하나의 거래단위로 파악하여 면세거래 또는 과세거래로 판단하도록 하고 있다.[1]

다 관행상 부수적으로 공급되는 재화와 용역

① 종합병원이 입원환자에게 제공하는 환자식은 치료과정의 일부로 주된 거래인 의료보건용역의 공급에 부수하여 발생하는 거래이다.

② 부가가치세법은 병원이 입원환자에게 제공하는 환자식처럼 관행상 부수적으로 공급하는 재화와 용역에 대하여 과세 또는 면세 여부를 따로 떼어서 판단하지 않고 주된 거래의 내용에 따라 과세사업 또는 면세사업으로 판단한다.

③ 그러나 부가가치세법은 음식을 공급하는 업을 과세사업으로 분류하고 있으므로 식당업자가 입원환자에게 공급하는 환자식은 부가가치세가 과세되는 과세사업으로 파악한다. 또한, 병원이 입원환자 이외의 자에게 공급하는 음식용역은 주된 거래인 의료용역의 공급에 부수되는 용역으로 인정하지 않는다.

④ 따라서 병원이 보호자에게 공급하는 음식용역은 부가가치세를 과세하는 사업으로 본다.

해석 1. 의료사업자가 환자, 보호자, 직원 등에게 음식용역 제공시 과세 여부

• 의료법에 의한 의료기관이 부가가치세가 면제되는 의료보건용역을 공급하면서 입원환자에게 제공하는 음식용역은 거래의 관행으로 보아 통상적으로 주된 거래인 용역의 공급에 부수하여 공급되는 것으로 인정되는 재화 또는 용역으로서 부가가치세가 면제되는 것이나, 영리목적유무에 불구하고 사업상 독립적으로 재화 또는 용역을 공급하는 자는 부가가치세를 납부할 의무가 있는 것임(서면3팀 3307, 2006.12.29).

---

1) ~ 가사 이 사건 피부관리 용역이 의료보건용역에 병행하여 시행되는 경우가 있고 그 경우 치료에 따른 부작용을 적게 하고 예후를 좋게 하는 등 일부 효과가 있다고 하더라도 의견보건용역에 반드시 필수적으로 부수되어야 하는 용역이라고는 보이지 아니한다(대법원2008두11594, 2008.10.09. 판례 참조).

2. 병원이 다른 병원에 제공하는 음식물의 과세 여부

- 의료보건용역을 공급하는 사업자가 외래환자 및 환자의 보호자와 다른 사업자에게 제공하는 음식물은 부가가치세가 과세되는 것임(서면3팀 3207, 2006.12.20.).

라 일시적으로 공급하는 재화 또는 용역

① 과세사업자가 사용하던 기계장치를 처분하거나 일시 임대하는 경우에는 부가가치세가 과세 되지만, 면세사업자가 일시적으로 제공하는 재화 또는 용역에는 부가가치세가 과세 되지 않는다. 면세사업자인 의료업자가 이웃 병원에 의료기기를 일시적으로 빌려주고 대가를 받는다거나 사용하던 의료장비를 처분하고 대가를 받는 것에 대하여는 부가가치세가 과세 되지 않는 것이다.

② 의료기기의 처분에 대하여 부가가치세가 과세 되지 않는 이유는 병원이 의료기기를 구입할 때 부담한 부가가치세 매입세액에 대하여 매입세액공제를 받지 않았으므로, 면세사업과 관련하여 사용하던 자산을 처분하는 것에 대하여 부가가치세를 붙이지 않는 것은 당연한 논리이다.

③ 또한, 부가가치세의 과세대상거래는 사업성을 전제로 하여 성립하는 것이고, 계속적 반복적으로 영리를 얻기 위해 활동이라야 사업성이 확보된다고 보면 면세사업자가 일시적으로 제공하는 재화의 공급은 사업으로 이루어지는 것이 아니므로 여기에 대하여 부가가치세를 과세하지 않는 것이 타당하다.

> **해석** 면세사업자의 면세사업 자산매각 시 부가가치세 관련 계산서 발행 여부

▶ 당사는 서울○○병원으로부터 세탁장비(중고)를 부가가치세를 포함하여 151,800,000원에 구입하고 세금계산서 발급을 요구하였으나, 서울○○병원은 면세사업장이므로 세금계산서를 발급할 수 없다고 하며 상기 금액(151,800,000원)에 대한 계산서를 발급한바, 계산서 금액을 부가가치세를 제외한 138,000,000원으로 발급 여부

▶ 1. 면세사업에 사용하던 자산을 매각할 경우에는 면세사업과 관련하여 부수되는 재화의 공급으로 부가가치세가 면제되는 것임(서면3팀 1871, 2007.7.2).

2. 면세사업자가 면세사업에 사용하던 자산을 매각할 경우에는 면세사업과 관련하여 부수되는 재화의 공급으로 부가가치세가 면제되는 것이며, 이 경우 대금청구는 계산서를 발행하여야 하는 것임(서면3팀 1744, 2006.8.9).

마 주된 재화의 생산에 필수적으로 부수하여 생산되는 재화

① 작업과정에 발생하는 부산물·작업폐물 등으로서 교환가치가 있는 것에 대해서는 주된

재화 용역의 과세·면세 여부에 따라 부가가치세의 과세·면세 여부를 판단한다. 주된 재화가 과세되면 부수재화인 부산물 등은 과세되고, 주된 재화가 면세되면 부수재화는 면세가 된다.

② 예를 들어 치과병원이 치과의료용역의 제공 과정에 부수적으로 발생되는 「덴탈용합금 폐기물」을 폐기물 재활용사업자에게 소액의 대가를 받고 유상으로 양도하는 경우에 「치과용 합금폐기물」은 부가가치세가 면제되는 치과의료용역의 공급에 필수적으로 부수되는 재화의 공급이므로 부가가치세가 과세되지 않는다.[1]

3. 겸영사업자의 부가가치세

가 겸영사업자

① 겸영사업자는 한 사업장에서 부가가치세가 과세되는 사업을 하면서 동시에 부가가치세가 면제되는 사업을 하는 자이다. 예컨대 부가가치세가 면제되는 의료보건용역을 제공하는 종합병원이 장례식장을 임대하고 있다면 장례식장의 임대는 부가가치세가 과세되는 사업이므로 종합병원은 겸영사업자의 위치에 있다.

② 또 비영리사업자가 고유목적사업에 사용하는 건물 일부를 임대하면, 건물을 과세사업과 비과세사업에 함께 사용하므로 겸영사업자로 보아야 한다.

해석 고유목적사업에서 보유한 골프회원권 동 재화의 매각시 부가가치세 과세 여부

▶ 당원은 민법 제32조의 규정에 의하여 설립된 비영리사업 법인으로서 고유목적사업과 수익사업으로 구분경리를 하며, 참가은행 및 유관기관과의 유대강화를 위하여 고유목적사업에서 구입하여 보유중인 골프회원권을 동 재화의 매각시 부가가치세 과세 여부?

▶ 겸영사업자가 공통으로 사용되는 재화를 공급하는 경우 부가가치세법 시행령 제48조의2 제1항의 규정에 의하여 안분하는 것이나, 면세사업자가 면세사업에 사용하던 자산을 매각할 경우에는 면세사업과 관련하여 부수되는 재화의 공급으로 부가가치세법 제12조 제3항의 규정에 의하여 부가가치세가 면제되는 것임(서면3팀 3113, 2006.12.13).

나 겸영사업자의 부가가치세 매출세액

① 겸영사업자가 거래하는 재화 또는 용역은 부가가치세가 과세되는 재화 또는 용역과 부가가치세가 면제되는 재화 또는 용역을 구분할 수 있으면 구분하여 기장하여야 한다.

---

1) 서면인터넷방문상담3팀 - 1616, 2007.5.30 참조

② 만약 겸영사업자가 과세사업과 면세사업에 공통으로 사용하던 재화를 구분하지 않고 일괄 공급하는 경우에는 다음 순서에 의하여 안분 계산한다.

(1) 면적비율로 과세표준을 안분

① 면세사업과 과세사업에 공통으로 사용하는 재화를 취득할 때 부가가치세 매입세액을 면적비율로 안분 계산하여 공제받은 경우에는 매각할 때도 면적비율로 안분 계산하여 과세 표준을 산정한다.

② 당초 매입세액을 공제받은 재화를 면세 전용함으로써 납부세액 또는 환급세액을 재계산한 경우(이때는 면적 비례하여 재계산한다)에도 공통 사용 재화를 매각할 때는 면적에 의하여 과세표준을 안분한다.

(2) 직전 과세기간의 공급가액에 의하여 안분

① 과세사업과 면세사업에 공통으로 사용되는 재화를 공급하는 경우에 부가가치세 과세표준은 직전 과세기간의 과세사업의 공급가액이 총공급가액에 대하여 차지하는 비율에 의하여 안분 계산한다.

② 다만 휴업 등으로 직전 과세기간의 공급가액이 없는 경우에는 당해 과세기간에 가장 가까운 과세기간의 공급가액에 의하여 안분 계산하여야 한다.[1]

🔵 계산사례

예제 병원과 임대업에 사용하던 3층 건물을 20x8년 2월 초에 토지 6억, 건물 5억으로 계약하고 매각하였다. 기초 자료가 다음과 같을 때 이 건물의 부가가치세 과세표준은?

- 건물 매각 금액 : 5억원(부가가치세 매출세액 5천만원.)
- 각 층별 면적 : 660㎡
- 20x7년 2기 면세 수입금액 500,000,000원, 임대공급가액 20,000,000원

해설   500,000,000 × 20,000,000 ÷ 520,000,000 = 44,000,000

(3) 안분계산의 예외

다음의 하나에 해당하는 경우에는 위의 규정에 불구하고 당해 재화의 공급가액을 과세표준으로 한다.

　1. 재화를 공급하는 날이 속하는 과세기간의 직전과세기간의 총공급가액 중 면세공급가

---

1) 과세사업과 면세사업에 공통으로 사용되는 건물을 공급한 경우에는 과세공급가액비율에 의하여 과세표준을 계산하는 것임(서면3팀 36, 2006.1.6).

액이 100분의 5 미만인 경우

2. 재화의 공급가액이 20만원 미만인 경우

3. 재화를 공급하는 날이 속하는 과세기간에 신규로 사업을 개시하여 직전과세기간이 없는 경우

다 겸영사업자의 매입세액 안분계산

① 겸영사업자가 거래하는 재화 또는 용역을 부가가치세가 과세되는 사업과 면세되는 사업으로 구분할 수 있으면 구분하여 기장하여야 한다. 겸영사업자가 공급받은 재화 또는 용역이 당해 사업자의 과세사업에 대응되는 것이라면 과세사업으로 구분하여 기장하고 매입세액을 공제받을 수 있다.

② 또한, 부가가치세의 신고를 위하여 사업장별 구분회계의 기록도 필요하다. 부가가치세는 사업장 과세의 원칙에 따라 각 사업장 소재지가 납세지가 되므로, 지점 등 별도 사업장에 관련된 매입세액은 별도 사업장만의 총공급가액에 대한 면세공급가액 등의 비율로 안분하여 계산한다.[1]

③ 그러나 기존사업장의 추가신축 과정에서 발생한 공통매입세액은 기존사업장 전체의 수입금액을 기준으로 안분하여 계산하여야 한다.[2]

(1) 공급가액 비례 계산

① 과세사업과 면세사업에 공통으로 사용되어 실지귀속을 구분할 수 없는 경우에는 공제받을 수 있는 매입세액을 안분계산하여 파악하여야 하고, 안분의 기준은 면세사업과 과세사업의 공급가액 비율이다.

② 예정신고 기간의 면세분 매입세액은 예정신고 기간의 과세 면세공급가액에 의하여 안분 계산하지만, 확정신고하는 경우에는 당해 과세기간에 대하여 위와 같이 계산한 후에 예정신고기간에 대한 면세분 매입세액을 차감하여야 한다.

③ 부가가치세의 1 과세기간은 6개월이기 때문이다. 확정신고 기간에는 당해 과세기간의 매입세액을 모두 합하여 면세 관련 매입세액을 안분 계산한 후, 기존의 불공제 매입세액을 차감하여 확정한다.

---

1) 대법원 2010두23170, 2012.05.09. 판결 참고

2) 병원건물의 추가신축 과정에서 발생한 공통매입세액을 병원 전체 수입금액을 기준으로 안분하여 과세한 처분은 정당함(조심 2010서3145, 2012.03.16. 참고)

해석 공통매입세액 안분계산 시 총공급가액은 공통매입세액 관련

▶ 법인인 종합병원에서 부가가치세가 면제되는 의료업과 관련하여 진료 및 병문안차 내방하는 차량의 주차를 위해 주차장을 설치, 운영하면서 일정기준에 의해 일부 주차에 대하여 주차료 징수 시 당해 주차장 운영수입에 대하여는 부가가치세 과세되는 것이며, 당해 주차장 신축과 관련한 매입세액이 과세되는 주차장 운영사업과 면세되는 의료업에 공통으로 사용되어 실지귀속을 구분할 수 없는 경우(공통매입세액에 해당하는 경우)에는 부가가치세법 시행령 제61조 제1항 및 제4항의 규정에 의해 안분계산 후 정산 및 납부세액 재계산하는 것이며, 이 경우 공통매입세액 안분계산시 총공급가액은 공통매입세액에 관련된 당해 과세기간의 과세사업에 대한 공급가액인 주차료 수입금액과 면세사업인 의료수입금액의 합계액을 말하는 것이며, 면세공급가액은 공통매입세액에 관련된 당해 과세기간의 의료수입금액을 말하는 것임(부가 46015-1458,1997.6.28).

(2) 면세사업 또는 과세사업의 공급가액이 없는 경우

① 당해 과세기간에 과세사업과 면세사업의 전부 또는 어느 한 사업의 공급가액이 없는 경우에 당해 과세기간에서의 안분 계산은 다음의 순서에 따라 안분한다.

1. 공통매입가액을 제외한 총매입가액에 대한 면세사업에 관련된 매입가액의 비율
2. 총예정공급가액에 대한 면세사업에 관련된 예정공급가액의 비율
3. 총예정사용면적에 대한 면세사업에 관련된 예정사용면적의 비율

② 건물을 신축 또는 취득하여 과세사업과 면세사업에 제공할 예정면적을 구분할 수 있는 경우에는 3의 계산 방법을 위 1과 2에 우선하여 적용한다.[1]

(3) 매입세액을 전액 공제하는 경우

다음은 안분 계산하지 않고 매입세액을 전액 공제한다.

1. 당해 과세기간의 총공급가액 중 면세공급가액이 100분의 5 미만인 경우의 공통매입세액은 없는 것으로 보아 전액 공제한다.
2. 당해 과세기간 중의 공통매입세액이 2만원 미만인 경우의 매입세액도 위와 같다.
3. 신규로 사업을 개시하여 당해 과세기간의 공급가액이 없는 경우에는 전액 공제대상 매입세액으로 한다.

---

1) 사립박물관 설립계획 변경승인서상 허브박물관의 사용 용도에 의하여 과세 또는 면세사업에 제공할 예정면적을 구분할 수 있고, 건물완공 후 설립계획 변경 등에 대하여 청구인이 밝히지 않고 있는 점, 박물관의 입장은 입장료를 무료로 하더라도 면세사업이므로 이와 관련된 매입세액은 매출세액에서 공제받지 못하는 점 등을 감안할 때 예정사용면적비율로 공통매입세액을 안분하여 부가가치세를 과세한 이 건 처분은 잘못이 없는 것임(조심2011중0152, 2011.05.16. 참고)

(4) 납부세액 또는 환급세액의 재계산

① 과세사업과 면세사업에 공통으로 사용하는 감가상각자산을 취득하여 매입세액을 안분 계산의 방식에 의하여 공제받은 후 사용면적 또는 공급가액의 비율이 공제받을 당시에 비하여 5% 이상 변동이 있다면 납부세액 또는 환급세액을 재계산하여야 한다[1].

② 이 규정은 매입세액을 공제받은 후에 총공급가액에 대한 면세공급가액의 비율 또는 총 사용면적에 대한 면세사용면적의 비율과 당해 감가상각자산의 취득일이 속하는 과세기간에 적용하였던 비율 간의 차이가 100분의 5 이상 날 때 적용된다.

4. 부동산의 임대 및 공급에 대한 부가가치세

가 부동산과 부가가치세

① 토지의 공급은 부가가치세가 면제되지만, 토지의 임대는 부가가치세 과세대상이다. 국 민주택의 공급, 국민주택의 건설용역, 주택과 그 부수토지의 임대는 부가가치세를 면제한다. 그러나 국민주택 규모를 초과하는 주택의 공급은 부가가치세가 과세된다.

② 주택과 부수토지의 임대용역은 부가가치세가 면세되지만, 상가나 토지의 임대용역은 부가가치세가 과세된다. 부가가치세 과세표준은 수입임대료, 관리비, 간주임대료로 구성된다. 사업자가 부동산임대용역을 공급하고 전세금, 임대보증금을 받는 때에는 전세금, 임대보증금 에 대한 이자 상당액을 임대료로 간주하여 부가가치세를 납부한다.

③ 사업자가 토지와 그 토지에 정착된 건물 및 기타 구축물 등을 공급한 경우 토지는 면 세, 건물 및 구축물은 과세대상으로 구분한다.

판례 교육용 기본재산과 수익용 기본재산의 처분 관련 (국심 2003서1154, 2003.7.4)

▷ (1) 쟁점 부동산은 ○○○도 ○○○시 ○○○리에 소재한 농지 및 대지와 건물로서 교육사업용 과는 거리가 멀고, 주무부 장관인 교육부 장관으로부터 교육용 기본재산과는 별도로 수익용 기본 재산으로 증자보고 하였을 뿐만 아니라 비록, 그 처분금의 용도를 대학도서관 증축공사비로의 사 용을 허가조건으로 하였지만, 그 처분도 수익용 기본재산의 처분으로 허가를 받아 일반인에게 양 도하였으므로 사업용 고정자산의 양도로 보는 것이 타당하다고 하겠다.

▷ (2) 한편, 청구법인은 쟁점 건물의 양도가 부가가치세 과세대상이라면 쟁점 건물의 양도는 포괄 적인 사업의 양도에 해당하여 재화의 공급으로 보지 않아야 한다고 주장하지만, 우선 부가가치세

---

[1] 부가가치세법 제41조

법 시행령 제17조 제2항의 규정에 의하여 사업의 양도는 사업장별로 그 사업에 관한 모든 권리와 의무를 포괄적으로 승계시키는 것으로 규정되어 있는바, 청구법인은 쟁점 건물의 임차인에 관한 권리와 의무를 포괄적으로 승계한다는 등 사업을 포괄적으로 양도하는 내용을 부동산매매계약서에서 찾아볼 수 없고, 더욱이 쟁점 건물의 양수인인 조○○은 쟁점 부동산의 양도일부터 약 5개월 후인 1997.12.17 부동산임대업을 개업한 사실이 국세청의 전산 자료에 의해 나타나는바, 부동산임대사업자로 등록을 하지도 아니한 매수인에게 쟁점 건물을 양도한 것을 두고 포괄적으로 사업을 양도하였다는 청구법인의 주장은 납득이 가질 않는다고 하겠다.

▶ (3) 살펴보면 청구법인은 교육부 장관에게 수익용 기본재산으로 보고하고 또한 수익용 기본재산의 처분허가를 받았으며 실지로 수익용 재산으로 보이는 쟁점 건물을 양도한 것으로 인정되므로 부가가치세가 과세되는 재화의 공급으로 봄이 타당하고 사업의 포괄적 양도로도 볼 수 없으므로 처분청이 쟁점 건물의 양도를 재화의 공급으로 보아 청구법인에 부가가치세를 부과한 당초 처분은 달리 잘못이 없다고 판단된다(국심 2003서1154, 2003.7.4).

나 부동산임대용역에 대한 과세표준

부동산임대용역의 과세표준은 임대료 등의 대가에 전세금 또는 임대보증금에 대한 간주임대료를 합산하여 계산한다.

> 과세표준＝임대료＋간주임대료

해석 종합병원의 장례식장 무상임대차 관련 부가가치세 과세 여부 등

▶ [질의] 사업자가 종합병원내의 장례식장을 무상으로 임차하여 소비자에게 장의용역, 장의용품 및 음식용역을 공급하고, 종합병원에 청소용역을 무상으로 공급하는 경우 종합병원의 부동산임대용역과 당해 사업자의 청소용역이 부가가치세가 과세되는 용역의 공급에 해당하는지 여부 및 과세되는 경우 부가가치세 과세표준은?

▶ [회신] 종합병원소유의 장례식장을 임차하여 장의용역 등을 제공하는 사업자가 당해 장례식장 임차의 대가로 종합병원에 청소용역을 제공하는 경우 종합병원이 제공하는 부동산임대용역과 당해 사업자가 제공하는 청소용역에 대하여는 부가가치세법 제7조 제1항의 규정에 의하여 부가가치세가 과세되는 것으로, 부가가치세의 과세표준은 같은법 제13조 제1항 제2호의 규정에 의하여 각각 자기가 공급한 용역의 시가로 하는 것임(제도 46015-11673, 2001.6.26.).

(1) 임대수익의 인식

⊕ 일반적인 임대료의 공급시기

대가의 각 부분을 받기로 한 때 임대수익을 인식한다. 설령 임대료를 받지못한 경우에도 부가가치세는 납부하여야 한다.

선불 또는 후불 임대료

① 둘 이상의 과세기간에 걸쳐 부동산임대용역을 공급하고 그 대가를 선불 또는 후불로 받으면 해당 금액을 계약기간의 월수로 나눈 금액의 각 과세대상기간의 합계액을 그 과세표준으로 한다.

② 이 경우 월수의 계산에 관하여는 해당 계약기간의 개시일이 속하는 달이 1개월 미만은 1개월로 하고, 해당 계약기간의 종료일이 속하는 달이 1개월 미만인 경우에는 산입하지 아니한다[1].

> 과세표준＝선불(후불)임대료총액×당해 과세기간중 임대월수 / 총임대월수

세금계산서의 선 발행

대가를 미리 받고 세금계산서를 발행하여 교부하는 경우에는 세금계산서를 교부하는 때[2]가 부가가치세법에 의한 수익인식 시기이다. 법인세법에 의한 수익인식 시기와는 차이가 있을 수 있다.

(2) 간주임대료의 계산

① 사업자가 부동산임대용역을 공급하고 전세금 등을 받는 경우에는 다음 산식에 의하여 계산한 간주임대료를 금전 외의 대가를 받는 것으로 보아 이를 과세표준에 포함한다. 이는 임대료와 전세금(또는 보증금)의 상관관계를 고려하여 과세형평을 유지하기 위한 것이다.

② 그리고 2022.9.30. 현재 적용되는 정기예금 이자율은 1.2%이다. 간주임대료에 대해서는 세금계산서를 발행하지 않는다.

> 과세표준＝ 당해 과세기간의전세금·보증금×과세대상기간의 일수×정기예금이
> 자율 ×1/365(윤년은 1/366)

다 부동산의 공급에 대한 부가가치세 과세표준 안분계산

① 통상 부동산의 매매 시에는 토지와 건물을 하나의 단위로 같이 묶어서 거래하게 된다. 그런데 토지의 공급은 부가가치세를 면제하고, 건물의 공급은 부가가치세를 과세하게 되어있으므로 토지와 건물의 가액을 각각 분리하여야 부가가치세의 과세표준을 확정할 수 있다.

② 토지와 건물을 한 묶음으로 하는 부동산을 공급할 때에는 토지와 건물의 가액을 구분

---

1) 부가가치세법 시행령 제65조 제5항
2) 부가가치세법 제17조 제4항

하는 방법은 다음과 같다.

(1) 실지거래가액에 의한 과세표준의 계산

사업자가 토지와 그 토지에 정착된 건물 등(건물 및 그 밖의 구축물 등의 총칭)을 함께 공급하는 경우의 공급가액은 토지의 공급가액과 건물 등의 공급가액을 구분하여 거래한 실지거래가액에 의하여 기장한다.

(2) 토지와 건물의 실지거래가액 구분이 불분명한 경우

① 토지와 건물 등에 대한 기준시가가 모두 있는 경우에는 공급계약일 현재의 기준시가에 따라 계산한 가액에 비례하여 안분 계산하지만, 감정평가법인이 평가한 감정평가액이 있는 경우에는 그 가액에 비례하여 안분 계산한다.

② 토지와 건물 등 중 어느 하나라도 기준시가가 없는 경우로서 감정평가액이 없는 경우에는 장부가액(취득가액)에 비례하여 안분 계산한 후 기준시가가 있는 자산에 대하여는 그 합계액을 다시 기준시가에 의하여 안분 계산한다.

③ 건축물을 신축하는 도중에 당해 건물을 완성하여 공급하기로 한 경우로서 위의 기준을 적용하기 곤란한 경우에는 공급계약일 현재에 건축법상의 건축허가조건에 따라 건물이 완성된 것으로 보아 건물 등의 기준시가를 적용한다.

5. 의료기관의 부가가치세 과세쟁점

가 기부채납과 부가가치세

① 의료기관이 병동 또는 기타의 건축물을 신축하여 국가나 지방자치단체에 기부하고 계약기간에 걸쳐 이를 사용 수익하는 경우가 있다. 이러한 경우의 기부자산을 기부채납자산이라 한다.

② 기부채납용 자산의 신축에 대하여는 부가가치세를 환급받아서는 안 되고 또한 부가가치세의 납부의무도 없다(일반과세사업자의 국가에 대한 기부채납에 대하여는 부가가치세가 과세된다).

해석 기부채납 사례

▶ 부가가치세가 면제되는 의료업을 영위하는 국립병원이 응급 병동을 신축하여 준공과 동시에 국가에 귀속(기부채납)시키고 동 시설에 대한 무상 사용 수익권을 얻어 면세사업에 사용하는 경우 당해 신축건물의 기부채납에 대하여는 부가가치세가 면제되는 것이며, 건물 신축 시에 부담한 부가가치세 매입세액은 공제되지 아니하는 것입니다. 다만, 면세사업자가 면세사업에 사용할 기부채납자산에 대해 이미 매입세액을 공제받은 경우에는 국가에 기부채납 시 과세하나, 매입세액을 공제받지 아니한 경우에는 기부채납 시 과세하지 아니하는 것임 (재소비 46015－118, 2002.5.1.)

나 병원이 운영하는 식당의 부가가치세

① 병원이 환자에게 음식용역을 제공하는 것은 환자 치료과정의 한 부분이므로 의료보건용역에 부수되는 용역으로 보아 부가가치세가 면제된다. 그러나 의료기관으로부터 구내식당을 임차한 사업자가 환자에게 제공하는 음식용역은 의료보건용역이 아니므로 부가가치세의 과세대상이다. 똑같은 환자에게 제공하는 음식물의 공급이라도 공급하는 자의 유형에 따라 부가가치세가 과세되기도 하고 면세되기도 한다.

② 그러나 환자의 보호자 등에게 음식을 제공하고 대가를 받는다면 부가가치세가 과세되는 사업을 수행하는 것이므로 이에 대하여는 부가가치세가 과세된다.

다 장례식장의 운영과 부가가치세

① 병원이 장례식장을 직접 운영하면서 제공하는 장의용역은 부가가치세가 면제되고, 장의용역의 제공에 필수적으로 부수되는 장의용품을 함께 공급하는 경우 그 용품의 공급도 부가가치세가 면제된다.

② 시신의 보관 및 염습, 장의차량의 제공 등은 전형적인 장의용역이고, 이에 필수적으로 부수되는 장의용품은 관, 수의, 상복 등이 포함될 것이다.

③ 장례식장에 오는 문상객에게 제공하는 음식용역이 장의용역에 필수적으로 부수되는 용역인지 여부에 대하여 논란이 있는데 최근 대법원은 필수성을 인정하는 쪽으로 판례를 남겼다.

| 판례 | 음식물 공급이 부가가치세 면세대상인 장의용역의 공급에 부수되는 경우

▶ ① 장례식장에서의 음식물 공급은 일반인이 아니라 특정 조문객만을 대상으로 빈소 바로 옆 공간이라는 제한된 장소에서 이루어지는 것이 일반적인 점을 보태어 보면, 거래의 관행상 장례식장에서의 음식물 공급이 부가가치세 면세 대상인 장의용역의 공급에 통상적으로 부수되고 있음을 충분히 인정할 수 있다. 결국 이 사건 음식물 공급은 부가가치세법 시행령 제3조 제2호에 따른 부가가치세 면세 대상이라고 할 수 있다.

▶ ② 부가가치세 면세제도는 생필품에 대한 조세부담을 낮추어 부가가치세의 역진성을 완화시키거나 일정한 재화 또는 용역의 이용을 장려할 목적으로 어떤 재화나 용역의 최종 소비자가격을 낮추기 위한 것으로, 장례용역을 면세로 규정한 것은 국민의 복지후생 차원에서 장례의식을 위한 비용의 부담을 가볍게 하기 위한 것에 그 취지가 있다. 이 사건 음식물 공급을 면세대상으로 보는 것은 위와 같은 부가가치세 면세제도의 취지에도 부합한다(서울고법 2011누24820, 2012.12.07. 대법원 2013두932, 2013.6.28.).

라 임상시험용역

① 대학병원이 제공하는 임상시험용역과 관련하여 부가가치세가 면제되는 경우는 임상시험용역이 부가령 §35조2호라목에서 정하는 독립된 사업으로 제공되는 학술 또는 기술연구용역에 해당하는 경우이다.

② 독립된 사업으로 제공되는 학술 또는 기술연구용역은 새로운 학술이나 기술을 개발하기 위하여 새로운 이론·방법·공법 또는 공식 등을 연구하는 것이고, 신제품을 개발하거나 제품의 성능이나 질·용도 등을 개선하는 연구용역이 여기에 해당한다.

12장

의료기관의 상속세와 증여세

1절 | 공익법인의 상속세와 증여세

1. 공익목적 출연재산에 대한 상속세와 증여세

① 공익법인이 출연받는 재산에 대하여는 상속세 및 증여세를 일정 조건에 따라 면제해 주고 있다. 공익법인이 출연받은 재산에 대하여는 상속세 및 증여세의 면제에 따른 사후관리를 하고 있으며, 법에 규정된 조건이 충족되지 않을 때는 당초 부과하지 않은 상속세 또는 증여세를 추징하게 되어있다.

② 모든 비영리법인이 공익법인인 것은 아니며, 상증법은 사립학교부속병원 등 종교, 자선, 학술 등 공익을 목적으로 하는 사업을 영위하는 경우에만 공익법인으로 규정하고 있다. 의료기관을 운영하는 모든 법인은 법인세법상 비영리법인에 해당하고 상증법상의 공익법인에 해당한다.

해석 부담부증여에 대한 특례와 증여재산의 시가 인정 여부

▷ 병원 건물과 토지를 의료법에 의한 의료법인에 출연하는 경우로서, 당해 부동산에 설정된 은행차입금은 의료법인이 승계함(당해 부동산에 대하여 1곳에만 공신력 있는 감정기관의 감정가액이 있음).

   1) 의료법인에 출연하면서 출연재산에 담보된 채무를 의료법인이 승계한 경우 부담부증여에 대한 특례가 있는지 여부

   2) 상속세 및 증여세법 제60조 규정에 의하여 증여재산가액 산정 시 1개의 감정가액을 시가로 인정받을 수 있는지 여부

▷ 1) 증여재산의 가액은 증여일 현재의 시가에 의하는 것이며, 하나의 감정기관이 평가한 감정평가액은 같은 법 제60조 제2항 및 같은 법 시행령 제49조 제1항의 규정에 의한 "시가"의 범위에 포함되지 아니하는 것입니다.

   2) 공익법인 등에 재산을 출연하면서 당해 재산에 담보된 채무를 공익법인 등이 인수하는 경우에 출연재산가액은 당해 채무액을 차감한 금액이 되는 것이며, 출연재산에 담보된 채무상당액에 대하여는 「소득세법」 제88조 제1항의 규정에 의하여 그 재산이 유상으로 사실상 이전되는 것으로 보아 출연자에게 양도소득세가 과세되는 것입니다(재산세과 4297, 2008.12.17).

가 상속세의 면제

① 상속재산 중 피상속인이 공익법인 등에 출연한 재산의 가액에 대하여는 상속세 과세가액에 산입하지 아니한다. 또한, 상속인의 의사(상속인이 2인 이상은 상속인들의 합의에 의한 의사)에 따라 상속받은 재산을 상속개시일로부터 6개월 이내에 출연하는 경우에도 공익법인 출연재산으로서 상속세 과세가액에 산입하지 않는다.

② 그러나 상속세 과세가액 불산입 후 당해 재산 및 그 재산에서 생기는 이익이 상속인 및 그와 특수관계 있는 자에게 귀속되는 경우에는 그 가액에 대하여 상속세를 추징한다.

나 증여세의 면제

① 원칙적으로 비영리법인이 출연받은 재산에 대하여는 증여세 납세의무가 있다. 그러나 비영리법인 중 공익법인은 국가가 해야 할 사회 일반의 이익을 사업목적으로 하고 있으므로 공익법인 등이 출연받은 재산의 가액은 증여세 과세가액에 산입하지 아니한다.

② 또한, 출연받은 재산에 대한 증여세 등을 면제받은 공익법인 등이 공익사업을 지원하려는 제도의 취지에 맞지 않게 공익사업을 성실하게 수행하지 않거나, 조세회피 수단 등으로 이용하는 것을 방지하기 위하여 세법에서는 출연재산 등의 사용 및 보고의무 등을 규정하여 이를 위반하는 공익법인에는 증여세 등을 과세하고 있다.

| 해석 | 공익법인이 아닌 비영리법인의 증여세 과세 여부

▶ 상속세 및 증여세법 제16조·제48조, 같은법 시행령 제12조 및 같은법 시행령 제3조에서 규정한 공익법인 등에 해당하지 않는 비영리법인이 다른 비영리법인으로부터 무상으로 취득한 재산은 같은법 제2조 및 제4조의 규정에 의하여 증여세 과세대상이 되는 것임(서면4팀 1189, 2005.7.12).

다 법인세법과의 관계

① 내국법인이 타인으로부터 자산을 무상으로 증여받거나 채무를 면제받은 경우에는 해당 자산의 시가 또는 면제받은 채무의 가액을 자산수증이익 또는 채무면제이익으로 하여 익금에 산입한다[1].

② 그러면 학교법인이 다가구주택을 증여받아 임대업에 사용하는 경우처럼 비영리법인에 자산수증이익이나 채무면제이익이 발생한다면 법인세법상의 익금인 동시에 증여세 과세대상에 해당할까?

③ 상증법은 증여재산에 대하여 수증자에게 소득세법에 따른 소득세, 법인세법에 따른 법

---

1) 법인세법 제15조

인세가 부과되는 경우(증여로 의제되는 경우는 제외)에는 증여세를 부과하지 아니한다.

④ 소득세법 법인세법 또는 다른 법률에 따라 소득세 법인세가 비과세되거나 감면되는 경우에도 또한 같다고 규정하고 있다.[1] 이 규정에 따르면 자산수증이익이나 채무면제이익은 법인세 또는 증여세의 과세대상이 될 수 있지만, 이중으로 과세하지는 않음을 알 수 있다.

⑤ 또, 법인세법 기본통칙 3-2…3 등에 따르면 「비영리법인이 업무와 직접 관계없이 타인으로부터 자산을 무상으로 증여받거나 채무를 면제받은 경우에는 이를 비수익사업에 속하는 것으로 보고 법인세 과세대상에서 제외한다.」고 해석하고 있다.

⑥ 문제는 업무와의 관련성 여부인데 저자는 거래 관계가 있는 상대편으로부터의 자산수증이익과 채무면제이익은 법인세의 과세대상으로 기타의 경우에는 증여세의 과세대상으로 파악하는 것이 타당하다고 생각한다.

해석 비영리법인의 채무면제이익의 문제

▶ 수익사업으로 청소년수련원의 위탁경영을 영위하고 있는 비영리 내국법인이 해당 건물의 건설에 소요되는 자금을 임원으로부터 차입한 후 채무면제를 받는 경우, 해당 채무면제이익은 수익사업에 속하는 부채에 대한 것이므로 법인세법 제3조 제3항에 따라 해당 비영리 내국법인의 각사업연도의 소득에 해당하여 법인세의 부과 대상이 되는 것이고, 상속세 및 증여세법 제2조 제2항에 따라 증여세는 부과되지 아니하는 것임(법규과 1709, 2011.12.22).

판례 비영리법인의 이중과세의 문제

▶ 공익법인에 법인세와 증여세를 중복하여 과세할 수 있는지 여부를 보면, 특수관계자 간에 토지 무상 사용으로 조세 부담을 부당히 감소시키는 것으로 인정되는 경우 당해 법인에 법인세를 과세하도록 규정하고 있고, 또한 공익법인 등이 출연받은 재산 등을 특수관계 있는 자에게 임대차, 소비대차 및 사용대차 등의 방법으로 당해 재산을 사용·수익하게 하는 경우 출연요건위반으로 당초 공익법인에 출연할 때 면제받은 증여세를 추징하도록 상속세 및 증여세법 제48조에서 규정하고 있는바, 이들 규정은 납세의무의 성립요건과 시기를 서로 달리하는 것이어서 각각의 과세요건에 따라 실질에 맞추어 독립적으로 판단하여야 하며, 양자의 중복적용을 배제하는 특별한 규정이 없는 한 중복과세라 할 수 없고, 또한 증여세가 소득세(법인세)의 보완세로서의 성격을 가지는 점 등에 비추어 보면, 소득세(법인세)와 증여세의 중복적용을 배제하는 특별한 규정은 없는 것으로 판단된다 할 것이다(대법원 98두11830. 1999.9.2., 국심 2005서1473, 2006.12.15).

---

1) 상증법 제2조 제2항

2. 재산출연 시의 고려요소

가 출연

① 민법상 출연은 본인의 의사에 의하여 자기의 재산을 감소시키고 타인의 재산을 증가시키는 효과를 가져오는 행위를 말한다. 민법상의 출연행위는 유상행위일 수도 있고 무상행위일 수도 있다. 유상행위는 자기의 출연에 대응하는 상대방의 출연을 받는 법률행위로 교환거래에 의한 출연행위이지만 양 출연의 가치가 객관적으로 같을 필요는 없다. 무상행위란 상대방의 출연을 받지 않고 자기의 출연만 하는 법률행위를 말한다.

② 이에 반하여 상증법에서 의미하는 출연은 기부 또는 증여 등의 명칭에 불구하고 공익사업에 사용하도록 무상으로 재산을 제공하는 행위를 말하며, 그 출연행위로 제공된 재산을 출연재산이라고 한다. 출연재산은 비영리법인의 기부금 수입 또는 기타기본금으로 회계처리하여 재무제표에 반영된다.

해석 개인 명의로 등기된 재산의 출연재산 해당 여부

▶ 상속세 및 증여세법 제48조 및 같은 법 시행령 제12조 제1호의 규정에 의하여 "종교의 보급 기타 교화에 현저히 기여하는 사업"을 운영하는 종교단체가 재산을 출연받아 그 출연받은 날부터 3년 이내에 직접 공익목적사업에 사용하는 경우 증여세가 과세되지 아니하는 것임. 다만, 개인명의로 등기된 재산은 공익법인 등이 출연받은 재산에 해당되지 아니하는 것임(서면4팀-2189, 2005.11.15).

나 증여

① 상증법은 증여를 「그 행위 또는 거래의 명칭·형식·목적 등과 관계없이 경제적 가치를 계산할 수 있는 유형·무형의 재산을 직접 또는 간접적인 방법으로 타인에게 무상으로 이전(현저히 저렴한 대가를 받고 이전하는 경우를 포함한다)하는 것 또는 기여에 의하여 타인의 재산가치를 증가시키는 것.」[1]이라고 정의하고 있다.

② 채권자로부터 채무를 면제받는 것도 증여이다.

③ 상증법에서는 출연과 증여를 용어의 구분 없이 혼동하여 쓰고 있다.

---

1) 싱증법 제2조 제3항

다 출연시기

출연의 시기는 출연금을 받은 날이다. 출연시기는 현금주의에 의해서 판단한다. 어음을 받으면 어음의 만기일, 수표를 받으면 받은 날이 출연의 시기이다. 등기·등록 등을 하여야 하는 재산은 등기등록에 의하여 소유권이 이전된 날로 한다.

해석 다음 상황에서 주식의 출연시기는 언제인가?

▶ (질의) 재단법인 ○○재단은 장학사업을 주된 목적사업으로 하는 비영리법인임

1. 우리 재단은 2010년 7월 사망한 갑(이하 "유언자")의 유언에 따라 비상장법인인 [갑법인]이 발행한 보통주 10,000주와 [을법인]이 발행한 보통주 52,655주를 증여받았음

2. 우리 재단법인은 유언자가 증여한 주식을 재단의 기본재산으로 편입하기 위하여 2011.1.3. 주식기부안을 이사회에 상정하여 가결하고, 2011.1.13. 기본재산 증자에 따른 정관변경허가신청서를 감독기관에 신청하였음

3. 이에 감독기관에서는 2011.1.17. 주식의 처분계획서 등의 보완요구가 있어 이를 보완한 이후인 2011.1.25. 정관변경(재산목록) 허가를 하였음

4. 우리 재단법인은 유증에 의하여 취득한 비상장주식을 상속세및증여세법 시행령 제13조 제1항 제1호에 따라 감독기관의 승인을 얻은 2011.1.25.로 해당 주식을 발행한 비상장법인에게 명의개서를 요청하였고, 이에 해당 비상장법인은 2011.1.27. 명의개서를 하였음

▶ (회신) 피상속인이 유언에 의하여 공익법인 등에 출연한 경우 재산의 출연시기는 그 공익법인 등이 출연재산을 취득하는 때를 말하는 것임

라 주식 또는 출자지분의 출연

① 공익법인 등이 내국법인의 주식등을 출연받은 경우로서 출연받은 주식등과 다음 각 호의 주식등을 합한 것이 그 내국법인의 의결권 있는 발행주식총수등의 10%(5% 또는 20%)를 초과하는 경우에는 그 초과하는 가액을 상속·증여세 과세가액에 산입한다.

1. 출연할 당시 해당 공익법인 등이 보유하고 있는 동일한 내국법인의 주식 등
2. 출연자 및 그의 특수관계인이 해당 공익법인 등 외의 다른 공익법인 등에 출연한 동일한 내국법인의 주식 등
3. 출연자 및 그의 특수관계인으로부터 재산을 출연받은 다른 공익법인 등이 보유하고 있는 동일한 내국법인의 주식 등

② 다음 사항을 충족하는 경우에는 20%까지 과세가액 불산입하고,

1. 출연받은 주식 등의 의결권을 행사하지 아니할 것
2. 자선·장학 또는 사회복지를 목적으로 할 것

③ 다음 중 어느 하나를 위반한 경우에는 5%만 인정한다.

   1. 상호출자제한 기업집단과 특수관계에 있는 공익법인 등

   2. 운용소득의 80% 이상을 직접 공익목적사업에 사용

   3. 출연재산가액의 1% 이상을 직접 공익목적사업에 사용

   4. 출연자 또는 그와 특수관계 있는 자가 공익법인 등의 이사 현원의 5분의 1

   5. 출연받은 재산을 수익용 또는 수익사업용으로 운용하는 경우로서 그 운용소득을 직접 공익목적사업에만 사용

   6. 특수관계법인에 대한 무상광고·홍보 금지

④ 무제한 인정하는 경우

   1. 주무관청이 공익법인 등의 목적사업을 효율적으로 수행하기 위하여 필요하다고 인정하는 경우

   2. 위 ③의 2~6을 충족하는 상호출자제한 기업집단과 특수관계에 있지 않은 공익법인 등이 초과 출연받은 주식을 3년 이내에 매각하는 경우

   3. 「공익법인의 설립·운영에 관한 법률」 및 그 밖의 법령에 따라 내국법인의 주식등을 출연하는 경우

해석 어느 재단법인이 연면적 30,000㎡의 도서관을 신축하여 학교에 기부하고 1,000㎡를 30년간 무상 임차하기로 약정하였다. 출연자인 재단법인은 이를 제3자에게 전대하여 카페로 운영하게 하고 연5억원의 임대료를 받는 경우 학교에 증여세가 부과되는지, 된다면 증여세 과세가액은 어떻게 산정하는지?

▶ 학교(공익법인)가 출연받은 도서관 중 편의시설 부분을 출연자에게 무상으로 사용·수익하게 하고, 출연자는 이를 타인에게 전대하여 임대료를 받은 경우에는 상속세 및 증여세법 제48조제3항에 따라 증여세가 부과되는 것이며, 증여재산가액은 같은 법 시행령 제39조제3항에 따라 전체 출연재산가액 중 출연자가 사용·수익하는 해당 출연재산가액이다.

1. 의무불이행과 증여세·가산세

① 공익법인에 대한 조세 지원은 공익사업을 원활하게 할 수 있도록 하기 위한 것이다. 상증법은 공익사업을 수행한다는 명분으로 조세 지원 제도를 조세회피 수단으로 이용하거나 공익사업을 성실하게 수행하지 않는 것을 방지하기 위하여 출연재산의 사용의무 등을 규정하고 있다.

② 의무를 위반한 것으로 확인되는 경우에는 공익법인에 증여세 등을 과세하고 있다. 증여세를 과세하는 경우는 다음과 같다.

1. 출연받은 재산의 용도 외 사용, 출연받은 날부터 3년 이내 공익목적 미사용, 3년 이후 직접 공익목적사업 등에 계속하여 사용하지 아니하는 경우.
2. 출연받은 재산 및 출연받은 재산의 매각대금을 한도를 초과하여 내국법인의 주식등을 취득하는 데 사용하는 경우
3. 출연재산 운용소득을 직접공익목적에 사용하지 않은 경우
4. 출연받은 재산을 매각하고 그 매각대금을 매각한 날부터 3년이 지난 날까지 공익목적에 사용하지 아니한 경우
5. 자선·장학 또는 사회복지를 목적으로 하는 법인이 출연받은 주식의 의결권을 행사하는 경우(주식 등의 20% 과세가액 불산입 혜택받은 공익법인에 해당)
6. 출연자 등의 출연재산 임대차·소비대차·사용대차 등 자기 내부거래
7. 사업을 종료한 때의 잔여재산을 국가·지방자치단체 또는 해당 공익법인 등과 동일·유사한 공익법인 등에 귀속시키지 아니한 때
8. 특정 계층에만 공익사업의 혜택을 제공하는 경우

③ 운용소득의 기준금액에 미달 사용, 매각대금의 기준금액 미달 사용, 수익사업용 출연재산 공익목적사업 사용 기준금액 미달 등의 경우에는 가산세를 부과한다.

④ 과세가액에 산입된 출연재산에 대해서는 사후관리규정을 적용하지 않는다

2. 출연재산

① 공익법인은 출연받은 재산을 출연받은 날부터 3년 이내에 직접공익목적사업에 전부 사용하여야 한다. 출연재산을 용도 외에 사용하거나 3년 이내에 목적사업에 사용하지 않거나 직접 공익목적사업에 사용하던 자산을 3년 이후 다른 사업을 위하여 사용할 때는 증여세를 부과한다.

② 직접 공익목적사업 등에 사용하는 데에 장기간이 걸리는 등 부득이한 사유가 있는 경우로서 주무장관이 공익법인의 목적사업을 수행하는 데 필요하다고 인정하는 경우에는 사용기간의 연장이 가능하다. 이때는 그 사유가 없어진 날부터 1년 이내에 해당 재산을 직접 공익목적사업 등에 사용하여야 한다.

③ 직접 공익목적사업 등에 사용하는 것의 범위는 다음과 같다.

1. 출연받은 재산을 당해 공익법인 등의 정관상 고유목적사업에 사용
2. 직접 공익목적사업에 충당하기 위하여 당해 재산을 수익사업용 또는 수익용으로 운용
3. 출연받은 재산을 당해 공익사업의 효율적인 수행을 위하여 주무관청의 허가를 받아 다른 공익법인에 출연

▌판례▐ 직접 공익목적사업 등에 사용하지 아니한 부득이한 사유

▸ 공익법인 등이 재산을 출연받을 당시 출연재산을 직접 공익목적사업 등에 사용할 수 없는 법령상의 장애 사유가 있음을 알았거나, 설령 몰랐다고 하더라도 조금만 주의를 기울였더라면 그러한 장애 사유의 존재를 쉽게 알 수 있었던 상황에서 재산을 출연받았고, 그 후 3년 이내에 당해 출연받은 재산을 직접 공익목적사업 등에 사용하지 못한 것이 동일한 사유 때문이라면, 재산을 출연받을 당시 존재하였던 법령상의 장애 사유가 장래에 충분히 해소될 가능성이 있었고 실제 그 해소를 위하여 노력하여 이를 해소하였음에도 예측하지 못한 전혀 다른 사유로 공익목적사업 등에 사용하지 못하였다는 등의 특별한 사정이 없는 한 직접 공익목적사업 등에 사용하지 아니한 데에 부득이한 사유가 있었다고 볼 수 없다(대법원 2011두25807, 2014.01.29.).

🉑 가 직접 공익목적사업 등 사용의 범위

① 출연받은 재산 또는 출연재산 매각대금을 당해 공익법인의 정관상 고유목적사업에 사용하는 경우 증여세를 부담하지 않는다.

② 다음 항목에 지출하는 경우에는 고유목적사업에 사용한 것으로 보지 않는다.

1. 장학재단 및 사회복지법인이 주무관청의 승인 없이 임원과 종업원에게 1인당 8천만

원을 초과하는 급여액을 지불하는 경우 그 초과금액

2. 고유목적사업에 직접 사용하는 시설에 소요되는 수선비, 전기료 및 전화사용료 등의 관리비를 제외한 관리비

- 공익법인이 주무관청의 허가를 받아 차입한 금액을 직접공익목적사업에 사용하고 출연재산으로 당해 차입금 상환에 사용한 경우 직접 공익목적사업에 사용한 것으로 봄 (서면4팀 1978, 2006.6.26.).

③ 출연재산 또는 출연재산 매각대금을 정관상 고유목적사업의 수행에 직접 사용하는 재산을 취득하거나 운용 기간 6월 이상인 수익용 또는 수익사업용 재산의 취득 및 운용에 사용하는 경우는 직접공익목적사업에 사용한 것으로 인정한다.

- 간호사들의 기숙사로 사용되고 있는 부동산은 의료법상 의료시설에 해당하지 아니하고 간호사들에게 복리후생용으로 제공되었다 할 것이어서 직접 공익목적사업 등에 사용된 것으로 보기는 어려움(조심 2012중4043, 2013.4.18.).

- 의료법인이 출연받은 건물을 간호사 등 종업원의 기숙사로 사용하는 경우, 의료법인이 해당 자산을 수익용으로 운용하는 경우에 해당함(기획재정부 재산세제과-735, 2012.9.6. 및 상속증여세과-166, 2014.5.29.).

④ 출연받은 재산을 당해 공익사업의 효율적인 수행을 위하여 주무관청의 허가를 받아 다른 공익법인에 출연하는 금액은 직접 공익목적에 사용한 것으로 인정한다.

해석 의료법인이 출연받은 재산을 다른 공익법인에 재출연하는 경우

▶ [질의] 요양병원을 운영하는 의료법인이 노인의료 복지증진을 위하여 노인의료복지시설(요양원), 노인주거 복지시설, 재가노인복지시설을 계획하고 있으나, 관할 주무관청에 문의한 결과 노인의료복지시설(요양원)은 가능하나 노인주거 복지시설, 재가노인복지시설은 의료법인의 부대사업으로 허용되지 않는다는 의견을 받았음.

이에 출연받은 재산 일부를 출연하여 노인의료복지시설과 재가노인복지시설을 함께 운영할 수 있는 사회복지법인을 설립하고자 함. 상증령§38② 의 출연받은 재산을 해당 직접 공익목적사업에 효율적으로 사용하기 위하여 주무관청의 허가를 받아 다른 공익법인 등에게 출연하는 것과 관련하여,

(질의1)직접 공익목적사업에 효율적으로 사용하기 위한 목적과 주무관청의 허가 두 가지를 모두 충족해야 하는지, 주무관청의 허가만으로 판단하는지,

(질의2)질의법인이 수행할 수 없는 재가노인복지시설 등 사업을 하는 사회복지법인을 주무관청의 승인을 받아 재출연하는 경우 직접 공익목적사업에 사용한 것으로 볼 수 있는지?

▶ [회신] 의료법인이 「의료법」 상 허용되지 않는 부대사업을 하기 위하여 다른 공익법인에게 출연하는 경우 직접 공익목적사업에 효율적으로 사용하기 위한 것에 해당하지 않음(법인세과 4336, 2020.12.7.).

나 증여세 과세가액

① 출연받은 재산을 직접 공익목적사업외에 사용하거나 출연받은 날로부터 3년 이내에 직접 공익목적사업 등에 사용하지 아니하거나 직접 공익목적사업에 사용하던 자산을 3년 이후 다른 사업에 사용한 경우에는 미사용된 재산가액 또는 다른 사업에 사용된 재산가액을 증여가액으로 하여 공익법인에 증여세를 과세한다.

② 증여세 평가기준일은 과세사유가 발생한 시점을 기준으로 평가한다[1]. 출연받은 날부터 3년 이내에 직접 공익목적사업에 사용하지 아니하면 3년이 경과하는 날을 증여 시기로 평가한 가액을,[2] 미달사용은 미사용 재산의 가액을, 목적외사용은 목적 외 사용재산의 가액을 증여세 과세가액으로 한다[3].

③ 출연받은 재산 중 일부를 도난 등의 사유로 직접 공익목적에 사용할 수 없는 때에는 당해 금액을 출연받은 재산 가액에서 차감하여 계산한다.

> 증여세 과세가액 = 직접 공익목적사업 등 외에 사용한 재산의 가액
> 　　　　　　　　+ 3년 이내에 직접 공익목적사업 외에 사용한 재산의 가액
> 　　　　　　　　+ 미달하게 사용한 재산의 가액

해석 기부금원금 사용의 과세가액 불산입 여부

▶ 당 법인은 의료법에 의하여 설립된 공익법인인 비영리 의료법인임. 이번에 당 법인에 수십억원의 현금을 기부하고자 하는 사람이 있는데 기부자는 병원의 이사, 이사장, 또는 임직원이 아닌 제3자임. 이 기부자는 당 기부금으로 의료법인의 병원부지 매입 또는 병원건물의 신축목적에 사용하여 줄 것을 요구하고 있으나, 당 의료법인은 최근에 병원건물을 증축하여 향후 10년 내에는 병원을 신축하거나 증축할 계획이 없음. 다만, 당분간 동 기부금으로 임대용건물을 매입하여 임대사업을 하고자 하며 또한 이 임대사업에서 발생한 이익금으로 의료업에 소요되는 의료기기 등의 구입 및 종전의 병원신축시 차입한 은행의 차입금을 상환하고자 하며, 최종적으로는 향후에 기부금으로 취득한 임대용건물을 매각하여 병원을 신축하고자 함. 이와같이 의료기기 등의 취득목적으로 기부받은 현금으로 임대용건물을 매입하여 동 사업에서 발생한 임대수익으로 의료기기 등을 구입하는 목적으로 사용하는 경우 상속세 및 증여세법에 의하여 증여세 과세가액 불산입되는지 아니면 임대용건물을 처분하여 최종적으로 병원건물 등을 신축하는 용도로 기부금원금을 사용하여야만 불산입되는지 여부를 질의함.

▶ 공익법인 등이 재산을 출연받아 3년내에 직접공익목적사업에 사용하는 경우 증여세 과세가액 불산입되는 것이며, 직접공익목적사업 충당을 위하여 수익용재산을 취득하고 그 수익을 공익사업을 위하여 기준금액 이상 사용하는 경우 과세되지 않음(재산세과 932, 2009.5.14.).

---

1) 대법원 2015두50696, 2017.08.18.

2) 재산세과-420, 2011.09.06. 참조

3) 상증법령 제40조 제1항 제1호

3. 출연재산 매각대금

① 공익법인이 출연받은 재산을 매각하는 경우에는 당해 매각금액을 매각한 날이 속하는 사업연도의 종료일부터 1년 내 30%, 2년 내 60%, 3년 내 90%에 상당하는 금액 이상을 직접 공익목적사업에 사용하여야 한다.

② 출연재산 매각대금을 용도 외에 사용하는 경우에는 증여세를 과세하고, 출연재산매각 대금을 기준금액에 미달하게 사용하는 경우에는 가산세를 부과한다.

가 사용범위

① 매각대금이란 출연받은 재산으로 증식된 재산을 포함한 총매각대금에서 자산매각에 따라 부담하는 국세·지방세를 차감한 것을 말한다. 직접공익목적에 사용한다는 의미는 매각대금으로 직접 공익목적사업용 또는 수익사업용 재산을 취득하는 경우를 포함한다.

② 그리고 매각대금으로 일시 취득한 수익용 또는 수익사업용 재산으로서 그 운용 기간이 6월 미만인 재산은 직접공익목적사업용 또는 수익사업용 재산에서 제외된다.

해석　수익사업용 재산의 취득 및 운용에 사용하는 경우

▶ 공익법인 등이 출연받은 재산을 매각한 경우 그 매각대금(매각대금에 의하여 증가된 재산을 포함하되, 당해 자산매각에 따라 부담하는 국세 및 지방세는 제외함)중 직접공익목적사업에 사용한 실적이 그 매각한 날이 속하는 사업연도 종료일부터 1년 이내에 30%, 2년 이내에 60%에 미달하는 경우 같은 법 제78조 제9항의 규정에 의하여 그 미달 사용한 금액의 10%에 상당하는 금액을 가산세로 부과하는 것이며, 3년 이내에 90%에 미달하게 사용한 경우 그 미달 사용한 금액에 대하여는 증여세가 부과되는 것입니다. 이 경우 공익법인이 출연받은 재산의 매각대금으로 정관상 고유목적사업의 수행에 직접 사용하는 재산을 취득하거나 운용 기간이 6월 이상인 수익용 또는 수익사업용 재산의 취득 및 운용에 사용하는 경우에는 직접공익목적사업에 사용한 것으로 보는 것이다(재산세과 1190, 2009.6.17)

나 증여세 부과

① 공익목적사업에 사용하지 아니한 경우란 출연재산을 매각하고 그 매각대금을 공익목적 사업 외에 사용하거나 매각한 날이 속하는 과세기간 또는 사업연도의 종료일로부터 3년 이내에 매각대금 중 직접공익목적사업에 사용한 실적이 매각대금의 90%에 미달하는 경우를 말한다.[1]

---

1) 상증법 제48조 제2항 제4호 및 동법 시행령 제38조 제4항

② 따라서 출연재산 매각대금 중 공익목적사업 외 사용금액과 90%의 비율에 미달 사용액을 증여가액으로 하여 공익법인에 증여세를 과세한다.

💠 증여세 과세가액의 계산

> 증여세 과세가액 = 매각대금의 90%*×(미달사용금액÷매각대금*) + 목적외사용금액

* 매각대금에는 증가된 재산이 포함되며 당해 자산의 매각에 따라 부담하는 국세 및 지방세는 제외됨

해석 **출연재산 운용소득의 개인적 사용**

▷ (사례) 2004년 6월 설립한 공익법인인 의료재단으로 2004년, 2005년, 2006년 수익사업(병원)에서 결손 발생하였음.
   ① 동 공익법인은 병원개설 목적으로 2006년 2월에 부동산을 19억원에 취득함
      · 취득 시 은행대출금 15억원과 공익법인 예금 4억원이 소요됨
      · 예금 4억원은 출연재산이 아닌 재단 이사장 가수금이 자금원천임
   ② 동 공익법인은 병원개설허가가 나지 않아 취득한 부동산을 2006년 12월 31억원에 매각함
      · 공익법인은 위 부동산 양도 시 양도가액 23억원으로 계약서를 작성하여 총 매각대금 중 23억원은 공익법인에 귀속하였으나 차액 8억원은 재단 이사장에게 귀속됨
      · 공익법인에 귀속된 23억원은 대출상환 후 공익목적에 전부 사용함
   ③ 동 공익법인은 양도차익 누락분 8억원에 대하여 법인세 부과되고 재단 이사장은 8억원의 상여처분 과세됨.

▷ (질의) 쟁점 법인이 신고누락하여 재단 이사장에 귀속된 부동산 매각대금 8억원에 대하여 운용소득으로 취득한 재산의 매각대금을 공익목적사업 외에 사용한 것으로 보아 8억원 전부에 대하여 증여세가 과세되는지 아니면 재단의 예금 4억에서 발생한 이익만 과세대상인지?

▷ (회신) 출연받은 운용소득으로 취득한 재산의 매각대금은 사후관리 대상에 해당함(재산세과 548, 2010.7.26).

🄓 가산세 부과

출연재산 매각일이 속하는 사업연도의 종료일부터 1년 이내에 30%, 2년 이내 60% 이상을 직접공익목적사업에 사용하지 아니하면 매각대금 중 2년 이내에 각각의 비율에 미달하게 사용하는 금액에 대하여는 미달 사용액의 10%에 해당하는 가산세를 부과한다.

《 출연자산 매각대금 사용기준 》

기 간	사용비율	미달 사용하는 경우
1년 이내	30%	미달 사용액의 10% 가산세 부과
2년 이내	60%	미달 사용액의 10% 가산세 부과
3년 이내	90%	미달 사용액을 증여가액으로 증여세 부과

4. 출연재산 운용소득

공익법인이 출연받은 재산을 수익용 또는 수익사업용으로 운용하는 경우로서 그 운용소득을 비공익목적사업에 사용한 경우에는 증여세를 과세하고, 운용소득을 기준금액에 미달사용한 경우에는 가산세를 부과한다.

가 증여세 부과 – 용도 외 사용

출연재산 운용소득을 공익목적 외에 사용한 경우에는 증여세를 부과한다. 증여세 과세대상 금액은 출연재산 평가금액에서 목적 외 사용금액이 차지하는 비율만큼이다.

> **해석** 의료법인의 운용소득을 주무관청 허가 없이 다른 공익법인 등에게 재출연한 경우

▷ 의료법인 xx의료재단은 의료업을 영위하는 비영리(공익)법인으로 19××.8.17. 설립됨

- 설립일 이후 현재까지 xxx억원을 수회에 걸쳐 현금출연을 받아 증여세를 면제받았으며 최초 출연받은 재산은 병원신축·확장, 의료장비 등 시설투자에 사용

- 해당 재단은 19××년부터 20××년까지 의료업에서 발생한 소득 중 일부인 x,xxx억원을 다른 비영리(공익)법인인 학교법인 △△학원에게 주무관청의 재출연 허가를 받지 않고 의과대학의 시설비, 교육비 등 명목으로 기부금을 지출하였음

-의료법인이 운용소득(의료업소득)을 주무관청 허가 없이 다른 공익법인 등에게 재출연하여 고유목적사업에 사용하지 않은 것으로 보아 증여세 과세가액 계산 시 출연재산의 평가액 범위

▷ 의료법인이 출연받은 재산을 의료업에 운용한 경우로서 그 운용소득을 직접 공익목적사업에 사용하지 않은 경우 '상속세 및 증여세법' 제48조 제2항에 따라 증여세를 부과하는 것이며, 이 경우 같은 법 시행령 제40조 제1항 제2의 2호 계산식에서 '출연재산(직접 공익목적사업에 사용한 분을 제외한다)의 평가가액'은 출연받은 재산 중 의료업에 운용한 출연재산의 평가가액을 말하는 것입니다(기획재정부 재산세제과-607, 2015.9.2.).

나 가산세 부과 – 운용소득 목적사업 사용의무

① 공익법인은 아래 A에서 B를 뺀 금액의 80% 이상을 그 사업연도 종료일로부터 1년 이내에 직접 공익목적사업에 사용하여야 한다[1].

- 기준금액 = (A − B) × 80%

A : 수익사업소득금액 + 손금산입 고유목적사업준비금설정액 및 고유목적사업비

---

1) 상증법 제48조 제2항 제5호

B : 출연재산 무관 수익사업소득금액+출연재산매각금액+합병(분할)대가 + 법인세등

② 사용기준에 미달하게 사용한 경우에는 미달 사용 금액의 10%를 가산세로 부과한다. 직전 사업연도에서 발생한 운용소득을 기준에 미달하게 사용한 경우에는 그 미달하게 사용한 금액을 운용소득에 가산한다.

③ 운용소득의 사용은 그 소득이 발생한 사업연도 종료일부터 1년 이내에 직접 공익목적사업에 사용한 실적을 말한다. 이 경우 그 실적 및 기준금액은 각각 해당 사업연도와 직전 4사업연도와의 5년간의 평균금액을 기준으로 계산할 수 있다.

④ 출연재산 운용소득 사용 금액은 '공익법인 출연재산등에 대한 보고서'의 운용소득사용명세서(별지 제25호의4 서식)에 표시하여 세무서에 제출한다.

> **해석** 출연재산 직접 공익목적사업비 의무사용 적용 방법

▷ 질의 법인은 운용소득의 80% 이상 및 출연재산가액의 1%를 직접 공익목적사업비에 의무 사용해야하는 대상임. 공익법인이 운영소득 등을 직접 공익목적사업에 사용하여야 하는 의무를 규정하고 있는 상속세 및 증여세법 제48조 제2항 제5호와 제7호에 따른 사용금액의 범위와 관련하여 운용소득의 80% 사용액과 출연재산가액의 1% 의무사용액을 합산하여 직접 공익목적사업비로 사용하여야 하는지, 아니면 공익법인이 지출한 고유목적사업비가 운용소득 의무사용액과 출연재산가액의 의무사용액에 각각 충족하면 미달사용액은 없는 것으로 보는지?

▷ 공익법인 등이 「상속세 및 증여세법」 제48조 제2항 제5호에 따른 운용소득 사용기준금액과 같은 법 제48조 제2항 제7호의 출연재산가액 사용기준금액을 직접 공익목적사업에 사용해야 할 경우 각각 별도로 기준을 충족하면 되는 것이며, 사용기준금액을 합산한 가액 이상으로 지출해야 하는 것은 아닙니다(공익중소법인지원팀76, 2022.01.26.).

■ 상속세 및 증여세법 시행규칙 [별지 제25호의4서식] (2022.03.18 개정)

운용소득사용명세서

※ 뒤쪽의 작성방법을 읽고 작성하여 주시기 바랍니다.　　　　　　　　　　　(앞 쪽)

① 공익법인명	의료법인	② 사업연도	2021

1. 전년도 운용소득을 해당 사업연도까지 직접 공익목적사업에 사용한 실적

구 분	⑦ 해당사업연도	⑧ 1년전사업연도	⑨ 2년전사업연도	⑩ 3년전사업연도	⑪ 4년전사업연도	⑫ 5년간의 평균 (⑦~⑪의 평균)
③ 전년도 출연재산 운용소득	8,048,236,336					
④ 사용기준액 (③ × $\frac{80}{100}$)	6,438,589,068					1,287,717,813
⑤ 1년 내 사용실적	6,438,589,068					1,287,717,813
⑥ 과부족액 (⑤ - ④)						

2. 해당 사업연도 운용소득의 계산

⑬ 수익사업등 의소득금액	가 산 액				차 감 액				
	⑭ 고유목적 사업준비금	⑮ 해당사업연도 (과세기간) 중 고유목적사업비로 지출된 금액으로서 손금에 산입된 금액	⑯ 기 타	⑰ 소 계 (⑭+⑮+⑯)	⑱ 출연재산 양도차익	⑲ 의제 배당액	⑳ 법인세등	㉑ 이월결손금	㉒ 소 계 (⑱+⑲+⑳+㉑)
7,315,042,553	7,000,000,000			7,000,000,000			1,543,590,070		1,543,590,070

㉓ 차가감소득 (⑬ + ⑰ - ㉒)	직전 사업연도 운용소득 미달사용액			㉗ 해 당 사 업 연도 운용소득 (㉓ + ㉖)
	㉔ 기준미달사용액	㉕ 운용소득 미달사용가산세	㉖ 소 계 (㉔ - ㉕)	
12,771,452,483				12,771,452,483

210mm×297mm[백상지 80g/㎡ 또는 중질지 80g/㎡]

5. 수익용 출연재산

공익법인이 출연받은 재산으로 수익사업용 재산을 취득하는 경우에는 수익사업용 출연재산가액의 1% 또는 3% 이상을 직접 공익목적사업에 사용하여야한다[1]. 미달하게 사용한 경우에는 미달사용액의 10%에 해당하는 가산세를 부과한다.

가 수익사업용 출연재산에 대한 사후관리

① 공익법인이 출연재산 또는 출연재산 매각대금을 정관상 고유목적사업의 수행에 직접 사용하는 재산을 취득하거나 수익용 또는 수익사업용 재산의 취득 및 운용에 사용하는 경우는 직접공익목적사업에 사용한 것으로 인정한다.

② 공익법인이 출연받은 재산을 수익사업용으로 사용하거나 수익사업용 재산을 취득하는 경우에는 운용소득 80% 목적사업 사용과는 별개로 수익사업용 출연재산 가액의 1% 이상을 목적사업에 직접 사용하도록 의무를 부여하고 있다(출연받은 주식 등의 의결권을 행사하지 않기로 하고 주식보유 한도를 20%로 인정받은 자선·장학·사회복지 목적 공익법인은 3%).

③ 법인세(또는 소득세) 과세대상 사업에 사용한 것은 공익목적사업에 사용한 것으로 보지 않는다.

나 수익사업용 출연재산가액

① 수익사업용 출연재산 가액은 직전 사업연도 종료일 현재 재무상태표 및 운영성과표를 기준으로 다음의 계산식에 따라 계산한 가액을 말한다.

> 수익사업용 출연재산가액 = 수익용 재산의 {총자산 - (부채 + 당기순이익)}

② 재무상태표상 자산가액이 상증법에 따라 평가한 가액의 100분의 70 이하인 경우에는 상증법에 따라 평가한 가액을 기준으로 계산한다.

다 의료법인 등에 대한 적용

① 운용소득의 80% 직접 공익목적사업 사용기준과 수익사업용 출연재산가액의 1% 직접 공익목적사업 사용기준은 별개로 규정된 것이므로 각각 기준을 충족하여야 한다.

② 운용소득의 80% 목적사업 사용 기준에서는 의료업을 공익목적사업으로 인정한다.

---

1) 상증법 제48조 제2항 제7호

③ 수익용 출연재산 가액의 1% 사용 기준에서는 직접 공익목적사업에서 법인세 과세대상 사업을 제외하고 있고 의료업은 법인세 과세사업이므로, 의료법인 등이 수익용 출연재산에서 나온 운용소득을 의료업에 사용하는 경우 공익목적사업에 사용한 것으로 인정하지 않는다.

④ 학교법인 병원, 재단법인 병원, 사회복지법인 병원 등은 수익사업용으로 투자하는 출연재산의 1% 상당액을 교육, 종교, 사회복지 등 고유의 목적사업을 위하여 사용하면 가산세 문제가 발생하지 않지만, 의료법인은 의료업이 목적사업이므로 수익용 출연재산 1% 관련 가산세 문제는 회피 불가능한 것으로 보인다.

⑤ 예컨대 의료법인이 출연재산 30억원으로 간호사 기숙사를 구입하여 월세 수입 연 합계 6,000,000원을 의료업에 사용한다면,

- 1단계 : 직접 의료업 사용은 아니지만 30억원은 수익용 재산에 투자하여 출연재산을 용도에 맞게 사용한 것이므로 증여세 해당사항은 없고,

- 2단계 : 연간 월세수입 6,000,000원 전액을 의료업에 사용하였으므로 운용소득의 80% 사용 기준을 충족하여 납부할 증여세가 없으며,

- 3단계 : 수익용으로 투자한 금액의 1%인 3천만원 이상을 법인세 비과세사업에 사용하여야 하는데 의료업은 법인세 과세사업이므로 수익용재산 투자 수익 6,000,000원을 의료업에 사용한 것은 직접 공익목적사업에 사용한 것으로 보지 않는다.

- 4단계 : 이때 납부할 가산세는 3천만원의 10%인 3,000,000원이다.

- 5단계 : 상증법 §48③ 제7호에서는 2021.1.1. 이후 수익용 출연재산 누적 투자액의 1% 이상 사용의무를 규정하고 있으므로 다음해에도 기숙사 30억원 투자 건에 대한 가산세 납부의무는 사라지지 않는다.

⑥ 수익용 출연재산 가액의 1% 사용기준에 따른 가산세가 싫다면 출연재산은 직접 공익목적사업으로만 사용하여야 한다.

해석 출연재산 직접 공익목적사업비 의무사용 적용 방법

▷ 질의 법인은 의료기관을 운영하는 비영리 공익법인으로서 의료사업 및 보건의료에 관한 연구 등을 정관상 고유목적사업으로 하고 있고, 법인세법상 수익사업에 해당하는 의료사업에서 발생한 소득에 대하여 법인세를 납부하고 있으며, 운용소득을 공익목적사업에 직접 사용하고 있음. 의료법인이 출연재산가액의 1% 상당액을 정관상 공익목적사업이자 수익사업인 의료사업에 사용하는 경우(병원건물이나 의료기기 등 자산 매입 포함) 「상속세 및 증여세법」 제48조제2항제7호의 직접 공익목적사업(법인세 과세대상이 되는 사업은 제외)에 사용한 것으로 볼 수 있는지 여부?

▷ 귀 서면질의의 사실관계와 같이, 의료법인이 출연재산가액의 1% 상당액을 정관상 고유목적사업으로서 공익목적사업이자 수익사업에 해당하는 의료사업에 사용하는 경우 해당 금액은 「상속세 및 증여세법」 제48조제2항제7호의 직접 공익목적사업에 사용한 것으로 볼 수 없는 것입니다(법규과-191, 2022.01.18.).

6. 자기거래

자기거래(Self Dealing)는 특수관계자 간에 내부거래를 통하여 무상으로 이익을 이전하는 것으로, 공익법인이 출연받은 재산을 출연자 및 그와 특수관계 있는 자에게 정당한 대가를 지급받지 않고 사용·수익하게 하는 경우에는 그 제공된 이익에 상당하는 가액을 공익사업에 사용하지 아니한 것으로 보아 증여세를 과세한다.

가 과세대상 자기거래

공익법인 등이 출연받은 재산을 다음에 해당하는 자에게 임대차, 소비대차(消費貸借) 및 사용대차(使用貸借) 등의 방법으로 사용·수익하게 하는 경우에는 공익법인 등이 증여받은 것으로 보아 즉시 증여세를 부과한다.

1. 출연자 및 그 친족
2. 출연자가 출연한 다른 공익법인 등
3. 위 1, 2에 해당하는 자와 상증령 §39에 정하는 특수관계에 있는 자

나 과세대상 아닌 자기거래

공익법인 등이 출연자 및 특수관계인으로부터 직접 공익목적사업과 관련하여 용역을 제공받고 정상적인 대가를 지급하는 경우와 다음은 과세대상에서 제외한다.

1. 출연받은 날부터 3월 이내에 한하여 출연자 및 그와 특수관계 있는 자가 사용하는 경우
2. 교육기관이 특정 연구시험용 시설 등을 출연받아 출연자와 공동으로 사용하는 경우
3. 당해 공익법인 등이 의뢰한 연구용역 등의 대가 또는 직접 공익목적사업의 수행과 관련한 경비 등을 지급하는 경우

다 증여세 과세방법

출연재산을 무상으로 사용·수익하는 경우에는 해당 출연재산 가액을 증여가액으로 하여 과세하고, 정상적인 대가보다 낮은 가액으로 사용·수익하는 경우에는 그 차액에 상당하는 출연재산가액을 증여가액으로 하여 과세한다.

해석 조건이 있는 증여

▶ 거주자 [갑]은 서울시 xx동에 있는 토지 및 건물(식당, 카센터 등 근린생활시설, 기준시가 160억

원, 시가 약 400억원, 매월 33,373,494원의 임대료 발생)을 다음과 같은 조건으로 공익법인인 학교법인 △△학원과 00대학교 의료원에 2007.4월 출연하였음

1. 정기금 지급 : 부동산의 소유권이전등기를 받은 때로부터 10년간(2017.5.31까지)은 매월 4천만원, 그 다음 날부터는 증여인 [갑]과 그 배우자 [을]이 사망할 때까지 월 2천만원을 받기로 함
2. 출연자 [갑]이 납부하여야 할 제세 공과금이 전혀 없어질 때까지 반복, 재반복 부가하여 출연자에게 지급
3. [갑]과 그 배우자 [을]의 사망시까지 00대학교 의료원에서의 무료 의료혜택 부여
4. 임대차 보증금 270백만원의 지급의무 승계

위와 같이 정기금 등을 지급받는 조건으로 공익법인에 재산을 출연할 경우의 과세방법에 대하여 다음과 같이 양론이 있어 질의함

[갑설] 정기금 등을 지급받는 조건으로 공익법인에 출연한 경우 공익법인이 지급하는 금액에 대하여 출연자와 공익법인에 대하여 각각 증여세가 과세된다.

[을설] 정기금 등을 지급받는 조건으로 공익법인에 출연한 경우 그 부분만큼 출연자에게 양도소득세를 과세해야 한다

▶ 공익법인 등이 출연자에게 금전을 지급하거나 출연자가 납부할 증여세를 대신 납부한 경우에는 출연재산 등의 직접공익목적사업 외 사용에 해당하는 것이며 또한, 출연자는 공익법인 등으로부터 금전을 지급받거나 출연자가 부담할 증여세를 공익법인 등이 대신 납부한 때마다 증여세 납부의무가 있는 것임[1](재산세과 41, 2011.1.18.).

---

1) 이와 상반되는 기획재정부 해석이 존재한다. 공익법인에 부동산을 출연하면서 해당 공익법인이 출연자인 거주자와 그 배우자의 사망시까지 출연자와 그 배우자에게 정기적으로 일정금액을 지급하고 무료의료용역 등을 제공하는 조건을 붙인 경우에는 그 출연부동산의 가액 중 사망시까지 지급하는 금액 및 무료의료용역 등에 상당하는 부분은 출연자인 거주자가 공익법인에 그 부동산을 유상으로 사실상 이전하는 것(양도)에 해당하는 것입니다(기획재정부 재산세제과-364, 2011.05.18.).

7. 주식보유의 제한

가 출연받은 주식에 대한 증여세

① 내국법인의 의결권 있는 주식 또는 출자지분(이하 "주식 등")을 출연하는 경우로서 출연하는 주식 등과 다음의 어느 하나의 주식 등을 합한 것이 그 내국법인의 의결권 있는 발행주식 총수 등의 10%(5%, 20% 해당 법인도 있음)를 초과하는 경우에는 그 초과하는 가액을 증여세 과세가액에 산입한다.[1]

    1. 출연자가 출연할 당시 해당 공익법인 등이 보유하고 있는 동일한 내국법인의 주식 등

    2. 출연자 및 그의 특수관계인이 해당 공익법인 등 외의 다른 공익법인 등에 출연한 동일한 내국법인의 주식 등

    3. 출연자 및 그의 특수관계인으로부터 재산을 출연받은 다른 공익법인 등이 보유하고 있는 동일한 내국법인의 주식 등

② 다만, 다음의 경우에는 증여세를 과세하지 않는다.

    1. 주무관청이 공익법인 등의 목적사업을 효율적으로 수행하는 데 필요하다고 인정하는 경우

    2. 성실공익법인 등이 초과보유일부터 3년 이내에 초과하여 출연받은 부분을 매각하는 경우

    3. 「공익법인의 설립·운영에 관한 법률」 및 그 밖의 법령에 따라 내국법인의 주식 등을 출연하는 경우

나 주식 취득 시의 증여세

① 출연받은 재산(운용소득 포함) 또는 출연재산 매각대금을 내국법인의 주식 등을 취득하는 데 사용하는 경우로서 그 취득하는 주식 등과 다음의 어느 하나의 주식 등을 합한 것이 그 내국법인의 의결권 있는 발행주식 총수 등의 10%를 초과하는 경우.

    1. 취득 당시 해당 공익법인 등이 보유하고 있는 동일한 내국법인의 주식 등

    2. 해당 내국법인과 특수관계에 있는 출연자가 해당 공익법인 등 외의 다른 공익법인 등에 출연한 동일한 내국법인의 주식 등

② 다만, 성실공익법인과 국가·지방자치단체가 출연하여 설립한 공익법인 등으로서 상호출자제한기업집단과 특수관계에 있지 아니한 공익법인 등이 그 공익법인 등의 출연자와 특수관계에 있지 아니한 내국법인의 주식 등을 취득하는 경우와 산학협력단이 일정 요건에 해

---

1) 상증법 제16조 제2항 및 제48조 제1항

당하는 주식[1] 등을 취득하는 경우는 제외한다.

다 주식초과보유에 대한 가산세

공익법인 등이 특수관계에 있는 내국법인의 주식 등을 보유하는 경우로서 그 내국법인의 주식 등의 가액이 해당 공익법인 등의 총재산가액의 100분의 30(외부감사, 전용계좌의 개설 및 사용과 결산서류 등의 공시를 이행하는 공익법인 등에 해당하는 경우에는 100분의 50)을 초과하는 경우에는 다음 산식에 따른 가산세를 부과한다[2].

$$가산세 = (A - B \times 30\%) \times 5\%$$

- 단, A: 주식취득가액과 장부가액 중 적은 금액, B: 총자산 가액

8. 기타 증여세 등 부과

가 출연받은 주식에 대한 의결권 행사

주식 등의 20% 과세가액 불산입 혜택을 받은 자선·장학 또는 사회복지를 목적으로 하는 법인이 출연받은 주식에 대하여 의결권을 행사하는 경우에는 10% 초과 출연 주식에 대하여 증여세를 부과한다.

나 수혜자의 제한

① 공익법인이 출연받은 재산을 사회 전체 불특정다수인의 이익을 위하여 사용하지 아니하고 출생지·직업·학연 등에 의하여 특정 계층에만 공익사업의 혜택을 제공하는 경우에는 출연받은 재산을 공익목적에 맞게 사용하지 아니한 것으로 보아 공익법인에 대하여 증여세를 과세한다.

② 그러나 공익법인의 설립시 또는 정관의 변경허가를 받는 경우에 당해 공익법인의 주무부장관이 기획재정부장관과 협의하여 따로 수혜자의 범위를 정하고 이를 설립허가조건 또는 변경허가조건으로 붙인 경우는 제외한다. 대부분의 장학회가 여기에 해당한다.

판례 공익법인이 특정지역 자녀의 장학금 지원사업을 정관에 명시하고 출연자도 동 목적으로 출

---

1) 상증법령 제37조 제6항 참조
2) 상증법 제48조 제9항

연한 경우 증여세 과세대상이 아니라는 사례(국심 2003서1779, 2003.10.15.)

다 잔여재산 처리

공익법인 등이 사업을 종료한 때는 잔여재산을 국가·지방자치단체 또는 당해 공익법인 등과 동일하거나 유사한 공익법인 등에 귀속시켜야 한다. 사업종료 시 잔여재산을 국가·지방자치단체 등에 귀속시키지 않은 때에는 출연받은 재산에 대하여 증여세를 부과한다.

라 이사 제한의 위반 가산세

출연자 또는 그와 특수관계에 있는 자가 공익법인 등(의료법인은 제외)의 이사 현원의 1/5을 초과하여 이사가 되거나, 당해 공익법인 등의 임직원(의사, 학교의 교사, 보육원·탁아소의 보모, 도서관의 사서, 사회복지법인의 사회복지사 제외)으로 되는 경우에는 당사자와 관련하여 지출된 경비 전액을 가산세로 부과한다.

1. 공익법인 출연재산 등 보고서 작성방법

가 출연재산 등에 대한 보고서 제출의무

① 모든 공익법인은 사업연도 종료일부터 4개월 이내에 공익법인 출연재산 등에 대한 보고서를 작성하여 납세지 관할 세무서장에게 제출하여야한다. 공익법인 출연재산 등에 대한 보고서 서식은 자산 보유현황, 수입금액 현황 등을 포함하고 있고, 다음 서류를 첨부하여 제출하도록 규정하고 있으므로 출연받은 재산이 없는 경우에도 작성하여 제출하여야 한다.

1. 출연재산·운용소득·매각대금의 사용계획 및 진도명세서
2. 출연받은 재산의 사용명세서
3. 출연재산 매각대금 사용명세서
4. 운용소득의 사용명세서
5. 주식(출자지분) 보유명세서
6. 이사 등 선임명세서
7. 특정 기업 광고 등 명세서
8. 공익법인 세무확인서
9. 출연재산을 3년 이내에 출연목적에 사용하지 못하고 그 사용이 장기간을 필요하여 주무부 장관이 이를 인정하는 경우에는 그 관련 서류

② 공익법인 출연재산 등에 대한 보고서를 제출하지 아니하였거나 제출된 보고서에 출연재산·운용소득 및 매각재산 등의 명세를 누락 또는 잘못 기재하여 사실을 확인할 수 없는 경우에는 제출하지 아니하였거나 불분명한 금액에 상당하는 상속세액 또는 증여세액의 1%를 가산세로 과세한다.

나　공익법인 출연재산 등에 대한 보고서 작성

　공익법인 출연재산 등에 대한 보고서는 해당 공익법인의 인적사항, 자산보유현황, 수입원천별 수입금액현황을 기재하고, 출연재산·운용소득·매각대금의 사용계획 및 진도명세서 등 해당되는 서류를 작성하여 첨부하여야 한다. 아래 보고서는 403쪽 코페의료법인의 재무상태표와 손익계산서를 서식에 맞추어 작성한 것이다.

■ 상속세 및 증여세법 시행규칙 [별지 제23호서식]

공익법인 출연재산 등에 대한 보고서

1. 인적사항

2. 자산보유현황 (단위:백만원)

⑫총자산가액 (⑬+⑭+⑮+⑯+⑰)	⑬토지	⑭건물	⑮주식·출자 지분 등	⑯예금·적금 등 금융자산	⑰기타
170,206	7,532	91,221	522	31,536	39,394

3. 수입원천별 수입금액현황 (단위:백만원)

구분	⑱합계 (⑲+㉓+㉖+㉗)	수익사업							㉗고유목적사업
		금융				부동산			
		⑲소계	⑳이자	㉑배당	㉒기타	㉓소계	㉔임대	㉕매각	㉖기타수익사업	
수입금액	153,852	420	420			154	154		1,950	151,328
필요경비	148,413					0	0		1,721	146,692
소득금액	5,439	420	420			154	154		229	4,636

① 자산보유현황과 수입원천별 수입금액현황은 법인 전체 재무상태표와 운영성과표에 근거하여 작성하여야 한다.

② 자산보유현황의 토지, 건물, 주식(출자지분), 금융자산(예적금), 기타자산은 수익사업과 고유목적사업을 합산하여 기재하고, 총자산가액은 법인 전체 재무상태표의 자산총액과 일치하여야 한다.

③ 수입원천별 수입금액현황은 수익사업과 고유목적사업으로 구분한다. 수익사업과 고유목적사업은 법인세법이 아니라 상증법에 의하여 구분한다. 비영리법인이 수행하는 의료업은 법인세법에 의하면 수익사업이지만 상증법에 의한 공익사업이므로 공익목적사업으로 구분하여야 한다.

④ 비영리법인이 수행하는 의료업은 정관에 기재된 목적사업이므로 공익목적사업이지만, 의료부대사업, 임대업, 적극적인 투자에서 발생하는 이자수입은 수익사업이다.

⑤ 고유목적사업 수입금액은 의료수익에 민간에서 수령한 기부금과 국가로부터 수령한 보조금을 합산하여 기재한다. 보조금은 운영비보조금 및 시설비보조금을 포함한다. 운영비보조금과 달리 시설비보조금은 손익계산서에 표시되지 않으므로 별도로 확인하여야 한다.

⑥ 코페의료법인의 고유목적사업 수입금액은 의료수익 149,360백만원, 기부금수입 1,578백만원 및 의료장비 구입용 국고보조금 390백만원의 합계액인 151,328백만원이다.

⑦ 수익사업은 이자, 배당 등 금융자산에서 발생하는 수입, 부동산임대, 매각 등 부동산에서 발생하는 수입, 기타수익사업으로 3구분하여 각각 수입금액과 필요경비를 기재한다.

⑧ 금융, 부동산, 기타수익사업의 수입금액과 필요경비는 소득별 구분회계에 의한다. 회계장부에서 확인한 코페의료법인의 이자소득은 420백만원, 임대료수입은 154백만원, 장례식장수입은 1,950백만원이다.

⑨ 부동산 매각 수입금액은 매매대금이고, 필요경비는 취득원가이다. 부동산 매각 소득금액은 부동산 관련 유형자산처분이익과 일치하여야 한다.

⑩ 부동산 임대 수입금액은 운영계산서의 수입임대료, 부가가치세 신고 임대수입금액과 일치하는지 여부를 확인한다.

⑪ 부동산 임대 필요경비는 구분회계에 의한다. 구분회계를 하지 않을 경우에는 간편한 방법으로 임대수입 전체를 필요경비로 하는 방법, 영(제로)로 하는 방법이 있다. 코페의료법인은 부동산임대 필요경비를 영(제로)로 표시하였다.

⑫ 수입원천별 수입금액현황의 총괄 수입금액에서 필요경비를 차감한 소득금액은 운영성과표의 당기순이익과 일치하여야 한다.

2. 장부의 작성과 비치 의무

공익법인은 사업연도별로 출연받은 재산 및 공익사업 운용내역 등에 대한 장부를 작성하여야 하며 장부 및 관계 증명서류를 과세연도 종료일부터 10년간 보존하여야 한다.

가 장부의 작성방법

① 출연받은 재산의 보유 및 운용상태와 수익사업의 수입 및 지출내용의 변동을 빠짐없이 이중으로 기록하여 계산하는 복식부기 형식의 장부이어야 하며, 증명서류에는 수혜자에 대한 지급명세가 포함되어야 한다.

② 다만, 이중으로 대차 평균하게 기록된 전표와 증명서류 또는 계산서(세금계산서 포함)와 영수증에 의하여 재산의 보유 및 운용상태와 수입·지출의 변동내용을 빠짐없이 기록·보관하고 있는 경우에는 장부를 작성·비치하고 있는 것으로 본다.

③ 한편, 소득법 §160 및 법인법 §112 단서의 규정에 의하여 공익법인의 수익사업에 관하여 작성·비치된 장부와 증빙서류는 상증법에 의한 장부를 작성·비치하고 있는 것으로 보며 장부와 증빙서류에는 마이크로필름·자기테이프·디스켓 기타 정보보존장치를 포함한다.

나 장부의 작성·비치의무 불이행 가산세

장부를 작성·비치하여야 할 공익법인이 그 장부의 작성·비치 의무를 불이행하였을 경우에는 다음 산식에 의하여 계산한 가산세를 납부하여야 한다.

$$(\text{당해연도 수입금액} + \text{출연재산가액}^{1)}) \times 0.07\%$$

---

1) 외부전문가의 세무확인에 대한 보고를 이미 이행한 것으로서 계속 공익목적사업에 직접 사용하는 부분을 차감함.

3. 세무확인과 회계감사 의무

가 세무확인의 제출의무

① 공익법인 운영의 투명성을 확보하기 위하여 자산총액 5억원 이상 또는 수입금액과 출연재산의 합계액이 3억원 이상인 공익법인은 매년 출연재산의 운용과 공익사업 운영내역 등을 2인 이상의 외부전문가로부터 세무확인을 받아 사업연도 종료일부터 4개월 이내에 당해 세무서장에게 제출하여야 한다.

② 자산총액 판정시 부동산(토지·건물)은 상증법에 의하여 평가한 가액과 재무상태표 상의 가액 중 큰 가액을 기준으로 판정한다.

③ 외부전문가는 변호사·공인회계사·세무사를 말하며, 세무확인을 받는 공익법인으로부터 업무수행상 독립되어야 하므로 외부전문가가 다음에 해당하는 경우에는 선임할 수 없다.

　1. 해당 공익법인의 출연자, 설립자, 임직원(퇴직 후 5년이 지나지 않은 전직 임직원 포함)

　2. 출연자 등과 특수관계에 있는 사람

　3. 출연자 등 또는 그가 경영하는 회사와 소송대리, 회계감사, 세무대리, 고문 등의 거래가 있는 사람

　4. 해당 공익법인과 채권·채무 관계에 있는 자

　5. 기타 당해 공익법인과 뚜렷한 이해관계가 있어서 그 직무를 공정하게 수행하는 데 지장이 있다고 인정되는 자

　6. 외부전문가가 소속된 법인이 제1호(임직원 제외) 및 제3호부터 제5호에 해당하는 자

④ 또한, 다음의 어느 하나에 해당하는 공익법인(종교법인과 학교법인은 제외)은 공인회계사의 외부감사를 받아야 한다.

　1. 직전연도 자산총액 100억원 이상

　2. 수입금액과 출연받은 재산가액의 합계액이 50억원 이상

　3. 출연받은 재산가액이 20억원 이상

외부감사 미이행 시 당해 사업연도의 수입금액과 그 과세기간 또는 사업연도에 출연받은 재산가액을 합친 금액의 10,000분의 7에 해당하는 가산세를 부담하여야 한다.

나 세무확인 할 사항

외부전문가는 공익법인이 출연받은 재산을 적정하게 공익목적사업에 운용하고 있는지 등

을 확인하여야 하는데 주요 확인사항은 다음과 같다.

⊕ 출연재산 및 그 운용에 관한 사항

1. 출연재산의 3년 내 공익목적사용 여부 및 사용내역의 적정 여부
2. 주식을 출연받거나 취득하는 경우 주식보유기준 초과 여부
3. 수익용 또는 수익사업용으로 운용하는 출연재산의 운용소득 중 기준금액 이상을 직접 공익목적사업에 사용하였는지 여부
4. 출연재산 매각대금을 기준금액 이상 공익사업에 사용하였는지 여부
5. 공익사업 수혜자의 적정 여부 등

⊕ 자기내부거래에 관한 사항

출연재산을 출연자 및 그와 특수관계에 있는 자에게 무상 또는 낮은 가액으로 사용·수익하게 하였는지 여부 등

⊕ 기타 공익법인 등의 운영에 관한 사항

1. 이사 중 특수관계인의 기준초과 여부 및 특수관계인의 임직원 채용 여부
2. 특정법인에 대한 광고·홍보 여부
3. 장부의 작성·비치 의무 준수 여부
4. 각종 보고서의 제출 여부
5. 기타 공익법인의 운영 등과 관련하여 공익목적에 부합되지 않는 사업 또는 행위에 대한 조치사항 등

4. 전용계좌의 개설과 사용의무

① 공익법인 등(종교단체 제외)은 해당 공익법인 등의 직접 공익목적사업과 관련하여 받거나 지급하는 수입과 지출의 경우로서 다음의 어느 하나에 해당하는 경우에는 직접 공익목적사업용 전용계좌를 사용하여야 한다.

② 기타의 경우에는 명세서를 별도로 작성하여 보관하여야 한다.

1. 직접 공익목적사업과 관련된 수입과 지출을 금융회사를 통하여 결제하거나 결제받는 경우

2. 기부금·출연금 또는 회비를 받는 경우. 다만, 현금을 직접 받은 경우로서 5일 이내에 전용계좌에 입금하는 경우를 제외한다.

3. 인건비·임차료를 지급하는 경우

4. 기부금·장학금·연구비 등 대통령령으로 정하는 직접 공익목적사업비를 지출하는 경우. 다만, 100만원을 초과하는 경우로 한정한다.

5. 수익용 또는 수익사업용 자산의 처분대금, 그 밖의 운용소득을 고유목적사업회계에 전입(현금 등 자금의 이전이 수반되는 경우만 해당한다)하는 경우

> **해석** 국가로부터 출연받은 재산에 대한 전용계좌 개설·사용의무

> ▶ 공익법인 등이 직접 공익목적사업과 관련하여 지급받거나 지급하는 수입과 지출은 직접 공익목적사업용 전용계좌를 사용하여야 하나, 국가 또는 지방자치단체로부터 출연받은 재산에 대하여는 그러하지 아니하는 것입니다. 또한, 공익법인 등이 출연받은 재산을 정기예금으로 운용하는 경우 당해 정기예금계좌는 직접 공익목적사업용 전용계좌에 해당하지 아니하는 것입니다(재산세과-2789, 2008.9.11).

5. 결산서류 등의 공시의무

① 자산규모가 5억원 이상이거나 연간 수입금액과 출연재산의 합계액이 3억원 이상인 공익법인 등은 다음 각호의 서류 등을 해당 공익법인 등의 과세기간 또는 사업연도 종료일부터 4개월 이내에 대통령령으로 정하는 바에 따라 국세청의 인터넷 홈페이지에 게재하는 방법으로 공시하여야 한다.

1. 재무제표
2. 기부금 모집 및 지출 내용
3. 대표자·이사·출연자·소재지 및 목적사업에 관한 사항
4. 출연재산의 운용소득 사용명세
5. 회계감사 의무 법인인 경우 감사보고서 및 감사보고서에 첨부된 재무제표
6. 주식보유현황 등

② 세무서장 등은 공익법인 등이 결산서류 등을 공시하지 아니하거나 공시내용에 오류가 있는 경우로서 국세청장의 공시 또는 시정요구를 지정된 기한(1개월) 이내에 이행하지 아니하면 공시하여야 할 과세기간 또는 사업연도의 종료일 현재 해당 공익법인 등의 자산총액의 1천분의 5에 상당하는 금액을 해당 공익법인 등이 납부할 세액에 가산하여 부과한다.

참고
→ 공익법인 결산서류 등의 공시자료 작성방법을 참고 바랍니다.

6. 기타의 협조 의무

가 기부금영수증 발급내역 작성·보관 의무

① 공익법인 등이 소득공제 또는 필요경비 산입 등을 위하여 필요한 기부금 영수증을 발급한 경우에는 기부자별 발급내역을 작성하여 발급한 날로부터 5년간 보관하여야 한다.

② 기부금영수증을 발급하는 공익법인 등이 기부자별 발급내역을 작성·보관하지 않은 경우 다음과 같이 가산세가 부과된다.

1. 기부금영수증 : 사실과 다르게 발급된 금액의 100분의 2
2. 기부자별 발급내역 : 작성·보관하지 아니한 금액의 1천분의 2

나 계산서합계표 등의 자료제출의무

① 과세자료의 수집을 위하여 세법은 사업자에 대하여 계산서합계표 제출의 의무 등을 부과하고 있다. 과세자료는 거래 상대방의 세원을 포착하여 과세의 근거가 되게 하는 자료이며 과세자료제출의무는 국가·지방자치단체를 포함한 모든 납세의무자에게 부과된 협력의 의무이다.

② 수익사업이 없는 비영리·공익법인의 경우에도 과세자료제출의 납세협력의무가 있으므로 수취한 과세자료를 과세당국에 제출하여야 한다.

(1) 세금계산서합계표 제출

세금계산서를 교부받은 국가·지방자치단체·지방자치단체조합과 다음의 자는 부가가치세의 납세의무가 없는 경우에도 매입처별 세금계산서합계표를 당해 과세기간 종료 후 25일 이내에 사업장 관할 세무서장에게 제출하여야 한다.

    1. 부가가치세가 면제 사업자 중 소득세 또는 법인세의 납세의무가 있는 자
    2. 민법 제32조의 규정에 의하여 설립된 법인
    3. 특별법에 의하여 설립된 법인
    4. 각급 학교 기성회·후원회 또는 이와 유사한 단체

(2) 계산서합계표 제출

부가가치세가 면세되는 재화 또는 용역을 공급하거나 공급받아 교부하거나 교부받은 계산서의 매출·매입처별 계산서합계표는 매년 1월 31일까지 납세지 관할 세무서장에게 제출하여야 한다.

(3) 미제출시 가산세부과

수익사업을 영위하는 공익법인이 동 사업과 관련하여 교부 하거나 받은 세금계산서합계표(계산서합계표)를 제출하지 아니한 경우 공급가액의 1%를 부가가치세(법인세)로 징수한다.

13장

병원결산 절차와 실무

결산은 일정 회계기간의 경영성과와 재무상태를 확정하고 장부의 형식을 당기와 차기로 명료하게 구별하기 위하여 이루어지는 제반 절차이다. 이 절차는 기업의 이해관계자들에게 제공할 회계보고서를 산출하기 위하여 자산과 부채를 결산 시점 현재의 적절한 금액으로 평가하고, 당해 기간의 수익과 비용을 실현주의 및 발생주의에 따라 정리하는 등의 과정을 포함한다.

① 의료기관은 재원미수금, 선급비용, 미지급비용 등 자산·부채 항목에 대하여 회계기간에 미처 발생주의에 따라 회계처리를 하지 못한 항목에 대하여 회계원칙에 맞추어 기간 계산을 명백히 밝히고,

② 고유목적사업준비금, 퇴직급여충당금, 대손충당금 등 각종 충당금과 준비금의 설정 한도를 계산하여 재무제표에 반영하는 등 자산과 부채를 기업회계기준 및 의료기관회계기준규칙의 내용에 맞추어 평가하여 결산보고서를 작성하여야 한다.

③ 실무적으로는 법인세의 신고와 납부를 위한 세무조정계산서의 작성과정도 결산과정 일부분이다. 일반적으로 결산은 3단계를 거쳐서 이루어진다.

- 1단계 결산 예비 절차
- 2단계 결산 본 절차
- 3단계 결산보고서 작성

1. 결산 예비절차

가 결산지침과 결산일정의 확정

① 결산을 위해서는 먼저 관련 법규, 의료기관회계기준규칙, 법인세법 등의 내용을 확인하여 결산지침을 확정하여야 한다.

② 그리고 결산 관련 담당자 회의를 소집하여 결산일정을 협의하고 현업 부서 등에 결산지침을 전달한다.

1. 원무과(진료비선수금, 의료미수금, 악성 채권 대손처리 등)
2. 총무과(연차수당, 미지급임금과 퇴직금 등)
3. 구매과(재고자산의 기간귀속 등)
4. 중앙공급실(재고자산 실사 등)

나 수정전 시산표의 작성

① 시산표는 분개장에서 총계정 원장의 각 계정에 바르게 전기 되었는가를 검사하기 위하여 총계정 원장의 각 계정 금액을 집계한 일람표이다.

② 수정전 시산표는 재무제표의 작성을 원활하게 하기 위한 도구이다. 총계정 원장 각 계정의 대차합계액 또는 잔액을 전기하여 수정전 시산표를 작성한다.

다 재고조사와 결산정리사항

① 재고조사를 시행하고 기타의 결산 정리 사항을 파악한다. 재고조사와 함께 진행하여야 하는 결산정리사항에는 다음과 같은 것이 있다.
1. 약품 등 재고자산의 기말 재고액
2. 건물, 의료장비 등 유형자산에 대한 감가상각
3. 대손상각 대상채권의 파악 및 대손충당금의 설정
4. 유가증권의 평가
5. 현금과부족의 처리
6. 의료가수금의 내용 확인 및 적절한 계정과목으로의 정리
7. 선급비용 및 선수수익의 계산
8. 미지급비용 및 미수수익의 계상
9. 재원환자에 대한 재원미수금 인식

② 재고조사를 해보면 실지 재고수량과 장부 수량이 일치하지 않는 경우가 대부분이다. 불일치에 대해서는 원인을 분석하여 그것이 정상적이라면 약품비 등으로 원가에 직접 산입하고, 불일치의 원인이 파손, 감모, 도난 등으로 감소된 것이고 그것이 중요한 것이라면 재고자산 감모손실 등으로 별도의 회계처리를 하여야 한다.

라 채권과 채무의 확인

거래처별 채권과 채무를 확인하여 확인한다. 채권채무와 관련하여 세부적으로 확인할 내

용을 다음과 같다.

    1. 예금보조부 잔액과 예금계좌잔액

    2. 의료미수금계정 잔액과 거래처벌원장 계정 잔액의 합계

    3. 외상매입금계정 잔액과 매입처원장 계정의 합계

    4. 지급어음계정 잔액과 지급어음기입장의 합계

2. 결산 본 절차

① 결산 본 절차는 재고조사, 채권채무의 조회, 발생주의와 실현주의에 따른 자산부채의 평가결과 반영 등 결산수정 분개를 통하여 최종 재무제표를 확정하는 과정이다.

② 의료기관은 재원미수금, 선급비용, 미지급비용 등 자산·부채 항목에 대하여 회계기간에 발생주의에 따라 회계처리 하지 못한 부분에 대하여 회계원칙에 맞추어 기간 계산을 명백히 밝히고,

③ 고유목적사업준비금, 퇴직급여충당금, 대손충당금 등 각종 충당금과 준비금의 설정 한도를 계산하여 재무제표에 반영하는 등 자산과 부채를 기업회계기준 및 의료기관회계기준규칙의 내용에 맞추어 평가하여 결산보고서를 작성하여야 한다.

④ 결산 본 절차는 일반적으로 다음 과정을 포함한다.

    1. 총계정 원장의 마감 : 수익, 비용계정을 마감하고 순손익을 자본계정에 대체한다. 그리고 자산, 부채, 자본계정을 마감하고 이월 작업을 한다.

    2. 기타 보조장부의 마감

    3. 수정 후 시산표의 작성

⑤ 법인세 및 미지급 법인세의 확정을 위해서는 결산을 진행하며 세무조정을 동시에 수행하여야 하는데 세무조정과정에서 특히 중점 검토할 사항은 다음과 같다.

가 특수관계자와의 거래

① 특수관계자 간의 거래가 있다면 그 거래가 부당행위계산부인 대상 거래가 아닌지 검토하여야 한다.

② 법인세법은 특수관계자와의 거래가 법인의 소득에 대한 조세의 부담을 부당히 감소시킨 것으로 인정되는 경우에는 시가를 기준으로 소득금액을 재계산하도록 규정하고 있으며,[1)]

다음과 같은 경우가 이에 해당한다.[1]

1. 자산을 시가보다 높은 가액으로 매입 또는 현물출자 받았거나 그 자산을 과대 상각한 경우

2. 무수익 자산을 매입 또는 현물출자 받았거나 그 자산에 대한 비용을 부담한 경우

3. 자산을 무상 또는 시가보다 낮은 가액으로 양도 또는 현물 출자한 경우.

4. 불량자산을 차환하거나 불량채권을 양수한 경우

5. 출연금을 대신 부담한 경우

6. 금전, 그 밖의 자산 또는 용역을 무상 또는 시가보다 낮은 이율·요율이나 임대료로 대부하거나 제공한 경우.

7. 금전 기타자산 또는 용역을 시가보다 높은 이율·요율이나 임차료로 빌리거나 받은 경우

8. 기획재정부령으로 정하는 파생상품에 근거한 권리를 행사하지 아니하거나 그 행사 기간을 조정하는 등의 방법으로 이익을 분배하는 경우

9. 불공정합병 감자 등 자본거래를 통한 이익 분배

10. 기타 위에 준하는 행위 또는 계산 및 그 외에 법인의 이익을 분배하였다고 인정되는 경우

나 조세특례제한법상의 준비금이 있는 경우

① 결산조정 또는 신고조정에 의하여 손금에 산입한 준비금에 대하여 손금에 산입한 과세연도 종료일 이후 3년이 되는 날까지 준비금의 사용기준에 해당하는 비용에 지출된 비용에 대하여는 3년간 균등분할 환입하여야 한다.

② 손금에 산입한 준비금이 위의 익금에 산입한 금액을 초과하는 경우 그 초과하는 부분에 해당하는 금액과 미사용금액에 대하여는 3년이 되는 사업연도에 일시에 익금에 산입하고 그에 대한 이자 상당액(손금산입 종료일부터 익금산입 연도 종료일까지 일변 0.022%)을 가산하여 추가 납부하여야 한다.

다 업무무관자산 보유에 대한 규제

① 병원의 업무무관자산 중 대표적인 것은 비업무용부동산과 업무무관 가지급금이다. 업무무관자산을 보유하는 경우에 대하여 세법은 관련 비용을 손금부인하고, 인정이자를 계산하

---

1) 법인세법 제52조 제1항
1) 법인세법 시행령 제88조(부당행위계산의 유형 등)

여 적극적으로 익금에 산입함과 동시에 지급이자의 일정 부분을 손금으로 인정하지 않는 등 이중의 규제를 하고 있다.

② 비업무용부동산과 관련하여 지출하는 비용에 대하여는 손금불산입하고, 업무무관 가지급금이 있는 경우에는 인정이자 상당액을 익금산입하여야 한다. 또한, 비업무용부동산과 가지급금이 있는 경우에는 다음 산식에 따라 차입금이자의 일정 부분을 손금불산입처리 하여야 한다.

지급이자 × 업무무관 부동산 및 가지급금의 적수 / 총차입금적수

3. 결산보고서의 작성

① 결산수정 사항(세무조정 사항을 포함하여)을 반영하고 난 후의 손익계산서, 재무상태표, 기본재산변동계산서, 현금흐름표 및 부속명세서를 작성하고 장부를 마감하여 차기로 이월하면 결산절차는 종료된다.

② 다음은 「코페의료법인」의 가상 재무상태표, 손익계산서 및 기본금변동계산서를 참고 목적으로 제시한 것이다.

    1. 재무상태표
    2. 손익계산서
    3. 기본금변동계산서

재무상태표

제19(당)기 20x8년 12월 31일 현재
제18(전)기 20x7년 12월 31일 현재

(단위 : 원)

계 정 과 목	제19(당)기		제18(전)기	
	금	액	금	액
자　　산				
Ⅰ. 유동자산		55,591,590,517		46,793,532,783
(1) 당좌자산		53,266,468,205		44,863,613,185
1. 현금및현금등가물	13,682,315,810		15,731,477,627	
2. 단기금융상품	17,854,000,000		8,500,000,000	
3. 의료미수금	21,695,408,661		20,519,517,512	
(대손충당금)	-216,954,087		-205,195,175	
4. 미수금	149,800,050		149,700,490	
5. 미수수익	101,897,771		47,110,456	
6. 선급금	0		121,002,275	
(2) 재고자산		1,627,064,008		1,454,656,597
1. 약품	1,143,141,126		1,005,718,026	
2. 진료재료	358,849,373		323,953,589	
3. 급식재료	10,785,779		7,155,637	
4. 저장품	114,287,730		117,829,345	
Ⅱ. 비유동자산		114,615,185,785		109,260,865,635
(1) 투자자산		2,108,297,500		2,174,753,500
1. 투자유가증권	522,000,000		522,000,000	
2. 보증금	1,586,297,500		1,652,753,500	
(2) 유형자산		112,506,888,285		107,086,112,135
1. 토지	7,532,496,180		7,532,496,180	
2. 건물	118,342,239,458		118,152,239,458	
(감가상각누계액)	-27,040,823,042	0	-24,679,658,897	
(국고보조금)	-79,866,667		0	
3. 구축물	4,639,488,518		4,639,488,518	
(감가상각누계액)	-1,961,801,583		-1,841,807,361	
4. 의료장비	51,777,756,516		45,486,986,016	
(감가상각누계액)	-44,836,059,657		-43,263,694,781	
(국고보조금)	-55,224,001		0	
5. 차량운반구	1,367,904,214		890,843,815	
(감가상각누계액)	-767,207,747		-739,984,254	
(국고보조금)	-138,400,000		0	
6. 공기구와비품	15,225,435,631		14,632,079,351	
(감가상각누계액)	-14,203,794,918		-13,722,875,910	
(국고보조금)	-83,026,767		0	
7. 건설중인자산	2,787,772,150		0	
자 산 총 계		170,206,776,302		156,054,398,418

부 채				
Ⅰ. 유동부채		43,494,267,533		42,515,551,485
1. 매입채무	15,817,647,210		15,318,941,729	
2. 미지급금	17,222,851,101		13,181,289,073	
3. 단기차입금	3,100,000,000		9,000,000,000	
4. 예수금	1,321,194,060		888,818,545	
5. 미지급비용	952,413,316		418,350,088	
6. 선수금	35,796,060		33,648,600	
7. 선수수익	5,044,365,786		3,674,503,450	
Ⅱ. 고정부채		18,872,477,746		20,763,343,508
1. 장기차입금	9,017,917,599		9,037,944,629	
2. 퇴직급여충당금	20,248,549,210		20,064,914,170	
(국민연금전환금)	-71,044,900		-73,570,100	
(퇴직연금운용자산)	-10,322,944,163		-8,265,945,191	
3. 임대보증금	8,920,000,000		8,850,000,000	
Ⅲ. 고유목적사업준비금		33,247,654,846		26,975,106,996
Ⅳ. 의료발전준비금		18,226,671,159		14,944,661,570
(부 채 합 계)		122,761,071,284		114,048,663,559
자 본				
Ⅰ. 기본재 산		9,090,785,000		9,090,785,000
1. 기본금		9,090,785,000		9,090,785,000
-법인기본금	9,090,785,000		9,090,785,000	
Ⅱ. 이익잉여 금				
1. 차기이월이익잉여금		38,354,920,018		32,914,949,859
2. 당기순이익	5,439,970,159		4,282,268,998	
(자 본 합 계)		47,445,705,018		42,005,734,859
부채와 자본 총계		170,206,776,302		156,054,398,418

손익계산서

제19(당)기　20x8년 1월 1일부터 20x8년 12월 31일까지
제18(전)기　20x7년 1월 1일부터 20x7년 12월 31일까지

(단위 : 원)

계 정 과 목	제19(당)기		제18(전)기	
	금	액	금	액
Ⅰ. 의료수익		149,360,649,598		137,295,711,086
1.입원수익	41,093,394,290		37,879,988,079	
2.외래수익	108,267,255,308		99,415,723,007	
Ⅱ. 의료비용		136,543,173,246		127,138,666,757
(1) 인건비		68,302,011,938		62,211,764,546
1.급여	59,676,904,110		56,229,624,220	
2.퇴직급여	8,625,107,828		5,982,140,326	
(2)재료비		42,616,239,501		36,316,547,509
1.약품비	20,951,172,247		20,214,242,065	
2.진료재료비	18,071,492,384		16,102,305,444	
3.급식재료비	3,593,574,870		3,424,750,809	
(3)관리운영비		25,624,921,807		28,610,354,702
1.복리후생비	4,977,458,932		4,528,540,509	
2.여비교통비	297,108,639		268,766,076	
3.통신비	166,179,489		176,816,393	
4.전기수도료	1,925,265,620		1,873,111,720	
5.세금과공과금	974,304,370		1,014,396,320	
6.보험료	438,213,850		403,725,731	
7.피복비	295,581,250		277,514,400	
8.지급임차료	327,129,895		390,516,000	
9.지급수수료	3,648,629,380		3,296,125,768	
10.수선비	817,544,174		895,692,623	
11.차량유지비	254,878,767		265,120,047	
12.교육훈련비	262,004,989		290,239,410	
13.도서인쇄비	199,646,359		168,197,769	
14.업무추진비	276,123,037		266,341,580	
15.소모품비	382,960,696		363,227,256	
16.연료비	700,859,745		845,465,871	
17.검사료	656,915,142		593,044,223	
18.광고선전비	255,095,456		212,747,910	
19.감가상각비	4,651,995,558		5,077,414,475	
20.용역비	3,740,206,669		3,599,393,324	
21.운반비	6,746,700		6,611,000	
22.대손상각비	171,751,115		156,491,952	
23.잡비	198,321,975		216,103,536	

Ⅲ. 의료이익		12,817,476,352		10,157,044,329
Ⅳ. 의료외수익		6,445,389,817		6,259,291,820
1.의료부대수익	2,103,728,205		1,977,435,925	
2.이자수익	420,519,712		948,055,987	
3.투자자산처분이익	18,000,000		0	
4.유형자산처분이익	20,889,000		0	
5.기부금수익	1,578,406,380		1,300,785,130	
6.의료발전준비금환입	445,442,561		360,814,829	
7.잡이익	1,858,403,959		1,672,199,949	
Ⅴ. 의료외비용		2,518,423,585		2,806,007,398
1.의료부대비용	1,721,045,956		1,652,694,492	
2.이자비용	411,169,337		767,551,626	
3.기부금	318,403,040		268,682,470	
4.잡손실	67,805,252		117,078,810	
Ⅵ. 법인세차감전순이익		16,744,442,584		13,610,328,751
Ⅶ. 법인세비용		1,304,472,425		828,059,753
Ⅷ. 고유목쩍사업준비금 설정전 당기순이익		15,439,970,159		12,782,268,998
Ⅸ.고유목적사업준비금전입액		10,000,000,000		8,500,000,000
Ⅹ. 당기순이익		5,439,970,159		4,282,268,998

기본금변동계산서

제19(당)기 20x8년 1월 1일부터 20x8년 12월 31일까지
제18(전)기 20x7년 1월 1일부터 20x7년 12월 31일까지

(단위:원)

계 정 과 목	제19(당)기		제18(전)기	
	금	액	금	액
I. 기 본 금		9,090,785,000		9,090,785,000
1. 법 인 기 본 금	9,090,785,000		9,090,785,000	
II. 자 본 잉 여 금				
III. 이 익 잉 여 금		38,354,920,018		32,914,949,859
1. 전기이월이익잉여금 (결손금)	32,914,949,859		28,632,680,861	
2. 당기순이익(순손실)	5,439,970,159		4,282,268,998	
IV. 이익잉여금처분액				
V. 차기이월이익잉여금		38,354,920,018		32,914,949,859

대부분 회사의 회계자료는 컴퓨터를 통하여 처리된다. 결산을 예비절차, 본 절차, 결산보고서 작성의 3단계로 구분하는 것은 수작업으로 장부를 작성하던 시대의 이야기이고 현재는 교육용으로나 사용되고 있을 뿐이다. 따라서 여기서 현실을 고려하여 전통적인 방식에 따라 시산표나 정산표를 만드는 방식에서 탈피하여 컴퓨터 사용 환경을 고려한 결산의 진행 과정을 서술한다.

1. 손익계산서 사례 예시

가 손익계산서

① 이 장에서는 결산확정 전 손익계산서 및 재무상태표에서 출발하여 수정분개의 내용과 법인세의 산출을 위한 세무조정의 결과를 재무제표에 반영시켜서 최종적으로 손익계산서를 완성해나가는 과정으로 서술한다.

② 즉, 수정분개 및 세무조정의 내용을 수정 전 손익계산서에 반영하여 수정 후 손익계산서를 작성하는 것이 목표이다.

③ 따라서 이 장에서는 재무상태표, 현금흐름표, 기본재산변동계산서의 작성은 하지 않는다. 다만, 결산수정사항 및 세무조정을 손익계산서에 반영하여 손익계산서를 확정하는 과정에 중점을 두어 해설한다.

나 사례 예시

예제 다음의 손익계산서는 「(의)코페의료재단 「코페병원」」의 20x8년 1월 1일부터 20x8년 12월 31일까지의 손익계산서이다.

이제 이 병원에 대한 결산절차를 진행해보자.

〈 결산절차 진행 예시 〉

① 재무상태표는 따로 첨부하지 않았으며, 결산을 진행하면서 재무상태표 관련 정보를 발췌하여 제시하기로 한다.

② 이 손익계산서에는 회계기간 중의 거래 내용이 빠짐없이 반영되어 있지만, 아직 결산 수정사항은 반영되어 있지 않은 상태이다.

③ 이 병원은 의료수익에 대하여 발생주의에 의하여 회계처리를 하고 있으므로 의료수익과 관련하여서는 수정할 내용이 없다고 가정한다.

④ 다만, 자산 및 부채의 평가를 하지 않았고, 감가상각비, 퇴직급여충당금, 부실채권에 대한 대손상각을 하지 않은 상태이다.

손익계산서

제11기 20×8년 1월 1일부터 20×8년 12월 31일까지

(의)코페의료재단 「코페병원」 　　　　　　　　　　　　　　　　　　　　　　　(단위 : 천원)

과 목	금 액	과 목	금 액
Ⅰ. 매출액	33,439,107	15. 대손상각	
1. 입원수익	10,030,354	16. 소모품비	110,450
2. 외래수익	22,391,561	17. 지급수수료	94,906
3. 기타의료수익	1,017,192	18. 광고선전비	77,384
Ⅱ. 의료비용		19. 피복침구비	77,612
(1) 인건비	14,502,396	20. 검사료	134,450
1. 급여	11,987,888	21. 잡비	66,565
2. 제수당	2,514,508	Ⅲ. 의료이익	958,243
3. 퇴직급여		Ⅳ. 의료외수익	1,659,073
(2) 의료재료비	14,976,154	1. 이자수익	144,917
1. 약품비	9,520,194	2. 의료부대수익	543,113
2. 진료재료비	4,604,178	3. 외화환산이익	
3. 급식재료비	851,782	4. 수입임대료	318,870
(3) 관리운영비	3,002,314	5. 기부금수입	211,560
1. 복리후생비	442,132	6. 잡이익	440,613
2. 여비교통비	49,517	Ⅴ. 의료외비용	1,168,085
3. 업무추진비	93,875	1. 지급이자와할인료	732,750
4. 통신비	65,326	2. 의료부대비용	138,353
5. 수도광열비	287,588	3. 기부금	74,732
6. 전력비	235,214	4. 유가증권처분손실	1,680
7. 세금과 공과금	456,489	5. 유형자산처분손실	147,687
8. 수선비	260,514	6. 잡손실	72,883
9. 감가상각비		Ⅵ. 법인세차감전순이익	1,449,231
10. 보험료	160,214	Ⅶ. 법인세비용	108,216
11. 차량유지비	78,218	Ⅷ.고유목적준비금설정전 　당기순이익	1,341,015
12. 지급임차료	68,191	Ⅸ. 고유목적준비금전입액	
13. 교육비	158,180	Ⅹ. 당기순이익	1,341,015
14. 도서인쇄비	85,489		

2. 자산계정의 마감

가 현금·유가증권·재고자산의 실지 조사와 평가

① 현금 및 현금등가물과 관련된 항목은 거래의 발생빈도가 높고 유동성이 가장 큰 자산으로 도난이나 횡령 등의 부정이 발생할 가능성이 매우 크다. 따라서 반드시 결산 시점의 현금을 실사하고, 예금은 잔액 증명서를 받아 재무상태표의 금액과 실제 금액이 일치하는지를 확인하여야 한다.

② 유가증권은 결산기 말 현재 회사가 보유하고 있는 유가증권을 실사해야 하며, 그것이 상장주식이라면 결산기 말 현재의 시가로 평가하여야 한다. 한편 유가증권 계정과목이 단기매매증권, 매도가능증권, 만기보유증권으로 분류됐는지 계정분류 내용을 확인하도록 한다.

③ 또 재무제표상의 기말 재고자산이 실제 보유 재고 및 재고수불부와 일치하는지 파악해야 한다. 재고자산은 약품비, 진료재료비 등에 직접 영향을 미치므로 기말재고자산 금액에 따라 당기순이익은 크게 달라지므로 재고자산의 실지 조사를 통한 수량 확정 및 평가절차는 대단히 중요하다. 또한, 내부통제의 목적에서도 재고자산이 적절하게 관리되고 있으며 적절하게 평가됐는지를 확인하는 것은 아주 중요하다.

④ 대부분 병원은 회계기간에 약품, 진료재료 등 재고자산을 구입할 때 약품비, 진료재료비 등 비용으로 회계처리를 하고 기말에 재고조사를 하여 약품비 등에서 차감하는 회계처리를 하고 있다. 그리고 이월 받은 재고자산(약품, 진료재료 등)을 다음 회계기간의 초에 약품비 등으로 결산 재 대체분개를 한다.

《 재고조사표의 요약 》

과 목	금액(천원)	평가방법	비 고
약 품	247,842	선입선출법	재료비 – 약품비
진 료 재 료	198,088	선입선출법	재료비 – 진료재료비
급 식 재 료	1,144	선입선출법	재료비 – 급식재료비
저 장 품	19,465	총 평균법	관리운영비

⑤ 우리의 「코페병원」이 약품, 진료재료 등 재고자산을 구입할 때 약품비, 진료재료비 등 비용으로 회계처리를 하고 기말에 재고조사를 하여 약품비 등에서 차감하는 회계처리를 하고 있다고 하자.

⑥ 재고조사 결과가 앞 표의 내용과 같았다고 하면 이때의 회계처리는 다음과 같다.

(차) 약 품	247,842,000	(대) 약 품 비	247,842,000
진 료 재 료	198,088,000	진료재료비	198,088,000
급 식 재 료	1,144,000	급식재료비	1,144,000

⑦ 저장품은 관리운영비에 포함된 수도광열비 및 소모품비 중 회계 기말 현재 미사용 잔액이다. 따라서 수도광열비 및 소모품비에서 차감한다.

| (차) 저 장 품 | 19,465,000 | (대) 소 모 품 비 | 3,758,000 |
| | | 수도광열비 | 15,707,000 |

⑧ 이렇게 회계처리 한 약품이나 저장품 등의 기말 재고자산은 선입선출로 사용된다고 생각하면 다음 회계연도 초에 환자에게 제공되어 소모되거나 병원 내부에서 사용될 것이다. 따라서 20×9회계연도 초에 약품, 진료재료, 저장품 등 재고자산에 대한 결산 재 대체분개를 다음과 같이 한다.

(차) 약 품 비	247,842,000	(대) 약 품	247,842,000
진료재료비	198,088,000	진 료 재 료	198,088,000
급식재료비	1,144,000	급 식 재 료	1,144,000
(차) 소 모 품 비	3,758,000	(대) 저 장 품	19,465,000
수도광열비	15,707,000		

나 의료미수금의 평가

① 의료미수금과 받을어음은 약정 금액이 아니라 실제 받을 수 있는 금액으로 재무상태표에 표시하여야 한다. 회수가 불가능한 금액은 기중에 설정된 대손충당금에서 상계하고 기말 현재 받지 못할 것으로 예상하는 금액은 대손충당금을 설정해 매출채권을 순실현가능 가치로 평가하고, 그에 따른 비용을 계상해야 한다.

② 건강보험공단에 대한 청구미수금은 대손의 가능성이 거의 없는 채권이지만 세법에 따르면 청구미수금을 포함한 매출채권 잔액에 대하여 1%(또는 대손 경험률)의 대손충당금을 설정할 수 있다.

《 「코페병원」의 재무상태표 – 부분 》

과목	20×8년 12월 31일		20×7년 12월 31일	
	금 액		금 액	
의료미수금	4,375,169,000		3,738,134,000	
대손충당금	9,786,140	4,365,382,860	37,381,340	3,700,752,660

③ 「코페병원」의 결산확정 전 의료미수금 및 대손충당금의 부분을 비교 재무상태표에 표시하면 위와 같다. 전기 말 재무상태표 상의 대손충당금 잔액은 37,381,340원이었으나 3년의 소멸 시효가 완성된 부실채권 27,595,200원을 대손충당금에서 상계하고 난 후의 잔액이 9,786,140원이다.

④ 대손 설정률을 1%라고 했을 때 대손충당금을 설정하는 회계처리는 다음과 같다. 이에 대한 별도의 세무조정은 필요치 않다. 다음의 대손충당금 조정명세서를 참고 바란다.

(차) 대손상각   33,965,550   (대) 대손충당금   33,965,550

(계산근거 : 4,375,169,000 × 1% − 9,786,140 = 33,965,550)

사업연도	대손충당금 및 대손금 조정명세서		법인명	
20×8.1.1~20×8.12.31			(의)코페의료재단 코페병원	

1. 대손충당금조정

손금산입액조정	① 채권잔액 (㉑의 금액)	② 설정률			③ 한도액 (① ×②)	회사계상액			⑦ 한도 초과액 (⑥ ×③)
						④ 당기계상액	⑤ 보충액	⑥ 계	
	4,375,169,000	(ㄱ) 1(2) 100	(ㄴ) 실적률 ( )	(ㄷ) 표준비율 ( )	43,751,690	33,965,550	9,786,140	43,751,690	0

익금산입액조정	⑧ 장부상충당금 기초잔액	⑨ 기중충당금 환입액	⑩ 충당금부인 누계액	⑪ 당기대손금 상계액 (㉗의 금액)	⑫ 당기설정 충당금 보충액	⑬ 환입할금액 ((⑧ -⑨ -⑩ -⑪-⑫)	⑭ 회사환입	⑮ 과소환입· 과다환입(△) (⑬-⑭)
	37,381,340			27,595,200	9,786,140	0		0

2. 대손조정금

㉒ 일자	㉓ 계정 과목	㉔ 채권 내역	㉕ 대손 사유	㉖ 금액	대손충당금계상액			당기손금계상액			비고
					㉗ 계	㉘ 시인액	㉙ 부인액	㉚ 계	㉛ 시인액	㉜ 부인액	
12.31	의 료 미수금	진료 대금	시효 소멸	27,595,200	27,595,200	27,595,200		0			
계				27,595,200	27,595,200	27,595,200		0			

다 유형자산에 대한 결산

(1) 건설자금이자

① 병원의 손익계산서에 기록된 732,750,000원의 지급이자 내용을 분석해보니 병동의 신축을 위하여 차입한 시설자금에 대한 이자가 102,166,000원 있었다.

② 현재 병동 증축 공사가 진행 중이다. 시설자금 차입금이 병원 건물을 짓는데 사용된 것이 명백하다면 이 차입금은 기업회계기준 상의 특정차입금이고, 특정차입금의 이자는 기간비용으로 처리는 안 되며 자본화해야 한다.

③ 이것은 기업회계와 세법이 일치하는 것이므로 다음과 같이 회계처리 하여 결산에 반영시켜야 한다.

> (차) 건설중인자산 102,166,395   (대) 지급이자와 할인료 102,166,395

(2) 감가상각비의 계상

① 20×8 회계연도의 유형자산에 대한 감가상각비의 내용을 요약 정리하면 다음과 같다. 건물에 대한 감가상각비 중 15,800,000원은 20×7년 중에 고유목적사업준비금을 사용하여 신축한 건물 790,000,000원에 대한 것이다.

② 감가상각비의 계산 시에는 고유목적사업준비금을 사용하여 취득한 자산에 대한 감가상각비를 별도로 구분해 두어야 한다. 아울러 신규투자 자산에 대하여 투자세액공제를 받을 수 있는지 여부를 파악해 두는 것도 중요하다.

《 유형자산 감가상각비 》

계정과목	감가상각비	비 고
건 물	238,632,000	의료발전회계 고려
구 축 물	43,151,000	
의 료 기 기	738,286,000	고용창출투자세액공제 고려
공기구비품	316,449,000	
차량운반구	40,235,000	
계	1,376,753,000	

(3) 유형자산 구입에 대한 투자세액공제

① 「코페병원」은 기말현재 병원 건물의 증축공사를 진행하고 있으며 의료기기 1,124백만

원을 구입한 바 있다. 이들 투자에 대하여 투자세액공제 등이 적용될 수 있는지 살펴볼 필요가 있다.

② 먼저 병원 건물증축 공사비를 분석해보니 이중 120백만원은 빙축열냉방시스템 설치비이다. 이 설치에 대하여는 에너지절약시설투자 세액공제가 적용된다(「코페병원」은 중소기업에 해당하므로 투자금액의 6%인 7,200,000원을 법인세에서 공제).

③ 그리고 특정한 의료기기의 투자에 대하여는 중소기업투자세액공제 또는 고용창출투자세액공제가 적용된다. 「코페병원」이 구입한 의료기기 중 고용창출투자세액공제가 적용되는 의료기기는 1,124,000,000원이라고 하고, 고용창출투자세액공제액을 143,400,000원이라고 가정하자.

3. 부채계정의 마감

가 외화부채의 평가

① 「코페병원」의 기말현재 외화부채의 내역은 다음과 같다. 외화차입금에 대하여는 기말현재의 기준환율로 평가하여 재무상태표에 표시하고 평가손익은 당해연도의 외화환산이익 또는 외화환산손실로 인식한다.

《 외화부채의 장부가액 》

외화부채의 종류	외화금액	장부가액	
		적용환율	원화금액
일본JPY	¥ 150,060,200	10.1207	1,518,714,266
미국USD	$ 174,390	1,043.8	182,028,282

② 다음 표는 외화부채에 대한 기말현재의 매매기준율, 이를 적용한 평가액 및 평가익손을 계산한 것이다.

《 외화부채의 평가 》

외화 종류	외화금액	평가금액		평가손익
		매매기준율	원화금액	
일본JPY	¥150,060,200	9.2256	1,384,395,381	134,318,885
미국USD	$174,390	1,035	180,493,650	1,534,632

2절 병원의 결산 실무

③ 위의 평가결과를 회계에 반영하기 위해서는 다음의 분개가 필요하다. 차변에 기록된 외화 장기차입금의 감소를 합계금액으로 하지 않고 따로따로 분리한 것은 보조부 기록을 염두에 둔 것이다.

> (차) 외화장기차입금(엔화차입금) 134,318,885   (대) 외화환산이익   135,853,517
> 　　외화장기차입금(달러화차입금) 1,534,632

나 퇴직급여충당부채

① 「코페병원」은 의료기관회계기준에 따라 퇴직급여충당부채를 설정하고 있으며, 자금 사정으로 확정급여형 또는 확정기여형 퇴직연금제도는 시행하지 않고 있다. 전기 말 퇴직금 추계액과 당기 말 퇴직금 추계액은 각각 1,350,000,000원 및 1,450,000,000원이다.

② 비교 재무상태표에서 퇴직급여충당금과 관련된 부분을 표시하면 다음과 같다. 퇴직급여충당금 감소액 100,000,000원은 전액 연중 퇴직한 직원에 대한 퇴직금으로 지급한 것이다.

《 재무상태표(부분) 》

(단위 : 원)

과　목	20×8년 12월 31일		20×0년 12월 31일	
	금　　액		금　　액	
퇴직급여충당부채	1,250,000,000		1,350,000,000	

③ 의료기관회계기준에 의하면 퇴직금 추계액의 100%를 퇴직급여충당부채로 설정하여야 하므로 퇴직급여충당부채 설정 대상액은 2억원이다.

> (차) 퇴직급여   200,000,000   (대) 퇴직급여충당부채 200,000,000

④ 그리고 퇴직급여충당금 세무조정을 위한 기초 자료는 다음과 같다.

《 퇴직급여충당금 설정 기초 자료 》

구분	금액
총급여액	1,560,000,000
1년미만 근로한 임직원에 대한 급여액	365,000,000
1년간 계속 근로한 임직원에 대한 급여액	1,105,000,000
기말 현재 전 사용인 퇴직시 퇴직급여 추계액	1,450,000,000
충당금 부인 누계액	985,000,000

⑤ 이 자료에 의하여 퇴직급여충당금 조정명세서를 작성하면 다음과 같다. 세법에 의한 퇴직급여충당금의 설정 한도액은 0원이므로 한도 초과액은 200,000,000원이다.

⑥ 부분 퇴직급여충당금 조정명세서를 작성하면 다음과 같다.

사업연도	퇴직급여충당금 조정명세서			법인명
20×8. 1. 1. 20×8.12.31.				「코페병원」

1. 퇴직급여충당금 조정

영 제60조 제1항에 의 한 한 도 액	① 1년간 계속 근로한 임원·사용인에게 지급한 총급여액(⑯의 계)	② 설정률	③ 한도액 (① ×②)	비고
	1,105,000,000	$\frac{5}{100}$	55,250,000	

영 제60조 제 2 항 및 제3항 에 의 한 한 도 액	④ 장부상 충당금 기초잔액	⑤ 확정기여형 퇴직연금자의 퇴직연금 설정 전 기계상된 퇴직급여충당금	⑥ 기중충당금 환입액	⑦ 기초충당금 부인누계액	⑧ 기중퇴직금 지급액	⑨ 차감액 (④ -⑤ -⑥ -⑦ -⑧)
	1,350,000,000	0	0	950,000,000	100,000,000	(△) 300,000,000
	⑩ 추계액 대비 설정액 (㉒ × 설정률)	⑪ 퇴직금전환금	⑫ 설정률 감소에 따른 환입을 제외하는 금액 MAX(⑨-⑩-⑪, 0)		⑬ 누적한도액 (⑩-⑨ +⑪+⑫)	
	0	0	300,000,000		0	

한도 초과액 계 산	⑭ 한도액 MIN(③ , ⑬)	⑮ 회사계상액	⑯ 한도 초과액 (⑮-⑭)
	0	200,000,000	200,000,000

4. 수익과 비용 항목의 마감

① 결산의 마지막 단계는 고유목적사업준비금의 설정액을 반영하여 재무제표를 작성하는 것이다. 고유목적사업준비금의 설정 한도는 법인세에 대한 세무조정이 완료되어야 알 수 있다.

② 고유목적사업준비금의 설정 전에 임시로 재무제표를 작성해 볼 필요도 있다. 그러나 여기서는 수익 및 비용 항목에 대한 세무조정을 통하여 고유목적사업준비금의 설정 한도를 계산하고 이에 대한 회계처리를 완료하고 나서 재무제표를 확정한다.

가 세금과 공과금

① 「코페병원」은 세금과 공과금 중 손금불산입할 내용이 없는지 원장의 내용을 검토하였다. 그 결과 법인세 정기 조사 시 추징당한 법인세 등 102,052,530원이 세금과 공과금으로 기록되어 있는 사실을 발견하였으며 나머지는 국민연금 납부액 등으로 정상적이다.

② 이에 대한 세무조정 결과를 소득금액조정합계표에 표시하면 다음과 같다.

《 소득금액조정합계표 부분 》

익금산입 및 손금불산입			손금산입 및 익금불산입		
과 목	금 액	처 분	과 목	금 액	처 분
세금과 공과금	102,052,530	기타사외			

나 업무추진비

① 「코페병원」의 업무추진비 한도액은 61,439,107원이다. 따라서 업무추진비 한도 초과액은 32,435,893원(93,875,000 − 61,439,107 = 32,435,893)이고 이 금액을 손금불산입처리 하고 기타사외유출로 처분한다.

② 이에 대하여 부분 소득금액조정합계표를 작성하면 다음과 같다.

《 소득금액조정합계표 부분 》

익금산입 및 손금불산입			손금산입 및 익금불산입		
과 목	금 액	처 분	과 목	금 액	처 분
업무추진비	32,435,893	기타사외			

다 기부금 수입

① 「코페병원」은 비영리 공익법인이므로 「코페병원」이 독지가로부터 조건 없이 수령한 기부금 수입 211,560,000원은 전액 손금불산입처리하고 출연재산으로 세무서에 신고하여야 한다.

② 이에 대한 세무조정 결과를 소득금액조정합계표에 표시하면 다음과 같다.

《 소득금액조정합계표 부분 》

익금산입 및 손금불산입			손금산입 및 익금불산입		
과 목	금 액	처 분	과 목	금 액	처 분
			기부금수입	211,560,000	기타

5. 의료기관과 결산 수정사항

가 의료발전회계

① 의료기관은 설정된 고유목적사업준비금을 목적사업용 유형자산의 구입 및 일반기부금의 지출에 사용할 수 있다. 고유목적사업준비금을 사용하여 유형자산을 구입할 때는 내용연수가 긴 것부터 먼저 사용하는 것이 과세이연 효과 면에서 유리하다.

> 1. 우리의 「코페병원」은 고유목적사업준비금을 토지, 건물, 기타의 유형자산 순으로 사용하기로 내부 방침을 정하고 있다.
> 2. 「코페병원」은 20×7 회계연도에 건물 790,000,000원을 신축하고 고유목적사업준비금을 사용한 것으로 회계처리 하였다.

② 병원은 목적사업용 자산을 구입하고 고유목적사업준비금의 사용으로 회계처리 한 것에 대하여는 의료발전회계로 부채계정에서 별도로 관리하고 있다. 「코페병원」과 달리 의료발전회계를 해당 자산에 대한 차감적평가계정으로 관리할 수도 있다.

> 1. 우리의 「코페병원」은 고유목적사업준비금을 토지, 건물, 기타의 유형자산 순으로 사용하기로 내부 방침을 정하고 있다.
> 2. 「코페병원」은 20×7 회계연도에 건물 790,000,000원을 신축하고 고유목적사업준비금을 사용한 것으로 회계처리 하였다.

③ 의료발전회계를 관리하는 두 가지 방법을 재무상태표에 각각 표시하면 다음과 같다.

의료발전회계를 부채에서 관리	
(자산)	
건　　　　물	11,926,266,860
감가상각누계액	(2,138,091,380)
건 물 순 잔 액	9,788,175,480
고 정 부 채	
의료발전준비금	790,000,000
〈「코페병원」의 표시방법〉	

차감적평가계정으로 관리	
(자산)	
건　　　　물	11,926,266,860
감가상각누계액	(2,138,091,380)
의료발전준비금	(790,000,000)
건 물 순 잔 액	8,998,175,480
〈대체적인 표시방법〉	

④ 의료발전회계를 부채에서 관리하는 경우에는 건물에 대한 감가상각비 중 고유목적사업준비금을 사용하여 완공한 건물 790,000,000원에 대한 감가상각비 15,800,000원에 대하여 다음과 같은 회계처리가 필요하다.

> (차) 의료발전준비금　15,800,000　　(대) 의료발전준비금환입액　15,800,000

⑤ 만약 위의 회계처리를 하지 않았다면 세무조정 시에 감가상각비 15,800,000을 손금불산입하여야 하고 이에 대하여는 유보로 처분하여야 한다.

⑥ 그리고 의료발전회계를 해당 자산에 대한 차감적평가계정으로 관리하는 경우에는 앞의 경우와 같이 의료발전준비금 환입액으로 처리하는 방법과 다음과 같이 감가상각비의 감소로 회계처리 하는 방법이 있다.

> (차) 의료발전준비금　15,800,000　　(대) 감가상각비(건물)　15,800,000

이렇게 처리하면 의료발전준비금 계정 잔액은 매년 일정 부분씩 감소하여 의료발전회계를 통하여 구입한 유형자산의 내용연수가 다 하면 의료발전준비금 잔액도 영이 될 것이다.

⑦ 「코페병원」은 고유목적사업준비금을 사용하여 신축한 건물 790,000,000원을 의료발전회계로 부채계정에서 관리하고 있으며 별도의 환입 회계처리를 하지 않았다.

따라서 세무조정 시에 다음과 같이 790,000,000원에 대한 감가상각비 15,800,000원을 손금불산입하여야 한다.

《 소득금액조정합계표 부분 》

익금산입 및 손금불산입			손금산입 및 익금불산입		
과목	금액	처분	과목	금액	처분
감가상각비 또는 의료발전회계	15,800,000	유보			

🔵 나 기부금

① 「코페병원」의 기부금지출내역을 분석하여 집계한 결과는 다음과 같다.

《 기부금의 종류별 분류결과 요약 》

구 분	금 액
국가 등에 대한 기부금	20,000,000
일반기부금	38,420,000
비인정기부금	16,312,000

② 일반기부금은 고유목적사업준비금에서 지출해야 하므로 기부금을 고유목적사업준비금에 대체하는 회계처리를 한다.

> (차) 고유목적사업준비금   38,420,000   (대) 기부금   38,420,000

③ 그리고 비인정기부금 16,312,000원을 손금불산입처리하고 기타사외유출로 처분하여야 한다. 이에 대하여 부분 소득금액조정합계표를 작성하면 다음과 같다.

《 소득금액조정합계표 부분 》

익금산입 및 손금불산입			손금산입 및 익금불산입		
과 목	금 액	처 분	과 목	금 액	처 분
기부금	16,312,000	기타사외			

④ 기부금조정명세서의 작성에 대하여는 주의하여야 한다. 의료기관은 비영리법인에 해당하므로 기부금조정명세서의 작성은 일반 영리법인의 경우와 다르다.

⑤ 의료기관은 고유목적사업준비금을 목적사업 및 일반기부금으로 지출할 수 있다. 따라서 의료기관은 극단적으로 고유목적사업준비금 전액을 일반기부금으로 지출할 수도 있다. 그러나 알다시피 영리법인은 소득금액의 10% 범위 이내의 금액을 일반기부금으로 쓸 수 있고 기부금조정명세서 서식은 영리법인을 위하여 고안된 것이다.

⑥ 비영리법인의 일반기부금은 고유목적사업비 지출액으로 간주하여 고유목적사업준비금 조정명세서에서 조정한다. 특례기부금 등의 한도액 계산을 위하여는 소득금액을 산정해야 하는바 이때의 소득금액은 일반기부금 및 고유목적사업준비금을 손금에 산입하기 전의 소득금액이다.

⑦ 소득금액의 산출을 위하여 이제까지의 수정분개를 반영하여 요약 손익계산서를 작성하면 다음과 같다.

《 요약 손익계산서 (고유목적준비금 반영 전) 》

(단위 : 천원)

차 변		대 변	
과 목	금 액	과 목	금 액
인 건 비	14,698,581	매 출 액	33,439,107
의료재료비	14,529,080	의료외수익	1,794,927
관리운영비	4,393,568		
의료외비용	1,027,499		
.			
기 부 금	36,312		
.			
법 인 세 등	108,216	당기순이익	477,090

- 고유목적사업준비금을 결산에 반영하기 전의 당기순이익은 477,090천원 임을 알 수 있다. 특히 기부금이 당초 74,732천원에서 일반기부금 38,420천원을 고유목적사업준비금에 대체하여 최종적으로 36,312천원으로 바뀐 부분에 주목하자.

⑧ 손익계산서에 반영된 법인세 등을 손금불산입처리하고, 이제까지의 세무조정사항을 모두 반영하여 소득금액조정합계표를 작성하면 다음과 같다.

《 소득금액조정합계표 》

익금산입 및 손금불산입			손금산입 및 익금불산입		
과 목	금 액	처 분	과 목	금 액	처 분
법인세등	108,216,000	기타 사외	기부금수입	211,560,000	기타
감가상각비	15,800,000	유보			
세금과공과금	102,052,530	기타 사외			
업무추진비	32,435,893	기타 사외			
기부금	16,312,000	기타 사외			
퇴직급여충당금	200,000,000				
계	474,816,423		계	211,560,000	

따라서 고유목적사업준비금을 손금에 산입하기 전의 소득금액은

- 740,346,423원(477,090,000 + 474,816,423 − 211,560,000 = 740,346,423)이다.

⑨ 이제 기부금 조정을 위한 소득금액이 산출되었으니 이 수치를 적용하여 「코페병원」의 기부금조정명세서를 작성하면 다음과 같다.

- 일반기부금 조정내용은 「코페병원」에 대하여는 아무런 의미가 없는 것이지만 참고로 표시해 두었다.

- 일반기부금 한도 초과액이 2,402,679원 나오는 것으로 표시된다.

⑩일반기부금은 고유목적사업준비금의 범위 내에서 지출할 수 있음을 알고 있는 우리는 이것이 잘못된 결과라는 것을 알고 있다. 따라서 이 부분에 대한 조정은 여기가 아니라 고유목적사업준비금 조정명세서에 반영시켜야 한다.

사업연도	기부금조정명세서	법인명
20×8. 1. 1. 20×8.12.31.		「코페병원」

1. 특례기부금 등 손금산입 한도액 계산

① 소득금액계	② 법인세법 제13조제1호에 의한이월결손금 합계액	③ 법인세법 제24조 제2항 기부금 해당금액	④ 조세특례제한법 제76조 및 동법 제73조 제1항 제1호 기부금 해당금액	⑤ 손금산입액 [(① −②)와 (③ +④) 중 적은금액]	⑥ 소득금액 잔액 (① −② −⑤)	⑦ 법정기부 금 등 한도초 과액 [(③ +④) −(① −②)]
740,346,423		20,000,000		20,000,000	720,346,423	0

2. 「조세특례제한법」 제73조제1항제2호 내지 제15호 기부금 손금산입 한도액 계산

⑧ 「조세특례제한법」 제73조 제1항 기부금 해당금액 (동항 제1호 제외)	⑨ 한도액 (⑥ ×50%)	⑩ 손금산입액 (⑧ 과 ⑨ 중 적은 금액)	⑪ 이월액잔액 중 손금산입액 (⑧ <⑨)인 경우로서 (⑨ −⑧)과 ㉘이월액 잔액 합계액 중 적은 금액]	⑫ 소득금액 차감잔액 (⑥ −⑩−⑪)	⑬ 한도 초과액 (⑧ −⑨)
0	0	0	0	720,346,423	0

3. 일반기부금 손금산입 한도액 계산

⑭ 일반기부금 해당금액 (⑲기부금 포함)	⑮ 일반기부금 한도액 (⑫×5%)	⑯ 손금산입액 (⑭와 ⑮ 중 적은 금액)	⑰ 이월액잔액중 손금산입액 [⑭<⑮인 경우로서(⑮−⑭)와 ㉘이월액 잔액 합계액중 적은 금액]	⑱ 정기부금 한도 초과액(ㄱ) (⑭−⑮)
38,420,000	36,017,321	36,017,321		2,402,679

4. 일반기부금 중 「조세특례제한법」 제73조 제2항 기부금 추가 손금산입액 계산

⑲ 일반기부금 중 「조세특례제 한법」 제73조 제2항 해당금액	⑳ 「법인세법」 제24조 제1항 (제1호−제2호)×3%(⑫×3%)	㉑ 추가 손금산입액 (⑱,⑲,⑳ 중 최소금액)	㉒ 일반기부금 한도 초과액(ㄴ) (⑱−㉑)

5. 기부금 한도 초과액 총계

㉓ 기부금합계 (③ +④ +⑧ +⑭)	㉔ 손금산입합계 (⑤ +⑩+⑯+㉑)	㉕ 한도 초과액합계 (㉓−㉔)=⑦ +⑬+㉒)
58,420,000	56,017,321	2,402,679

다 고유목적사업준비금

① 기부금에 대한 조정이 끝났으면 이제 고유목적사업준비금의 한도를 계산할 수 있다. 「코페병원」의 고유목적사업준비금 설정 한도액은 다음과 같다.

《 고유목적사업준비금 설정 한도 》

구 분	금 액
이자소득금액	144,917,000
이자소득을 제외한 소득금액의 50%	$(477,090,000 + 474,816,423 - 211,560,000 - 144,917,000) \times 0.5 = 297,714,712$
계	442,631,712

② 만일 「코페병원」이 고유목적사업준비금을 442,000천원 설정하기로 하였다면 이때의 분개는 다음과 같다.

(차) 고유목적사업준비금 전입액 442,000,000   (대) 고유목적사업준비금   442,000,000

③ 다음 페이지에 고유목적사업준비금 조정명세서를 첨부하였다.
- 당년도 고유목적사업준비금 사용액 800,000,000원은 일반기부금 38,420,000원과 건설 중인 자산에 포함된 건물증축공사비용 761,580,000원의 합계액이다.
- 건물 증축공사비 761,580,000원은 공사가 완성된 날이 아니라 공사비 지출일을 기준으로 고유목적사업준비금의 사용 시기로 인식하였다.
- 건축공사 등 건설 중인 자산과 관련한 고유목적사업준비금 사용액은 기부금과 마찬가지로 현금주의에 의하여 인식하여야 한다.

고유목적사업준비금 조정명세서(갑), (을)

사 업 연 도	20x8.1.1 ~20x8.12.31	고유목적사업준비금 조정명세서(갑)		법인명	「코페병원」
				사업자 등록번호	123-45-67890

1. 손금산입액 조정

① 소득금액	② 당기 계상 고유 목적사업 준비금	③ 법인세법 제24조제2항에 따른 기부금	④ 해당 사업연도 소득금액 (① +② +③)	⑤ 법인세법 제29조제1항제1호 부터제3호까지에 따른 금액	⑥ 법인세법 제13조제1호에 따른 결손금
298,346,423	442,000,000	20,000,000	760,346,423	144,917,000	
⑦ 법인세법 제24조제2항 에 따른 기부금	⑧ 조세특례제한 법제121조의2 3 및 121조의 25에 따른 금액	⑨ 수익사업 소득금액 (④ −⑤ −⑥ −⑦ −⑧)	⑩ 손금산입률	⑪ 손금산입한도액 (⑤ +⑧ +⑨ ×⑩)	⑫ 손금부인액 [(② −⑪)>0]
20,000,000		595,429,423	$\dfrac{50(80,100)}{100}$	442,631,712	0

2. 고유목적사업준비금 명세서

⑬ 사업연도	⑭ 손금산입액	⑮ 직전사업연도 까지고유목적 사업 지출액	⑯ 해당 사업연도 고유목적사업 지출액	⑰ 익금산입액	⑱ 잔　　액 (⑭−⑮−⑯−⑰)	
					⑲ 5년 이내분	⑳ 5년 경과분
20x7	1,200,000,000	790,000,000	410,000,000			
(당 기)	442,000,000		390,000,000		52,000,000	
계			800,000,000		52,000,000	

사 업 연 도	20x8.1.1 ~20x8.12.31	고유목적사업준비금 조정명세서(을)		법인명	「코페병원」
				사업자 등록번호	123-45-67890

지출내역				④ 금액	⑤ 비고
① 구분	② 적요	③ 지출처			
		상호(성명)	사업자등록번호 (주민등록번호)		
I 일반기부금	기부금	oo복지재단	×××-××-×××××	38,420,000	
II 고유목적 사업비	건물증축비	oo건설(주)	×××-××-×××××	761,580,000	
III 고유목적사업 관련 운영경비					
IV. 기 타					
⑥ 계				800,000,000	

➠ 요약 손익계산서

고유목적사업준비금을 반영한 후의 요약 손익계산서는 다음과 같다.

《 요약 손익계산서 》

차 변		대 변	
과 목	금 액	과 목	금 액
인 건 비	14,698,581	매 출 액	33,439,107
의료재료비	14,529,080	의료외수익	1,794,927
관리운영비	4,393,568		
의료외비용	1,027,499		
.			
고유목적사업준비금 전입액	442,000		
.			
법 인 세 등	108,216	당기순이익	35,090

라 법인세 등

(1) 법인세 과세표준

① 「코페병원」에 이월결손금이 없었다고 가정할 때 법인세의 과세표준은 각 사업연도 소득금액과 동일하다.

② 병원의 각 사업연도 소득금액은 298,346,423원이다

$$35,090,000 + 474,816,423 - 211,560,000 = 298,346,423$$

(2) 산출세액 및 납부할 세액

① 「코페병원」의 20×8회계연도 법인세 산출세액은 39,669,285원이다(법인세율 10%로 가정).

$$200,000,000 \times 10\% + 98,346,423 \times 20\% = 39,669,285$$

② 한편 「코페병원」은 금년에 의료기기 등에 대해 투자를 하였으므로 이에 대하여 각종 투자세액공제를 받을 수 있음을 확인해 두었다. 병원이 받을 수 있는 투자세액공제의 내용은 다음과 같다.

종 류	금 액
에너지절약시설투자에 대한 투자세액공제	120,000,000 × 6% = 7,200,000
고용창출투자세액공제	143,400,000
계	150,600,000

③ 「코페병원」이 법인세에서 공제받을 수 있는 투자세액공제는 150,600,000원이지만 이를 금년에 전액 다 공제받을 수는 없다. 최저한세제도 때문이다.

④ 「코페병원」이 이번 회계연도에 공제받을 수 있는 세액 및 납부할 세액의 계산은 최저한세 조정계산서를 통하여 이루어진다.

⑤ 금년에 공제받지 못한 고용창출투자세액공제와 에너지절약시설투자세액공제에 대하여는 차기 이후에 5년간 이월하여 공제받을 수 있다.

⑥ 경우에 따라서는 이월공제가 적용되지 않는 세액공제도 있으므로 세액공제의 계산시에 이에 대한 주의가 요망된다.

⑦ 고유목적사업준비금을 설정하는 경우에 각종 투자세액공제는 적용받을 수 있지만, 중복지원 배제규정에 의하여 중소기업 법인세감면규정은 적용할 수 없다.

사업연도 20×8. 1. 1 20×8.12.31			최저한세 조정계산서			법인명 「코페병원」

사업자등록번호				법인등록번호		
① 구 분		코드	② 감면후세액	③ 최저한세	④ 조정감	⑤ 조정후세액
⑩ 결산서상당기순이익		01	35,090,000			
소 득 조정금액	⑫ 익 금 산 입	02	474,816,423			
	⑬ 손 금 산 입	03	211,560,000			
⑭ 조 정 후 소 득 금 액 (⑩ + ⑫ − ⑬)		04	298,346,423	298,346,423		298,346,423
최저한세 적용대상 특별비용	⑮ 준 비 금	05				
	⑯ 특별상각및특례 자산감가상각비	06				
⑰ 특 별 비 용 손 금 산 입 전 소 득 금 액 (⑭+⑮+⑯)		07	298,346,423	298,346,423		298,346,423
⑱ 기 부 금 한 도 초 과 액		08				
⑲ 기 부 금 한 도 초 과 이 월 액 손 금 산 입		09				
⑩ 각 사 업 연 도 소 득 금 액 (⑰+⑱−⑲)		10	298,346,423	298,346,423		298,346,423
⑪ 이 월 결 손 금		11				
⑫ 비 과 세 소 득		12				
⑬ 최 저 한 세 적 용 대 상 비 과 세 소 득		13				
⑭ 최 저 한 세 적 용 대 상 익 금 불 산 입		14				
⑮ 차 가 감 소 득 금 액 (⑩ − ⑪ − ⑫ + ⑬ + ⑭)		15	298,346,423	298,346,423		298,346,423
⑯ 소 득 공 제		16				
⑰ 최 저 한 세 적 용 대 상 소 득 공 제		17				
⑱ 과 세 표 준 금 액 (⑮ − ⑯ + ⑰)		18	298,346,423	298,346,423		298,346,423
⑲ 선 박 표 준 이 익		24				
⑳ 과 세 표 준 금 액 (⑱+⑲)		25	298,346,423	298,346,423		298,346,423
㉑ 세 율		19	20%	7%		20%
㉒ 산 출 세 액		20	39,669,285	20,884,250		39,669,285
㉓ 감 면 세 액		21				
㉔ 세 액 공 제		22	150,600,000		131,814,965	18,785,035
㉕ 차 감 세 액(㉒−㉓−㉔)		23	−114,899,116			20,884,250

⊙ 최저한세 조정계산서

앞의 표는 「코페병원」의 최저한세 조정계산서이다.

① 150,600,000원의 공제대상 금액 중 금년에 공제받을 수 있는 금액은 18,785,035원이고 나머지 금액은 차기 이후로 이월된다는 사실을 알 수 있다.

② 이제 「코페병원」이 부담할 법인세액은 20,884,250원이다.

$$39,669,285 - 18,785,035 = 20,884,250$$

③ 그리고 법인세 결정액의 10%에 대하여는 주민세를 납부할 의무가 있으며, 감면받은 법인세에 대하여는 농어촌특별세 20%를 부담하여야 한다. 따라서 병원이 부담할 법인세 등의 내용은 다음과 같이 26,729,675원이다.

④ 「코페병원」의 손익계산서에 반영된 법인세 등이 법인세 중간예납액 및 원천납부세액이라면 병원이 환급받을 세액은 81,486,325이다

$$108,216,000 - 26,729,675 = 81,486,325$$

《 「코페병원」이 부담할 총 세액 》

구　　분	금　　　　액
법　인　세	20,884,250
주　민　세	2,088,425
농어촌특별세	3,757,000
계	26,729,675

이때, 유능한 경리담당자는 법인세 등에 대한 수정분개를 다음과 같이 하고 난 이후에 재무제표를 확정한다.

(차) 선급법인세　81,486,325　　(대) 법인세 등　81,486,325

⑤ 이렇게 되면 법인세 등에 대한 손금불산입 금액은 당초의 108,216,000원에서 26,729,675원으로 달라져야 하지만 그만큼이 당기순이익을 통하여 조정되므로 각 사업연도 소득, 법인세과세표준, 산출세액 등에 미치는 영향은 없다.

6. 재무제표의 작성

이제까지의 모든 결산 수정분개를 반영한 후의 손익계산서는 다음과 같다.

손익계산서
제11기 20×8년 1월 1일부터 20×8년 12월 31일까지

(의)코페의료재단 「코페병원」　　　　　　　　　　　　　　　(단위 : 천원)

과 목	금 액	과 목	금 액
Ⅰ. 매출액	33,439,107	15. 대손상각	33,966
1. 입원수익	10,030,354	16. 소모품비	106,692
2. 외래수익	22,391,561	17. 지급수수료	94,906
3. 기타의료수익	1,017,192	18. 광고선전비	77,384
Ⅱ. 의료비용	33,621,229	19. 피복침구비	77,612
(1) 인건비	14,698,581	20. 검사료	134,450
1. 급여	11,987,888	21. 잡비	66,565
2. 제수당	2,514,508	Ⅲ. 의료이익	-182,122
3. 퇴직급여	196,185	Ⅳ. 의료외수익	1,794,927
(2) 의료재료비	14,529,080	1. 이자수익	144,917
1. 약품비	9,272,352	2. 의료부대수익	543,113
2. 진료재료비	4,406,090	3. 외화환산이익	135,854
3. 급식재료비	850,638	4. 수입임대료	318,870
(3) 관리운영비	4,393,568	5. 기부금수입	211,560
1. 복리후생비	442,132	6. 잡이익	440,613
2. 여비교통비	49,517	Ⅴ. 의료외비용	1,027,499
3. 업무추진비	93,875	1. 지급이자와할인료	630,584
4. 통신비	65,326	2. 의료부대비용	138,353
5. 수도광열비	271,881	3. 기부금	36,312
6. 전력비	235,214	4. 유가증권처분손실	1,680
7. 세금과 공과금	456,489	5. 유형자산처분손실	147,687
8. 수선비	260,514	6. 잡손실	72,883
9. 감가상각비	1,376,753	Ⅵ. 법인세차감전순이익	585,306
10. 보험료	160,214	Ⅶ. 법인세비용	26,730
11. 차량유지비	78,218	Ⅷ. 고유목적준비금설정전순익	477,090
12. 지급임차료	68,191	Ⅸ. 고유목적사업준비금 전입액	442,000
13. 교육비	158,180	Ⅹ.당기순이익	35,090
14. 도서인쇄비	85,489		

- 공시서류 작성 -

앞쪽의 코페의료재단의 「재무상태표, 손익계산서, 기본금변동계산서」에 의하여 코페의료법인의 제19기(20x8.1.1.~20x8.12.31) 「공익법인 결산서류 등의 공시서류」를 작성해 보자.

1. 재무상태표와 운영성과표 작성

가 재무제표 변환

① 결산서류의 공시를 위해서는 먼저 '의료기관 회계기준 규칙'에 따라 작성한 재무제표를 공시용 재무제표로 변환해야 한다. 공시용 재무제표는 '공익법인회계기준'이 정한 서식이므로 의료기관회계기준과 재무제표 체계가 전혀 다르고, 보조금 회계처리 방법의 상이로 인한 재무제표 일부 수정이 필요하다.

② 재무상태표와 운영성과표 작성하면 다음의 공시서식 등 각종 서식을 확인할 수 있다.

- [2. 재무현황]
- [3. 자산현황]
- [4. 수익현황]
- [5. 비용현황]
- [10. 공익목적사업의 비용세부현황]
- [11. 기타사업의 손익 세부현황]

나 공익목적사업과 기타사업부문의 구분

① '의료기관 회계기준 규칙'에 의한 재무제표는 병원의 재무상태와 운영성과를 표시하는데 비하여 공시용 재무제표는 법인 전체의 재무상태와 운영성과를 공익목적사업과 기타사업으로 구분하여 표시한다.

② 일반적으로 공익법인의 정관에 기재된 사업은 공익목적사업이고, 부수적인 사업은 기

타사업이다.

③ 법인세법에서는 수익사업과 그 밖의 사업(비수익사업)을 구분하여 기록하도록 규정하고 있지만 법인세법의 수익사업 구분 기준과 공익법인회계기준 기타사업부문의 구분 기준은 전혀 다르다. 법인세법상 수익사업으로 열거된 사업이지만 상증법이 정한 공익목적사업이라면 공익법인회계기준에 따라 공익목적사업부문으로 구분하여 표시해야한다. 문화·예술 전시사업, 연주회 등 공익을 목적으로 하는 사업의 입장료 수익 등은 법인세법상 수익사업이지만 공익법인회계기준 상 공익목적사업부문으로 구분한다[1].

④ 의료업은 법인세법에서 수익사업으로 구분하지만 공익법인인 의료기관이 수행하는 의료업은 공익목적사업이다. 의료부대사업, 임대업, 적극적인 투자활동에서 발생하는 이자수입은 기타사업이다.

다 공시용 운영성과표

운영성과표
제19기 20x8.1.1.부터 20x8.12.31.까지

코페의료법인 (단위:원)

구분		통합	공익목적사업	기타사업	비고
사업수입		153,853,303,895	151,329,055,978	2,524,247,917	
기부금수익		1,578,406,380	1,578,406,380		주7)
보조금수익		390,000,000	390,000,000		주6)
회비수익		0			
투자자산수익	이자	420,519,712		420,519,712	주8)
	배당				
	기타				
매출액		149,360,649,598	149,360,649,598		
기타					
가. 의료부대수익		2,103,728,205		2,103,728,205	
나. xx수익					
사업비용		138,654,219,202	136,933,173,246	1,721,045,956	
사업수행비용	분배비용				
	인력비용	54,641,609,550	54,641,609,550		주1)
	시설비용	5,304,484,365	5,304,484,365		주2)
	기타	42,616,239,501	42,616,239,501		주3)
일반관리	인력비용	13,660,402,388	13,660,402,388		주4)

---

1) 상속세 및 증여세법 시행규칙[별지 제31호서식] **'공익법인 결산서류 등의 공시_의무공시'** 작성방법 제3쪽 2번 참고

비용	시설비용	930,399,112	930,399,112		주5)
	기타	19,390,038,330	19,390,038,330		
모금비용					
기타사업비용		1,721,045,956		1,721,045,956	
의료사업출자		390,000,000	390,000,000		주6)
사업이익		**15,199,084,693**	**14,395,882,732**	**803,201,961**	
사업외수익		**1,897,292,959**	**1,897,292,959**		
유형자산처분		20,889,000	20,889,000		
투자자산처분이익		18,000,000	18,000,000		
의료부대수익					
이자수익		0			
의료발전준비금환입					
잡이익		1,858,403,959	1,858,403,959		
사업외비용		**797,377,629**	**797,377,629**		
의료부대비용					
이자비용		411,169,337	411,169,337		
기부금		318,403,040	318,403,040		
잡손실		67,805,252	67,805,252		
고유목적전입액		10,000,000,000	10,000,000,000		
고유목적환입액		445,442,561	445,442,561		
세전이익		**6,744,442,584**	**5,941,240,623**	**803,201,961**	
법인세비용		1,304,472,425	1,304,472,425		
세후이익		**5,439,970,159**	**4,636,768,198**	**803,201,961**	

주1) 의사·간호·의료기사·영양직 급여, 상여, 퇴직금, 복리후생비, 교육훈련비
주2) 병원건물 관련 감가비, 임차료, 수선비, 보험료
주3) 재료비를 포함
주4) 사무직·기술직·기능직 인건비 급여, 상여, 퇴직금, 복리후생비, 교육훈련비
주5) 사무직·기술직·기능직 관련 시설비용
주6) 운영비 보조금 및 시설투자를 위한 국고보조금 수령액을 기재한다.
주7) 장애인고용장려금, 고용지원금 등 의료업과 관련 없이 지원받은 보조금은 기부금에서 차감하여 잡이익으로 대체한다.
주8) 적극적인 투자활동에서 발생하는 이자수입은 기타사업이고, 목적사업 수행을 위한 보통예금 계좌에서 발생한 이자수입은 목적사업이다.

　① 코페의료법인의 제19기 의료기관회계기준에 의한 손익계산서를 공익법인 결산 공시용 운영성과표로 변환하였다.

　② 정관에 기재된 사업은 목적사업이다. 정관에 기재되었더라도 공익목적사업으로 볼 수 없는 사업은 기타사업으로 구분한다.

　③ 개인, 법인에서 수령한 기부금은 기부금수익에, 운영비보조금, 시설비보조금 등 국고보조금수입은 보조금수익에 표시한다.

④ 장애인고용장려금, 고용지원금등 의료업과 관련없이 지원받은 보조금은 잡이익으로 표시한다.

⑤ 시설투자를 위한 국고보조금 수령액은 손익계산서에 표시되지 않으므로 별도 회계기록에서 확인하여 보조금수익에 포함시키고, 사업외비용에 의료사업출자 계정과목을 신설하여 시설투자 국고보조금과 동일한 금액을 표시하여 손익계산서와 공시용 운영성과표의 당기순이익이 일치하도록 유의한다(주6 참조).

⑥ 투자자산수익은 이자, 배당, 유가증권매매이익 등 적극적인 투자 활동에서 발생한 수익을 기재한다. 목적사업 수행과정에 발생한 보통예금 이자수입은 목적사업으로 구분하고, 적극적인 투자활동의 이자수익은 투자자산수익/이자수입으로 구분한다. 목적사업의 소액 이자수익은 중요성의 원칙에 의하여 별도로 구분하지 않고 기타사업의 투자자산수익에 포함시킬 수 있다.

⑦ 의료수입은 매출액/공익목적사업 부분에 기재한다.

⑧ 임대수익, 장례식장수입, 시설직영수익 등 의료부대수익은 사업수입/기타/기타사업 부분에 입력한다. 부동산 임대수익은 별도 계정과목으로 표시하여 '공익법인 출연재산등에 대한 보고서' 작성에 참고하면 편리하다.

⑨ 인건비, 재료비, 관리운영비는 사업수행비용과 일반관리비용으로 구분하여 기재한다. 의사, 간호사, 의료기사, 영양직 급여, 상여, 퇴직금, 복리후생비, 교육훈련비는 사업수행비용/인력비용이고, 총무과 인건비 등은 일반관리비용/인력비용이다. 병원 건물 관련 감가비, 임차료, 수선비, 보험료는 사업수행비용/시설비용이고, 사무, 기술, 기능직 관련 비용은 일반관리비용/시설비용이다.

⑩의료발전준비금환입액은 고유목적사업준비금환입액에 포함하여 표시한다.

⑪세후이익은 의료기관회계기준에 의한 당기순이익과 일치한다.

라 공시용 재무상태표

① 법인의 운영비 사용 목적으로 보유하고 있는 현금및현금성자산은 목적사업으로 구분하고, 단기투자자산 등 금융소득 창출을 위한 적극적인 금융자산은 기타사업으로 구분한다.

② 임대, 장례식장 등 의료부대사업을 위한 자산은 기타사업으로 구분한다.

③ 재무상태표는 아래 「2. 재무현황 및 3. 자산현황」 작성 시 설명하므로 별도 작성은 생략한다.

2. 재무제표와 관련된 의무공시 서식 작성

가 재무상태표 관련 서식

공시서식의 「2. 재무현황 3. 자산현황」은 재무상태표와 관련 서식이다. 앞쪽의 재무상태표를 공시용 재무상태표로 변환한 것에서 재무현황 및 자산현황 서식 작성을 위하여 재정리하여 표시하면 다음과 같다(서식은 원단위까지 표시해야 하지만 편의상 백만 단위로 표시하였다).

2. 재무현황 (단위: 백만원)

구분	⑱총자산가액	⑲부채	⑳순자산			
			㉑소계	㉒기본순자산	㉓보통순자산	㉔순자산조정
ⓐ 총계 ((ⓐ=ⓑ+ⓒ)	**170,206**	**122,761**	**47,445**	**9,090**	**38,355**	
ⓑ 공익목적사업	142,910	122,761	20,149	9,090	11,059	
ⓒ 기타사업	27,296		27,296		27,296	

3. 자산현황 (단위: 백만원)

구분	㉕총자산가액	㉖토지	㉗건물	㉘주식 및 출자지분	㉙금융자산	㉚기타자산
ⓐ 총계 ((ⓐ=ⓑ+ⓒ)	**170,206**	**7,532**	**91,222**	**522**	**31,536**	**39,394**
ⓑ 공익목적사업	142,910	7,532	91,222		13,682	30,474
ⓒ 기타사업	27,296			522	17,854	8,920

① 건물은 감가상각누계액과 국고보조금을 차감한 잔액으로 표시한다.

② 단기투자자산 등 금융소득 창출을 위한 적극적인 금융자산은 기타사업으로 구분하고, 현금및현금성자산은 목적사업으로 구분한다. 모든 이자수입을 기타사업으로 구분한다면 모든 예적금을 기타자산으로 구분할 수도 있다.

③ 금융자산은 현금및현금성자산, 정기예금, 정기적금, 펀드(미수수익 제외), 저축성보험, 국공채등 유가증권(지분증권은 주식으로 분류) 등을 포함한다.

④ 임대수입, 장례식장 수입 등 의료부대수입은 기타사업이므로 임대보증금과 의료부대수입 관련 자산 부채는 기타사업으로 구분한다. 이책의 예제에서는 의료부대수입 관련 자산부채를 별도로 구분하는 것이 어려워 목적사업에서 분리하여 표시하지 않았다.

⑤ 기본재산은 목적사업을 위하여 출자한 것이므로 기타사업에는 기본재산이 존재하지 않는다. 기타사업의 자산에서 부채를 차감한 잔액은 기타사업의 보통재산이다.

나 운영성과표 관련 서식

「4. 수익현황 5. 비용현황 8. 공익목적사업 세부현황 9. 공익목적사업의 수익 세부현황 10. 공익목적사업의 비용 세부현황 11. 기타사업의 손익 세부현황」은 운영성과표 관련 서식이다.

(1) 수익현황과 비용현황

공시용 운영성과표에서 「4.수익현황' 및 '5.비용현황」을 도출하면 다음과 같다.

4. 수익현황 (단위: 백만원)

| 구분 | ㉛총계 | ㉜사업수익 | | | | | ㉘사업외수익 | ㉙고유목적사업준비금환입액 |
		㉝소계	㉞기부금	㉟보조금	㊱회비수익	㊲기타		
ⓐ 총계(ⓐ=ⓑ+ⓒ)	156,194	153,852	1,578	390		151,884	1,897	445
ⓑ공익목적사업	153,670	151,328	1,578	390		149,360	1,897	445
ⓒ기타사업	2,524	2,524				2,524		

5. 비용현황 (단위: 백만원)

| 구분 | ㊵총계 | ㊶사업비용 | | | | | ㊷사업외비용 등 기타 | ㊸고유목적사업준비금전입액 |
		㊷소계	㊸사업수행비용	㊹일반관리비용	㊺모금비용	㊻기타		
ⓐ 총계(ⓐ=ⓑ+ⓒ)	149,450	138,654	102,562	33,980		1,721	1,187	10,000
ⓑ공익목적사업	147,729	136,933	102,562	33,980			1,187	10,000
ⓒ 기타사업	1,721	1,721				1,721		

① 수익현황 총계에서 비용현황 총계를 차감한 잔액이 운영성과표의 세전이익과 일치하는지 여부를 확인한다(156,194-149,450=6,744).

② 수익현황 세부내용을 작성할 때 주의할 점은 아래와 같다.

  1. 기부금(1,578백만원)은 '9.공익목적사업의 수익 세부현황'의 기부금품 합계액(=개인+법인+모금단체+기타기부금품)과 일치해야하고, '기부금품의 모집 및 지출명세서' 기부금 월별 수입합계액과 일치하여야 한다.

  2. 보조금은 운영비보조금과 시설비보조금의 합계액이다. 코페의료재단의 보조금(390백만원)은 유형자산 취득을 위하여 국가와 지방자치단체에서 교부받은 금액으로, '9.공익목적사업의 수익 세부현황'의 보조금 금액과 일치하여야 한다.

  3. 의료수익(149,360백만원)은 공익목적사업/사업수익/기타 란에 표시한다.

  4. 이자수입, 수입임대료, 의료부대수입 등 의료와 관련하여 부수적으로 발생하는 수입 합계액(2,524백만원)은 기타사업의 사업수익이다.

③ 비용현황 세부내용을 작성할 때 주의할 점은 다음과 같다.

1. 비용현황의 ㊵총계 149,450원은 '10. 공익목적사업 비용 세부현황/사업비용 총합계 149,450백만원과 일치한다.

2. 인건비, 재료비, 관리운영비는 사업수행비용과 일반관리비용으로 합리적으로 구분한다.

3. 사업수행에 직접 투입되는 비용은 사업수행비용이고, 사업수행을 위한 간접비는 일반관리비용이다. 의사, 간호사, 의료기사 등 인건비는 목적사업의 사업수행비용이고, 행정직 인건비는 일반관리비용이다.

(2) 공익목적사업의 수익 세부현황

「9. 공익목적사업 수익 세부현황」은 아래와 같다. 이 표는 공익목적사업 수익 구성내용을 구체적으로 확인하기 위한 서식이다.

9. 공익목적사업의 수익 세부현황			사업연도(과세기간) (단위: 백만원)	
구 분			당 기	전 기
1. 사업수익			151,329	139,077
1) 기부금품			1,578	1,301
① 개인기부금품			572	238
② 영리법인기부금품			968	1,020
③ 모금단체, 재단 등 다른 공익법인 등의 지원금품				
④ 기타기부금품			38	43
* 기부물품 ①-④ 에 포함된 기부물품	당기 38	전기 43		
2) 보조금			390	480
3) 회비수익				
4) 기타공익목적사업수익			149,361	137,296
2. 사업외 수익			1,897	1,672
3. 고유목적사업준비금 환입액			445	360
4. 총 합계 (1+2+3)			153,672	141,109

① 보조금은 국가 및 지방자치단체에서 수령한 운영비보조금 및 시설비 보조금의 합계액이다.

② 의료수익 등 정관 기재 사업수익은 기타공익목적사업수익에, 유형자산처분이익, 통상적으로 보유하는 예금에서 발생하는 이자수익, 잡이익 등 운영성과표의 사업외수익은 사업외수익에 기재한다.

③ 고유목적사업준비금환입액은 의료발전준비금환입액을 포함하여 기입한다.

(3) 공익목적사업의 비용 세부현황

「10. 공익목적사업의 비용 세부현황」은 아래와 같다. 이 표는 공익목적사업 수행 비용을 얼마나 효율적으로 집행하였는지 확인하기 위한 서식이다.

10. 공익목적사업의 비용 세부현황					(단위: 백만원)
구분	당기				전기
	합계	사업수행	일반관리	모금비용	
1. 사업비용	136,542	102,562	33,980		127,138
(1) 분배비용					
(2) 인력비용	68,302	54,642	13,660		62,212
(3) 시설비용	6,234	5,304	930		6,875
(4) 기타비용	62,006	42,616	19,390		58,051
2. 사업외비용	1,187				1,633
3. 고유목적사업준비금	10,000				8,500
4. 총합계(비용)	149,450	113,749	35,701		137,271

① 의사 등 의무직 인건비는 '사업비용/인력비용'이고 재무팀 인건비는 '일반관리비용/인력비용'이다.

② 병원 건물의 감가상각비, 임차료 및 수선유지비는 '사업비용/시설비용'이고, 간호사 기숙사 감가상각비, 임차료 및 수선유지비는 '일반관리비용/시설비용'이다.

③ 코페의료법인은 환자 치료를 기준으로 직접비·간접비 구분을 하고, 직접비는 사업비용, 간접비는 일반관리비용으로 처리하였다.

④ 모금비용은 기부금 모금활동을 위한 비용이고, 분배비용은 기부금 등을 수혜자들에게 배분하는데 투입된 비용이므로 대부분의 의료기관과는 관련이 없으므로 공란으로 둔다.

(4) 기타사업의 손익 세부현황

「11. 기타사업의 손익 세부현황」은 다음과 같다. 이 표의 손익 합계(2,524백만 원)는 '4. 수익현황'의 기타사업 수익합계(2,524백만원)와 일치해야 한다.

11. 기타사업의 손익 세부현황 (단위: 백만원)											
구분	① 합계	기타사업손익									
		사업손익								⑩ 사업외 손익	⑪ 고유목적 사업준비 금환입(전입)
		금 융				부 동 산			⑨ 기타		
		② 소계	③ 이자	④ 배당	⑤ 기타 금융	⑥ 소계	⑦ 임대	⑧ 매각			
수익금액	2,524	420	420			154	154		1,950		
비용	1,721								1,721		
이익(손실)	803	420	420			154	154		229		

다 기부금품의 모집 및 지출명세서

① '기부금품의 수입 및 지출명세서'는 기부금을 받아서 어디에 사용하였는지 총괄적으로 표시하는 서식이다. 국고보조금은 이 서식에 포함하지 않는다.

② 이 서식 '1. 기부금의 수입·지출명세'는 월별기부금의 수입 및 지출액을 기재한다. 차기이월 잔액은 기부금수입액의 미집행 잔액이고, 3년 이내 목적사업에 사용하지 않고 남은 금액이 있다면 증여세 추징 대상이다.

③ '2. 기부금품 지출명세서'는 기부금지출내역을 표시하는 것이 아니라 기부받은 돈을 어디에 지출한 것인지를 기재하는 서식이다.

④ 의료법인 병원이 수령한 기부금은 사용목적을 지정한 기부금은 지정 목적에, 목적을 지정하지 않은 기부금은 임의의 고유목적사업에 사용할 수 있다. 사용목적은 자산 취득, 불우환자 진료, 기본재산 증가, 운영비, 인건비 등으로 지정할 수 있다.

⑤ 대학병원 등 특례기부금 단체는 기부금을 자산취득(시설비), 교육비, 연구비로 사용할 수 있다.

⑥ 코페의료재단은 NH투자증권에 정기예금으로 10억원을 예치하였다. 이와 같이 기부금을 만기 6개월 이상의 수익용 예금으로 적립하여 그 과실을 목적사업에 사용한다면 출연받은 기부금을 목적사업에 사용한 것으로 인정한다.

기부금품의 수입 및 지출명세서

※ 뒤쪽의 작성방법을 읽고 작성해 주시기 바랍니다.　(3쪽 중 제1쪽)

1. 기부금품의 수입·지출 명세

(단위: 원)

① 월별	② 수입	③ 지출	④ 잔액	① 월별	② 수입	③ 지출	④ 잔액
전기이월	-	-	10,000,000	2021년 09월	2,791,000	119,640,000	
1월	103,351,000	104,865,000		2021년 10월	216,820,000	77,416,000	
2월	128,513,000	63,644,000		2021년 11월	21,941,000	137,245,000	
3월	147,111,000	55,890,000		2021년 12월	347,057,000	653,063,000	
4월	129,312,000	101,060,000		합계	1,578,406,000	1,528,280,000	
5월	122,582,000	52,218,000		기본순자산편입액	0	-	
6월	116,753,000	69,533,000		차가감계	1,578,406,000		
7월	136,770,000	50,480,000					60,126,000
8월	105,403,000	43,220,000					

2. 기부금품 지출 명세서 (국내사업)

(단위: 원)

①(대표)지급처명 (성명 / 단체명)	②주민등록번호 (사업자등록번호)	③지출목적	④수혜인원 (단체) 수	⑤지출액		
				⑥현금	⑦물품	⑧합계
김xx외	**	자선진료비	33명/개	14,726,000		
**의료기상사	**	의료장비 구입	1명/개	250,000,000		
㈜ㅇㅇ	**	일반관리비	1명/개	3,650,000		
NH투자증권	**	정기예금	명/개	1,000,000,000		
***	**	인건비	3명/개	***		
***	**	**	명/개	***		
***	**	**	명/개	***		
⑨ 합 계				1,528,280,000		

3. 기부금품 지출 명세서 (국외사업)

(단위: 원)

①(대표)지급처명 (성명 / 단체명)	②국가명	③지출목적	④수혜인원 (단체) 수	⑤지출액		
				⑥현금	⑦물품	⑧합계
			명/개			
			명/개			
			명/개			
			명/개			
			명/개			
			명/개			
			명/개			
⑨ 합 계						

라 출연받은 재산의 공익목적사용 현황

과거 출연받은 재산 중 미사용금액이 있거나 전기·당기에 출연받은 재산이 있는 공익법인은 아래 서식을 작성·공시하여야 한다.

출연받은 재산의 공익목적사용 현황

1. 출연재산 공익목적사용 현황

(단위 : 백만원)

① 공익법인명			코페의료재단			② 사업연도			2021	
출연재산 명세				전기 사업연도까지 사용금액			해당 사업연도 사용금액			
③ 출연받은 사업연도	출연재산			⑦ 합계 (⑧+⑨)	⑧ 직접 공익목적 사용금액	⑨ 수익사업 사용금액	⑩ 합계 (⑪+⑫)	⑪ 직접 공익목적 사용금액	⑫ 수익사업 사용금액	⑬ 미사용금액 (⑥-⑦-⑩)	⑭ 미사용 사유 또는 사용계획
	④ 코드	⑤ 종류	⑥ 가액								
2020	1	현금	1,258	1,248	1,248		10	10		0	
2020	10	기타	43	43	43					0	
2021	1	현금	1,540				1,480	480	1,000	60	이월사용
2021	10	기타	38				38	38		0	
							1,528	528	1,000	60	

2. 수익(사업)용 출연재산 공익목적 의무사용 현황

(단위 : 백만원)

수익용 또는 수익사업용으로 운용하는 재산			④의무사용 출연재산대상가액 [①-(②+③)]	⑤ 사용기준금액 (④×1%,3%)	⑥ 사용실적	⑦ 과부족액 (⑥-⑤)
①총자산가액	② 부채가액	③ 당기순이익				
1,000		30	970	9.7	0	9.7

① 이 서식은 '기부금품의 수입 및 지출명세서'와 공시 표준서식의 '9.공익목적사업의 수익 세부현황'과 관계있다.

② 코페의료재단은 출연재산 중 10억원을 병원 증축 자금 적립용 정기예금으로 예치하고, 여기서 발생하는 예금이자 3천만원은 병원 운영비에 사용하였다. 이 경우에는 운용소득의 공익목적사용 의무는 이행하였으나, 수익용 출연재산 1% 이상 직접 고유목적사업 사용 의무 이행여부를 검토하여야 한다.

③ 코페의료재단은 수익용 출연재산에서 당기순이익을 차감한 금액의 1%인 970만원 이상을 법인세 비과세사업인 공익사업에 사용하여야 하는데, 예금이자 3천만원을 의료업에 사용하였다. 그러나 의료업은 법인세 과세사업이므로 의료업 사용은 목적사업으로 인정받을 수 없다.

④ 의료법인 등이 공익목적 사용실적으로 인정받을 수 있는 항목은 자선환자 진료비 정도

가 있을 뿐이다. 따라서 코페의료재단이 지출한 자선환자 진료비 14,726,000원으로 수익용 출연재산 공익목적 의무사용 기준을 충족시키는 방법을 모색해보자.

⑤ 코페의료재단은 '기부금품의 수입 및 지출명세서'에 자선환자 진료비 14,726,000원을 지출한 것으로 표시하고 있고, '출연받은 재산의 공익목적사용 현황' 서식에도 공익목적으로 14,726,000원을 지출하였다고 표시하고 있다.

⑥ 하나는 출연재산의 사용이고 다른 하나는 수익용 재산 운용 소득 사용을 표시하는 서식이므로 같은 지출내용을 두 서식에 동시에 표시할 수는 없다.

⑦ 의료법인 등은 출연받은 재산을 목적사업에 사용할 수 있고 목적사업은 수익사업을 포함하고 있어서 사용 범위가 광범위한 반면, 수익용으로 운용하는 재산의 1% 상당액을 공익목적에 사용하라는 의무 규정의 공익목적은 거의 자선진료 정도에 국한된다.

⑧ 운신의 폭을 생각하면 코페의료재단의 자선진료비는 수익용 재산 운용 소득의 사용으로 표시하고 출연재산의 공익목적사용 현황에서는 제외하는 것이 합리적일 것이다.

찾아보기

표 · 서 · 식

용 어

♣ 박 두 진

공인회계사
대구교육대학 졸업
계명대학교 회계학과 · 대학원(석사) 졸업
계명대학교 동산의료원, 안동병원 세무회계 고문
강원도(원주, 강릉, 속초, 삼척, 영월) 지방의료원 감사 역임
한국재정경제연구소 병·의원 세무회계 전문위원
율성회계법인 근무

병원회계와 세무실무

발행일   2005년 11월 15일 제1판 발행
         2023년 02월 20일 제7판1쇄 발행

저자   박두진

발행인   강석원
발행처   한국재정경제연구소 《코페하우스》
출판등록   제2-584호(1988.6.1)

주소   서울특별시 강남구 테헤란로 406. A-1303
전화   (02) 562-4355
팩스   (02) 552-2210
메일   kofe@kofe.kr
홈페이지   www.kofe.kr

   ISBN 978-89-93835-71-7 (13320)
    값   35,000원